»Ich fürchte mich vor gar nichts mehr«
Rosa Luxemburg

W0195269

ZUM BUCH

Rosa Luxemburg gehört zu den wichtigsten Persönlichkeiten unseres Jahrhunderts. Als leidenschaftliche, intellektuelle und kämpferische Frau verstieß sie gegen die hergebrachten Ordnungen und Konventionen – und bezahlte dafür am Ende mit dem Leben. 1919 ist Rosa Luxemburg in Berlin von Freikorps-Soldaten umgebracht worden. Doch man hat sie nicht zum Schweigen gebracht – sie ist noch heute verblüffend aktuell. Ihr bekanntester Satz »Freiheit ist immer nur die Freiheit der anders Denkenden« wurde 1989 zum Leitmotiv der Proteste und Umwälzungen in der DDR.

»Faszinierendes Porträt einer ungewöhnlichen Frau.«
Münchner Merkur

»Blendend geschriebene Biographie über die ›Rote Rosa‹, die sich spannend wie ein Roman liest.«
Die Zeit im Buch

ZUM AUTOR

Der französische Historiker, Autor und Politiker Max Gallo hat sich durch zahlreiche Romane, historische Essays und Biographien, u. a. über Robespierre und Garibaldi, einen Namen gemacht.

MAX GALLO

*»Ich fürchte mich vor
gar nichts mehr«*

Rosa Luxemburg

Aus dem Französischen übersetzt von
Rainer Pfleiderer und Birgit Kaiser

ECON & LIST TASCHENBUCH VERLAG

Veröffentlicht im Econ & List Taschenbuch Verlag, 1998
Der Econ & List Taschenbuch Verlag ist ein Unternehmen der Econ & List
Verlagsgesellschaft, Düsseldorf und München
Lizenzausgabe
© für die deutsche Ausgabe 1993 by Benziger Verlag, Düsseldorf/Zürich.
Sie erschien unter dem Titel *Rosa Luxemburg. Eine Biographie.*
© 1992, Presses de la Renaissance, Paris
Die französische Originalausgabe erschien 1992 unter dem Titel *Une Femme
Rebelle. Vie et mort de Rosa Luxemburg* bei Presses de la Renaissance, Paris
Aus dem Französischen übersetzt von Rainer Pfleiderer und Birgit Kaiser
Umschlagkonzept: Büro Meyer & Schmidt, München – Jorge Schmidt
Umschlagrealisation: Tabea Dietrich, Constanza Puglisi, München
Titelabbildung: Rosa Luxemburg 1905; Foto: Archiv für Kunst und Geschichte
Satz: Josefine Urban – KompetenzCenter, Düsseldorf
Druck und Bindearbeiten: Ebner Ulm
Printed in Germany
ISBN 3-612-26518-0

INHALT

»Ich bin und will ein Idealist bleiben.«

R. L., 1899

»Dann sieh, daß Du Mensch bleibst. Mensch sein ist vor
allem die Hauptsache. Und das heißt: fest und klar und
heiter sein ja, heiter trotz alledem und alledem...
Mensch sein heißt, sein ganzes Leben ›auf des Schicksals große Waage‹ freudig hinwerfen, wenn's sein muß,
sich zugleich aber an jedem hellen Tag und jeder schönen Wolke freuen... Die Welt ist so schön bei allem
Graus und wäre noch schöner, wenn es keine Schwächlinge und Feiglinge auf ihr gäbe.«

R. L., 1916

»Innerlich fühle ich mich in so einem Stückchen Garten
wie hier... viel mehr in meiner Heimat als auf einem
Parteitag... ich werde trotzdem hoffentlich auf dem
Posten sterben: in einer Straßenschlacht oder im
Zuchthaus. Aber mein innerstes Ich gehört mehr mei-
nen Kohlmeisen als den ›Genossen‹.«

R. L., 1918

»Freiheit ist immer nur die Freiheit des anders Denkenden.«

R. L., 1918

»Eine Welt muß umgestürzt werden, aber jede Träne,
die geflossen ist, obwohl sie abgewischt werden könnte, ist eine Anklage, und ein zu wichtigem Tun eilender
Mensch, der aus roher Unachtsamkeit einen Wurm zertritt, begeht ein Verbrechen.«

R. L., 1918

»Mein innerstes Ich gehört mehr meinen
Kohlmeisen als den Genossen.«

Da war sie nun an jenem Abend des 15. Januar 1919 in Berlin. Rosa Luxemburg: eine wehrlose Frau mit grauen Haaren und eingefallenen Wangen, müde und übernächtigt, der große Kopf mit der kräftigen langen Nase, das Gesicht faltig und bleich, in einen Mantel gehüllt, der die große Brust nur ahnen ließ, den Körper ein wenig gebeugt, eine alte Frau, die älter wirkte als eine Achtundvierzigjährige.

Einer der Soldaten, die sie umringten, zwang sie mit einem Stoß zum Weitergehen, und die höhnische, haßerfüllte Menge in der Halle des Eden-Hotels empfing sie mit Schmährufen. Sie begann, stark zu hinken.

Dann straffte sich ihre Gestalt wieder. Würdevoll umklammerte sie mit ihren behandschuhten Händen den kleinen Koffer und versuchte, ihre Behinderung zu verbergen. Sie bot der Menge die Stirn und blickte die Soldaten, die sie beleidigten, und die Hotelgäste, die sie angrinsten, aus dunklen und stolzen Augen an. Der Mantel, die Figur, ihr ganzes Äußeres erinnerte an eine gewöhnliche deutsche Bürgersfrau, doch der stolze Ausdruck auf ihrem Gesicht unterstrich, was sie mehrfach geschrieben hatte: »Ich habe vor nichts Angst.« Oder: »Ich bin in letzter Zeit hart geworden wie geschliffener Stahl.«

Und diese Männer in den uneinheitlichen Uniformen, Soldaten der Garde-Kavallerie-Schützendivision, eines neu gebildeten Freikorpsverbands, die gerade auf den Straßen Berlins die Genossen dieser Frau erschossen hatten, fühlten sich durch den geringschätzigen, ja fast mitleidigen Blick der Rosa Luxemburg, der »roten Rosa«, der »Jüdin«, beleidigt.

Doch diese Frau, die ihnen wehrlos ausgeliefert war, trug in sich, in diesem unschönen Körper, einen Reichtum, den sie niemals besitzen, ein Geheimnis, an dem sie niemals teilhaben würden, etwas Unbezwingbares, das sie niemals würden auslöschen können.

Sie beleidigten sie. »Röschen, da kommt die alte Hure.«

Sie haßten alles, was diese Frau seit über zwei Jahrzehnten in Deutschland verkörperte: den unerschütterlichen Glauben an die Ideen des Sozialismus, den Antimilitarismus und den Widerstand gegen den Krieg, den sie im November 1918 verloren hatten. Sie warfen ihr vor, sie habe ihnen einen Dolchstoß in den Rücken versetzt – sie und all die anderen Revolutionäre wie dieser Karl Liebknecht, die es abgelehnt hatten, die Kriegskredite zu bewilligen. Sie, eine Polin, eine Jüdin und naturalisierte Deutsche, hatte sich an die Spitze der Revolution gestellt, die seit den schwarzen Tagen im November 1918 Deutschland erschütterte, den Kaiser zur Abdankung gezwungen hatte, Heer und Marine zersetzte und in den Großstädten bewaffnete Arbeiter auf die Straße getrieben hatte, die davon träumten, es den Bolschewiken Lenins nachzutun.

Rosa Luxemburg hatte sie indoktriniert und in der Zeitung *Rote Fahne,* die sie leitete, aufgehetzt.

In den vorausgegangenen Tagen hatten die Soldaten den Aufstand in der Reichshauptstadt erbarmungslos niedergeschlagen. Sie waren jetzt die Herren. Und doch hatte Rosa sie in ihrem letzten Artikel herausgefordert: »Ordnung herrscht in Berlin! Ihr stumpfen Schergen. Eure ›Ordnung‹ ist auf Sand gebaut. Die Revolution wird sich morgen schon ›rasselnd wieder in die Höh' richten‹ und zu eurem Schrecken mit Posaunenklang verkünden: *Ich war, ich bin, ich werde sein!*«

Aber sie hatten sie aufgespürt, festgenommen und ins Eden-Hotel mitten in Berlin gebracht, wo das Stabsquartier der Division untergebracht war. Und Hauptmann Waldemar Pabst, der erste Stabsoffizier der Division, hatte sie verhört. Sie sollte erfahren, wer künftig den Ton angab.

Sie traten an sie heran, stießen sie, schlugen sie. Und vielleicht dachte sie daran, was sie einst geschrieben hatte: »Ich werde trotzdem hoffentlich auf dem Posten sterben: in einer Straßenschlacht oder im Zuchthaus.«

Sie taumelte unter den Schlägen, und vielleicht bekam sie, trotz ihrer Charakterstärke und ihres Willens zum Widerstand, Angst, wie schon früher so oft, wenn sie daran gedacht hatte, wie wenig Zeit zu leben ihr noch blieb und wieviel sie noch zu lernen hatte.

Aber sie schützte nicht einmal ihr Gesicht. Was konnte sie schon ausrichten gegen diese Männer, die der Krieg zu Mördern gemacht hatte?

Sie ergab sich in ihr Schicksal. Sie hatte alle Risiken auf sich genommen. Sie hatte, wie sie selbst sagte, »genug Temperament« besessen, »um eine Prärie in Brand zu stecken«. Sie hatte wie der »Donnerschlag« zwischen die Leute fahren wollen. Sie hatte in den politischen Schlachten an vorderster Front gekämpft. Sie hatte geliebt. Und sie war ihrem Schwur treu geblieben, den sie am Anfang ihrer politischen Arbeit geleistet hatte: »Ich bin und will ... ein Idealist bleiben.«

Sie hatte den Respekt vor den anderen nie verloren. Sie hatte die Welt und das Leben geliebt, und zwar so, wie sie waren: »Die Welt ist so schön bei allem Graus und wäre noch schöner, wenn es keine Schwächlinge und Feiglinge auf ihr gäbe.«

Die Soldaten umringten sie und schlugen auf sie ein. Männer, die in diesem Krieg, der über vier Jahre gedauert hatte, verroht waren. Sie hatte gegen diesen Krieg gekämpft, weil er ein Rückfall in die Barbarei war und weil er, wie sie gefürchtet und prophezeit hatte, eine Periode einleiten werde, die zum »Untergang aller Zivilisation« führe.

Sie hatte sich nicht getäuscht.

»Ich werde den Anblick nie wieder los«, berichtete später ein Dienstmädchen des Hotels Eden, »wie man die arme Frau niedergeschlagen und umhergeschleift hat.«

Rosa richtete sich wieder auf. Sie hatte geschrieben, man müsse alles, was in der Gesellschaft und im Privatleben geschehe, mit Gelassenheit nehmen, die Dinge im Ganzen sehen und lächelnd akzeptieren: »So ist eben das Leben seit jeher, alles gehört dazu:

Leid und Trennung und Sehnsucht. Man muß es immer mit allem nehmen und alles schön und gut finden.«

Aber das war für sie niemals Fatalismus gewesen.

Sie hatte die Welt von Grund auf verändern wollen, aber nicht um jeden Preis: »Eine Welt muß umgestürzt werden, aber jede Träne, die geflossen ist, obwohl sie abgewischt werden könnte, ist eine Anklage, und ein zu wichtigem Tun eilender Mensch, der aus roher Unachtsamkeit einen Wurm zertritt, begeht ein Verbrechen.«

Und sie hatte auch ihr eigenes Leben »retten« wollen: »Es ist eine Tatsache, ich habe verdammt Lust, glücklich zu sein, und wäre bereit, Tag für Tag um mein *Portiönchen Glück* mit dem Starrsinn eines Tauben zu handeln.«

Sie hatte inzwischen fast den Nebenausgang des Hotels erreicht. Draußen wartete ein Auto voller Soldaten, die sie, so hatte man ihr mitgeteilt, ins Berliner Gefängnis Moabit bringen sollten. Aber einer der Soldaten, ein Jäger mit schwarzem Schnauzbart, tiefliegenden Augen und hohlen Wangen, trat mit erhobenem Gewehr auf sie zu und schlug ihr den Kolben auf den Kopf.

Sie fiel zu Boden. Der Soldat versetzte ihr einen zweiten Hieb an die Schläfe.

Der Mann hieß Runge.

Einige Monate zuvor hatte Rosa Luxemburg als Häftling im Breslauer Gefängnis gesehen, wie ein Soldat wütend auf rumänische Büffel einschlug, die vor einen Karren gespannt waren.

Bei diesem Anblick begann Rosa zu weinen. »Das Tier blickte mich an«, hatte sie geschrieben, »mir rannen die Tränen herunter – es waren seine Tränen... Wie weit, wie unerreichbar, verloren die freien, saftigen, grünen Weiden Rumäniens!... Und hier – diese fremde, schaurige Stadt, der dumpfe Stall, das ekelerregende muffige Heu mit faulem Stroh gemischt, die fremden, furchtbaren Menschen, und – die Schläge, das Blut, das aus der frischen Wunde rinnt...«

Rosa Luxemburgs Gesicht war blutüberströmt.

»Der Soldat aber«, schrieb sie weiter, »steckte beide Hände in die Hosentaschen, spazierte mit großen Schritten über den Hof, lächelte und pfiff leise einen Gassenhauer. Und der ganze herrliche Krieg zog an mir vorbei ...«

Runge handelte auf Befehl, als er Rosa Luxemburg schlug. Kurz zuvor hatte er auch Rosas Genossen, Karl Liebknecht, mit dem Gewehrkolben niedergestreckt. Auch ihn hatte man durch die Halle des Eden-Hotels gezerrt.

Jetzt hoben die Soldaten Rosas Körper auf. Blut rann ihr aus Mund und Nase.

Sie trugen sie zum Auto. Einer ihrer Schuhe fiel zu Boden. Ein Soldat hob ihn auf und schwenkte ihn lachend über dem Kopf wie ein Siegeszeichen. Die lächerliche Trophäe eines Verbrechens.

Sie setzten Rosa zwischen die beiden Soldaten auf den Rücksitz. Kaum war das Auto losgefahren, wurde aus allernächster Nähe ein Schuß auf sie abgefeuert. Er war im Hotel zu hören.

Wer war der Mörder? Oberleutnant Kurt Vogel? Oder der Leutnant zur See Wilhelm Souchon?

Niemand hat vom Leben dieser Männer mehr in Erinnerung behalten als diese eine Tat, und auch sie erwähnt man nur, um der Barbarei ein Gesicht zu geben. Denn vergessen wir nicht: Die Barbarei ist niemals anonym. Es muß immer einen Mann geben, der mit dem Kolben zuschlägt oder den Abzug des Revolvers betätigt.

Immer steht am Ende der Befehlskette ein Mann, der die Macht hat zu entscheiden, ob er die Tat begehen will, die ihm befohlen wurde.

Rosa hatte an das Gewissen geglaubt. Sie hatte diese höchste Freiheit beansprucht, und nicht nur für sich selbst, sondern auch für das Volk oder, wie sie selbst sagte, die »Massen«, in die sie ihre ganze Hoffnung setzte, obgleich sie auch geschrieben hatte: »Unterdrückung, Willkür, Unrecht, Armut, Abhängigkeit ... modeln die Menschen geistig in bestimmter Weise.«

Doch statt den Bruderkrieg zu verweigern, wie Rosa Luxemburg gehofft hatte, waren die Völker im August 1914 mit mörderischem Gebrüll übereinander hergefallen.

Und am Abend des 15. Januar 1919 ermordeten die Männer vom Freikorps Rosa Luxemburg.

Sie warfen ihre Leiche von einer Brücke in den Landwehrkanal. Und wie es heißt, soll ihr einer der Soldaten nachgerufen haben: »Die alte Sau schwimmt schon.«

Schon am nächsten Tag wußte ganz Berlin, daß die Frau, die seit zwanzig Jahren alle Mächtigen herausgefordert und bei unzähligen Versammlungen ihre Zuhörer begeistert hatte, tot war. Sie, eine einfache Frau, hatte es all denen gezeigt, die sich als die großen Erben der Marxschen Lehre verstanden: den Bernsteins, den Kautskys, den Lenins. Sie hatte gegen sie polemisiert, als Philosophin, als Nationalökonomin, als Essayistin.

Und selbst nach Lenins Sieg 1917 in Petrograd war sie nicht verstummt. Sie monierte die »Vermessenheit« des Bolschewikenführers oder den »Tatarenmarxismus«, »der einem auf die Nerven geht«. Und sie las den Russen die Leviten, indem sie auf die Notwendigkeit der Demokratie verwies und immer wieder betonte: »Freiheit ist immer nur Freiheit des anders Denkenden.«

»Lenin«, so hatte sie geschrieben, »vergreift sich völlig im Mittel: Dekret, diktatorische Gewalt der Fabrikaufseher, drakonische Strafen, Schreckensherrschaft...«

Rosa Luxemburg besaß Weitblick. Sie hatte recht, als sie sagte: »Das öffentliche Leben der Staaten mit beschränkter Freiheit ist eben deshalb so dürftig, so armselig, so schematisch, so unfruchtbar, weil es sich durch Ausschließung der Demokratie die lebendigen Quellen allen geistigen Reichtums und Fortschritts absperrt.«

Und diese weitblickende Frau hatte man nun ermordet. Während nach ihrem Leichnam gesucht wurde, schrieb der 21jährige Bertolt Brecht:

> Die rote Rosa nun auch verschwand.
> Wo sie liegt, ist unbekannt.
> Weil sie den Armen die Wahrheit gesagt,
> haben die Reichen sie aus der Welt gejagt.

Einige Monate später, am 31. Mai 1919, wurde in der Nähe einer Schleuse die Leiche einer Frau aus dem Landwehrkanal gezogen.

Man erkannte die Handschuhe Rosa Luxemburgs, Teile ihres Velourskleids, einen goldenen Ohranhänger.

Aber das Gesicht war nicht wiederzuerkennen, denn der Körper war längst in Verwesung übergegangen.

Sie wurde identifiziert und am 13. Juni beerdigt. Aber der Mensch, der da zu Grabe getragen wurde, war nur noch eine Symbolfigur, als sei die wirkliche Frau, die so vielseitig und launenhaft gewesen war, für immer ausgelöscht worden, als seien nur noch Zerrbilder von ihr geblieben.

Für die einen war sie eine heroische Revolutionärin – was sie in der Tat auch war –, für die anderen eine »gefährliche Agitatorin«, die zum Wohle Deutschlands beseitigt werden mußte und letztlich nur jenem »politischen Terror« zum Opfer gefallen war, den sie selber entfesselt hatte.

Im Jahr 1962, dreiundvierzig Jahre nach ihrem Tod, erklärte die deutsche Bundesregierung, bei dem Mord habe es sich um eine »standrechtliche Erschießung« gehandelt.

Nun war Rosa Luxemburg aber weit mehr als eine Agitatorin, die von den »Schergen« ermordet wurde. Nicht ohne eine gewisse Koketterie sagte sie über sich selbst, sie sei in jedem Augenblick anders und das Leben bestehe nur aus Augenblicken.

Und wenn sie heute, so viele Jahre nach ihrem Tod, noch immer nicht vergessen ist, obwohl die Worte und Ideen, an die sie glaubte – Marxismus, Revolution, Proletariat, Sozialismus – anscheinend zu Staub zerfallen sind, und andere, die sie ablehnte – Kapitalismus und Nationalismus – ihre Stärke demonstriert haben, so nicht zuletzt deshalb, weil sie sich nicht auf ein Zerrbild reduzieren läßt.

Ihr Denken ließ sich nicht in ein Schema pressen. Sie investierte in die Zukunft, weil sie es gewagt hatte, intensiv alle Widersprüche ihrer Persönlichkeit auszuleben und jede Sache zu Ende zu führen, in ihrem Privatleben wie in der Politik.

Noch heute, am Ende des 20. Jahrhunderts, kann uns ihre Grenzerfahrung Auskunft darüber geben, wer wir selber sind, wie wir sein sollten und könnten und wie es um die Welt um uns herum bestellt ist. Denn in vielerlei Hinsicht führt uns das ausgehende 20. Jahrhundert, über die Gräber von Millionen Opfern hinweg, zu den Fragen zurück, die sich am Ende des 19. Jahrhunderts stellten, in jenen Jahren, als Rosa Luxemburg lebte.

»Wie herrlich ist die Zeit, in der wir leben«, schrieb sie 1906. »Herrlich eine Zeit, die massenhaft Probleme und gewaltige Probleme aufwirft, die Gedanken anspornt, ›Kritik, Ironie und tiefere Bedeutung‹ anregt, Leidenschaften aufpeitscht, und vor allem – eine fruchtbare, schwangere Zeit ist.« Es ist wahr, sie lebte und starb in einer Zeit des Übergangs wie der unseren, in einer Zeit, in der eine alte Welt unterging und eine andere aus den Trümmern des Krieges erstand.

Ihre Genossen errichteten Sowjetrußland – und die Schreckensherrschaft, die sie vorausgesehen hatte –, und ihre Mörder, die Angehörigen der Freikorps, verhalfen Hitler zur Macht.

In einem Moment, als die Zukunft Europas und der Welt auf dem Spiel stand, war sie eine der Hauptakteure bei den Ereignissen in Deutschland, deren Ausgang die Geschichte des 20. Jahrhunderts maßgeblich beeinflussen sollte.

Und sie verfolgte das Geschehen mit klarem Verstand: »Enthusiasmus, gepaart mit kritischem Sinn«, sagte sie, »was können wir uns mehr wünschen?«

Aber sie war auch eine Frau, die in dieser Zeit des Übergangs »in vollen Zügen leben« wollte.

Sie wollte auf nichts verzichten. Sie stellte sich dem nie gelösten Konflikt zwischen privatem und öffentlichem Leben, ja sie fragte sogar nach dem Sinn und der Legitimität der politischen Aktion, denn sie wußte, daß das Gefühlsleben dabei zu kurz kam. Die Politik nahm sehr viel Zeit in Anspruch und konnte Beziehungen zerstören, denn man mußte ihr alles opfern, was nichts mit Politik zu tun hatte.

Und Rosa sträubte sich dagegen und verfluchte die Konsequenzen ihres Engagements. Sie, der man nachsagt, sie habe nur für die Politik gelebt, wetterte gegen ihren Geliebten und politischen Mentor Leo Jogiches: »Du wurdest mir verhaßt als derjenige, der mich für immer an diese verfluchte Politik geschmiedet hat.«

Und sie fuhr fort: »Insbesondere verhaßt wurde mir auch die ganze ›Politik‹, derentwegen ich ... die Briefe von Vater und Mutter wochenlang nicht beantwortete ... Das ist so ein idiotischer *Baaldienst*, sonst nichts, wobei die ganze menschliche Existenz der eigenen Zerrüttung, einer geistigen Rotzkrankheit zum Opfer gebracht wird. Würde ich doch an Gott glauben, dann wäre ich überzeugt, daß uns Gott für diese *Qual* schwer strafen wird.«

Aus den Zerrbildern, die man von ihr gezeichnet hat, sei es, um ihr ein Denkmal zu setzen, sei es, um ihren Leichnam mit Füßen zu treten, scheint nun das Bild einer Frau auf, die hin- und hergerissen ist. Sie muß sich in einer Männerwelt und in einer Zeit des Krieges behaupten, dem Gefängnis und den Soldaten trotzen, als Revolutionärin sterben, und doch beklagt sie sich: »Es ist so leer und stumpfsinnig zu Haus ohne Kind.« Und schüchtern fragt sie ihren Geliebten: »Werden wir nie eins haben können? Ach, Liebling, werde ich nie so ein Würmchen haben?«

Doch sie macht weiter, angespannt, voller Zweifel, erklimmt die Rednertribüne, ruft zum Kampf auf und sagt leise zu sich: »Mich durchbohrt jedesmal der Gedanke: Was für ein Leben war das! Was hat dieser Mensch durchgemacht, wozu hat er gelebt?«

Wer von den Männern und Frauen, die zu Symbolfiguren einer Epoche wurden, hat sich im Rausch des Handelns und der eigenen Bekanntheit den bohrenden Zweifel bewahrt, und vor allem, wer hat ihn mit solcher Schärfe und Deutlichkeit ausgesprochen?

Welches Schicksal kann uns besser als das Leben Rosa Luxemburgs begreifen helfen, was eine Persönlichkeit ausmacht, wie seelische Störungen und Sehnsüchte einen Menschen dazu bewegen können, die Initiative zu ergreifen, ihn dazu anspornen, zu handeln, sich in einer Gruppe durchzusetzen und für seine Ideen einzutreten?

Und weil Rosa Luxemburg unverblümt über sich spricht, spricht sie auch zu uns und über uns.

Der Tod sortiert die Menschen unbarmherzig. Diejenigen, die scheinbar noch im Vollbesitz ihrer Kräfte waren, doch im Grunde schon nicht mehr lebten, entreißt er uns für immer, aber er läßt uns die Erinnerung an jene, die sich bis zum Schluß den Fragen gestellt haben.

Rosa gehört zu den letzteren.

»Warum«, sagt sie, »warum muß ich im Leben durch lauter stechende und schneidende Eindrücke gehen, wo in mir ewig die Sehnsucht nach ruhiger Harmonie weint? Warum stürze ich mich immer wieder in die Gefahren und Schrecken neuer Situationen...?«

Ja, warum nur?

Um nie mehr jenes kleine Mädchen zu sein, das 1871 das Licht der Welt erblickt, eine gehbehinderte Jüdin, die sich am Gymnasium in Warschau behaupten muß, an dem die Lehrer nur russisch sprechen und polnische Jüdinnen bestenfalls geduldet werden? Ist ihr Leben nicht eine Flucht vor den demütigenden Lebensbedingungen, denen eine Frau, eine Behinderte und Jüdin obendrein ausgesetzt ist?

Und dennoch schreibt sie in dieser Zeit des Antisemitismus an eine ihrer Brieffreundinnen: »Was willst Du mit den speziellen Judenschmerzen? Mir sind die armen Opfer der Gummiplantagen in Putumayo, die Neger in Afrika, mit deren Körper die Europäer Fangball spielen, ebenso nahe.«

Oder wird aus Rosa Luxemburg deshalb die rote Rosa, weil ihr die Liebe fehlt, weil sie von einem Heim, einem Kind träumt und weil dieser Traum nicht in Erfüllung geht, da es ihr trotz aller Bemühungen nicht gelingt, eine gleichberechtigte Beziehung zu einem Mann aufzubauen, sei es, weil ihre Partner sie beherrschen wollen, sei es, weil sie ihre Kraft fürchten und deshalb auf Distanz gehen oder – häufig sind sie viel jünger als Rosa – sich ihr gegenüber wie Kinder benehmen, die von ihr geführt und beschützt werden wollen? Und warum hat sich Rosa Luxemburg solche Männer ausgesucht?

Aber ist Rosa in ihrer Ernüchterung und Enttäuschung darüber, daß ihr ein einfaches, friedliches Familienleben versagt bleibt – »eigentlich bin ich zum Gänsehüten geboren«, hat sie geschrieben –, nicht auch typisch für unsere Zeit, in der ehrgeizige Frauen, die am öffentlichen Leben mitwirken wollen – was immer man davon halten mag –, Schwierigkeiten haben, zu ihren Lebensgefährten eine stabile und vertrauensvolle Beziehung aufzubauen?

Es ist, als habe Rosa auch auf diesem Feld die Probleme unserer Zeit erforscht und vorausgesehen, so wie sie auch die Probleme des Systems vorausgesehen hatte, das Lenin im Namen des Sozialismus errichtete. Rosa eine Seherin? Eine Prophetin?

Weil sie intelligent war? Weil sie die Dinge stets im Zusammenhang sah?

Lenin kritisierte ihre Ansichten, erkannte aber durchaus ihr Talent. So schrieb er: »Wohl traf sich's, daß des Adlers Flug ihn niedriger, als Hühner fliegen, trug, doch fliegen Hühner nie auf Adlershöh'n.« Rosa, ein Adler?

Aber anders als bei so vielen anderen intelligenten Menschen ging bei Rosa der Wunsch, etwas zu tun und Einfluß auf das Zeitgeschehen zu nehmen, nicht auf Kosten der Sensibilität. Sie bewahrte sich ihre Gefühle und Sehnsüchte, ihre Naturverbundenheit und ihren Sinn für das Schöne, mit einem Wort, ihre Menschlichkeit.

Vielleicht hat sie, gerade weil sie Jüdin war, im Exil lebte und unter einer Gehbehinderung litt, also in mehrfacher Hinsicht der Verachtung preisgegeben war, deutlicher und intensiver als viele andere das Schicksal des Menschen in seinen Widersprüchen empfunden und es verstanden, ihre Schwächen und das grandiose Unglück des Menschseins zu erkennen.

Sie war eine Frau, die ihrem Liebhaber schreiben konnte: »Mein Herz, mein Einziger, mein Geliebter, ärgere Dich nicht, rege Dich nicht auf, verliere nicht das Vertrauen in Dich und mich. Du wirst sehen, wenn wir wieder zusammen sind, wird es mit der Arbeit und dem Leben vorangehen.« Und später schrieb sie an eine Freundin: »Und ich bleibe dabei, daß der Charakter einer Frau sich zeigt, nicht, wo die Liebe beginnt, sondern wo sie endet.«

Sie war eine Frau, die weinte, wenn ein Soldat einen Büffel schlug, und die sich für eine Blume oder einen Schmetterling begeistern konnte.

Aber auch eine Frau, die gegen die »Ordnung in Berlin« wetterte, eine nationalökonomische Abhandlung schrieb, in der sie Karl

Marx kritisierte und über sein Werk hinausging, eine Frau, die durch die Komplexität ihrer Persönlichkeit und den Willen, alle Aspekte des Lebens zu erfassen und alle ihre Möglichkeiten auszuleben, zu einer jener prometheischen Heroen wurde, die das Feuer stehlen, weil ihr ganzes Streben dem Menschen gilt.

Wenn wir uns Rosa Luxemburg zuwenden müssen – und das wird immer nötig sein –, dann genau aus diesem Grund.

Auch wenn Leningrad heute wieder St. Petersburg heißt und die DDR, in der man Rosas Todestag wie einen Nationalfeiertag beging, inzwischen nicht mehr existiert, so schmälert dies in keiner Weise die Bedeutung der Zeitzeugin Rosa Luxemburg und die Beispielhaftigkeit ihres Lebens. Die Fragen, die sie gestellt hat, sind nach wie vor aktuell.

»Kann man jemand ›erklären‹, was Mozartsche Musik ist? Kann man ›erklären‹, worin der Zauber des Lebens besteht...?« fragte sie sich und fuhr fort: »Die schönste Tendenz [kann mir] das einfach göttliche Genie nicht ersetzen.«

Diese »prometheische« Frau war sich auch der »Mysterien« bewußt und sah die Grenzen, an der der Mensch stößt, Grenzen, die er zwar stets erweitert, die aber immer vorhanden sein werden.

Sie, deren Energie unerschöpflich schien, deren Neugier nie erlahmte und deren Begeisterung immer von neuem entflammte, war aber auch eine Frau, die gern spazierenging, die liebte, ihre Katze Mimi streichelte und gestand: »Die einzige Art für mich, zur Ruhe zu kommen, ist umherzuschlendern oder mich in der Sonne ins Gras zu legen, die winzigsten Insekten zu beobachten oder die Wolken zu betrachten.« Sie konnte auch sagen: »Das Leben ist nicht da, wo ich bin«, als entgehe ihr stets das Wesentliche. Und als habe sie erfaßt, daß gerade darin die Größe und der Fluch ihres Lebens bestanden.

Aber gerade diese Enttäuschung und dieser Mut, mehr zu wollen, mehr zu ersehnen, sich zu engagieren und doch unruhig zu bleiben und sich solche Fragen zu stellen, machen sie, trotz des kläglichen Scheiterns derer, die sie später für sich mit Beschlag belegten und dabei verstümmelten, zu unserer Zeitgenossin.

Denn sie verkörpert weniger Lösungen und Antworten oder Gewißheiten als vielmehr ein menschliches Streben, eine tiefe Sehnsucht nach Leben, die Beharrlichkeit eines Gedankens und eines Schicksals. Durchaus nicht frei von Angst erforscht sie alle Wege des Lebens und sucht unermüdlich nach einer Lösung. Sie verabscheut Trägheit und Gehorsam, Niedertracht, Ungleichheit und Ungerechtigkeit. Sie ist wie ein Vogel, der sich nicht die Flügel stutzen läßt, weder durch eine Parteidoktrin noch durch ein System, noch durch ihre Mitstreiter. Ein Vogel, der sich weder in die Zuchthäuser des Staates noch in das Gefängnis sektiererischer Lehren sperren läßt, ein Vogel, der stets der Freiheit des Gedankens den Vorzug gibt, der die Offenheit der Beschränktheit vorzieht, die Weite der Enge, den Edelmut, den Stolz und die Schönheit – Eigenschaften, die Rosa nach eigenem Bekunden bei einer Frau suchte – der Engstirnigkeit und Unterwürfigkeit, der Verbitterung und Verdrossenheit.

Rosa Luxemburg ist wie ein Vogel, der zu uns kommt, nachdem seine Lebensspanne abgelaufen ist. Sie hat von 1871 bis 1919 gelebt, in einer Zeit des Umbruchs, die mit der Pariser Kommune begann und mit dem Berliner Spartakusaufstand endete. Beide wurden niedergeschlagen. Sie bilden den symbolischen zeitlichen Rahmen für ein Schicksal und markieren die Eckpunkte eines halben Jahrhunderts, in dem so viele Hoffnungen aufkeimten, um dann im Blutbad des Ersten Weltkriegs zu enden, mit dem, wie von Rosa vorausgesehen, die Barbarei des 20. Jahrhunderts begann.

Der Kreis, der mit Rosa begann, hat sich geschlossen. Eine andere Zeit bricht an, und es gilt, alles noch einmal zu überdenken und zu überlegen, wie wir das drohende Chaos aufhalten können. So wie zu Rosas Zeiten.

Wir müssen ihren Flug verfolgen, um zu verstehen. Sie ist gleichermaßen Adler wie Kohlmeise, und ihre Botschaft, das ist ihre Art zu leben.

Sie wird am 5. März 1871 in Zamość, einer Stadt südöstlich von Warschau, geboren, und ihr Leben ist von Beginn an exemplarisch.

Es zeigt uns, was aus einem Menschen werden kann, der durch einen körperlichen Makel und seine Herkunft gezeichnet ist.

Es zeigt uns, was eine Frau praktisch und theoretisch zu leisten vermag. Was sie erleiden und was sie bezwingen kann.

Es zeigt uns ihre Leidenschaft und Verzweiflung. Sie ist uns nahe, denn sie ist das Wagnis eingegangen, wirklich zu leben, ohne sich etwas vorzumachen.

Und wer wollte behaupten, daß am Ende unseres Jahrhunderts, das so düster ist, wie es das ihre in den Jahren 1871, 1914 und 1919 war, ein so kühner und hoher moralischer Anspruch nicht vonnöten sei?

Kehren wir also zurück zum 5. März 1871, zu jenem Tag, an dem der Vogel, der Adler, die Kohlmeise in dem polnischen Städtchen Zamość zu fliegen begann.

TEIL I

Eine Jugend in Polen:
Geburt, Erwachen, Engagement
(1871–1889)

»Damals glaubte ich fest, daß das ›Leben‹,
das ›richtige‹ Leben, irgendwo weit ist,
dort über die Dächer hinweg. Seitdem reise ich
ihm nach. Aber es versteckt sich immer hinter
irgendwelchen Dächern. Am Ende
war alles ein frevelhaftes Spiel mit mir,
und das wirkliche Leben ist gerade dort im Hofe
geblieben, wo wir mit Antoni *Die Anfänge der
Zivilisation* zum ersten Mal lasen?«

R. L., 1904

1. Das kranke Kind aus einer jüdischen Familie (1873–1880)

Rosa wird niemals über Zamość sprechen, diese kleine Stadt, in der sie am 5. März 1871 das Licht der Welt erblickt. Woran sollte sie sich auch erinnern? Denn schon 1873, damals erst knapp zweieinhalb Jahre alt, verließ sie das schöne Geburtshaus mit den vier großen Fenstern, die auf den Marktplatz hinausgingen, und zog mit ihrer Familie nach Warschau.

Und doch: Wer kann sagen, ob diese Trennung nicht der erste Bruch in ihrem Leben war? Ob sie, ohne sich dessen freilich bewußt zu sein, nicht spürte, daß sie mit dem Umzug einen Teil ihrer Bewegungsfreiheit verlor und der Harmonie einer Kleinstadtkulisse entrissen wurde? Denn das elterliche Haus war ein geräumiger, zweistöckiger Renaissancebau, der sich über den Arkaden des Platzes erhob, und stand gegenüber dem Rathaus von Zamość, das noch aus einer Zeit stammte, als der Ort eine stolze Handels- und Kulturmetropole gewesen war und eine Akademie besessen hatte – die 1595 gegründete Akademie Zamoyski, so benannt nach einem Großkanzler der polnischen Krone. Wenn man aus dem Fenster der Luxemburgs blickte, sah man am Ende des gepflasterten Platzes die geschwungene Freitreppe des Rathauses, dahinter die Kollegiatskirche und das Schloß.

Und rund um Zamość erstreckte sich die endlose Ebene Polens, ein Ozean aus Feldern und Wäldern.

Rosa wird sich später sehnsüchtig an diese weite, offene und beunruhigende Landschaft erinnern, die erhaben und geheimnisvoll ist wie das Meer.

Was sieht man von all dem in der frühen Kindheit? Nichts?

Und doch: Wenn sie an die Dreizimmerwohnung in der Zlota-Straße 16 in Warschau zurückdenkt, die ihre Familie 1873 bezieht, spricht sie von dem »öden, lärmenden, klopfenden, hämmernden

Leben« der großen Mietskaserne. Man hat den Eindruck, daß sie sich mit Wehmut an die geräumigen Zimmer in Zamość erinnert, an die Landschaft rings um die Stadt, die Beschaulichkeit eines Ortes mit knapp siebentausend Einwohnern, die friedliche Atmosphäre in den Straßen und den Marktplatz, der sich wie eine Bucht vor den Fenstern des Hauses öffnet.

Wirkliches Leben kam nur an Markttagen in die Stadt, wenn die Gutsbesitzer und Bauern auf dem Pflaster unter den Arkaden ihre landwirtschaftlichen Produkte und Tiere feilboten.

Durch die bunte Menge, die dann an den Ständen vorüberzog, schlenderten auch russische Soldaten, denn seit der letzten polnischen Teilung gehörte dieser Teil Polens und sogar Warschau zum Reich des russischen Zaren Alexander II.

Zamość war eine Garnisonsstadt, ein Grenzort, der bis 1815 noch zu Österreich gehört hatte. Hier vermischten sich deutsche, russische und natürlich polnische Einflüsse. Seit Niederschlagung des letzten patriotischen Aufstands im Jahr 1863 übten die Russen einen noch stärkeren Einfluß auf das Land aus. So war Polnisch als Unterrichtssprache an den Schulen verboten.

Außerdem lebte hier, fest verwurzelt und dank Kanzler Zamoyski seit 1558 mit dem Bürgerrecht ausgestattet, eine gebildete und lebendige jüdische Gemeinde. Fast ein Drittel der siebentausend Einwohner von Zamość waren Juden.

Zu ihnen gehörte auch der Sohn eines Holzhändlers, der, ebenfalls Holzhändler, an Markttagen mit großen Schritten den Platz durchmaß, regelmäßig zu den Einschlägen in den Wäldern hinausfuhr und Geschäftsreisen nach Warschau und bis nach Deutschland unternahm: ein Mann mit hoher Stirn und kantigem Gesicht, das ein langer, leicht ergrauter Bart rahmte, wie ihn auch der österreichische Kaiser Joseph II. getragen hatte. Sein Name war Elias Luxemburg.

Er war der Vater. Und somit das Oberhaupt der Familie.

»Damals zu Hause schlich ich mich in der frühesten Morgenstunde ans Fenster – es war ja streng verboten, vor dem Vater aufzustehen –, öffnete es leise und spähte hinaus in den Hof.«

Zu der Zeit lebten die Luxemburgs bereits in Warschau, und Rosa setzte sich über die Verbote, über die väterliche Autorität, hinweg, vermutlich deshalb, weil Lina, ihre sanftmütige Mutter, die eigentliche moralische und geistige Autorität in der Familie ausübte. Der Vater war ein energischer Mann, dessen nominelle Autorität man respektierte und der mit wechselndem Erfolg für den Unterhalt sorgte – gelegentlich mußte man wegen Geldmangels die Wäsche ins Pfandhaus tragen, bevor dann wieder bescheidener Wohlstand einkehrte –, aber die Erziehung überließ er seiner Frau Lina.

Zwischen Vater und Mutter bestand von Anfang an ein Bündnis und eine Aufgabenteilung. So war es in Zamość, und so war es auch später, und noch deutlicher, in Warschau.

Bündnis deshalb, weil die Eltern, Juden alle beide, mit der allgemeinen Entwicklung Schritt hielten und sich wie die aufgeschlossensten und rührigsten Mitglieder ihrer Glaubensgemeinschaft assimilierten.

Die Luxemburgs sprachen und lasen Deutsch und Polnisch. Sie blieben dem Leben der jüdischen Gemeinde in Zamość fern, das geprägt war vom Streit zwischen den Chassidim – orthodoxen, fast fanatischen Juden – und ihren Gegnern, den Anhängern der Haskala, die für die liberalen Werte der Aufklärung eintraten und zu denen auch der Schriftsteller Lejb Perez gehörte, der berühmteste Sohn der Stadt.

Die Luxemburgs – Graf Zamoyski hatte im 18. Jahrhundert angeblich einen ihrer Vorfahren, den er als Gartenbaumeister schätzte, aus Brüssel geholt – mieden den Kontakt zu dieser Gemeinde, auch zu ihrem fortschrittlicheren Teil.

Keines ihrer fünf Kinder nahm am Leben der jüdischen Gemeinde teil, weder in Zamość noch später in Warschau. Rosa war das jüngste der Geschwister und der Liebling der Mutter, die ihre ganze Sensibilität und Bildung an sie weitergab. Rosa war aufgeweckt, wißbegierig und sehr reif für ihr Alter.

Anna, die älteste Schwester, Maximilian, Joseph und natürlich Rosa – keines der Kinder trug einen jüdischen Vornamen – wurden wie Polen erzogen, damit sie sich besser in eine Gesellschaft integrieren konnten, die, im Sog des wirtschaftlichen Aufschwungs in Rußland, auch imstande schien, sie aufzunehmen.

Nach der patriotischen Erhebung im Jahr 1863, die von den Russen brutal niedergeschlagen worden war, hatte der polnische Antisemitismus, wie es schien, etwas von seiner Schärfe verloren, denn die Ereignisse hatten gezeigt, daß auch die Juden dem eisernen Gesetz der Unterdrückung unterlagen.

Gegenüber den russischen Herren, die 1869 die polnische Universität in Warschau in eine russische Universität umwandelten, das Land russifizierten, indem sie sogar den Namen Polen aus dem Wortschatz strichen und das Kriegsrecht verhängten, konnten sich auch Juden als Polen empfinden, denn sie waren der gleichen Feindseligkeit der Besatzer ausgesetzt wie die polnischen Katholiken.

Elias Luxemburg kümmerte sich wie ein guter polnischer Patriot um die Angelegenheiten seines Landes und war bestrebt, seinen Kindern eine gute Erziehung angedeihen zu lassen. Die Querelen und Sehnsüchte der jüdischen Gemeinde hingegen interessierten ihn nicht.

Auch aus diesem Grund zog er aus Zamość fort, und nicht nur wegen geschäftlicher Schwierigkeiten.

Warschau bot Juden, die sich assimilieren wollten, die Vorzüge einer anonymen Großstadt und offenen, multinationalen Gesellschaft.

Die Hauptstadt zählte damals fast 310 000 Einwohner. Ungefähr ein Drittel davon waren Juden. Auf Befehl des Zaren Alexander II. war 1862 die seit 1809 geltende Vorschrift aufgehoben worden, nach der Juden nur in eigens für sie reservierten Vierteln wohnen durften.

Die Zlota-Straße, wo sich die Luxemburgs 1873 niederließen, lag in einem der neuen Stadtteile, in denen Juden und Polen zusammenlebten.

Folgte man ihr, so gelangte man auf die Prachtstraße Marszalkowska, in der das geschäftige Treiben einer osteuropäischen Metropole herrschte: Modegeschäfte, Luxuswaren aus Paris, Buchhandlungen ... Hier war das Herz Warschaus. Ein elegantes Viertel, das zum Flanieren einlud.

Rosa lernte das Milieu und die lebendige Atmosphäre der Großstadt zu einer Zeit kennen, als sich eine Metropole wie Warschau noch als eine Welt verstand, die sich selbst genügte.

Ihre Mutter oder ihre Schwester führten sie regelmäßig in den Sächsischen Garten. Doch die gepflegten, von Blumen gesäumten Grünanlagen löschten in ihrem Gedächtnis nicht die Erinnerung an die weiten Flächen um Zamość, an das natürlichere Leben in der Kleinstadt und in dem geräumigen Haus am Marktplatz. Jetzt, in der Zlota-Straße Nr. 16, wohnten die sieben Familienmitglieder zusammengepfercht in drei Zimmern.

Wenn Rosa im übrigen die Marszalkowska überquerte und der Zlota-Straße nach Westen folgte, so gelangte sie in ein ärmliches Viertel mit Verkaufsbuden und finsteren Hinterhöfen. Dort reihten sich Werkstätten und Wohnungen, in die nie ein Sonnenstrahl fiel.

Das Haus selbst, in dem Rosa wohnte, befand sich in einem gutbürgerlichen Teil der Zlota-Straße. Doch hinter der eleganten Fassade, in den überfüllten und finsteren Hinterhäusern, führten die Bewohner ein Leben voll Armut und Arbeit, wie es Rosa aus Zamość nicht kannte.

Die Großstadt war Kontrast und Vielfalt. Mit dem Umzug nach Warschau endete Rosas wohlbehütete Kindheit.

Sie war eine aufmerksame Beobachterin. Morgens stand sie als erste auf und spähte hinunter in den Hof: »Alles schlief noch, eine Katze strich auf weichen Sohlen über den Hof, ein paar Spatzen balgten sich mit frechem Gezwitscher, und der lange Antoni in seinem kurzen Schafspelz, den er Sommer und Winter trug, stand an der Pumpe, beide Hände und Kinn auf den Stiel seines Besens gestützt, tiefes Nachdenken im verschlafenen, ungewaschenen Gesicht... Es lag eine weihevolle Stille der Morgenstunde über der Trivialität des Pflasters; oben in den Fensterscheiben glitzerte das Frühgold der jungen Sonne, und ganz oben schwammen rosig angehauchte duftige Wölklein, bevor sie im grauen Großstadthimmel zerflossen.«

Es ist vor allem die Mutter, die diesen begrenzten und tristen Horizont erweitert. Der Bund, den die Eltern schlossen, als sie sich für die Assimilation entschieden, ermöglicht beiden, ihren Neigungen nachzugehen.

Seine Welt ist das Geschäft, das Praktische. Ihre, Lina Luxemburgs, Welt ist die Kultur. Die feinen Züge ihres ebenmäßigen Gesichts lassen auf Gedankentiefe und romantische Empfindsamkeit schließen. Besonders auffallend sind ihr Blick und ihr verhaltenes Lächeln – der gleiche Ausdruck wird sich auch bei Rosa wiederfinden.

Sie liest Schiller und den polnischen Dichter Mickiewicz. Auf diese Weise trägt sie mehr zur Assimilation der Familie bei als der Vater. Man spricht kein Jiddisch und kümmert sich nicht um die Vorgänge in der jüdischen Gemeinde.

In einer Kleinstadt wie Zamość freilich waren die Chassidim und Rabbiner mächtige, einflußreiche Leute, und Juden, die der Versuchung der Integration erlagen oder gar dem rationalistischen Denken der Haskala anhingen, wurden von ihnen stark angefeindet. Auch das war für die Familie ein Grund, aus Zamość fortzugehen.

Und dies um so mehr, als Lina Luxemburg die Tochter eines Rabbiners war, dessen Familie siebzehn Generationen von Rabbinern hervorgebracht hatte. Wie es heißt, soll auch Rosas Onkel Bernhard, zumindest vorübergehend, Rabbiner gewesen sein.

Durch die Heirat mit Elias Luxemburg, dessen Vater der jüdischen Gemeinde bereits den Rücken gekehrt hatte, brach Lina Löwenstein mit ihrem Kindheitsmilieu. Ohne es zu wollen, lud sie ihren Kindern damit eine schwere Bürde auf, denn der Bruch war zugleich eine Entwurzelung, gerade auch für Rosa, die ihr von allen Kindern am nächsten stand und das aufgeweckteste war: ein kleines, verträumtes Mädchen mit ausdrucksvollen Augen.

Aber welchen Ersatz findet die Familie nach ihrem Weggang aus Zamość, nach ihrem Bruch mit der jüdischen Tradition und ihrer Übersiedlung in die Warschauer Zlota-Straße?

Die Kultur: die deutsche, die polnische, die russische. Lina Luxemburg wirft sich mit Begeisterung auf die Kultur, und Rosa folgt ihrem Beispiel. Bald kann sie sich in vier Sprachen mündlich und schriftlich ausdrücken, denn zusätzlich zu den dreien, die mit der Geschichte und Geographie Polens zusammenhängen, lernt sie auch Französisch.

Aber welche anderen Möglichkeiten der Verwurzelung gibt es in der neuen Umgebung?

Ein Jude bleibt für die Polen immer ein Jude. Auch ohne den Kaftan und die Schläfenlocken der Orthodoxen ist er ihnen suspekt. Und die Russen mit ihrem latenten Antisemitismus empfinden für ihn nur tiefe Verachtung. Die Juden stehen auf der sozialen Stufenleiter ganz unten, noch unter den Polen.

Hat eine Familie unter solchen Umständen eine andere Möglichkeit, als unter sich zu bleiben? So kommt es, daß die Luxemburgs, bedingt durch den Bruch mit ihrer Vergangenheit, in kultureller Hinsicht zwar ein weltoffenes, gleichzeitig aber auch zurückgezogenes Leben führen, ohne wirkliche soziale Bindungen.

Rosa spürt dies sehr schnell, schon in ihrer frühesten Kindheit. Und natürlich prägt sie diese Erfahrung.

Später, als sie sich in der Schweiz und im Deutschen Reich politisch betätigt, wie überhaupt in ihrem ganzen späteren Leben, läßt sie den Kontakt zu ihrer Familie niemals abreißen. Sie bekommt Schuldgefühle, wenn sie die Briefe ihrer Angehörigen nicht beantwortet, und sie unternimmt niemals den Versuch, sie von ihren politischen Ansichten zu überzeugen. Die Familie ist für sie eine ganz eigene Welt, die geschützt ist vor den Stürmen des Lebens und den Wogen der Leidenschaften, der unverletzliche Ort, an dem alles begonnen hat.

Im Jahr 1904 wird sie über die Jahre in Warschau schreiben: »Damals glaubte ich fest, daß das ›Leben‹, das ›richtige‹ Leben, irgendwo weit ist, dort über die Dächer hinweg. Seitdem reise ich ihm nach. Aber es versteckt sich immer hinter irgendwelchen Dächern. Am Ende war alles ein frevelhaftes Spiel mit mir, und das wirkliche Leben ist gerade dort im Hofe geblieben, wo wir mit Antoni *Die Anfänge der Zivilisation* zum ersten Mal lasen?«

Kindheit und Familie sind als eine Zeit und als »Orte« in ihrem

Gedächtnis verankert, die sie nicht loslassen, auch wenn sie sich an kein Gespräch im Kreise der Familie entsinnt, das sie entscheidend beeinflußt hätte.

Weder ihr Vater noch ihre Mutter wollten die herrschende Ordnung verändern. Im Unterschied zu Lenin, dessen Bruder wegen eines Mordkomplotts gegen den Zaren am Galgen geendet hatte, war Rosa die einzige »Politische« in ihrer Familie.

Was ihr bleibt, sind die Atmosphäre eines Hauses und die engen Bande zwischen Menschen, die mit dem Erbe ihrer Vorfahren brachen und sich, zunächst in dem schönen Haus in Zamość und dann in der Mietwohnung in der Zlota-Straße, eine eigene Welt schufen, die Familie Luxemburg, aus der Rosa hervorging.

Rosa fühlt sich dieser Welt um so verbundener, als sie durch einen neuerlichen, und diesmal unvorhersehbaren Bruch noch stärker an sie gefesselt und von der Außenwelt ausgesperrt wird.

Innerhalb von wenigen Tagen verändert sich alles für Rosa.

Sie lief gerade vergnügt durch den Sächsischen Garten, einige hundert Meter von der Zlota-Straße entfernt. Da spürte sie plötzlich einen Schmerz in der Hüfte, der schließlich so heftig wurde, daß sie nicht mehr weitergehen konnte.

Der Arzt diagnostiziert eine Knochentuberkulose. In Wahrheit handelte es sich nur um eine Verrenkung.

Man bringt sie zu Bett und legt sie in Gips. Fast ein Jahr lang kann sie das Zimmer nicht verlassen. Sie, die aus der Ebene um Zamość kommt, über der sich ein weiter, veränderlicher Himmel spannt, blickt nur noch in das graue Viereck des Fensters, das auf den Hof hinausgeht.

Die Geschwister, der Vater und vor allem die Mutter kümmern sich rührend um sie und lesen ihr vor. Rosa lebt abgekapselt von der Welt, lernt zu träumen, ihren Phantasien nachzuhängen, nachzudenken.

Die Mutter bringt ihr Lesen und Schreiben bei. Und so vergeht ein Jahr, ein sehr langes Jahr für ein Kind im Alter von fünf Jahren, in dem man die Wörter, das Spiel mit den Sätzen entdeckt. Der Umgang mit Buchstaben wird ihre Lieblingsbeschäftigung.

Rosa wird in dieser Zeit von der Familie mit Zuneigung überschüttet. Doch als sie aufsteht, stellt man fest, daß sie hinkt. Sie knickt beim Gehen in der Hüfte ein. Ein Bein ist unwiderruflich kürzer als das andere. Die Behandlung (Bäder und Streckverbände) schlägt nicht an. Sie bleibt behindert. Hinkt auch ihre ältere Schwester Anna? In diesem Punkt gehen die Meinungen auseinander.

Für Rosa jedenfalls bedeutet der körperliche Schaden einen weiteren Bruch mit der Vergangenheit. Er ist das sichtbare Zeichen ihres Andersseins, der Beweis, daß sie sich nach diesem Jahr der erzwungenen »Zurückgezogenheit«, in dem sich ihre Persönlichkeit, ihre Intelligenz und ihre Beziehung zur Welt – und vor allem zu ihren Familienangehörigen – herausgebildet haben, von allen anderen unterscheidet.

Von nun an ist sie die »Behinderte«, die »Lahme«, der man besondere Aufmerksamkeit schenkt. Man behandelt sie mit einer Mischung aus Mitleid und Bedauern und bringt ihr ein Übermaß an Liebe entgegen, das sie jedoch nicht akzeptieren kann, denn es ist gewissermaßen das Entgelt für ihre Behinderung. Was aber tun?

Bereits als kleines Mädchen hat Rosa eine lange Vergangenheit hinter sich. Der körperliche Defekt hat sie sensibel gemacht, Einsamkeit und Krankheit haben ihren Verstand geschärft und reifen lassen. Sie hat regelmäßige Gesichtszüge und trägt die etwas steife Garderobe eines Mädchens aus gutbürgerlichem Haus, und doch wird sie von den anderen Kindern gehänselt.

Wie durch einen unbegreiflichen Fluch hat sie innerhalb eir es Jahres die Sorglosigkeit, Unschuld, Spontaneität und unbeschwerte Lebensfreude eines Kindes verloren.

Durch die Bettlägerigkeit und die Behinderung wurde sie lange von der Welt der anderen Kinder ferngehalten, und nun fühlt sie sich durch deren Blicke und Spott häufig zurückgestoßen. Rosa hat sich ihnen entfremdet, denn sie kann nicht mehr laufen und springen wie sie.

So zur Einzelgängerin geworden, ist Rosa schon an diesem ersten Wendepunkt in ihrem Leben gezwungen, sich resolut auf sich selbst zu besinnen und ihr Heil in der Welt der Gedanken zu suchen.

Sie liest. Sie saugt das abstrakte Leben der Bücher in sich auf. Es ist für sie das wirkliche Leben.

Und vermutlich sind die Krankheit und die Trennung von der Wirklichkeit der anderen – die gleichbedeutend ist mit Gesundheit und körperlicher Unversehrtheit – auch der Grund, warum sie später schreiben wird: »Das Leben spielt mit mir ewiges Haschen. Mir scheint es immer, daß es nicht in mir, nicht dort ist, wo ich bin, sondern irgendwo weit weg.«

Was also tun? Das Leben woanders suchen. Beim Lesen, beim Nachdenken, aber auch beim Schreiben.

Schon mit neun Jahren greift sie wie selbstverständlich zur Feder, als finde sie im Umgang mit Bildern und Sätzen jene Unbeschwertheit wieder, die sie im Umgang mit ihrem Körper verloren hat. Die Feder huscht vergnügt übers Papier, tanzt und springt. Rosa übersetzt Prosatexte und Gedichte aus dem Deutschen ins Polnische. Sie schmiedet ihre ersten Verse und verfaßt ihre ersten Erzählungen, die in einer Warschauer Kinderzeitschrift veröffentlicht werden.

Sie schöpft wieder Mut. Ihre Intelligenz, ihre Kreativität und ihre Sprachgewandtheit sind der Beweis, daß sie das Leben meistern kann, das Leben und folglich auch ihren Körper. In der ersten Zeit nach ihrer Krankheit und nach der Entdeckung ihrer Behinderung hat sie sich aus Angst vor den mitleidigen und spöttischen Blicken der anderen geweigert, auf die Straße zu gehen. Doch nun wagt sie sich hinaus. Sie bäumt sich auf, trotzt ihrem Schicksal, und sie versucht, mit Willenskraft und mit einer Anstrengung ihres ganzen Körpers ihr Hinken zu kaschieren.

Natürlich hätte sie sich nach diesem schweren Schlag auch abkapseln und demütig in die unverdiente Niederlage fügen können, um dann in eine Traumwelt zu flüchten oder in der Bescheidenheit ein Mittel zu finden, sich die Rücksichtnahme und das Wohlwollen der anderen zu sichern.

Aber sie hat sich für das Gegenteil entschieden: Sie hat dem Schicksal getrotzt.

Lange war sie von den anderen Kindern getrennt, doch nun kehrt sie zu ihnen zurück, gestärkt durch die Niederlage, an der sie selbst keine Schuld trug. Stolz erobert sie ihren Platz zurück. Gestützt auf ihre Krankheit, wächst sie über sich hinaus und taucht schneller und tiefer in die Welt des Geistes ein.

Zum ersten Mal zeigt sie sich als Rebellin. Sie erringt einen Sieg, der zugleich Orientierung ist und zweifellos die Weichen für ihr ganzes weiteres Leben stellt.

Rosa ist noch keine zehn Jahre alt.

2. Gedemütigt, erniedrigt, rebellisch, revolutionär
(1881–1889)

Mit zwölf Jahren posiert Rosa beim Fotografen: ein seltsames Mädchen.

Sie steht aufrecht neben einem Sessel, die Hände auf die Lehne gestützt, eine Rose haltend. Sie ist streng gekleidet. Der uniformartige Mantel ist zugeknöpft, nur am Kragen und an den Ärmeln schaut eine weiße Bluse heraus. Nicht einmal das geknotete Seidenband verleiht diesem nüchternen Sonntagsstaat eine phantasievolle Note. Das einzige Spielerische ist ihr langes Haar, das über die linke Schulter bis auf die Brust herabwallt. Doch vorn ist es glatt in die Stirn gekämmt.

Ihr Blick drückt Überraschung und Erstaunen aus. Die vollen Lippen scheinen eine Frage zu formen: »Warum? Was ist das für eine Welt?«

Sie ist fast noch ein Kind, und doch liegt auf ihrem Gesicht bereits ein trauriger Ernst, der bewegt. Sie hat dichte, geschwungene Augenbrauen, große, abstehende Ohren und eine große Nase.

Dieses Mädchen ist nicht hübsch, aber es rührt den Betrachter. Sein Blick sagt: »Was habe ich getan? Was habe ich nur falsch gemacht?«

Rosa hat inzwischen das streng geregelte Leben am Zweiten Warschauer Mädchengymnasium kennengelernt. Es ist ein Abbild der Welt.

Bisher wußte sie nichts über das wirkliche Leben in der Gesellschaft, allenfalls das, was sie im Sächsischen Garten erlebt hatte. Doch im Grunde war sie eine unbeteiligte Beobachterin geblieben. Eine Leserin. Ein behütetes, von der Krankheit gezeichnetes Kind. Sie hatte zu Hause gelernt.

Nun muß sie hinaus. Ihr täglicher Schulweg zum Gymnasium in der Wilcza-Straße ist weit. Du darfst nicht hinken, schärft sie sich ein. Niemand darf es sehen, niemand darf es erfahren. Sie hält sich beim Gehen kerzengerade, doch wenn sie im Schulhaus die Treppe hinaufsteigt, knickt sie bei jedem Schritt in der Hüfte ein – jede Bewegung verletzt ihren Stolz. Schließlich betritt sie das Klassenzimmer. Ist die Tür erst einmal geschlossen, kann sie ihren Körper vergessen.

Doch dann beginnt die Demütigung, die Kränkung. Das Gymnasium ist in erster Linie für russische Mädchen reserviert. Ihre Väter sind Soldaten oder Beamte der Besatzungsmacht. Sie genießen ein absolutes Vorrecht. Dann kommen, je nachdem, wieviel Plätze noch frei sind, Töchter aus dem polnischen Kleinadel, blonde und katholische Mädchen, die stolz auf ihre Herkunft sind und den russischen Mitschülerinnen hochmütig ihre Verachtung zeigen. Die restlichen Plätze werden an die Töchter verdienter Juden vergeben. Sie rangieren allerdings ganz unten in der Hierarchie. Rosa muß eine Aufnahmeprüfung ablegen und wird nur zugelassen, weil sie eine ausgezeichnete Schülerin ist.

Die jüdischen Schülerinnen, deren Väter weder zu den politischen Herren noch zu den angestammten Grundbesitzern gehören, werden nur geduldet, weil sie begabt und gefügig sind. Sie halten sich streng an alle Regeln, denn ihre Mitschülerinnen, ob katholisch oder orthodox, ob Polinnen oder Russinnen, werfen ein wachsames Auge auf sie. Außerdem wird in der Schule nur Russisch gesprochen. Der Unterricht erfolgt in der Sprache der Besatzungsmacht.

Welchen anderen Ausweg gibt es für die gedemütigte und beleidigte Rosa, als durch Leistung zu glänzen und nun, da sie den ersten Schmerz überwunden und begriffen hat, daß sie, und nur sie, durch ihre Herkunft und ihre Behinderung in doppelter Hinsicht gebrandmarkt ist, gegen dieses Unrecht aufzubegehren und ihre Umgebung zu zwingen, die Wahrheit anzuerkennen?

Ich bin nicht weniger wert, wie in dieser Welt behauptet wird, *ich bin mehr wert.* Und ich werde es beweisen, indem ich die beste Schülerin werde – mit der Note »sehr gut« in den meisten Fächern.

Auf diese Weise werde ich euch beweisen, daß eure Welt, die mich auf die unterste Sprosse der sozialen Leiter verbannt, unannehmbar ist und von Grund auf geändert werden muß, denn nur dann kehrt Gerechtigkeit ein, nur dann erhalte ich, die dunkelhaarige Jüdin, der Krüppel, den Platz, der mir zusteht. Ich bin intelligenter und mutiger als jede einzelne von euch. Ich bin die beste.

Jeder Schritt auf ihrem Schulweg in die Wilcza-Straße ist eine gewonnene Schlacht. Jede glänzende Note, die sie bekommt, ist die Bestätigung für das Unrecht in dieser Gesellschaft, von der die Schule nur ein Abbild ist. Und der Beweis, daß es möglich ist, Gerechtigkeit zu erzwingen, denn die Russisch sprechenden Lehrer müssen zugeben, daß Rosa die Klassenbeste ist.

Die Welt muß also verändert werden. Und sie kann verändert werden.

Aber diese Schlußfolgerung ist für Rosa zunächst nur eine Privatsache zwischen ihr und dieser hierarchisch gegliederten Welt, die sie auf dem Gymnasium kennenlernt, wo man sie erniedrigt und demütigt. Im Unterricht zu glänzen und zu beweisen, wie intelligent sie ist, so daß man nicht umhin kann, ihr Anerkennung zu zollen, das ist ihre erste Revolte. Indem sie Klassenbeste wird, verändert sie die Weltordnung.

Aber die Geschichte macht vor den Mauern des Warschauer Mädchengymnasiums nicht halt. Die Schule ist nur das Spiegelbild der polnischen Gesellschaft. Und Rosa Luxemburg kann nicht bei ihrer spontanen Form der Revolte stehenbleiben. Beste Schülerin zu werden genügt nicht.

Sie weiß, daß das Zarenreich diese Ordnung mit eiserner Hand verteidigt. Einige Gymnasiasten wurden von der Schule verwiesen, nur weil sie einer bekannten polnischen Schauspielerin Blumen überreicht hatten. Und einer von ihnen nahm sich das Leben – der Direktor des Gymnasiums hatte ihn dazu aufgefordert.

Er hieß Ignacy Neufeld und war Jude. Der Vorfall ereignete sich vor Rosas Eintritt ins Gymnasium. Aber er ist nicht vergessen, und täglich kommt es zu neuen Vorfällen, die Rosa empören und ihr zeigen, daß die Schule nicht die eigentliche Stätte ihres Kampfes ist, sondern nur ein lächerlicher Nebenschauplatz. Der wirkliche Kampf für eine bessere Welt findet anderswo statt, jenseits der Mauern des Gymnasiums.

Nun häufen sich gerade in den achtziger Jahren des letzten Jahrhunderts, in denen Rosa das Gymnasium besucht, die Anschläge gegen Repräsentanten der russischen Autokratie. Und Frauen kämpfen an vorderster Front.

Rosa, die mit Begeisterung die Verse von Mickiewicz liest, weiß, daß die Volksheldin Emilia Plater mit an der Spitze des Aufstands von 1830 stand. Und sie weiß, daß Frauen auch bei der patriotischen Erhebung von 1863 eine maßgebliche Rolle spielten.

Aber das ist nur noch Erinnerung.

Dann, am 1. März 1881, wird Zar Alexander II. von der terroristischen Gruppe *Narodnaja Wolja* (Volkswille) ermordet. Der Täter, ein Mann namens Ignazy Hryniewiecki, der bei dem Anschlag ebenfalls den Tod findet, ist ein Pole. Er hat sich seinen russischen Genossen zur Verfügung gestellt.

Der Schock im Reich ist groß. Bestürzung, Angst, banges Abwarten prägen die Stimmung: Auch in der Familie Luxemburg spürt man die Spannung, die über Warschau liegt.

Die Polen verbergen ihre Freude, aber sie wissen, daß einige – wie die Studenten in Moskau – »das Verschwinden des Zaren feiern«.

Ein Pole hat der Besatzungsmacht einen schweren Schlag versetzt. Und natürlich fühlt man sich als Pole oder Jude gerächt, auch wenn man zugleich erschaudert und die Angst vor Repressalien einem die Kehle zuschnürt.

»In den achtziger Jahren«, wird Rosa später schreiben, »nach dem Attentat auf Alexander II., war über Rußland eine Periode starrster Hoffnungslosigkeit hereingebrochen... Friedhofsruhe herrschte unter den Bleidächern der Regierung Alexanders III.«

Aber dieser Erfolg bei der »Jagd auf den Kaiser« und die darauffolgende Repression bestätigt diejenigen in ihrer Haltung, die wie Rosa aus ihren persönlichen Erfahrungen den Schluß gezogen haben, daß die Welt verändert werden muß. Und dies um so mehr, als die »Terroristen« mutig vor ihre Richter treten.

Frauen wie Sophie Perowskaja – eine der beiden Drahtzieherinnen bei dem Mordkomplott – nehmen ohne erkennbare Regung ihr Todesurteil entgegen. Sophie wird zusammen mit ihren Genossen gehenkt.

Eine andere, Hessa Helffmann, entgeht der Hinrichtung, weil sie schwanger ist, wird aber in die Peter-und-Pauls-Festung in St. Petersburg gesperrt. Ganz Europa ist empört über ihre Haftbedingungen, und in Warschau ballt man die Faust in der Tasche. Das Kind, das sie zur Welt bringt, stirbt am 25. Februar 1882 in einem Findlingsheim. Fünf Tage später folgt ihm die Mutter in den Tod.

Der Tod des Zaren und seine Konsequenzen erschüttern in den Folgejahren ganz Europa, erfüllen Rosa mit Schrecken und bringen die Mauern des Gymnasiums zum Einsturz, in denen sie ihre Revolte eingesperrt hat.

Es ist eine Fügung des Schicksals, daß die wechselvolle Geschichte sich ausgerechnet den Ort und den Zeitpunkt ausgesucht hat, an dem Rosa Luxemburg in der Generationsfolge erscheint.

Sie fühlt sich von den Ereignissen persönlich betroffen und zum Handeln aufgerufen. Die besonderen Umstände haben sie dazu auserkoren. Bedingt durch ihre Herkunft, ihren Geburtsort und auch ihre Krankheit lernt sie die Gewalt, das Unrecht und die Unmenschlichkeit kennen, die sich unter der Oberfläche dieser Gesellschaftsordnung verbergen.

An Weihnachten 1881 wütet in Warschau tagelang ein Pogrom. Eine randalierende Menge dringt in die Zlota-Straße ein, verwüstet Geschäfte und brüllt Haßparolen, ohne daß jemand den Grund für diesen plötzlichen Aufruhr kennt.

Handelt es sich um eine Provokation der Russen? Schließlich hat es die Besatzungsmacht von jeher geschickt verstanden, die Opfer ihrer Unterdrückung gegeneinander auszuspielen.

Oder wurde das Pogrom von Polen angezettelt, die sich zurückgesetzt fühlen, weil die Juden immer reicher und immer mehr werden? Zwischen 1874 und 1897 ist der Bevölkerungsanteil der Juden um das Zweieinhalbfache auf 220 000 gestiegen. Und seit Aufhebung vieler antijüdischer Gesetze durch die zaristische Regierung erwerben sie obendrein Grundbesitz und bauen Fabriken.

Die von den Russen unterdrückten Polen fühlen sich betrogen, und ihr Nationalismus macht sich einmal mehr in antisemitischen Ausschreitungen Luft. Man kann sich das Entsetzen der Luxemburgs vorstellen. Sie verbarrikadieren sich in ihrer Wohnung, bis sich die Wogen der Gewalt geglättet haben. Das Pogrom wirft für Rosa neue Fragen auf. Wieder erweist sich, daß es mit privater Revolte und persönlicher Vergeltung nicht getan sein kann. Die Geschichte zwingt sie, aus ihrer Privatheit herauszutreten.

Und von ihrem Dichter Mickiewicz erfährt sie, daß es ein neues Wort gibt: Sozialismus. Niemand weiß, wer es erfunden hat, aber es entzündet die Leidenschaften.

Hat es nicht den Aufstand der Pariser Arbeiter von 1848 entfesselt? Und hat es nicht die Pariser Kommune im März 1871 auf ihr Banner geschrieben? Und ist Rosa nicht im selben Monat geboren? Ein Zufall, gewiß, aber ein Zufall, der sie prägt. Jahre später wird sie in Paris dem alten Kommunarden Camelinat begegnen, und er wird sie »die Enkelin der Kommune« nennen. Das liegt noch in ferner Zukunft, aber bereits jetzt liest sie bei Mickiewicz, daß die »alte Welt«, unter der sie leidet, »keine moralische Grundlage hat«.

Natürlich teilt sie diese Ansicht. Und keine Frage: In einer Zeit, in der die Frauen den »Willen des Volkes« verkörpern wollen und mutig zum Galgen schreiten, übt das furchteinflößende Wort »Sozialismus« eine starke Anziehungskraft auf sie aus.

Am Gymnasium hört sie, wie einige Schüler sich dieses Wort zuflüstern. Die Schüler wissen, daß der aus dem Schweizer Exil zurückgekehrte Pole Ludwik Waryński in Warschau die Bewegung *Proletariat* gegründet hat. Und sie wissen, daß andere junge Leute unter der Führung des Schriftstellers Boleslaw Limanowski die Gruppe *Lud Polski* (Das Polnische Volk) ins Leben gerufen haben. Alle diese Patrioten führen das Wort Sozialismus im Mund.

Im April 1883 zetteln die Aktivisten von *Proletariat* in Polen eine Serie von Streiks an, die in einem Generalstreik in den Warschauer Vororten gipfeln. Militär wird eingesetzt, um die Bewegung zu zerschlagen. Als die Zahl der Verhaftungen zunimmt, schließen sich die militanten Mitglieder von *Proletariat* mit der Terroristen-Gruppe *Narodnaja Wolja* zusammen und werden radikaler. Es kommt zu ersten Polizistenmorden.

Waryński wird verhaftet und in die Warschauer Zitadelle geworfen. Nun spielt sich die Geschichte direkt vor Rosas Haustür ab. Und sie registriert jeden Vorfall. Zusammen mit Waryński wird die schöne Alexandra Jentys verhaftet. Sie ist erst 22 Jahre alt, Lehrerin an einem exklusiven Mädcheninternat und Geliebte des militanten Revolutionärs. Wer wäre in diesen unruhigen Zeiten geeigneter, die Phantasie einer jungen Gymnasiastin zu beflügeln, die romantische Dichter liest und ohnehin schon einen Privatkrieg gegen die Welt führt, als diese Frau?

Rosa wird von nun an wagemutiger und unvorsichtig in ihrem jugendlichen Überschwang.

Im Jahr 1884 – sie ist erst dreizehn Jahre alt – erfährt sie, daß der deutsche Kaiser Wilhelm II. Warschau einen offiziellen Besuch abstatten wird. Das bevorstehende Ereignis ist in aller Munde und wird vermutlich bei ihr zu Hause ausgiebig erörtert. Wie viele Polen, und insbesondere die Juden, hält ihr Vater Deutschland für ein Musterland der Kultur und des Fortschritts. Das 13jährige, äußerlich so brav wirkende Mädchen schreibt anläßlich des Besuches ein sarkastisches Gedicht:

> Endlich werden wir Dich sehen, Mächtiger
>   des Westens,
> das heißt solltest Du in des Sachsen Garten
>   kommen,
> denn ich besuche Eure Höfe nicht.
> Es liegt mir nämlich an Eueren Ehrenbezeigungen
>   gar nichts.
> Doch wissen möcht ich, was Ihr dort schwatzt.
> Mit dem »Unserigen« sollst Du ja »per Du« sein.
> In bezug auf Politik bin ich noch ein dummes
>   Schaf,

drum will ich überhaupt mit Dir nicht viel reden.
Nur eines möchte ich Dir, lieber Wilhelm, sagen:
Sage Deinem listigen Lumpen Bismarck,
tue es für Europa, Kaiser des Westens,
befiehl ihm, daß er die Friedenshose nicht
zuschanden macht.

Kindisch? Nun, eine dreizehnjährige Gymnasiastin, die sich politisch als »dummes Schaf« bezeichnet, ist wohl kaum kindisch zu nennen. Im Gegenteil, sie hat klar erkannt, daß die Politik ein wichtiges Betätigungsfeld darstellt und großes Engagement erfordert.

Sie nennt sich deshalb ein »dummes Schaf«, weil sie noch unsicher ist. Doch an der respektlosen Art, mit der sie sich an den deutschen Kaiser wendet, mit der sie ihn belehrt und Bismarck als »listigen Lumpen« charakterisiert, wird deutlich, daß sie im Kopf bereits die Grenze überschritten hat, die den Untertanen vom freien, aufmüpfigen Bürger trennt.

Innerhalb von zwei Jahren vollzieht Rosa den Schritt von dieser literarischen Übung am Rande der Politik, die, so bedeutsam sie auch sein mag, im Grunde nur ein harmloses Spiel ist, der Beweis ihrer geistigen Beweglichkeit und ihres sprachlichen Talents, zur aktiven Politik. Und Politik kann unter der russischen Besatzung und der autokratischen Herrschaft Alexanders III. nur in Verschwörungen und illegalen Versammlungen bestehen.

Zwei Jahre, 1885 und 1886, genügen. Wieder einmal wird Rosa durch die geschichtlichen Ereignisse in ihren persönlichen Motiven bestärkt.

Im Jahr 1885 werden zwei Aktivistinnen der Partei *Proletariat,* die neunzehnjährige Maria Bohuszewicz und die aus einer jüdischen Arztfamilie stammende Rosalia Felsenhard verhaftet, in die Warschauer Zitadelle gesperrt und dann deportiert. Gerüchten zufolge sterben sie, bevor sie Sibirien erreichen.

Im Jahr darauf, am 28. Januar 1886, werden vier Funktionäre des *Proletariat* in der Warschauer Zitadelle gehenkt. Es sind die ersten

Exekutionen seit 1864. Entsprechend groß ist das Echo, das sie auslösen.

Parteigründer Waryński Witel wird kurz darauf zu sechzehn Jahren Zwangsarbeit verurteilt. Er stirbt später in der Festung Schlüsselburg bei St. Petersburg.

Dies alles geschieht in der Stadt, in der Rosa lebt. Die »Revolutionäre« und »Sozialisten« werden hinter den Mauern jener Zitadelle gehenkt, die man am Ende der Straße erblickt.

Diese Märtyrer sind nicht mehr nur Legendengestalten aus den Werken Mickiewiczs und Symbolfiguren einer schon fernen Geschichte wie die berühmte Wera Sassulitsch, die 1878 den Militärgouverneur von St. Petersburg niederschoß, weil er einen politischen Häftling hatte auspeitschen lassen, und die hinterher vor Gericht freigesprochen wurde.

Jetzt sind die Märtyrer hier. Die Leute sprechen über sie. Einige kennen sie sogar persönlich. Man kann sich kleinen Gruppen aus Gymnasiasten und Studenten anschließen, die der gleichen Partei *Proletariat* angehören wie die jungen Frauen, die auf dem Weg nach Sibirien umkamen, oder die Aktivisten, die gehenkt wurden.

Wie könnte Rosa dem Reiz dieser Bewegung widerstehen, die sich während ihres noch kurzen – sie ist erst fünfzehn Jahre alt –, aber bewegten Lebens formiert hat? Rosa erliegt der Versuchung und schließt sich einer der Gruppen von *Proletariat* an.

Später wird sie einem zehnjährigen Mädchen anvertrauen: »In deinem Alter habe ich nicht mit Puppen gespielt, da habe ich Revolution gemacht.«

Diese geistige Reife, die ungewöhnlich ist für ihr Alter und auf die sie später mit Stolz verweisen wird, steht ihr im Gesicht geschrieben, als sie im sechzehnten Lebensjahr erneut fotografiert wird.

Der Ausdruck der Verwunderung und der fragende, traurige Blick sind verschwunden. An ihre Stelle ist eine Art Akzeptanz getreten.

Das runde Gesicht, der verschleierte Blick, die hohe gewölbte Stirn mit den nach hinten gekämmten Haaren und der Mund mit den vollen, fast schmollenden Lippen scheinen nicht mehr »Warum?«

zu fragen wie noch bei der Zehnjährigen. Sie sagen: »So ist es.« Und gleichzeitig drücken sie einen unbedingten Willen aus, eine Art unerschütterliches »Es muß sein«.

Gewiß, in diesem Blick liegt auch ein Hauch von Melancholie, ein Bedauern über den Zustand der Welt. Aber was nützen Klagen? Man muß die Realität zur Kenntnis nehmen, sich gegen sie auflehnen, alles Nötige tun, um sie zu verändern. Auch wenn die Seele dabei Schaden nimmt, denn eine andere Möglichkeit gibt es nicht.

Das ist der Preis für die Selbstachtung. Das ernste Mädchengesicht strahlt Würde und Entschlossenheit aus. Keine Spur von Groll oder Verbitterung. Man muß die Welt so nehmen, wie sie ist. Nur dann kann man handeln.

Eine junge Frau muß sich damit abfinden, daß sie klein ist, daß sie hinkt und eine zu große Nase hat. Sie muß sich gerade halten, ihren körperlichen Defekt kaschieren. So ist das Leben.

Rosa wird also politisch aktiv und schließt sich einer der letzten Zellen der Partei *Proletariat* an (es handelte sich um das *Zweite Proletariat;* die Führung der Vorläuferorganisation ist von der zaristischen Polizei ausgeschaltet worden). Der Einfluß der Partei ist freilich nur sehr gering und beschränkt sich auf Studenten und Gymnasiasten.

Die Polizei wird auf die junge Revolutionärin Rosa Luxemburg aufmerksam und legt eine Kartei von ihr an. Die Schulleitung verdächtigt sie illegaler und subversiver Aktivitäten und verweigert ihr die Goldmedaille, die ihr aufgrund ihrer guten Leistungen am Gymnasium eigentlich zusteht.

Als sie am 14. Juni 1884 mit dem besten Abschlußzeugnis vom Gymnasium abgeht, gehört sie zu jenen jungen Studentinnen, die von der Polizei nicht mehr aus den Augen gelassen werden.

Kaum tritt sie also ins Leben hinaus, steht ihre Wahl bereits fest. Durch das Zusammentreffen individueller Faktoren und Zufälligkeiten mit einer kollektiven Geschichte, die Rosa aufgrund ihrer persönlichen Erfahrungen nur mit den Augen der Rebellin wahrnehmen kann, ist ihr weiterer Lebensweg praktisch vorgezeichnet.

Die Solidarität mit den Gedemütigten und Erniedrigten ist für sie ein kategorischer Imperativ im Namen der Moral und der Gerechtigkeit und eine existentielle Notwendigkeit im Namen dessen, was sie als junges Mädchen erfahren und erlitten hat.

Unmittelbar nach ihrem Schulabgang wird sie damit beginnen, die Werke von Marx und Engels zu lesen, die »heiligen« Schriften der sozialistischen Religion.

Festzuhalten bleibt aber, daß sie die von ihr so geschätzte wissenschaftliche Methode erst entdeckt, nachdem sie ihre Wahl getroffen hat. Ausschlaggebend für ihre Entscheidung waren andere als »wissenschaftliche« Gründe.

Rosa schließt sich der illegalen Bewegung *Proletariat* nicht deshalb an, weil sie glaubt, daß die proletarische Klasse alle Menschen befreien und mit Hilfe der Revolution der Geschichte einen Sinn geben wird. Nein, sie tritt ihr bei, weil sie persönlich unter dem Unrecht der herrschenden Ordnung gelitten hat. Sie war eine Entwurzelte, die zunächst versucht hatte, die Welt für sich selber zu verändern. Doch der Verstand sagte ihr, daß sie sich unmöglich auf die Schule und die Familie beschränken konnte. Außerdem waren da noch andere junge Frauen, die sich aufopferten, die einen moralischen Anspruch verkörperten und in einer Art und Weise die Gesellschaft als Ganzes miteinbezogen, die Rosas Bedürfnis entgegenkam, eine Erklärung für die Ungerechtigkeit zu finden, die sie erfahren hatte: die Krankheit, die soziale Hierarchie, das Pogrom.

Rosa hatte diese Ungerechtigkeiten allein empfunden. Und sie hatte sich allein gegen sie aufgelehnt.

Nun verschrieb sie sich einer Bewegung und einer Sache, die für sie zu einer neuen Heimat wurden. Hier lag ihre Zukunft.

Rosa ist erst sechzehn Jahre alt, doch die Würfel sind gefallen. Aus der Entwurzelten, der Aufsässigen, der Rebellin wird eine Revolutionärin, für die der politische Kampf keine bloße Nebenbeschäftigung ist. Sie wird ihm ihr ganzes Leben widmen.

Sie liest weiter Gedichte und berauscht sich an der Schönheit des Himmels, doch von nun an stellt sie ihr Dasein ganz in den Dienst der *Sache:* die Veränderung der Gesellschaft und der Welt.

Ihr Leben und ihre Beziehung zur Familie verändern sich. Sie wohnt zwar immer noch in der Zlota-Straße, kapselt sich jedoch zusehends ab, sie, die schon immer anders war als die anderen, das Nesthäkchen, die Kranke, der Liebling der Eltern und Geschwister, die Begabteste und doch eine Außenseiterin.

Sie bleibt den Ihren zugetan, aber sie nimmt nicht mehr am Familienleben teil. Von nun an sieht sie ihre Eltern und Geschwister mit den Augen eines Menschen, der andere, extreme und gefährliche Erfahrungen macht: bei der illegalen politischen Arbeit, bei der Agitation unter den Studenten. Sie lebt in der ständigen Angst vor Verhaftung und lernt großartige Menschen kennen, die sich dem gleichen Ziel verschrieben haben und die bereit sind, dafür Opfer zu bringen.

Bei ihren Familienangehörigen stößt Rosa auf Unverständnis, aber sie hat das Interesse an ihnen verloren, auch wenn sie es bedauert und später noch mehr bedauern wird.

Die Familie führt ihr gewohntes Leben. Elias Luxemburg geht weiter seinen Geschäften nach, und inzwischen auch mit mehr Erfolg, obwohl die Konkurrenz schärfer geworden ist. Er häuft zwar kein Vermögen an, doch immerhin erwirtschaftet er das Einkommen einer gutbürgerlichen Familie, das ihm die Möglichkeit gibt, die Ausbildung seiner Kinder zu finanzieren. Bereitwillig gibt er Rosa das Geld, das sie braucht.

Rosa verachtet dieses Leben keineswegs, es genügt ihr nur nicht mehr. Manchmal sehnt sie sich nach ihm zurück – und diese Sehnsucht wird mit den Jahren immer stärker –, aber führen kann sie ein solches Leben nicht mehr.

Sie berauscht sich bereits an hochfliegenden Plänen. Und dieser Leidenschaft ordnet sie alles andere unter. Sie wird zur Triebfeder ihres Daseins, zu ihrem Lebenszweck, aus ihr bezieht sie ihre Kraft.

Noch bevor sie erkennt, daß sie einen Weg eingeschlagen hat, von dem es kein Zurück mehr gibt, hat sie Dinge getan, die sie zum Weitergehen zwingen. Sie knüpft neue Kontakte und lernt Genossen kennen, die den gleichen Weg eingeschlagen haben wie sie.

Viele faszinieren sie. Neben dem Mut, dem Heroismus, dem Altruismus und der Selbstlosigkeit dieser Leute wirken ihre Angehörigen noch unscheinbarer, auch wenn sie nicht aufhört, sie zu lieben.

Sie lernt Marcin Kasprzak kennen, einen Arbeiter aus Posen im preußischen Polen. Er zählt zu den letzten Überlebenden der Partei *Proletariat* und ist soeben nach Warschau zurückgekehrt. Die beiden freunden sich an und bauen zusammen geheime Zellen auf, die versuchen, in dieser düsteren, von Repression geprägten Periode unter Zar Alexander III. zu überleben.

Zwischen Menschen, die, beseelt von einem gemeinsamen Glauben, in der Illegalität arbeiten und alle Gefahren teilen, entstehen enge Bande, die oft nur der Tod zu zerschneiden vermag. Und Rosa und Marcin Kasprzak wissen, daß sie ihr Leben aufs Spiel setzen oder zumindest in der ständigen Gefahr schweben, ihre Freiheit zu verlieren. Im Jahr 1905 wird man Kasprzak zum Tode verurteilen, und er wird gelassen zum Schafott schreiten.

Die Möglichkeit, für die Sache zu sterben, ist Rosas Genossen stets gegenwärtig, und diese Erfahrung hinterläßt bei dem siebzehnjährigen Mädchen einen unauslöschlichen Eindruck.

Kann ein Mensch, den solche Gedanken beschäftigen, damit zufrieden sein, wie die Familie Luxemburg zu leben?

Rosa steuert unaufhaltsam auf eine Trennung zu. Sie muß sich dieser Minderheit anschließen, dieser kleinen revolutionären Elite, deren Mitglieder sich gegenseitig anerkennen, die ihr Leben »auf des Schicksals große Waage hinwerfen« und die das, was man abstrakt Geschichte nennt, als ihre Wirklichkeit erleben.

Und diese Geschichte gerät nun wieder in Bewegung.

Rosa lernt im Untergrund Männer wie Julian Marchlewski oder Adolf Warszawski kennen, die den *Polnischen Arbeiterbund* gründen werden. Sie organisieren Streiks, die vom Militär niedergeschlagen werden. Und sie sind es auch, die später versuchen werden, Kundgebungen zum 1. Mai durchzuführen.

Aber die zaristische Polizei ist wachsam. Die Zahl der Verhaftungen steigt. Jeder weiß, was ihn erwartet, wenn er verhaftet wird:

Gefängnis, Deportation nach Sibirien oder der Tod am Strang. Gleich ob Mann oder Frau, für die Richter macht das keinen Unterschied. Dieser Kampf zwischen den Revolutionären und dem Zarenregime, der nun schon seit Jahrzehnten tobt, ist ein Kampf auf Leben und Tod.

Jeder weiß es. Genau darum geht es bei diesem Kampf. Wenn die Lage zu brenzlig und der Boden zu heiß wird, geht man für einige Jahre ins Exil. Man verläßt Russisch-Polen und flieht in jene polnischen Gebiete, die unter der weniger strengen Herrschaft Österreich-Ungarns (Galizien) oder Deutschlands stehen. Oder man geht noch weiter nach Westen, zum Beispiel in die Schweiz. Dort trifft man alle entwurzelten Revolutionäre wieder, die aus Rußland geflohen sind. Muß auch Rosa diesen Weg gehen?

Seit dem 5. März 1888 ist sie im Besitz eines Passes. Sie ist erst siebzehn Jahre alt, aber ein Genosse nach dem anderen verschwindet. Die einen werden verhaftet, die anderen fliehen ins Ausland. Und das Netz zieht sich immer enger zusammen. Rosa begeht Fehler, die typisch sind für einen Neuling. Obwohl sie im politischen Untergrund aktiv ist, schläft sie noch bei ihren Eltern.

Marcin Kasprzak ahnt, daß das nicht lange gutgehen kann. Die Anzeichen für eine bevorstehende Verhaftung häufen sich. In Warschau, oder überhaupt in Polen, gibt es nicht sehr viele Frauen, die sich der Sache der Revolution verschrieben haben, und die Polizei braucht in der Regel nicht lange, um ihre Identität zu ermitteln. Bei Rosa kommt erschwerend hinzu, daß sie aufgrund ihrer besonderen Merkmale von jedem Spitzel – und ihre Zahl ist Legion – leicht identifiziert werden kann: Sie ist klein, auffallend dunkelhaarig, hinkt und hat einen großen Busen. Wer würde Rosa Luxemburg da nicht wiedererkennen? Außerdem ist sie Jüdin, und das ist ein zusätzliches Merkmal.

Es ist also ratsam, Vorkehrungen für ihre Ausreise zu treffen.

Rosa dürfte nicht lange gezögert haben. Die Gewißheit einer bevorstehenden Verhaftung ist jedoch nicht das einzige Motiv, das sie ins Exil treibt. Hinzu kommt die Überzeugung, daß Flucht nicht gleichbedeutend ist mit Desertion, sondern, im Gegenteil, der Auftakt zu einer neuen Etappe des Kampfes. Als Revolutionärin und Sozialistin muß sie Wirtschaft und Geschichte studieren, denn nur dann kann sie die Mechanismen dieses kapitalistischen Systems verstehen, das Marx beschrieben hat und das die Welt immer tiefer ins Chaos stürzt, wenn ihm nicht Einhalt geboten wird.

Wissen ist also eine der Waffen, die es zu erwerben gilt, und Rosa, die brillante Gymnasiastin, ist überaus wißbegierig. Hinzu kommt, daß die Universitäten in Polen, anders als in der Schweiz, den Frauen verschlossen sind. Dies und die Furcht vor einer Verhaftung, die ihren Tatendrang zu ersticken droht, noch bevor er sich entfaltet hat, sind die ausschlaggebenden Gründe für ihre Entscheidung zu gehen.

Man kann sich vorstellen, wie sie dieser Gedanke entflammte. Endlich fort von hier!

Nie mehr die dumpfe Atmosphäre in der Zlota-Straße erleben müssen, wo der Hausdiener Antoni »jeden Abend nach Torschluß im Hausflur auf seiner Schlafbank saß und laut im Zwielicht der Laterne die offiziellen ›Polizeinachrichten‹ buchstabierte, daß es sich im ganzen Haus wie eine dumpfe Litanei anhörte... Und als ich ihm einmal auf seine Bitte um Lektüre Lubbocks *Anfänge der Zivilisation* gab, die ich als mein erstes ›ernstes‹ Buch mit heißer Mühe durchgenommen hatte...«

Ihre Reife und ihre hohen Erwartungen an das Leben sind, neben allen anderen Aspekten, ein wichtiger Grund, warum sie dieser Enge entfliehen und ihrer Familie und Warschau den Rücken kehren will. Die junge Revolutionärin sehnt sich nach neuen geistigen und praktischen Perspektiven, kurzum nach einem »intensiven« Leben. Sie fühlt sich in dieser Umgebung wie in einem Gefängnis, an dessen Mauern sie stößt. Das Leben, »das wirkliche Leben«, so denkt sie – und später wird sie sagen, daß sie sich getäuscht hat –, ist woanders.

Sie muß also fort. Die Familie wird auseinandergerissen. Das jüngste Kind geht.

Aber ist sie nicht ohnehin schon woanders? Die Mutter, der Vater, die Geschwister, alle wissen es, alle spüren es schon seit Jahren.

Rosa ist nicht wie die anderen Kinder der Luxemburgs. Sie ist ein besonderer Mensch. Anziehend und furchteinflößend zugleich. Und eine Gezeichnete, als habe das Schicksal sie auserkoren.

Außerdem muß man sie schützen und diesen Aktivitäten entreißen, die früher oder später zu ihrer Verhaftung führen werden.

Rosa braucht nicht lange zu bitten, damit man ihr hilft, sich in die Schweiz abzusetzen. In Zürich kann sie die Universität besuchen, ihre Talente entfalten und ein Diplom erwerben, und wer weiß, vielleicht wird sie sogar Ärztin, warum nicht?

Bliebe nur noch zu klären, wie sie über die Grenze kommt.

Rosa besitzt einen Paß, doch es wäre zu gewagt, ihn vorzulegen, denn viele werden gerade an der Grenze verhaftet.

Ein heimlicher Grenzübertritt stellt im Grunde kein Problem dar. Ein Bach, ein Feld, hilfsbereite Bauern, und schon hat man das Russische Reich verlassen und ist in Österreich-Ungarn. Hunderte von Aktivisten überqueren so die Grenze. Doch in letzter Minute taucht ein Hindernis auf, wie Rosa später berichten wird. Die Leute, die sie illegal über die Grenze bringen sollen, lassen sie im Stich.

Martin Kasprzak, der ihre Flucht organisiert hat, bringt sie zu einem katholischen Dorfpriester und behauptet, das jüdische Mädchen wolle konvertieren und sich taufen lassen, müsse aber aus Polen fliehen, weil ihre Familie dagegen sei.

Und ein polnischer Priester weist niemals eine Seele zurück.

Auf seine Bitte hin versteckt ein Bauer sie unter dem Stroh seines Karrens und bringt sie über die Grenze.

Damals war sie achtzehn Jahre alt. Ohne Zweifel dachte sie an den Satz des Dichters Mickiewicz: »Die polnischen Pilger sind die Seele der Nation.«

Doch selbst wenn der Zufall der Geburt aus ihr ein Kind der Stadt Zamość und der Zlota-Straße gemacht hatte, eine Rebellin, die, wie die polnischen Patrioten, die russische Autokratie bekämpfte, so empfand sie sich – und sie wußte es, als sie im Zug nach Zürich saß – beileibe nicht nur als »polnische Pilgerin«.

Ihre Wahlheimat war jene mythische Realität, in der Männer und

Frauen lebten, die sie bereits als *Ausgebeutete* und *Proletarier* bezeichnete, die aber genaugenommen kein Vaterland hatten.

An jenem Tag im Jahr 1889, als Rosa an einem Schweizer Grenzposten ihren Paß vorlegte, wollte sie bereits Bürgerin in diesem Vaterland sein, das nicht aus Äckern und Feldern bestand, sondern aus Überzeugungen und Gewißheiten. Sie wollte Mitglied einer Gemeinschaft sein, für die es keine anderen Grenzen gab als diejenigen, welche die Anhänger der alten, kapitalistischen Ordnung von den Anhängern der künftigen, sozialistischen Ordnung trennte.

Alles andere – die Erinnerungen an Zamość, den Geruch der Erde und der Wälder – verbannte sie wie eine Schwäche in die verborgenen Winkel ihrer Seele. Und was die Familie und ihre jüdische Herkunft anging, so war es nutzlos, sich weiter darüber Gedanken zu machen.

Mit achtzehn Jahren hält man das für möglich. Rosa wollte es und glaubte es.

TEIL II

»Ich bin wirklich
schon ganz erwachsen,
worauf ich sehr stolz bin.«
(1889–1898)

3. »Heute nacht weckte mich eine Stimme...«
(1889–1893)

Frei. Rosa konnte an nichts anderes denken.

Eine Stimme hallte durch den Hauptbahnhof: »Zürich. Zürich.« Und während Rosa ihre Koffer über den Bahnsteig schleppte und von den Reisenden, die den Waggons entstiegen, überholt wurde, verstand sie nur: »Frei, frei.«

Man kann sich unschwer vorstellen, welch freudige Erregung sie überkam, als sie auf den Bahnhofsplatz hinaustrat, die kühle Luft einsog und mit den Augen die Umgebung verschlang, die Stadt und den See, der sich in der Ferne zwischen schneebedeckte Hänge schmiegte. Alles ist fremd, und doch fühlt sie sich schon wie zu Hause.

Der Genosse Karl Lübeck und seine Frau Olympia holen sie ab. Bei ihnen, in der Nelkenstraße 12, wird sie zunächst als Untermieterin wohnen.

Lübeck ist Deutscher, lebt aber seit Bismarcks Sozialistengesetz im Exil. Olympia ist Polin und kennt alle polnischen Studenten in Zürich, die sie häufig bei sich zu Gast hat. In diesem halbfamiliären Milieu fühlt sich Rosa auf Anhieb wohl.

Schon in den ersten Stunden macht sie Bekanntschaft mit der Herzlichkeit und Solidarität unter den Exilanten und Verfolgten aus ganz Europa, die, am Ausgang des letzten Jahrhunderts, vor den repressiven Gesetzen in ihren Ländern geflohen sind. Sie alle träumen von einer anderen Welt und organisieren aus der Ferne die Aktionen derjenigen, die sie »die Massen« nennen, was immer sie sich auch darunter vorstellen mögen.

Diese multinationale Gemeinschaft aus Sozialisten und Marxisten bildet Rosas neues soziales und privates Umfeld.

Es kennenzulernen, ihm von nun an anzugehören ist für sie der Beweis, daß sie einen Sieg errungen hat.

Sie hat ihr Schicksal selbst in die Hand genommen. Sie hat der Krankheit getrotzt, und im Gegensatz zu ihrer älteren Schwester, die darauf hofft, daß eines Tages ein Mann kommt und sie heiratet, und in der ständigen Angst lebt, keinen zu finden, hat sie sich nicht in das typische Schicksal einer jüdischen Frau ergeben.

Sie hat sich dem Zugriff der zaristischen Polizei entzogen. Auch das ein Sieg.

Sie ist in Zürich. Karl Lübeck bittet sie, ihm zu helfen und die Artikel durchzusehen, die er für sozialdemokratische Zeitungen in Deutschland schreibt. Auf diese Weise entdeckt Rosa eine neue Leidenschaft: über politische Themen schreiben, seine Meinung verbreiten, Fakten analysieren, sich intellektuell betätigen und gleichzeitig ins aktuelle Geschehen eingreifen. Sie empfindet dabei auf Anhieb eine solche Befriedigung und zeigt ein solches Talent, daß sie nie wieder davon lassen wird.

Diese ersten Kontakte bestärken sie noch in der Überzeugung, daß sie einer kleinen, »elitären« Minderheit angehört, und das ist um so bemerkenswerter, als sie eine Frau ist.

Nicht daß ihr diese Überzeugung irgendein Gefühl der Überlegenheit geben würde. Gleichwohl bezieht sie aus ihr die Gewißheit, daß sie über die notwendigen Fähigkeiten verfügt, um zu denen zu gehören, die den »Massen« die Richtung weisen, sie führen und ihnen sagen, was sie tun müssen, um ihr Los zu verbessern.

Hat sie in den achtzehn Jahren ihres noch kurzen Lebens nicht bewiesen, daß sie imstande ist, ihr Leben in die von ihr gewünschte Richtung zu lenken? Jede Situation zu meistern und aus Niederlagen gestärkt und gestählt hervorzugehen?

Dazu braucht man Willensstärke, Mut und Intelligenz. Individuelle Qualitäten, die Voraussetzung sind für jedes gesellschaftliche Engagement.

Und Rosa besitzt diese Qualitäten, davon ist sie überzeugt.

Genießt sie hier, in Zürich, in »ihrer« Gemeinschaft von Exilanten und Revolutionären, der neben Karl Lübeck auch Robert Seidel angehört, der die *Arbeiterstimme,* das Parteiorgan der Schweizer

Sozialdemokraten, leitet und 1893 als Sozialdemokrat in den Züricher Kantonsrat gewählt werden wird, nicht alle Freiheiten?

Rosa ist also selbstbewußt und stolz auf sich. Sie hat das »Völkergefängnis« des Russischen Reichs verlassen und gehört fortan der »Internationale« der Revolutionäre an. Das Recht dazu hat sie sich erworben, und niemand in Zürich macht es ihr streitig. Sie ist eine Genossin. Hier wird sie ihre Fähigkeiten entfalten. Sie spürt es, sie weiß es, und sie will es. Einmal, weil es ihr ein dringendes Bedürfnis ist, denn leben heißt für sie, alles, was man in sich trägt, konsequent ausschöpfen, zum anderen aber auch sich für die »Sache«, den Sozialismus, das internationale »Proletariat«, die »Massen« zu engagieren. Das ist ihre Pflicht.

Und wenn sie jetzt glücklich ist, so auch deshalb, weil sie mit ihrer Flucht aus dem »Gefängnis« Polen den lähmenden Zwängen der Untergrundarbeit und Illegalität entronnen ist. Jetzt wird sie offen ihr Gesicht zeigen. Sie wird laut ihre Stimme erheben, klar und deutlich schreiben. Das entspricht viel eher ihrem Temperament als die Heimlichkeiten der konspirativen Tätigkeit.

In Zürich, in der friedlichen Atmosphäre der Schweizer Demokratie, kann Rosa sich frei entfalten und ungehindert politisch engagieren.

Die Sozialisten, die sie bei den Lübecks und Seidels kennenlernt, unterhalten ein enges Netz von Freundschaften und Antipathien. Sie führen endlose Debatten über theoretische, strategische und taktische Fragen, sagen sich mitunter auch von der gemeinsamen Lehre los, lesen, schreiben und studieren.

Denn um die »Pflicht« zu erfüllen, die ihnen ihre Überzeugung – oder ihr Glaube, wie man eigentlich sagen müßte – diktiert, müssen sie analysieren, verstehen und lernen.

Gleich nach ihrer Ankunft in Zürich schreibt sich Rosa – und das ist ganz im Sinn ihrer Eltern, die ihr das notwendige Geld für den Lebensunterhalt schicken – an der Philosophischen Fakultät der Universität Zürich ein. Gleichzeitig beschließt sie aber auch, Vorlesungen in Mathematik, Botanik und Zoologie zu belegen. Denn nichts darf vom »Wissen« ausgeschlossen werden.

Nach Rosas Vorstellung umfaßt der »Sozialismus« alle »Wissenschaften«. Alle Errungenschaften, so glaubt sie, müssen berücksichtigt werden, um die Theorie zu untermauern.

Als Tochter von Darwin und Marx will sie, wie die meisten sozialistischen Theoretiker am Ausgang des letzten Jahrhunderts, die Welt in ihrer Totalität erfassen.

Und davon einmal abgesehen, begeistert sie die exakte und wissenschaftliche Kenntnis der Natur. Das Leben der Pflanzen und Tiere, diese Welt fern jeder Politik, wirkt auf sie beruhigend wie eine Realität, die grundlegende Wahrheiten über die Welt vermittelt.

Die Schönheit einer Blume, die Beharrlichkeit eines Insekts oder der Gesang eines Vogels sagen ihr, wie schön das Leben ist, daß es sich lohnt zu leben und daß das Leben der Menschen aus diesem Grund so gestaltet werden muß, daß sie sich nicht gegenseitig vernichten, daß sie das Leben selbst nicht zerstören.

Die Liebe zur Natur ist für Rosa eine Möglichkeit, der Unerbittlichkeit und den Zwängen des politischen Kampfes zu entgehen. Sie ist Ausdruck ihrer Empfindsamkeit, als stehe sie auch in der Tradition Rousseaus.

Doch zunächst einmal erkundet sie Zürich. Sie sieht sich in der kosmopolitischen Kolonie um und beurteilt die Menschen, die sie trifft. Sie wird die Vertraute von Olympia Lübeck. Olympia ist als Mutter von acht Kindern ganz von ihren häuslichen Pflichten in Anspruch genommen und führt, wie Rosa später sagen wird, ein »Leben ohne Hoffnung«.

Doch abgesehen von solchen privaten Problemen, die auch das Exil nicht zu lösen vermag, bietet die Schweiz den Entwurzelten ein gastliches Asyl.

Schon Bakunin und Herzen fanden nach dem Scheitern der Revolution von 1848 und der anschließend einsetzenden Reaktion hier Zuflucht.

Nach den Anarchisten kamen die Marxisten. Die Russen bilden eine große Gruppe, die von Plechanow und Axelrod beherrscht wird. Beide sind starke Persönlichkeiten. Beide gehen auf die Vierzig zu, sind also erheblich älter als Rosa.

Georgij Plechanow ist eine Art Vordenker und sehr auf seine Autorität bedacht. Er versteht sich als »Vater« der russischen Marxisten, übersetzt Marx und korrespondiert mit Engels.

Paul Axelrod hat zusammen mit ihm die Gruppe *Befreiung der Arbeit* gegründet. Beide genießen in Europa großes Ansehen, an ihnen kommt niemand vorbei. Ebenfalls zu ihrer Gruppe gehört Wera Sassulitsch, die immer noch der Nimbus ihres Attentats auf General Trepow im Jahr 1878 umgibt. An ihr wird deutlich, wie vielfältig die russische Opposition ist.

Als Gymnasiastin in Warschau hat Rosa von diesen Intellektuellen gehört und sie bewundert. Jetzt kann sie mit den Namen Gesichter verbinden. Und sie erfährt, womit sie ihren Lebensunterhalt bestreiten. Plechanow schreibt Adressen auf Umschläge, und Paul Axelrod, später ein enger Freund Rosas, betreibt in Zürich eine kleine Kefirfabrik.

Rosa schätzt die russischen Sozialisten. Sie knüpft Kontakte zu Boris Kritschewski, einem Mann Anfang dreißig, der ebenfalls der Gruppe *Befreiung der Arbeit* angehört. Sie lernt Lunatscharski kennen, einen brillanten Studenten, der vier Jahre jünger ist als sie und der Gruppe nahesteht.

Sie besucht den deutschen Arbeiter-Bildungsverein *Eintracht*. Der Verein verfügt über eine gut bestückte Bibliothek und einen Lesesaal, in dem sie mit deutschen Sozialisten diskutiert. Sie ist fasziniert von der Entschlossenheit und der wissenschaftlichen Arbeit dieser Genossen, mehr noch aber von der Macht ihrer Partei, ihren erfolgreichen Aktionen und ihrem immensen Einfluß.

Im Mai 1889 legt ein Streik von 150 000 Bergarbeitern die Wirtschaft im Ruhrgebiet lahm. Im Februar 1890 erhält die Sozialdemokratische Partei Deutschlands bei den Wahlen 1 427 000 Stimmen und erringt 35 Sitze. Und einen Monat später wird Bismarck, der »listige Lump«, wie sie ihn einst genannt hat, nach Differenzen mit dem neuen Kaiser Wilhelm II. (der 1888 den Thron bestiegen hat) aus seinem Amt entlassen.

Am Ende des Jahres wird das Sozialistengesetz, das der eiserne Kanzler durchgesetzt hat, aufgehoben. Die Sozialdemokraten können sich von nun an wieder völlig legal in Deutschland betätigen. Am 1. Januar 1891 erscheint in Berlin ihr Parteiorgan *Vorwärts*.

So ist Rosa gleich nach ihrer Ankunft in Zürich zwischen den Russen und den Deutschen hin- und hergerissen.

Die einen kämpfen gegen eine unerbittliche Autokratie, die anderen haben sich mit Erfolg einen Platz in der Politik ihres Landes erobert. Zwischen diesen beiden Polen steht Rosa. Ihre Sympathien sind verteilt, aber die Deutschen sind mächtig: Innerhalb der 1889 in Paris gegründeten Zweiten Internationale sind sie die stärkste Partei. Die Russen wiederum bestechen durch ihre revolutionäre Entschlossenheit und ihre Kreativität in taktischen und strategischen Fragen.

Rosa weiß auch, daß alle großen Männer der deutschen Sozialdemokratie – Wilhelm Liebknecht, Karl Kautsky, August Bebel und Eduard Bernstein – vorübergehend in Zürich gelebt haben. Sie sind inzwischen nach Deutschland zurückgekehrt, aber in den Räumen des Vereins Eintracht, in denen Rosa fast täglich liest und schreibt, sind die Spuren ihrer Arbeit und der Nachhall ihrer Debatten noch gegenwärtig. In Rosas Augen ist die Partei der Deutschen der Pfeiler, auf den sich die Internationale stützen kann und muß. Deshalb beschließt sie, mit ihr zusammenzuarbeiten.

Und was ist mit den Polen? Schließlich sind auch sie in Zürich zahlreich vertreten und gut organisiert. Doch Rosa mißtraut dem *Polnischen Studentenbund,* der im Polenmuseum in Rapperswil seine Zusammenkünfte abhält. Sein Nationalismus – oder Patriotismus? – beunruhigt sie.

Wozu Polen, wo es doch die Internationale, die Sozialdemokratische Partei Deutschlands und die russischen Marxisten gibt? Die wirklich bedeutenden Revolutionäre und Sozialisten, auf die es ankommt, sind Plechanow, Axelrod und dieser Karl Kautsky, der Marx und Engels persönlich kennengelernt hat und unter dem Titel *Neue Zeit* eine theoretische Zeitschrift herausgibt.

Ist es wichtig und nützlich, ein polnischer Patriot zu sein? Rosa, die in Zamość, im Ostteil der polnischen Platte, geboren ist und oft wehmütig an die Sonnenuntergänge über den Wäldern und die langen Ackerfurchen in der braunen Erde zurückdenkt, glaubt es nicht. Sie braucht nur wenige Wochen, um zu diesem Schluß zu gelangen.

Wer weiß, vielleicht hätte Rosa zu diesem Polen zurückgefunden, das tief in ihrem Herzen und ihrer Erinnerung verankert war, das sie als Vaterland aber ebenso ablehnte wie als Ort, an dem der Kampf der Arbeiter durch patriotische Gefühle beflügelt werden könnte. Wer weiß, vielleicht hätte sie ihren politischen Standpunkt noch einmal überdacht, ihren Internationalismus korrigiert und den Gegebenheiten der nationalen Traditionen angepaßt, wenn sie im Jahr 1890 nicht Leo Jogiches getroffen hätte, einen am 17. Juli 1867 in Wilna geborenen Juden aus Litauen.

Denn Rosa sehnte sich nach der polnischen Landschaft, empfand Schuldgefühle, wenn sie an ihre Familie dachte, der sie regelmäßig schrieb und die ihr das Geld schickte, das sie in Zürich zum Leben brauchte. Vielleicht wäre sie empfänglich gewesen für die Argumente der polnischen Sozialisten, die für ein unabhängiges Polen eintraten und den sozialen Kampf mit dem patriotischen Kampf verknüpften.

Aber Leo Jogiches teilte ihren Standpunkt und vertrat ihn noch radikaler als sie. Für Rosa war er ein Revolutionär von Format, der bereits in Wilna unter Beweis gestellt hatte, daß er Mut und Talent besaß. Sie verliebte sich auf den ersten Blick in ihn.

Als er in Zürich eintraf, war ihm sein Ruf bereits vorausgeeilt. Jeder polnische Revolutionär kannte diesen Leo Jogiches.

Er war der Sohn einer wohlhabenden Unternehmer- und Grundbesitzerfamilie, die unter anderem eine Wassermühle betrieb. Er hatte ein feingeschnittenes Gesicht, dichtes rötlichblondes Haar, das die Stirn freiließ, dazu einen dünnen Bart, der sein Kinn rahmte, blaue Augen und einen ernsten Blick.

Sein Großvater hatte den Bau einer Synagoge finanziert und war dadurch in Wilna zu einer bekannten Persönlichkeit geworden. Doch nach und nach hatte sich die Familie assimiliert, und die Kinder hatten sogar die russische Schule besucht.

Leo hatte schon als Jugendlicher das Gefühl, einer privilegierten

Schicht anzugehören, die er ablehnte. Er war wie Rosa ein Rebell. Er verließ das Gymnasium, begann eine Schlosserlehre und mischte sich so unter die Arbeiterschaft, die er organisieren und agitieren wollte. Bald darauf knüpfte er politische Kontakte zu den »Volkstümlern« der *Narodnaja Wolja* und legte damit die Grundlage für die spätere Gründung der jüdischen Arbeiter-Assoziation *Der Bund*. Vor allem aber erlernte er alle Tricks des konspirativen Lebens.

Leo war ein faszinierender Mann: mutig, unerschrocken und kompromißlos, herrschsüchtig, selbstsicher und voller Mißtrauen gegen jeden, der zur Mäßigung mahnte und vor Aktionen zurückschreckte. Ein schöner, verführerischer Held, der durchaus auch umgänglich sein konnte und der es verstand, die Arbeiter zu überzeugen und ihnen die Grundlagen der marxistischen Lehre beizubringen.

»Er war intelligent«, sagte ein Zeitgenosse. »Man spürte, daß er eine bedeutende Persönlichkeit war. Man verehrte ihn.«

Er bewahrte in jeder Situation einen kühlen Kopf, schleuste Personen, die von der Polizei gesucht wurden, über die Grenze und erwarb durch diese konspirative Tätigkeit und das ständige Leben mit der Gefahr ein unerschütterliches Selbstbewußtsein.

Zweimal wurde er verhaftet, weil er Streiks angezettelt hatte. Als er 1890 zur Armee einberufen werden sollte, tauchte er unter und floh nach Zürich, fest entschlossen, dort seine revolutionäre Arbeit fortzusetzen. Er brachte eine stattliche Geldsumme mit und konnte überdies mit regelmäßigen Einkünften aus dem Unternehmen und dem Grundbesitz seiner Familie rechnen, Geld, das er natürlich in die Revolution zu investieren gedachte.

Er floh zusammen mit einer jungen Frau, aber dieser schattenhafte Mann fand immer eine Begleiterin und Geliebte, die sich von dem Nimbus des Helden, der ihn umgab, seinem reizvollen Äußeren und seiner eisernen Härte angezogen fühlte.

Rosa hatte noch nie geliebt. Zum einen hatte sie der politische Kampf zu sehr in Anspruch genommen, zum anderen war ihr noch kein Mann begegnet, der für sie Schönheit und männliche Kraft verkörperte und mit dem sie das Wichtigste in ihrem Leben teilen konnte: ihre politische Überzeugung.

Sie sah Leo Jogiches und wußte, daß er dieser Mann war.

Sie war ungebunden und vorurteilslos. Sie war neunzehn, er dreiundzwanzig Jahre alt.

Er war mit zahlreichen Frauen in Berührung gekommen. Seine Mutter Sophia war eine große Schönheit, intelligent und musikalisch. Ihr Mann war früh gestorben und hatte sie allein mit den Kindern zurückgelassen, von denen Leo, das jüngste, besonders an ihr hing. Er hörte verzückt zu, wenn sie Klavier spielte, und sie duldete seine politische Arbeit und half ihm, wenn sie konnte.

Was hatte Rosa neben dieser Mutter zu bieten? In puncto Schönheit konnte sie jedenfalls nicht mit ihr konkurrieren. Aber sie hatte einen wachen Verstand, und sie sprühte vor Temperament.

Gewiß, sie war keine geheimnisvolle oder gar legendäre Gestalt wie Leo, aber wenn man ihr zuhörte, spürte man die Tiefe ihrer Gedanken, ihre vielseitige Begabung, die Ernsthaftigkeit ihres Engagements und ihre Reife, auch wenn sie nur ein neunzehnjähriges Mädchen mit idealistischen Zielen war.

Wenn ihre Augen strahlten, vergaß man ihre herben Gesichtszüge und ihre Behinderung. Sie ging auf andere zu, war spontan und großzügig, kurzum eine kontaktfreudige Frau, während Leo das Licht scheute und sich lieber im Hintergrund hielt.

Er fühlte sich zu Rosa hingezogen, war von ihr bezaubert und beeindruckt, denn sie vertrat ihre Überzeugung ebenso fest wie er, nur eben auf ganz andere Weise.

Sie war wortgewandt, und er spürte ihre rednerische Begabung. Wenn sie schrieb, huschte ihre Feder nur so übers Papier, während er kaum einen Satz zustandebrachte. An der Universität brillierte sie, während er kein Interesse am Studium hatte.

Mit dem Instinkt des Verschwörers, der es gewohnt ist, ein rasches Urteil über Menschen zu fällen, schätzte er sie als eine Frau ein, die seinem Format entsprach.

Aber vielleicht waren es ihre Jugend, ihre Begeisterung und ihre Selbstlosigkeit, denen er erlag und die ihn entflammten.

Sie besaß, bei allem Ernst und aller Entschlossenheit der Revolutionärin, den Elan und die Unbefangenheit der Jugend.

So wurden sie ein Liebespaar.

Rosa empfand Leo Jogiches gegenüber von Anfang an ein Gefühl der Dankbarkeit, um nicht zu sagen Ergebenheit.

Sie, die so stolz auf ihre Begabung war und vor Selbstbewußtsein strotzte, war beinahe schüchtern in der Gegenwart dieses jungen Mannes, der kaum vier Jahre älter war als sie, der ihr aber so vollkommen erschien und ganz dem Idealbild des Mannes entsprach, den sie lieben konnte. Sie war wie ein Kind, dem ein Traum in Erfüllung geht.

Leo war ein schöner Mann. Und Rosa liebte die Schönheit. Er war ein Held. Sie hatte gehört, wie er aus Wilna entkommen war – verborgen unter einer Schicht Lehm. Er wußte, was er wollte, war mutig und hatte sich ganz der Sache der Internationale und der Arbeiterbewegung verschrieben. An seinem Äußeren und an seiner Gesinnung gab es nichts auszusetzen.

Und als erfahrener, geschickter und aufmerksamer Liebhaber hatte er Rosa mit der Sinnenlust bekanntgemacht.

Sie hatte sich ihm aus freien Stücken hingegeben, ganz spontan und ohne Furcht. Denn sie liebte Jogiches.

Sie hatte die letzte Fessel gesprengt. Jetzt war sie eine richtige Frau. Und sie hatte, um dieses Hindernis zu nehmen, nichts von sich aufgeben müssen. Ihr Leben war ungeteilt geblieben. Der Mann, der sie geliebt hatte, war zugleich der Genosse, den sie am meisten respektierte. Der Mann, mit dem sie die Sexualität entdeckt hatte, war derselbe, mit dem sie die Revolution vorbereitete. Wenn sie neben ihm lag, konnte sie über alles reden, was ihr am Herzen lag. Sie waren ein Liebespaar und Kampfgefährten. Sie liebte ihn für seinen Charme, seine Eleganz und für die Taten, die er bereits vollbracht hatte.

Sie war so glücklich, so entzückt über das, was mit ihr geschah, und dem Leben so dankbar, daß sie nicht bemerkte, wie reserviert er war.

Sie hatte sich hoffnungsvoll und von ganzem Herzen auf diese

Beziehung eingelassen. Der vollzogene Liebesakt war für sie ein neuerlicher Beweis dafür, wie schön das Leben sein konnte und daß es durchaus möglich war, seine Träume zu verwirklichen. Wieviel Kraft würde sie aus diesem Ereignis schöpfen! Nie wäre ihr der Gedanke gekommen, daß Leo Jogiches sie mit distanziertem Argwohn betrachtete.

Was war sie für ihn? Eine außergewöhnliche junge Frau, keine Frage. Er bewunderte ihre Fähigkeiten, fürchtete jedoch auch, daß zwischen ihnen eine gleichberechtigte Beziehung entstehen könnte, die er unter keinen Umständen dulden wollte. Er war älter und hatte in Wilna Streiks organisiert. Er war eine Führernatur. Gewiß, er strebte nicht nach Ruhm, doch andererseits war er nicht gewillt, seine Autorität mit einem anderen zu teilen, nicht einmal mit einer begabten Genossin.

Und was ihr Aussehen anging, so konnte ihm schlechterdings nicht verborgen bleiben, daß sie einen zu großen Busen hatte und hinkte. Und wenn ihr Gesicht auch vor Leben sprühte, so wurden seine Mängel doch offenbar, sobald es in Unbeweglichkeit verharrte.

Wenn Leo an Rosa dachte, empfand er ein Gefühl der Zärtlichkeit und gleichzeitig ein Unbehagen. Fast machte er sich Vorwürfe, daß er der Liebhaber dieser jungen Genossin geworden war. Und doch genügte eine Geste von ihr, ein Wort oder ein Blick, um ihn zu entwaffnen und seine Vorbehalte zu zerstreuen. Sie verzauberte ihn. Ihre Liebe reichte für zwei, und in der Aufwallung der Gefühle dachte er nicht mehr nach, ließ sich von ihrer Leidenschaft anstecken und ergab sich in dieses Verschmelzen der Körper und dieses Einssein der Gedanken. Sie waren ein Liebespaar, und sie waren Genossen.

Sie war so geblendet von ihrer Liebe zu ihm und so entzückt über das, was mit ihr geschah, daß sie nicht einmal stutzig wurde, als er ihr eröffnete, daß ihr Verhältnis und ihre Liebe geheim bleiben sollten. Niemand, so sagte er, dürfe erfahren, daß sie mehr seien als Kameraden.

Sie erhob keinen Einspruch. Ohne daß er seine Gründe darzulegen brauchte, redete sie sich ein, daß es »im Interesse der Sache« tatsächlich besser sei, ihre Beziehung zu verheimlichen, denn der Erfolg ihres gemeinsamen Kampfes habe Vorrang. Alles übrige sei ein Luxus, der nur zur Steigerung ihres Glücks beitrage.

Rosa willigte also ein, das Versteckspiel mitzumachen, auch wenn sie es möglicherweise bedauerte.

Im Jahr 1891 verließ sie das Haus der Lübecks und zog in die Universitätsstraße 77, in ein grünes Viertel, das auf einem Hügel oberhalb der Universität lag. Jogiches mietete nur wenige Schritte entfernt ein Zimmer.

Sie trafen sich immer erst abends nach Einbruch der Dunkelheit. Für ihre Genossen blieben sie zwei Kampfgefährten, die nichts anderes verband als die gemeinsame Sache.

Gelegentlich fühlte Rosa Zweifel in sich aufsteigen. Leos Verhalten entsprach ganz und gar nicht ihren Wünschen. Doch sie schob solche Gedanken beiseite, aus Angst, sie könnte ihn verletzen oder verärgern. Hinzu kam, daß sie die Wahrheit nicht sehen wollte und wohl auch noch nicht sehen konnte. Aber unterschwellig empfand sie bereits Sorge und Frustration.

Leo Jogiches übte einen solchen Zwang auf sie aus, daß sie sich genierte, eine andere Form des Zusammenlebens vorzuschlagen. Sie zügelte ihre Leidenschaft, als hätten sie etwas Unanständiges getan, als hätten sie leichtfertig und politisch verantwortungslos gehandelt.

Bereits jetzt war es ihr kaum noch möglich, über ihre Liebe und ihre Sinnlichkeit zu sprechen. Das Thema war tabu, wie Jogiches durchblicken ließ. Und unwichtig. Zwar äußerte er diese Meinung nie explizit, doch sein Schweigen und mehr noch die Tatsache, daß er die Briefe, die sie ihm schickte und in denen sie ihm, fast gegen ihren Willen, ihr Herz öffnete, niemals beantwortete, ließ keinen anderen Schluß zu.

»Heute nacht weckte mich eine Stimme«, schrieb sie Leo 1893. »Ich horche – da höre ich mich selbst reden: Nanu! Dziodzio!« – so nennt sie ihn manchmal – »Dziodzio! Und ich ziehe ärgerlich die Bettdecke hoch, weil ich denke, daß mein Dziodzio bei mir ist. Welch ein unkeuscher Traum!«

Eine flüchtige und harmlose Andeutung, die aber, man ahnt es, genügt, um ihr die Schamröte ins Gesicht zu treiben, als habe sie sich kühn auf ein verbotenes Terrain vorgewagt.

Natürlich wird Leo Jogiches nicht antworten. Er hüllt sich in Schweigen. So etwas kommt vor, obwohl es eigentlich nicht vorkommen sollte.

Zwischen Rosa und Leo entsteht also eine merkwürdige Beziehung. Sie bildet den Mittelpunkt in Rosas Leben, doch Leo hält sie geheim und zwingt seine Geliebte zu einem Leben im Verborgenen. Er hält an der Verbindung fest, weigert sich aber, über sie zu sprechen. Er überläßt es ganz allein Rosa, sie zum Thema zu machen, und sie fühlt sich schuldig, weil ihre zärtlichen Worte ohne Echo bleiben. Sie spürt, daß Leo sich seinen Gefühlen nicht hingeben will, daß er auch diese Seite seines Lebens fest im Griff hat und klare Grenzen zieht.

Aus Angst vor Rosa? Aus Scham? Weil es ihm peinlich ist, vor den Genossen seine Liebe zu zeigen und sich dadurch eine »Blöße« zu geben? Oder weil Rosa nicht die Frau ist, von der er geträumt hat, weil sie nicht so schön ist wie seine Mutter? Oder weil er kein Leben führen kann, in dem Gefühle, Wünsche und politische Überzeugungen miteinander verschmelzen? Er, der es gewohnt ist, das eine vom anderen zu trennen?

Rosa hingegen ist aus einem einzigen Stoff gemacht. Ganz gleich, was sie ist oder was sie tut, sie bleibt immer sie selbst, ob als Geliebte oder als Intellektuelle, als liebende Frau oder als Studentin an der Universität, als Journalistin oder als Nationalökonomin. Sie bleibt immer so, wie sie ist.

Und diese Fähigkeit, das Leben in seiner Ganzheit zu leben, sich nicht zu verstümmeln, wird durch die Begegnung mit Leo Jogiches noch verstärkt.

Natürlich träumt sie von einer totalen Verschmelzung mit Leo. Natürlich bedauert sie es, daß er so vorsichtig ist und schweigt, wenn sie über ihre Liebe spricht. Und doch hat sie das Gefühl, daß das Leben ihr viel gibt und ihre Erwartungen erfüllt. Sie fühlt sich in ihrem Optimismus und ihrem Selbstvertrauen bestätigt, und sie ist überzeugt, daß das Leben ihr auf Dauer nichts vorenthalten kann.

Sie hat sich entfalten und frei sein wollen. Und sie hat recht gehabt. Sie ist von einer unbekümmerten Heiterkeit beseelt, verbunden mit einem unbändigen Tatendrang.

Später, in den düstersten Stunden ihres Lebens, wird sie sagen, daß es »trotz alledem und alledem« nötig sei, »sein ganzes Leben auf des Schicksals große Waage freudig hinzuwerfen«. Zu dieser Überzeugung ist sie in Warschau gelangt, als sie ihre Krankheit besiegte, und in Zürich, als sie Leo Jogiches begegnete.

Leo zehrt von ihrer Kraft und ihrer Begeisterung. Er benutzt sie. Und er revanchiert sich durch seine Gegenwart. Er läßt sich lieben. Und bei diesem Geben und Nehmen, das immer auch eine Liebesbeziehung bleibt, profitiert er von Rosas Elan und Intelligenz.

Zudem ist sie eine vorbildliche Schülerin. Er fährt mit ihr nach Genf. Er will Kontakt zu Georgij Plechanow aufnehmen und diesem Mann, der sich für den führenden Kopf der russischen Revolutionäre hält, einen Handel vorschlagen. Es geht dabei um den Druck und Vertrieb marxistischer Literatur, die im Osten dringend benötigt wird. Leo will sein Geld, sein Organisationstalent und seine immer noch im polnischen Untergrund tätige, konspirative Gruppe in den Handel einbringen, und Plechanow soll ihm dafür seine Übersetzungen und seine Kommentare zu den Werken von Marx, Engels und Bebel zur Verfügung stellen.

Leo will auf gleichberechtigter Basis mit Plechanow verhandeln, läßt dabei aber außer acht, daß der Philosoph ein empfindlicher Mann ist und hochmütig auf diese jungen Leute herabblickt, die er für »kleine Netschajews« hält und im Verdacht hat, Provokateure zu sein, die den russischen Anarchisten und Terroristen nacheifern.

Der Handel scheitert. Plechanow lehnt den Vorschlag ab und weist Jogiches die Tür. Rosa Luxemburg versucht mit mehr Fingerspitzengefühl, den Bruch noch einmal abzuwenden, jedoch ohne Erfolg.

Sie fährt sogar in das kleine Dorf Mornex, in dem der kranke Plechanow wohnt, doch die Arroganz des Philosophen enttäuscht sie. Sie ist nicht die Frau, die sich leicht beeindrucken läßt.

»Ich war in Mornex, aber ich gehe nicht mehr dorthin, weil Plechanow für mich zu klug oder, genauer gesagt, zu gebildet ist. Was kann ihm ein Gespräch mit mir geben? Er weiß alles besser als ich, und solche originellen und selbständigen Ideen, nun ja, die habe ich einfach nicht, und im Grund kümmert mich das auch wenig. Wenn ich bei Axelrod bin, beobachte ich Plechanow gern aus meiner Ecke, ich sehe einfach nur zu, wie er spricht, wie er sich bewegt – ich betrachte sein Gesicht, das mir gut gefällt. Aber ich kann doch nicht nach Mornex gehen, mich in eine Ecke setzen und ihn bewundern...«

Rosa ist nicht die Frau, die klein beigibt oder Lobreden auf jemanden hält. Außerdem ist sie glücklich, und das gibt ihr Sicherheit.

Über diesen Aufenthalt in Genf schreibt sie ihren Freunden in Zürich: »Im allgemeinen gefällt es mir hier sehr gut – ich arbeite fleißig und lerne interessante Leute kennen. Nur sonntags denke ich sehnsüchtig an Euch in der Oberstraße, meine Lieben, und würde Euch gern zu den Axelrods begleiten, ihren Kefir und ihre Heringe kosten. Doch Scherz beiseite, ich habe manchmal große Lust, meine Oberstraße wiederzusehen, doch im allgemeinen bin ich wahnsinnig froh, daß ich hier allein wohne, und ich beklage mich nicht. Ich bin wirklich schon ganz erwachsen, worauf ich sehr stolz bin.«

Dieses starke Selbstbewußtsein verdankt Rosa nicht zuletzt auch der Entdeckung ihrer eigenen intellektuellen Fähigkeiten. Zwar behauptet sie von sich, daß sie keine »originellen Ideen« habe, die nicht schon gedruckt worden seien, doch in Wahrheit macht sie Tag für Tag die gegenteilige Erfahrung. Sie ist debattierfreudig, schlagfertig und liebt die wissenschaftliche Arbeit. Überzeugt von ihrem Talent und von der Richtigkeit ihrer Ideen, verwickelt sie den Professor im Hörsaal in hitzige Diskussionen.

Sie hat sich inzwischen an der Juristischen Fakultät eingeschrieben, an der sie fünf Jahre lang Öffentliches Recht, Nationalökonomie und Sozialwissenschaften studieren wird. Ihre Kommilitonen und Professoren staunen über ihr Wissen, ihren dialektischen Verstand und ihr scharfes Urteilsvermögen, aber auch über den Forschergeist, den sie bei der Auswertung von Quellen beweist, die sie zutage gefördert hat. Sie ist intelligent, eigensinnig und arbeitet verbissen. Der jüngere Lunatscharski, Student wie sie, sagt bewundernd von ihr: »Sie ist in den Sozialwissenschaften bereits bestens beschlagen und besitzt neben ihrem brillanten, klaren Verstand ein feuriges revolutionäres Temperament.« Sie empfindet ihr Leben als ein einheitliches Ganzes, und das treibt sie an. Sie fühlt sich wohl in ihrem Körper, seit sie liebt und die Sexualität entdeckt hat. Sie ist frei in ihren Ideen und Gedanken. Sie weiß, was sie will, und sie weiß, welchen Weg sie einschlägt.

Julius Wolf, ihr Professor, der es ihr keineswegs nachtrug, daß sie ihm häufig widersprach, seine Seminare störte und, von der Logik ihrer Argumente überzeugt, mit klarer Stimme die an der Universität gelehrte Wissenschaft kritisierte, schrieb über seine Züricher Zeit: »Dort ... hielt [ich] dem begabtesten Schüler meiner Züricher Jahre, Rosa Luxemburg, die freilich als fertige Marxistin aus Polen und Rußland zu mir gekommen war, die akademischen Steigbügel. Sie machte ihren staatswissenschaftlichen Doktor (mit einer trefflichen Arbeit über die industrielle Entwicklung Polens) bei mir ...«

Leo Jogiches ist von ihrem Erfolg an der Universität beeindruckt. Vergeblich redet er sich ein, daß die Praxis Vorrang hat und daß er es bewußt vermieden hat, allzu viel Energie in das Studium zu investieren, weil er überzeugt ist, daß die Revolution in erster Linie eine Frage der Organisation und Agitation sei. Bereits in den ersten Monaten ihrer Beziehung fühlt er sich Rosa unterlegen.

Hinzu kommt, daß Rosa sich beileibe nicht auf die wissenschaftliche Forschung beschränkt, sondern sich in Warschau bereits ihre ersten Sporen als Aktivistin im politischen Untergrund verdient hat. Er spürt, daß sie Führungsqualitäten besitzt und zu jenen außergewöhnlichen Menschen gehört, die geistige Beweglichkeit und Lust am Denken mit dem Scharfblick des Politikers verknüpfen.

Vielleicht ist auch das ein Grund, warum er eine gewisse Distanz zu Rosa wahrt. Solange er sie emotional kurz hält, ist er ihr gegenüber im Vorteil.

Aber er ist auch Realist, und als solcher versteht er es, Nutzen aus ihren Fähigkeiten zu ziehen. Als er nach dem Scheitern der Verhandlungen und dem anschließenden Bruch mit Plechanow beschließt, einen eigenen Verlag, die *Sozialdemokratische Bibliothek,* zu gründen und die Werke von Karl Marx und Kautsky auf eigene Faust herauszugeben – die finanziellen Mittel dazu hat er –, bittet er Rosa um Hilfe. Und im Jahr 1892 erscheint der erste, von ihr geschriebene Text: Es handelt sich um die Einleitung zu einer Sammlung von Reden, die am 1. Mai in Wilna und Warschau gehalten worden sind.

So wird die Beziehung zwischen ihnen, deren intime Seite Leo weiter geheimhält, auf der öffentlichen und politischen Ebene besiegelt.

Rosa protestierte zwar gegen die Heimlichtuerei, war aber durchaus optimistisch, was die weitere Entwicklung ihrer Beziehung anging. Gerade weil sie ihre Gefühle und ihre Überzeugung unauflöslich miteinander verknüpfen konnte, wurde diese Liebe für sie zu einem so wichtigen und festen Bestandteil ihres Lebens, daß sie sich mit dieser Verquickung zufriedengab und darüber glücklich war.

Hinzu kam, daß sie die gleiche politische Richtung vertrat wie Leo. Sie war stolz darauf, daß sie seine beste Genossin war und an seiner Seite für die Verwirklichung ihrer Ideen kämpfte. Und sie fühlte sich so stark, daß sie mit ihm zusammen eine politische Gruppe gründete, als deren treibende Kraft sie sich beide verstanden.

Zweifellos war es Rosa selbst, die Leo dazu überredete, sich vorrangig um die Lage in Polen zu kümmern, obwohl er sich in erster Linie als »russischer Revolutionär« verstand.

Sie wußte, daß in Polen eine sozialistische Partei, die PPS, gegründet worden war, der sich die meisten Emigranten angeschlossen hatten. Ihre Führer Mendelson, Limanowski und Daszyński repräsentierten im Jahr 1892 eine Bewegung, die in der Sozialistischen Internationale hohes Ansehen genoß. Nun hatte diese PPS aber die Unabhängigkeit Polens in den Mittelpunkt ihres Programms gestellt. Und um dieses Ziel zu verwirklichen, versuchte sie, alle Polen um sich zu scharen, die den »unterdrückten Klassen« angehörten, worunter sie allerdings nicht nur die Opfer der wirtschaftlichen Ausbeutung verstand, sondern auch die Opfer der zaristischen Okkupanten. Die PPS strebte also eine Art nationales Bündnis an mit dem Ziel, das Königreich Polen wiederherzustellen.

Rosa und Leo konnten einer solchen Analyse nicht zustimmen. Insbesondere Rosa vertrat die Auffassung, daß der soziale Kampf auf internationaler Ebene stattfinden müsse.

Dachte sie noch an das Pogrom von 1881? Erinnerte sie sich an die Demütigungen, die sie am Mädchengymnasium erfahren hatte, und zwar nicht nur von seiten der russischen Verwaltung, sondern auch von seiten der polnischen Mitschülerinnen, die sie, die dunkelhaarige, behinderte Jüdin, wie einen Paria behandelt hatten?

Seit damals unterteilte Rosa die Welt nicht in Nationalisten – polnische und russische –, sondern in »Erniedrigte« und »Herren«, oder, um es in der Sprache der Marxisten auszudrücken, die ihr Denken prägte, in »Proletarier« und »Ausbeuter«. Hielt sie jedes Zugeständnis an den Nationalismus für eine Illusion und einen Rückschritt?

Jedenfalls waren sie und Leo Jogiches der Meinung, daß die Proletarier »kein Vaterland« haben. Und deshalb hielten sie es auch für einen Fehler, ja sogar für ein Verbrechen, wenn eine sozialistische Partei die Unabhängigkeit Polens und die Wiederherstellung der alten Monarchie zum Ziel erhob. Nach ihrer Auffassung mußten die polnischen Proletarier an der Seite aller Unterdrückten kämpfen, die in den vom Zaren oder vom Kaiser beherrschten Gebieten lebten.

Rosa und Leo scharten einige Polen um sich, die Rosa bereits aus dem Warschauer Untergrund kannte.

Alle waren jung – die ältesten um die dreißig. Sie teilten die gleichen Ansichten und die gleiche Begeisterung für die Politik. Sie waren intelligent, engagiert und verstanden sich untereinander auch ohne viele Worte. Sie waren Genossen, vor allem jedoch Komplizen, vermieden interne Machtkämpfe und verfolgten auf der Grundlage ihrer gemeinsamen Weltanschauung die gleiche Strategie: Der Internationalismus war die Grundvoraussetzung für jede sozialdemokratische Bewegung.

Da war zunächst Julian Marchlewski, ein Intellektueller, der, um die Lebensbedingungen der Arbeiter kennenzulernen, in die Fabrik gegangen war. Er war ein brillanter Analytiker der sozialen Verhältnisse. Adolf Warszawski war dagegen eher ein Mann der Tat. Er war Jude und, wie Jogiches, ein Organisator und Verschwörer, darüber hinaus aber auch ein glänzender Redner.

Rosa war die Seele dieser kleinen Gruppe. Sie war geistig am beweglichsten und von allen am ehesten imstande, Worte zu finden, die den politischen Gegner bloßstellten und der Gruppe Zustimmung einbrachten. Um diese vier Personen an der Spitze formierte sich eine kleine Partei: die *Sozialdemokratie des Königreichs Polen,* kurz SDKP (im Jahr 1900, nach dem Zusammenschluß mit den Litauern, wurde sie in SDKPiL umbenannt). Die neue Partei zog alsbald gegen die PPS zu Felde und bezichtigte sie des Nationalismus.

Durch Rosas Kompromißlosigkeit und den guten Ruf der SDKP-Führung angezogen, sammelten sich weitere aktive Revolutionäre um diesen Kern von vier Personen, darunter so überzeugte Internationalisten wie Felix Dserschinski. Aber natürlich erregte die Partei durch die Radikalität ihrer Argumente und ihrer Haltung auch erbitterten Widerspruch.

Ihre Mitglieder galten als Fanatiker, die jeden Kontakt zur Realität des polnischen Volkes verloren hätten. Rosa warf man vor, sie sei am Schicksal Polens überhaupt nicht interessiert, stehe als entwurzelte Jüdin dem nationalen Gedanken gleichgültig gegenüber und verkenne die Kraft, die in ihm stecke.

Es war durchaus richtig, daß der nationale Gedanke in Rosas Denken keine Rolle spielte. Sie maß ihm keine Bedeutung bei, ja sie lehnte ihn ab und fürchtete alle Formen der Gewalt, die durch Nationalismus und Chauvinismus entfesselt wurden. In diesem

Punkt war sie zu keinerlei Kompromiß bereit: Sie war Internationalistin, und sie wollte Internationalistin bleiben.

Aber gerade deswegen verfolgte Rosa im politischen Kampf eine behutsame Taktik und lehnte – trotz aller gegenteiligen Anschuldigungen – jede Form von Fanatismus ab.

Sie war für die friedliche Organisierung der Arbeiter, für einen vorsichtigen Kampf und für eine Politik der kleinen Schritte. Sie verurteilte den Terrorismus, und wenn gewisse Genossen vorschlugen, das Proletariat zu bewaffnen, geriet sie in Zorn. »Mit politischen Kindern«, schrieb sie, »die nur Soldat spielen wollen, kann man nicht arbeiten.«

Von nun an konnte Rosa ihre Ideen verbreiten, denn jetzt, gerade zweiundzwanzig Jahre alt, verfügte sie endlich über ein Sprachrohr.

Leo Jogiches hatte nach seiner Zurückweisung durch Plechanow neben seinem Verlagsunternehmen nämlich auch eine polnischsprachige Zeitschrift mit dem Titel *Sprawa Robotnicza* (Die Sache der Arbeiter) gegründet. Und natürlich schrieb Rosa für dieses Blatt Artikel und Kommentare. Sie benutzte das Pseudonym R. Kruszynska, aber in der polnischen Kolonie und unter den polnischen Studenten, die begeistert mit der *Sprawa Robotnicza* zusammenarbeiteten oder der SDKP, der Partei Rosas und Leos, beitraten, wußte jeder, wer sich hinter diesem Decknamen verbarg.

Rosa vertrat in der Zeitschrift den zentralen Gedanken, daß der Sozialismus in Polen, also die Sache der Arbeiter, an der ihr so viel lag, nur dann den Sieg davontragen könne, wenn er im vollen Einklang mit dem Kampf des russischen Volkes stehe. Damit erteilte sie dem Kampf um die Unabhängigkeit und Einheit Polens eine klare Absage.

Polen, so betonte sie, sei von drei verschiedenen Staaten (Rußland, Deutschland und Österreich-Ungarn) annektiert und in drei Teile geteilt worden, von denen jeder unterschiedliche politische Interessen und Ziele verfolge, die im Internationalismus verschmolzen, sich aber nicht dem nationalen polnischen Kampf unterordnen ließen.

Man kann sich unschwer vorstellen, wie wütend und empört viele Polen über eine solche Haltung waren, die darauf hinauslief, das Ende Polens hinzunehmen. Und gleichzeitig läßt sich daran ermessen, wie verblendet Rosa gewesen sein muß, denn sie erkannte nicht, daß der polnische Patriotismus eine unzerstörbare Kraft darstellte, mit der gerechnet werden mußte und die niemand ignorieren konnte, ohne selbst ins Abseits zu geraten.

Aber mit dem Eifer, der Leidenschaft und der Überzeugung ihrer zweiundzwanzig Jahre bereitete sich Rosa darauf vor, ihre These beim III. Sozialistenkongreß zu vertreten, der vom 6. bis 12. August 1893 in Zürich tagen sollte.

Zu diesem Zweck hatte Leo noch im Juli die erste Nummer der *Sprawa Robotnicza* herausgebracht. Das Motiv war klar: Man wollte als polnische Sozialistengruppe Anspruch auf eine Teilnahme am Kongreß erheben, einen Platz in der polnischen Delegation einnehmen und der PPS, der großen Rivalin, das Recht bestreiten, im Namen aller polnischen Sozialisten zu sprechen.

Rosa bereitet sich fieberhaft auf ihren ersten großen Auftritt bei einem Kongreß der Sozialistischen Internationale vor, jener Organisation, auf die sie sich immer bezieht und die für sie die Hoffnung auf eine Veränderung der Welt symbolisiert. Und zufällig findet dieser Kongreß, an dem alle Führer der großen sozialistischen Parteien Europas teilnehmen, in Zürich statt.

Man muß sich die Atmosphäre bei dem Kongreß vorstellen: das Stimmengewirr, die Bemühungen der Redner und Dolmetscher, sich Gehör zu verschaffen, das Gerangel um die Zulassung von Mandaten dieser oder jener Delegation, die vom Kongreß dazu ermächtigt werden will, für die Sozialisten ihres Landes zu sprechen.

Je kleiner und geheimer die rivalisierenden Gruppen sind, desto heftiger sind die Streitigkeiten zwischen ihnen. Wer spricht in wessen Namen?

Die polnischen Sozialisten von der PPS erheben einen Alleinvertretungsanspruch für Polen. Rosa hingegen verweist darauf, daß es eine Minderheit von polnischen Sozialisten gebe, die sich um die

Sprawa Robotnicza gruppiert habe, und sie behauptet sogar, daß sie und ihre Genossen den »wahren« Sozialismus, den Internationalismus, verkörperten.

Man kann ahnen, wie sie in der festen Überzeugung, recht zu haben, gespannt auf ihre Chance lauert und dann, als der Kongreß im Plenum über die Berechtigung ihres Antrags abstimmen muß, von ihrem Sitz hochfährt.

Der belgische Sozialist Émile Vandervelde wird später diese Sitzung schildern, bei der Rosa Luxemburg ihren ersten Auftritt auf der Bühne der Internationale hat.

»Rosa«, schreibt er, »damals dreiundzwanzig Jahre alt, war mit Ausnahme einiger sozialistischer Kreise Deutschlands und Polens vollkommen unbekannt... Ihre Gegner hatten gegen sie einen schweren Stand.«

Tatsächlich erinnerte Rosa in der Diskussion an die Grundsätze und Ideen des Internationalismus, während PPS-Chef Daszyński lediglich persönliche Angriffe gegen sie vorbrachte.

»Ich sehe sie noch«, fährt Vandervelde fort, »wie sie aus der Menge der Delegierten aufsprang und sich auf einen Stuhl schwang, um besser verstanden zu werden. Klein, schmächtig, zierlich in ihrem Sommerkleid, das geschickt ihren körperlichen Fehler verbarg, verfocht sie ihre Sache mit einem solchen Magnetismus im Blick und mit so flammenden Worten, daß die Masse des Kongresses, erobert und bezaubert, die Hand für ihre Zulassung erhob.«

Tatsächlich wurde Rosas Mandat nach langem Hin und Her zwischen Kontrollkommission und Plenum für ungültig erklärt. Sie hatte verloren und hinkte, protestierend und hochrot vor Zorn, aus dem Sitzungssaal.

Aber diese Niederlage konnte nicht darüber hinwegtäuschen, daß sie einen persönlichen Sieg errungen hatte. Sie hatte vor den »Großen« gesprochen. Ihre kräftige Stimme, ihr »Magnetismus«, hatte alle Gespräche im Saal verstummen lassen. Sie war selbstsicher aufgetreten und hatte trotz ihrer Jugend so geschickt argumentiert wie ein altgedienter Kongreßdelegierter.

Und was noch wichtiger war: Sie hatte einen ideologischen Streit mit der PPS entfesselt, dem sich ihre Gegner dadurch entzogen, daß sie bei antisemitischen Vorurteilen und Verleumdungen Zuflucht suchten.

Tatsächlich ließ Rosa jetzt niemanden mehr gleichgültig. Sie erhielt rückhaltlos Zustimmung von den radikalsten polnischen Sozialisten, aber sie erregte auch den Haß ihrer Gegner.

Sie war jung, enthusiastisch und talentiert. Man spürte, daß sie unbestechlich war und keine faulen Kompromisse einging, ja daß sie jeden Kompromiß ablehnte.

Nach dem Zürcher Kongreß war Leo Jogiches mehr denn je von der – politischen – Notwendigkeit überzeugt, ihre Beziehung aufrechtzuerhalten. Er brauchte sie unbedingt für seine politischen Vorhaben. Aber ohne Zweifel verbarg er hinter diesen vernünftigen Argumenten eine tiefe und eifersüchtige Zuneigung, die er sich freilich nicht einzugestehen wagte, geschweige denn zeigen wollte.

Rosa hatte sich also schon im August 1893 für höhere Aufgaben empfohlen. Ihr öffentlicher Auftritt und ihre Artikel verhalfen ihr allmählich zu einem internationalen Ruf.

Die Adresse ihrer Wohnung – Universitätsstraße 77, zweiter Stock – war bald allen Sozialistenführern in Europa bekannt, Freunden wie Gegnern.

Sozialisten, die sie mochten, statteten ihr einen Besuch ab, wenn sie nach Zürich kamen. Sie konnten sicher sein, daß ihnen ein herzlicher Empfang zuteil wurde. Sie waren neugierig darauf zu erfahren, was sie dachte, und zeigten sich hinterher beeindruckt von ihren Analysen und ihrer Intelligenz.

Nach und nach eroberte sich Rosa einen Platz in der internationalen »Aristokratie« der Sozialisten.

Wenn die Besucher in der kleinen, bürgerlich eingerichteten Wohnung in der Universitätsstraße ihr gegenüber Platz nahmen, waren sie zunächst überrascht und enttäuscht. So auch John Mill, ein polnischer Jude aus Wilna, der um Unterstützung für die Gründung des *Bundes,* einer jüdisch-sozialistischen Organisation, warb.

»Auf den ersten Blick«, berichtete Mill, »machte sie keinen günstigen Eindruck. Sie war von kleiner Statur mit unverhältnismäßig großem Kopf; ein typisch jüdisches Gesicht mit einer dicken Nase ... ein schwerfälliger, manchmal ungleichmäßiger, hinkender Gang.«

Ein Eindruck, der bald korrigiert wurde. »... aber man brauchte nur kurze Zeit bei ihr zu sein, da sah man schon, wieviel Leben und Energie in der Frau steckte, wie klug und scharfsinnig sie war, auf welch hohem geistigen Niveau sie sich bewegte.«

Rosa war erst dreiundzwanzig Jahre alt.

4. *»Ich habe die Gewohnheit,*
alles zu sagen, was ich empfinde.«
(1893–1896)

Sie schreibt. Man muß sich Rosa immer mit einer Feder in der Hand vorstellen. Spät nachts über ihren Tisch gebeugt, schreibt sie Artikel, Aufrufe, Erklärungen, Manifeste und vor allem Briefe, oft drei, vier, fünf am Tag.

Sie schreibt Arbeitsbriefe, in denen sie den Artikel eines Gegners zerpflückt oder einem Freund ihre Position erläutert, aber auch private Briefe an die Familie, die von den Ihren mit Rührung aufgenommen werden. »Meine liebe Rózia«, antwortet ihre Schwester Anna bei einer Gelegenheit. »Wir haben uns schrecklich über Deinen Brief gefreut, und am meisten natürlich Mama, die sich besonders für Deine Pläne interessiert.«

Die Briefe sind für Rosa wie ein Gespräch, wie ein unverzichtbares, mitunter hastiges Atemholen. Kaum hat sie einen Brief fortgeschickt, nimmt sie einen neuen Bogen zur Hand, und Anna kann ihr antworten: »Gestern abend ist Dein zweiter Brief angekommen, und heute morgen zwei weitere ...«

Gewiß, am Ende des 19. Jahrhunderts sind Briefe das einzige Band zwischen Freunden, Verwandten und Genossen, die räumlich voneinander getrennt sind. Man muß schreiben.

Aber für Rosa ist es weit mehr als das. Sie muß sich artikulieren, sagen, was sie tief in ihrem Innern bewegt, und sie kann es nicht mündlich. Weil ihr die Zeit dazu fehlt, weil die Scham es verbietet, weil nur das Schreiben, dieser einsame Akt, der zugleich Zwiegespräch, Bekenntnis und Herzenserguß ist, ihr erlaubt, sich zu öffnen.

Sie ist sich dessen übrigens bewußt, denn sie schreibt an Leo Jogiches: »Ich schreibe teils deshalb, weil ich die dumme Gewohnheit habe, alles zu sagen, was ich empfinde.«

Und natürlich muß sie Leo schreiben. Hat sie denn eine andere

Möglichkeit, über ihre Beziehung und ihre gemeinsame Zukunft zu sprechen?

Sie wirft mit Begeisterung zärtliche Worte aufs Papier. Sie nennt Leo »mein geliebtes Kind«, »mein Goldener«, »mein teuerster, einziger, geliebter Dziodzio«.

Sie schreibt ihm sogar, als sie in Zürich nur einen Steinwurf von ihm entfernt wohnt.

»Dir erscheint es sicher ungeheuerlich, vielleicht komisch, daß ich Dir diesen Brief schreibe, wir wohnen zehn Schritte voneinander entfernt, wir sehen einander dreimal täglich, übrigens – ich bin doch nur Deine Frau –, wozu also diese Romantik – nachts an den eigenen Mann Briefe schreiben? Ach, mein Goldener, mag es doch der ganzen Welt komisch erscheinen – nur nicht Dir, lies wenigstens Du diesen Brief mit Ernst und mit Herz, mit Gefühl, mit dem Gefühl, mit dem Du meine Briefe damals – in Genf – gelesen hast, als ich noch nicht Deine Frau war.«

Damit ist der Ton vorgegeben. Seit den ersten Tagen ihrer Beziehung ist Zeit vergangen, und alles Zweideutige, ja Befremdende in Leos Verhalten gegenüber Rosa, sein Schweigen, seine Geheimniskrämerei, ist noch schlimmer geworden.

Rosa spürt es, weiß es. Mit unerbittlichem Scharfblick erforscht sie sein Herz und ihre Beziehung. Sie verlangt nach der Wahrheit. Ihre Feder wird zum Stilett, mit dem sie sich selbst verletzt und Leo erschreckt.

Sie reagiert um so sensibler auf Leos Verhalten, als sie sich isoliert fühlt. Sie braucht seine Zuneigung und schmachtet nach Liebesbeweisen.

Rosa befindet sich in der Tat in einer widersprüchlichen Situation. Durch ihre ersten Artikel und ihren Auftritt beim Zürcher Kongreß im August 1893 hat sie sich einen gewissen Namen gemacht. Sie hat bewiesen, was in ihr steckt, und dafür bewundert, achtet und schätzt man sie. Aber dadurch ist sie zum Aushängeschild ihrer kleinen Partei, der SDKP, geworden, denn Leo Jogiches hält sich im Hintergrund. Er bezahlt, organisiert und gibt die Richtung vor, aber er betritt nie die politische Arena. Er überläßt Rosa den politi-

Unermüdlich schrieb Rosa Luxemburg Artikel, Aufrufe, Erklärungen, Manifeste und Briefe. Nachdenklich über ihren Schreibtisch gebeugt, 1903.
(Foto: Archiv der sozialen Demokratie der Friedrich-Ebert-Stiftung)

schen Kampf und treibt sie zu immer größeren Anstrengungen an. Er benutzt sie, und sie wehrt sich nicht dagegen. Sie läßt sich von ihm schikanieren, beleidigen und mit Arbeit überhäufen.
Sie sehnt sich nach einem Zeichen der Zuneigung von Leo, nach einem Satz, in dem er ihr seine Liebe gesteht. Aber er entzieht sich

ihr, mehr noch als früher. Seine Briefe sind nur politische Direktiven, in denen er auflistet, was sie zu tun und welche Artikel sie zu schreiben hat. Denn Rosa ist der führende Kopf der *Sprawa Robotnicza.*

Dies ist auch der Grund, warum sie häufig nach Paris reist. Oft bleibt sie mehrere Monate. Zu ihren wenigen Freunden in Paris gehört das Ehepaar Adolf und Jadwiga Warszawski, aber die beiden sind beruflich so eingespannt, daß sie ihr kaum helfen können. Sie wohnt zwar bei ihnen, fühlt sich aber nicht wohl und leidet unter ihrer Einsamkeit. Sie findet keine Ruhe zum Arbeiten.

»Soeben habe ich die Lampe ausgemacht. Durch das Fenster der kleinen Küche bei Adolfs [Warszawkis], in der ich sitze, dringt kaltes und weißes Morgenlicht. Es ist sechs Uhr (Samstag).«

Schreiben. Lesen.

Sie fährt mit der Straßenbahn von einer Bibliothek zur anderen und besucht regelmäßig die Bibliothèque Nationale und die Polnische Bibliothek. Sie sucht nach Material für ihre Doktorarbeit bei Professor Wolf. Gegenstand ihrer Arbeit ist die industrielle Entwicklung Polens, ein Thema, das völliges Neuland darstellt.

Sie wird müde. Und sie wird es um so mehr, als sie das Gefühl hat, daß ihre Bemühungen erfolglos bleiben, daß Leo Jogiches und sie auf sich allein gestellt sind und ständig nur angegriffen werden.

Rosa weiß, was man über sie und Leo schreibt – aber namentlich genannt wird immer nur sie, denn sie ist es, die schreibt und sich öffentlich zu Wort meldet. So kann sie beispielsweise lesen, daß das »teuflische Zerstörungswerk, das der jüdische Auswurf unter der Maske von Verteidigern der Arbeiterklasse betreibt, nichts weniger als die Ermordung Polens zum Ziel hat. So wie alle Juden die Nichtjuden hassen, so sind Luxemburgs Sozialdemokraten von brennendem Haß auf Polen erfüllt.«

Andere, wie Daszyński von der PPS, rufen: »Wir können nicht dulden, daß unsere Bewegung unter solchen Lumpen wie Rosa Luxemburg ... leidet ... Wir müssen unsere internationale Armee befreien von einer Bande publizistischer Räuber, die unsere Freiheitsbewegung vernichten will.«

84

Rosa weiß, daß die Aktivisten in Polen, die hinter der SDKP stehen und die *Sprawa Robotnicza* lesen, nur eine verschwindend kleine Minderheit darstellen. Gibt es in Warschau überhaupt einen Menschen, der ihre Zeitung liest? Eher finde man eine Stecknadel im Heuhaufen, witzeln ihre Gegner.

Da die Angriffe gegen Rosa gerichtet sind, muß sie auch antworten. Also schreiben. Und das, obwohl sie in Paris ist und kaum genug Geld zum Leben hat.

Für Leo, der ihre Arbeit finanziert, listet sie ihre Ausgaben auf. »Was mich angeht, so lege ich Dir meine Abrechnung für die 450 Francs bei, die Du mir gegeben hast. Davon haben wir 371,50 ausgegeben, wofür Du die Rechnungen der Druckerei hast, 58,50 habe ich in der Kasse und 20 – ich schäme mich, es zu gestehen – habe ich mir geborgt. Liebes Goldchen, Einziger, ärgere Dich nicht zu sehr, daß ich Dir in der Anlage eine detaillierte Abrechnung über meine persönlichen Ausgaben gebe.«

Leo ist ihr Mentor. Vor ihm muß sie sich rechtfertigen, ihm muß sie Rechenschaft ablegen. Das ist ebensosehr Rollenspiel wie Realität. Rosa braucht diese enge Bindung, und Leo auch.

Aber was gab es sonst noch in Rosas Leben? Was tat sie, wenn sie nicht gerade an Leo schrieb, ihm ihr Herz ausschüttete und von den kleinen, menschlichen Dingen des Alltags berichtete?

»Sofern ich kann, einziges Gold, kaufe ich hier im allgemeinen nette Kleinigkeiten zum Ausschmücken, um unser Zimmer ein wenig zu verschönern und auch selbst sauber und hübsch zu sein… «

Ansonsten führt sie ein Leben von trostloser Einfachheit. Sie klagt über ihr »abscheuliches« Zimmer, über den »Lärm und das furchtbare Getöse auf der Straße«, über die langen Straßenbahnfahrten. Entspannung findet sie nur auf dem Sofa in der Wohnung der »Adolfs«, in der Rue Feutrier 21, am Montmartre.

Die Tage ihrer ersten Begegnungen in Zürich und Genf liegen schon weit zurück. »Der Kopf tut mir weh und ist schwer…«, schreibt sie am 5. April 1894. »Ich will zu Dir, Dziodzio, ich kann nicht mehr… Dziodziuchno, wann hat das denn ein Ende – ich beginne, die Geduld zu verlieren.«

Kein Brief, in dem die einst so fröhliche und optimistische junge Frau ihm nicht gesteht:
»Im allgemeinen fühle ich mich seelisch nicht besonders, ich bin schlaff, und nichts zieht mich an... Ich bin moralisch und physisch schrecklich erschöpft.«
Sie schreibt. Sie muß schreiben, denn nur so kann sie der zunehmenden Verzweiflung entgehen.
Am 28. März 1885 greift sie abermals zur Feder: »Einziger, Teuerster! Ich eile, eile zu Dir, auszuruhen, zu plaudern. Und wie erschöpft ich bin! Wovon, wirst Du fragen. Von Paris und dem ganzen Getrenntsein von Dir. Ich bin irgendwie physisch schwach – nach einem Gang in die Stadt von etwa vier Stunden, wobei ich die größten Entfernungen mit der Straßenbahn fahre, wird es mir zu Hause schlecht von der Müdigkeit, und ich liege zwei Stunden kraftlos da, weiß wie eine Leiche und kalt wie Eis.«
Leo zu schreiben ist ihr einziger Trost. »Mir ist so traurig und schwer zumute, daß ich Dir schreiben muß«, teilt sie ihm am 10. April 1895 mit.
Die politische und wissenschaftliche Arbeit genügt ihr offensichtlich nicht. Aus diesen Briefen spricht ihr Bedürfnis nach Liebe, aber auch der Verdacht, daß Leo sie nicht mehr liebt, daß er ihr zumindest nicht das geben kann, was sie von ihm erwartet, ein Verdacht, der immer mehr zur Gewißheit wird, der sie zermürbt und ihre Gesundheit angreift. Hat sie die Einseitigkeit ihrer Beziehung anfangs noch akzeptiert, so wird sie ihr nun unerträglich, denn sie hat sich zu ihren Ungunsten verschlimmert.
Sie verschlingt Leos Briefe. Aber sie sucht vergeblich nach einem persönlichen Wort. Er schreibt niemals über ihre Beziehung, ihre Liebe. »Deine Briefe enthalten ganz und gar nichts außer der Sache«, antwortet sie ihm. »Es regt mich auf, sobald ich irgendeinen Brief von anderen oder von Dir in die Hand nehme – überall das gleiche –, es ist die Nummer, es ist die Broschüre, da ist dieser Artikel, da ist jener. Das wäre alles gut, wenn wenigstens neben dem da, außer dem da ein wenig der Mensch, die Seele, das Individuum zu sehen wäre. Und bei Dir gibt es nichts, nichts außer dem da.«

Sie kann dieses distanzierte Verhalten nicht länger ertragen. Sie erwartet mehr vom Leben und von ihrer Beziehung. Die Politik ist das Wichtigste in ihrem Leben. Rosa opfert ihr viel Zeit, aber sie darf die Seele, den Menschen nicht krank machen.

»Warum lachst Du so selten?« fragt sie Leo.

Sie hat neben der gemeinsamen Sache auch andere Dinge im Kopf: »Was macht der Kater? Kommt er zu Dir, bist Du auch gut zu ihm?«

Allerdings lernt sie in Paris auch interessante Menschen kennen, Männer wie Jules Guesde, Camelinat, einen Überlebenden der Pariser Kommune, Jean Allemane, Jean Jaurès, Édouard Vaillant, kurzum, einen Großteil der französischen Sozialistenführer.

Sie nimmt am Bankett der Freunde der Kommune teil und besucht eine Aufführung des »Faust« in der Opéra. Allerdings allein. Und eine – unbegründete? – Sorge quält sie: »Du wirst sehen, was für eine häßliche Frau zu Dir zurückkommt, mit einer langen dürren Nase und Augenrändern. Willst Du so eine?«

Sie macht ihm Vorwürfe wegen seines Charakters. Aber sie tut es weder besonders geschickt noch berechnend. Sie meint es ehrlich, wenn sie ihn anfleht: »Sei nur brav.« Und natürlich hofft sie auf Widerspruch, wenn sie ihm schreibt: »Uns verbindet nur die Sache und die Tradition früherer Gefühle. Das ist sehr schmerzlich.«

Aber er äußert sich nie zu diesen Themen. Er findet nur dann ein zärtliches Wort, wenn er spürt, daß ein Streit in der Luft liegt, daß er sie zu verlieren droht. Er will sie behalten, denn sie leistet für ihn nützliche Arbeit, aber das ist nicht der einzige Grund. Auf seine Weise braucht er sie. Sie gehört ihm. Er will sie nicht freigeben. Und er ist eifersüchtig.

Er selbst wird auf keinen Fall einen Schlußstrich ziehen. Soll sie die Entscheidung treffen, wenn sie will. Doch er ist überzeugt, daß sie das nicht kann. Er schreibt ihr ein paar Zeilen, wenn die Beziehung zu gespannt ist, und das gibt ihr neue Hoffnung.

Er treibt mit ihr ein grausames Spiel, gewiß, aber er ist kein Zyniker. Auch er ist hin- und hergerissen zwischen seinen Gefühlen zu dieser außergewöhnlichen und aufrichtigen jungen Frau und seinem Selbstverständnis als Berufsrevolutionär, als geheimnisvoller Denker und Lenker im Hintergrund, der, frei von allen Bindungen, nur für die revolutionäre Sache lebt.

Aber Rosa kann träumen. Sie malt sich seine Rückkehr aus.

»Wir werden nur schnell nach Hause gehen und einander so ansehen und uns zulächeln. Und zu Hause – setzen wir uns auf das Sofa und umarmen uns – und ich werde in Tränen ausbrechen wie in diesem Augenblick...«

Sie will »menschlich« mit ihm leben. Dazu müssen zwei Dinge verschwinden: »Szenen und der unregelmäßige Schlaf.« Denn sie »will gesund und hübsch sein«.

Sie spricht von »unserem Haus«. Sie will, daß sie sich schön einrichten. Sie will aus ihm einen »gewöhnlichen guten Menschen« machen.

»Ich muß Dich brechen«, droht sie ihm, »Deine Hörner abschleifen, sonst halte ich es nicht mehr mit Dir aus...«

Sie wirft ihm seinen Hochmut vor: »Lerne ein wenig, im Geist zu knien.«

Und sie fordert: »Mit einem Wort, sei freigebiger, großmütiger in der Seele, geh etwas edler mit Deinen Gefühlen um. Ich verlange das!«

Und wie um den Ernst ihrer Worte vergessen zu machen, fügt sie im selben Brief vom 21. März 1895 hinzu: »Schelm, schick mir sofort Deine Fotografie!«

Ihr Verlangen nach Liebe und ihr ständiger Appell an Leo, seine »Schroffheit« und Hartherzigkeit abzulegen und »weicher« zu werden, lassen erahnen, wie ein Mensch in ihren Augen zu sein hat.

Trotz aller Gefühle bewahrt Rosa klaren Kopf. »Ich empfinde gleichzeitig eine grenzenlose Liebe zu Dir und eine unerbittliche Strenge zu Deinen Charakterfehlern.« Sie will, daß er sich ändert. »Ich werde Dich völlig terrorisieren. Du mußt Dich unterwerfen.«

Trotz allem hält Rosa an ihren Forderungen fest und bleibt optimistisch.

Ein Leben ohne aufrichtige Gefühle, ohne Zuneigung und Liebe erscheint der Intellektuellen und Politikerin Rosa nicht lebenswert. Sie muß mit dem Kopf, mit dem Körper und mit dem Herzen leben.

Aber Leo sperrt sie in der Welt der Politik ein. Mehr will er ihr nicht mehr zugestehen. Und sie fühlt sich verstümmelt und klagt, »daß ich nirgends existiere und lebe als mein eigenes Ich«.

Tatsächlich sitzt der Stachel der Enttäuschung so tief, sind ihr Schmerz und ihre Erschöpfung so groß, daß sie ihre Beziehung zu Leo von nun an nur noch als unbefriedigend empfindet und immer weniger bereit ist, sich mit diesem Zustand abzufinden.

Sie steht im politischen Kampf an vorderster Front. Sie antwortet Punkt für Punkt auf die Argumente ihrer Gegner, vertritt die Partei nach außen und leitet gleichzeitig die *Sprawa Robotnicza:* schreibt Artikel, korrigiert die Beiträge der anderen Mitarbeiter, überwacht den Druck, regelt die finanzielle Seite. Wer würde da ahnen, daß sie noch über genügend Energie verfügt, um mehr zu wollen? Daß sie sich nach einer lebendigen, leidenschaftlichen Liebesbeziehung sehnt?

Leo und die anderen Genossen kommen ihr vor wie »eindimensionale« Wesen, für die es nur die Politik gibt, und sonst nichts.

Sie schreibt Leo: »Oh, ich habe, ganz im Gegenteil, trotz der Sache auf Schritt und Tritt eine Menge Eindrücke und Gedanken – nur habe ich niemand, mit dem ich sie teilen könnte!«

Sie ist allein, denn Leo hat sie wegen ihrer politischen Aufgaben fortgeschickt. Und sie will ihre Arbeit nicht im Stich lassen, denn schließlich hat auch sie ihr Leben der gemeinsamen Sache gewidmet.

Also kämpft sie weiter, und jeder, der ihre Artikel, ihre Erwiderungen auf Angriffe und ihre Analysen liest, muß den Eindruck gewinnen, daß sie durch nichts zu erschüttern ist und über unerschöpfliche Kräfte verfügt. Doch wenn sie abends in ihr Pariser Zimmer oder in ihre kleine Wohnung zurückkehrt, die sie schließlich mietet, schreibt sie unter Tränen an Leo. Erdrückt von der Last ihrer Aufgaben, träumt sie von dem »menschlichen« Leben, das sie beide führen könnten, oder spielt mit dem Gedanken, die Einsamkeit aufzugeben. »Oj, mein liebstes Gold«, gesteht sie ihm, »ich möchte schon so schnell wie möglich aufhören, eine ›erwachsene‹, ›verantwortliche‹ Person zu sein (um so mehr, als es mir damit nicht gut geht), und zu Dir zurückkehren, in Deine Arme, damit mich alles völlig unberührt läßt, ich mich nicht ewig fürchte, daß in einer Stunde ein Telegramm alles zunichte machen kann, was ich schaffe.«

Aber sie ist ein erwachsener Mensch mit Verantwortungsgefühl. Und schon bei Tagesanbruch sitzt sie wieder am Schreibtisch: »Und jetzt soll ich schon wieder einen Aufruf schreiben und drukken. Wann soll ich mich denn auf den Vortrag vorbereiten? Ich werde wohl eine Ewigkeit hier sitzen.«

Und Leo weiß genau, daß sie sich ihrer Pflicht nicht entziehen wird.

Sie macht also weiter, und da sie in den Augen aller anderen die SDKP verkörpert, zieht sie alle Angriffe auf sich. Sie arbeitet täglich an der *Sprawa Robotnicza* und erlernt auf diese Weise das journalistische Handwerk. Sie schreibt einen klaren, lebendigen und oft auch polemischen Stil.

Sie entfaltet ihre Talente. Und sie wird selbstbewußt, denn neben der aktuellen journalistischen Arbeit geht sie weiterhin ihren wissenschaftlichen Forschungen nach und liest die »Klassiker«, wobei sie stets bemüht ist, ihre Haltung zu tagespolitischen Fragen mit einer langfristigen Analyse zu verknüpfen und auf die »Theorie« zu gründen. Sie sieht sich in der Tradition von Karl Marx, will aber keine ehrfürchtige, sondern, im Gegenteil, eine produktive und kreative Schülerin sein.

Im Mittelpunkt ihrer Arbeit steht die Überzeugung, daß es falsch wäre, die polnischen Arbeiter zum Kampf für ein unabhängiges Polen aufzufordern. In ihren Augen ist nur das gemeinsame Eintreten für den Sozialismus an der Seite der Russen und Deutschen ein wirklich fortschrittlicher Freiheitskampf, dagegen ist der nationalistische Ansatz rückschrittlich und reaktionär.

In der *Sprawa Robotnicza* legt sie ihre Argumente dar. So hält sie es für notwendig, daß das »Proletariat« ein eigenständiges Bewußtsein entwickelt, sich dem Einfluß der Bourgeoisie entzieht und selbst auf die anderen Klassen einwirkt. Diesen Gedanken faßt sie 1895 in einer Broschüre zusammen – ihrer ersten Schrift. Der kurze Text erscheint in Paris unter dem Pseudonym Maciej Rożga und trägt den Titel *Das unabhängige Polen und die Sache der Arbeiter.*

Die rivalisierende PPS reagiert mit Angriffen und Schmähungen, die – wie kann es anders sein? – deutliche antisemitische Züge tragen.

Rosa wird als »Entwurzelte«, als »Unreine« gebrandmarkt. »Die Juden«, ist da zu lesen, »suchen unseren Arbeitern einzureden, Sozialismus sei gleichbedeutend mit Haß auf das eigene Vaterland ... Was Rosa Luxemburg und ihre Anhänger den Arbeitern einflößen, ist nichts anderes als das Gift der Schreiberlinge ...«

Wie reagiert Rosa auf solche Angriffe? Sie klagt nicht über diesen Antisemitismus. Für persönliche Beleidigungen hat sie nur Verachtung übrig. Aber sie verstärken ihr Gefühl der Einsamkeit. Sie fühlt sich isoliert. Hinzu kommt, daß auch ihre wenigen Freunde verleumdet werden.

Für den 17. Juli 1896 ist in London erneut ein Kongreß der Zweiten Internationale anberaumt. Doch diesmal wollen Rosas Gegner verhindern, daß sie und ihre Genossen Ansprüche auf ein Mandat erheben und wie schon in Zürich die Debatte stören.

Sie fürchten, um mit dem österreichischen Sozialisten Victor Adler zu sprechen, daß die polnische Frage »von Rosa Luxemburg zu einer Affäre aufgebauscht wird«. Wie man sieht, sind Rosas Streitlust und ihr polemisches Talent inzwischen bekannt.

Alle wetzen die Messer. Rosas erbittertste Gegner, die polnischen Sozialisten von der PPS, streuen das Gerücht aus, daß Adolf Warszawski, Rosas Genosse, als Geheimagent im Dienst der zaristischen Geheimpolizei Ochrana stehe, die mit viel Geschick Spitzel und Provokateure in die Reihen der revolutionären Parteien einschleust.

Warszawski muß vor einem Untersuchungsausschuß unter dem

Vorsitz des alten Revolutionärs Pjotr Lawrow erscheinen und zu den Vorwürfen Stellung nehmen. Rosa interveniert und verwendet sich persönlich für ihren Genossen. Dank ihrer Überzeugungskraft wird Warszawski von jedem Verdacht freigesprochen.

Der Vorfall ist kein gutes Omen. Doch es kommt noch schlimmer.

Marcin Kasprzak, ihr Genosse aus Warschauer Tagen, der sie damals zum Untergrundkampf angestiftet und ihr später zur Flucht aus Polen verholfen hat, wird ebenfalls verleumdet.

Kasprzak war in Polen verhaftet worden, hatte aber, um einer Einkerkerung zu entgehen, Geisteskrankheit simuliert und war daraufhin in ein Warschauer Irrenhaus eingewiesen worden. Von dort war ihm die Flucht nach Deutschland geglückt.

Doch die deutsche Polizei hat ihn an der Grenze verhaftet und bereitet nun seine Auslieferung an die Russen vor. Die Sozialisten von der PPS werfen ihm vor, für die Ochrana zu spionieren, und verlangen seine Ausweisung aus Deutschland.

Rosa ist empört. Sie wendet sich hilfesuchend an ihren Freund Robert Seidel in Zürich und bittet ihn um die Erlaubnis, in seiner Zeitung *Arbeiterstimme* einen Artikel zu veröffentlichen. Die polnische Delegation in London, so schreibt sie ihm, habe Kasprzak als Spion denunziert. Kasprzak habe zweieinhalb Jahre in einem russischen Gefängnis verbracht und sitze nun in einem deutschen Gefängnis und sei deshalb nicht in der Lage, sich selbst zu verteidigen. Man müsse ihn retten, denn er sei das Opfer eines Racheakts der Partei...

Auch das gehörte zum politischen Kampf: Sie mußte Männern und Frauen die Stirn bieten, die sich zwar Sozialisten nannten, jedoch vor keinem Mittel zurückschreckten, ja sogar die Polizei bemühten, um politische Gegner auszuschalten. Rosa wurde zur Zielscheibe ihrer Angriffe, denn sie vertrat nur eine kleine Minderheit.

Sie begriff sehr schnell – und nicht erst im Vorfeld des Londoner Sozialistenkongresses –, daß sie sich Autorität verschaffen mußte und daß sie dazu die Unterstützung einer »großen« Partei brauchte.

Und dafür war keine geeigneter als die Sozialdemokratische Partei Deutschlands.

Die Deutschen mußten für ihre Argumente eigentlich empfänglich sein. Aus einem einfachen Grund: Die Forderung nach einem unabhängigen Polen und der Zusammenschluß der polnischen Arbeiter in einer selbständigen Partei, die sich die Wiederherstellung des polnischen Staates zum Ziel setzte, lief zwangsläufig darauf hinaus, daß die deutsche Partei in den polnischen Gebieten, die zum Reich gehörten, Mitglieder verlor. Rosa hingegen predigte den Internationalismus und sprach sich gegen eine Unabhängigkeit Polens aus. Damit mußte sie über kurz oder lang bei den deutschen Sozialdemokraten Gehör finden.

Doch zunächst galt es, die Deutschen von der Richtigkeit ihrer Ideen zu überzeugen und durch die Qualität ihrer Argumente nachzuweisen, daß sie würdig war, für die Publikationen einer Partei zu schreiben, die in der Internationale hohes Ansehen genoß.

Artikel in der sozialistischen deutschen Presse zu veröffentlichen wurde für Rosa also zu einem politischen wie auch persönlichen Ziel.

Sie wußte, daß sie sich nur dann wirklich einen Namen machen konnte, wenn sie bei ihren deutschen Genossen Anerkennung fand. Erst dann war sie eine angesehene »Theoretikerin«, mit der man rechnen mußte.

Für die *Sprawa Robotnicza* zu schreiben war Aktivistenpflicht. Aber in Karl Kautskys Zeitschrift *Neue Zeit* zu veröffentlichen, dem »Sprachrohr des wissenschaftlichen Sozialismus, welches die offizielle Meinung der deutschen Sozialdemokratie repräsentiert« (so das Urteil der italienischen Sozialisten), wäre ein entscheidender Schritt nach vorn, sozusagen die höhere Weihe. Rosa Luxemburg arbeitet entschlossen auf dieses Ziel hin.

Aber um es zu erreichen, mußte sie zunächst Karl Kautsky, den Gründer und starken Mann der *Neuen Zeit,* überzeugen.

Im Jahr 1896 war Kautsky zweiundvierzig Jahre alt. In Prag geboren, hatte er sich als 21jähriger der Sozialistischen Partei Österreichs angeschlossen. Im Zürcher Exil knüpfte er Kontakte zu den deutschen Sozialistenführern und kam als Philosoph und Nationalökonom auch mit Karl Marx und Friedrich Engels zusammen. Mit letzterem freundete er sich an und gründete 1883, nach dem Tod von Marx, die »wissenschaftliche« Zeitschrift *Neue Zeit* – der Sozialismus erhob den Anspruch auf Wissenschaftlichkeit.

Die Macht der Sozialdemokratischen Partei Deutschlands verhalf der Zeitschrift zu internationalem Ansehen. Karl Kautsky, ihr Chefredakteur, wählte die Artikel nach ihrer Qualität aus, achtete streng auf wissenschaftliche Objektivität und war bestrebt, alle Strömungen innerhalb der Sozialdemokratie zu Wort kommen zu lassen. Er fungierte als Schiedsrichter des internationalen Sozialismus, verstand sich als Erbe von Marx und Engels und korrespondierte mit allen sozialistischen Parteiführern.

Als Rosa Luxemburg sich im Jahr 1896 an Kautsky wendet, läßt sie es nicht am nötigen Respekt fehlen. Schließlich ist sie für den »Herrn Chefredakteur« nur eine junge Sozialistin von einer unbedeutenden polnischen Partei: »Fräulein Luxemburg, Universitätsstraße 77«. Ihre Briefe schließen mit einem ehrerbietigen »Hochachtungsvoll«.

Gleichzeitig aber schickt sie ihm beharrlich ihre Artikel »über die nationalistischen Strömungen in der polnischen sozialistischen Bewegung«, und als Kautsky auf Kürzungen besteht, gibt sie nach: »Ich bin, obwohl mit großem Bedauern, bereit, die von ihnen verlangten Kürzungen vorzunehmen. Dieses läßt sich aber nicht durch einfache Streichungen machen. Der Artikel bildet ein abgerundetes Ganzes ...«

Rosa Luxemburg ist unnachgiebig in der Sache, zielstrebig und überzeugend. Sie versichert Kautsky: »Meine Polemik [hat] gewiß nichts Persönliches und richtet sich ausschließlich gegen Ansichten.«

Sie kennt die *Neue Zeit* und weiß, daß ein Mann wie Kautsky keinen Artikel annehmen würde, der schwere persönliche Angriffe enthält. Aus diesem Grund rechtfertigt sie sich: »Alle verletzenden Stellen, die in meiner Antwort enthalten sind, beziehen sich ausschließlich auf prinzipielle Seitensprünge meiner Gegner und ja nicht auf ihre Personen ... « Sie rechtfertigt sich, aber sie gibt nicht nach.

Als Kautsky ihrem Artikel eine »redaktionelle Bemerkung« anfügen will, um klarzustellen, daß er seinem Inhalt nicht zustimmt, protestiert Rosa: »Ich muß mir aber doch die Freiheit nehmen und Sie dringend bitten, von der Absicht, meinem Artikel vielleicht eine redaktionelle Note hinzuzufügen, Abstand nehmen zu wollen.« Sie wahrt die Form, aber sie macht aus ihrem Standpunkt keinen Hehl und appelliert an Kautskys »Objektivität«.

Schließlich werden Rosas Artikel in der *Neuen Zeit* veröffentlicht. Rosa feiert einen ersten Triumph: Ihre Ideen und ihre politische Richtung erlangen eine gewisse wissenschaftliche Autorität. Sie schreibt jetzt für eine Zeitschrift, in der »ernsthafte« Standpunkte diskutiert werden.

Die unmittelbare Konsequenz ist, daß ihr das italienische Sozialistenblatt *La Critica sociale* seine Anerkennung ausspricht. Ihr Redakteur Filipo Turati schreibt: »Wir legen Rosa Luxemburgs Artikeln Gewicht bei angesichts der Tatsache, daß sie in der *Neuen Zeit* erschienen sind...« Rosas Taktik ist aufgegangen.

Sie hat bereits gelernt, sich im Labyrinth der internationalen sozialistischen Machtzirkel zurechtzufinden. Sie weiß ganz genau, wo, wann und wie sie intervenieren oder einen Artikel veröffentlichen muß. Sie weiß, an wen sie sich zu wenden hat, um ans gewünschte Ziel zu gelangen.

Sie ist nicht nur eine streitbare Intellektuelle mit originellen Ideen und scharfem Verstand, sondern auch eine geschickte Taktikerin, die auf dem Weg nach oben kein Detail außer acht läßt.

Ihre Gegner machen sich nichts vor. Jeder Erfolg, den Rosa in den Wochen vor dem Internationalen Sozialistenkongreß in London verbucht, ist für sie gleichbedeutend mit einer Niederlage.

Die Zeit drängt. Sie müssen Rosa in Mißkredit bringen, sie verletzen.

Wer ist diese Rosa Luxemburg? Eine »Russin aus Berdyczew«, sagen sie, aus jener Stadt in der Ukraine, in der ausschließlich Juden leben. Eine Jüdin also! Solche antisemitischen Angriffe lassen Rosa sicher nicht unberührt, auch wenn sie nicht darüber spricht.

Sie bekennt sich zwar nicht zum Judentum, doch sie weiß, daß sie dieser Gemeinschaft angehört, und so muß sie den Eindruck gewinnen, man wolle sie wegen ihres Aussehens beleidigen, sie persönlich treffen. Und genau das ist es, was ihre Gegner versuchen, wenn sie über sie schreiben, sie sei nur ein »hysterisches und zänkisches Frauenzimmer«.

Ein jüdisches Frauenzimmer: So lautete also die Antwort auf ihre Argumente.

Das Parteiorgan der PPS spottet über ihre politischen Ansichten: »Zusammen mit einigen anderen ›Russen‹ aus Berdyczew wird Fräulein Rosa bei dem Gedanken an unseren polnischen Patriotismus von hysterischen Krämpfen geschüttelt ... Wir bedauern nur, daß eine ernste deutsche Zeitschrift auf den Leim des Fräulein Rosa ging, welches in der Schweiz Leute anschwindelt, als repräsentiere sie irgend jemand oder etwas in Polen. Der polnische Sozialismus ist nicht so tief gesunken, daß Fräulein Rosa mit der stillen Compagnie der Berdyczower ›Russen‹ das Recht hätte, in seinem Namen zu sprechen.«

Die Rücksichtslosigkeit und Niedertracht solcher Attacken sind für Rosa der Beweis, daß sie mit ihren Artikeln in der »ernsten deutschen Zeitschrift« ins Schwarze getroffen hat.

Doch als der Kongreß am 17. Juli 1896 beginnt, ist sie in dem großen stickigen Saal deshalb nicht weniger isoliert.

Diesmal jedoch – und das ist ein Fortschritt gegenüber Zürich – ist sie offizielle Delegierte. Niemand kann ihr die beiden Mandate streitig machen, die ihr die deutschen Sozialdemokraten aus Oberschlesien aus Sorge über die nationalistische Agitation der Polen verschafft haben.

Aber die Führer der deutschen Sozialdemokratie trauen ihr nicht. Außerdem ist Rosa gegenüber dem neuen starken Mann der PPS, Jósef Piłsudski, in einer schwachen Position. Piłsudski überzeugt Victor Adler von seinem Standpunkt, und der Führer der österreichischen Delegation tönt: »Alle diese Emigranten soll der Teufel holen.« Er ist empört über »diese Luxemburg, die sich unseren Kopf zerbricht«, und nennt sie eine »Närrin« und »doktrinäre Gans«, die nur versuche, den Kongreß zu stören.

Auch Wilhelm Liebknecht ergreift gegen sie Partei, und ein anderer charakterisiert sie als »trockene, zänkische Person, die den Marxismus ganz mechanisch angewandt wissen will«.

Unter diesen Voraussetzungen kann Rosa tun und sagen, was sie will, sie steht auf verlorenem Posten. Der Kongreß verabschiedet eine Resolution, in der er erklärt, daß er für das »volle Selbstbestimmungsrecht aller Nationen eintritt«. Für Rosa ist das eine Niederlage.

Zwar überspielt sie ihre Enttäuschung, aber tief in ihrem Innern weiß sie, daß sie abermals verloren hat. Die Arbeit von Monaten, die schlaflosen Nächte, die vielen Tage, die sie, einsam und von Leo Jogiches getrennt, in Paris verbracht hat – dies alles ist umsonst gewesen.

Nach den anstrengenden Vorbereitungen auf den Kongreß fühlt sie sich nun matt und deprimiert.

»Ich bin abgehetzt und völlig erschöpft«, gesteht sie Leo.

Und wozu das alles?

5. »Warum läßt Du mich allein?«
(1897–1898)

Rosa ist wieder nach Zürich zurückgekehrt. Sie wohnt nur »zehn Schritte« von Leo entfernt.

Manchmal verlassen sie die Stadt und treffen sich in Weggis, einem Dorf bei Luzern. Sie steigen im Hotel *Zur Tanne* ab, machen aber keine Anstalten, ihr Verhältnis zu verbergen. Sie unternehmen gemeinsame Spaziergänge. Sie lieben sich, sie streiten sich. Es kommt zu heftigen Wortwechseln. Sie wirft ihm seine Gleichgültigkeit, seine »Bösartigkeit« und seinen Stolz vor, und er offenbart bei plötzlichen Eifersuchtsanfällen, daß er nicht gewillt ist, von ihr zu lassen. Er will sie in Abhängigkeit halten. Sie soll sich ihm fügen, sie soll ihm gehören, nur ihm – und das, obwohl er sich nicht einmal vor seinen Genossen in Zürich mit ihr zeigen will.

Nach solchen Szenen, die sie zutiefst erschüttern, kehrt sie wieder an die Arbeit zurück.

Sie hat in Pariser Archiven unbekanntes Material entdeckt, mit dessen Hilfe sie aus ihrer Dissertation über die industrielle Entwicklung Polens eine originelle und ausgezeichnete wissenschaftliche Arbeit macht. Professor Julius Wolf ist voll des Lobes. Rosa wird magna cum laude zum »Doctor juris publici et rerum cameralium« promoviert. Und eine noch seltenere Auszeichnung folgt auf dem Fuß: Der Leipziger Verlag Duncker & Humblot beschließt, ihre Arbeit als Buch herauszugeben.

Rosa hat allen Grund zur Freude. Sie hat nicht nur ihr Studium glanzvoll abgeschlossen und die Arbeit von Jahren mit einem Erfolg gekrönt – während Leo auf der Stelle tritt, seine Seminare vernachlässigt und ihren Rat in den Wind schlägt, eine wissenschaftliche Arbeit in Angriff zu nehmen –, sondern in ihrer Dissertation auch den Nachweis erbracht, daß Russisch-Polen wirtschaftlich eng mit Rußland verflochten ist. Damit hat sie ihren politischen Standpunkt ökonomisch und »wissenschaftlich« untermauert. Wozu für die Unabhängigkeit Polens eintreten, wenn es in wirtschaftlicher Hinsicht ein integrierter Bestandteil des Russischen Reiches ist? Für Rosa hängt alles miteinander zusammen.

Was sie jedoch am meisten beglückt – ihr aber auch das Herz bluten läßt –, ist die Reaktion der Eltern auf die Nachricht von ihrem Erfolg an der Universität.

Rosa machte sich Vorwürfe, weil sie der Familie in Warschau zu selten geschrieben hatte. Die private und politische Korrespondenz mit Leo, die Arbeit an Artikeln und Polemiken hatte sie zu sehr in Anspruch genommen.

Dennoch bestand immer eine enge Bindung zwischen ihr und der Familie.

Im Frühjahr 1897 teilte man Rosa schonend mit, daß ihre Mutter, Lina Luxemburg, schwer erkrankt sei. Sie hatte Magenkrebs. Allerdings ahnte zu diesem Zeitpunkt noch niemand, auch nicht Rosas Bruder Joseph, der Arzt war, daß die Krankheit einen so raschen Verlauf nehmen würde. Als Rosa ihren Angehörigen schrieb, daß sie ihre Dissertation vorgelegt und am 1. Mai 1897 den Doktortitel erlangt habe, herrschte in Warschau eitel Freude.

»Mama lachte und weinte abwechselnd«, schrieb Anna. »Sie will den Brief nicht aus der Hand geben, möchte, daß die ganze Welt weiß, wie glücklich und stolz sie auf ihre Tochter ist.«

Joseph schrieb begeistert: »Welche Freude Du uns allen mit der Nachricht vom Abschluß Deines Doktorats gemacht hast!«

Und einige Tage später erhielt Rosa einen weiteren Brief von Anna: »Du wirst nicht glauben, welche Freude und Aufregung Dein Doktorat bei uns hervorgerufen hat. Unaufhörlich gratuliert man uns allerseits, mitunter scheint es mir, daß eine Verlobung stattgefunden hat ... Tatko [Papa] und Mama sind deswegen ganz einfach hochmütig geworden ... Jeden Tag, bevor Tatko in die Stadt geht, findet dieselbe Beratung statt: soll Dein Brief mit dieser Bekanntgabe im Hause bleiben oder zusammen mit Tatko in der Manteltasche hinauswandern. Wenn noch jemand kommt, muß man ja etwas vorzeigen ... Anbei schickt Mama Dir fünf

Rubel mit dem ausdrücklichen Wunsch, daß Du dafür genießt, verständlicher gesagt, Dich für ein paar Tage mit Lebensmitteln versorgst...«

Als Rosa diese Briefe erhält, weint sie. Mit einem Mal erkennt sie, daß ihre Familie der einzige Ort ist, wo man sie spontan akzeptiert. Sie kann wie ein Kind ihr Diplom vorzeigen – sie schickt eine Kopie –, und sie bekommt wie ein Kind fünf Rubel geschenkt.

Nach den Schlägen, die sie einstecken mußte, ist diese Bewunderung wie Balsam auf ihren Wunden.

Ihr Vater nennt sie liebevoll »mein teures, innig geliebtes Mädchen, meine einzige Ruziunia«, »mein ganzer Stolz«, und Rosa braucht solche Zeichen der Zuneigung.

Aber diese Rückkehr in den Schoß der Familie, die freilich nur auf brieflichem Weg erfolgt, kann sie nur vorübergehend beruhigen und stürzt sie in tiefe Verzweiflung. Vielleicht ist die Krankheit der Mutter, deren Schwere sie ahnt, der Grund, vielleicht auch ihre eigene Erschöpfung. Jedenfalls überkommt sie eine unwiderstehliche Sehnsucht.

In Warschau liebt man sie so, wie sie überall geliebt werden möchte, aber je öfter sie die Briefe liest, desto mehr verflüchtigt sich die Liebe. Sie ist in Zürich. Sie lebt allein in der harten, unerbittlichen Welt der Politik. Jeder Brief erfüllt sie mit Rührung und Freude, führt ihr aber auch vor Augen, welchen unwiederbringlichen Verlust sie erlitten hat. Die Briefe beruhigen sie und bringen sie gleichzeitig aus dem seelischen Gleichgewicht.

Sie ist wieder das geliebte Kind, und doch weiß sie, daß sie es nie wieder sein kann.

Und natürlich werden all diese Gefühle der Sehnsucht, des Bedauerns und auch der Schuld – schließlich war sie es, die fortgegangen ist und mit den Ihren gebrochen hat – durch die schwere Krankheit und dann durch den Tod der Mutter noch verstärkt und für Rosa fast unerträglich.

Ohne es zu wollen, schürt die ältere Schwester Anna ihre Schuldgefühle und Gewissensbisse. »Natürlich wünscht sich Mama nichts mehr, als daß Du da wärst«, schreibt sie und fährt fort: »Was ich während Mamas Krankheit durchgemacht habe, meine Liebe, und wie schwer ich es hatte, das kann ich Dir gar nicht sagen.«

Fern der Heimat, hilflos und müde, ängstlich und von Selbstvorwürfen verzehrt, liest die übernächtigte Rosa, den Kopf in beide Hände gestützt, immer wieder diese Sätze, die ihr schier das Herz brechen. »Ich glaube«, schreibt Anna, »das beste Mittel zu ihrer Genesung wäre, wenn Du Dich um sie kümmern würdest.«

Aber kann sie Zürich und Leo verlassen, den politischen Kampf aufgeben? Kann sie nach Polen zurückkehren, wo man sie womöglich auf der Stelle verhaften würde?

Und sie findet nicht einmal Zeit, Briefe zu schreiben, denn ihr Tag ist angefüllt mit politischer Arbeit, die keinen Aufschub duldet. Sie weiß, daß es unmenschlich ist, die Politik diesem anderen Leben vorzuziehen, aber das Räderwerk dreht sich, gegen ihren Willen.

»Mama ist beunruhigt über Dein Schweigen, beeile Dich also«, drängt Anna. »Es geht ihr wieder besser, und sie spricht ständig von Dir ... Wie geht es Dir? Schreibe etwas mehr!«

Wie soll sie es ihren Angehörigen erklären? Sie machen sich ja keine Vorstellung, wie sie lebt. Sie schicken ihr zehn Rubel, ein Paket. Und Rosa, allein und voller Reue, weiß, daß sie eigentlich schreiben sollte, findet aber nicht die Zeit dazu.

Später wird sie einräumen, daß es verrückt von ihr war, der Politik, diesem »idiotischen Baaldienst«, ihre ganze Zeit zu opfern, statt den Eltern zu schreiben und den Wünschen der Mutter nachzukommen.

Und plötzlich kann sie daran nichts mehr ändern.

Die Gewissensbisse werden zu einer unerträglichen Qual.

In der Nacht vom 29. zum 30. September 1897 stirbt ihre Mutter Lina. Mit tränenverschleierten Augen und von Schluchzern geschüttelt liest Rosa die Briefe ihrer Schwester und ihres Bruders. Sie berichten von den Morphiumspritzen, die ihre Mutter zweimal täglich bekam, von ihren Brechanfällen, von ihren letzten Worten.

»Am letzten Tag«, schreibt Anna, »fragte sie mich: Warum kommt Rózia nicht zu mir herein?«

Ohne sich der Grausamkeit ihrer Worte bewußt zu sein, fährt die Schwester fort: »Als ich sie daran erinnerte, wo Du bist, wiederholte sie nur: ›Rózia! Rózia!‹ und so ging es bis zum letzten Atemzug.«

Außerdem teilt sie Rosa mit, daß die Mutter ihr zum Andenken einen Ring hinterlassen hat, den sie ihr schicken wollte, als Zeichen der »Liebe, die sie für Dich empfand«.

Wie tückisch die Liebe zwischen Verwandten, zwischen Schwestern sein kann. Man will trösten und träufelt doch Gift in die Wunden.

»Mein Gott, wie Du leiden mußt und bist ganz allein«, schreibt Anna. Und zwischen den Zeilen liest Rosa, was die Schwester unbewußt denkt: Du bist es, die gehen wollte, Du hast uns verlassen, Du erntest den Ruhm, darum leide, leide, das ist nur gerecht.

Und Rosa beteiligt sich an dem tragischen Spiel. Sie schreibt Briefe, bis zu fünf am Tag.

Was ist aus ihr geworden, der brillanten Mitarbeiterin der *Neuen Zeit,* der Pamphletistin und politischen Aktivistin, die sich bei einem internationalen Sozialistenkongreß auf einen Stuhl schwang?

Ein kleines Mädchen, das man mit liebevollen Worten quält und das sich mit Selbstvorwürfen zugrunde richtet.

»Ich bitte Dich«, antwortet ihre Schwester – inzwischen großmütig, da Rosa offensichtlich verstanden hat, daß sie das höchste Gut, nämlich ihre Familie, in der sie, die gute Anna, geblieben ist, geopfert hat – »ich bitte Dich, Rosa, beruhige Dich, wie kannst Du sagen, daß Du nichts hast, wofür Du leben kannst? Und was ist mit Papa? Und mit mir?«

So weit ist es mit Rosa, der mutigen, optimistischen und unerschrockenen Rosa, bereits gekommen. Und die Schwester beschließt ihren Brief mit den Worten: »Bis ans Grab, Deine Anna.«

Das Unglück ist nun mal geschehen. Anna kann sie nun trösten. Brief für Brief wiederholt sie: »Beruhige Dich«, »Bleib gesund, mein armes Mädchen.« Und sie drückt ihr Erstaunen aus: »Was sind das für seltsame Ideen, warum sollte Dich Dein Gewissen quälen? Warum? Was wirfst Du Dir in Deinem Verhalten gegenüber Mama vor? Sie war immer stolz auf Dich. Deine Briefe waren bis ganz zum Schluß ihre größte Freude, und wenn sie mit uns einmal nicht zufrieden war, sagte sie: Nur Rózia würde alles tun, worum ich sie bitte.«

Aber Rosa weiß ganz genau, wie sehr sich ihre Mutter danach gesehnt hat, sie wiederzusehen und mehr Briefe von ihr zu erhalten. Und diese Wunde in ihrem Innern bleibt. Rosa hat ihre Pflicht vernachlässigt. Sie hat den Menschen vernachlässigt, der sie liebte und ihr am nächsten stand, der ihr das Lesen beibrachte und die Welt der Literatur erschloß, der, mit Hilfe von Morphium von den Schmerzen befreit, bis zum Schluß den Dichter Mickiewicz las.

Der Tod der Mutter beschwört die Erinnerung an ihre Kindheit herauf, läßt sie keine Ruhe finden. Er stellt alles wieder in Frage, offenbart ihre Schwächen, ihre Ängste, ihre Unsicherheit. War der Weg richtig, den sie eingeschlagen hat?

»Nimm Deinen ganzen Willen zusammen und beruhige Dich ein wenig«, schreibt ihr Bruder Joseph. Und die Schwester, die allmählich begreift, welche Wirkung ihre Briefe auf Rosa haben, kommt endlich zur Besinnung: »Mein Gott, kann ich dieses Unrecht an Dir jemals wieder gutmachen? Es ist ein furchtbarer Gedanke, daß Du ganz allein in Deinem Zimmer sitzt, Dich schlafen legst, morgens aufstehst und niemanden hast, mit dem Du über das sprechen kannst, was Dich erfüllt.«

Und doch kann sie es sich nicht verkneifen, ihr einen letzten Stoß zu versetzen, und fügt hinzu: »Wir sind keine Minute allein gewesen.«

Und die überempfindliche Rosa nimmt diese Grausamkeit wie eine gerechte Strafe entgegen.

Sie macht ihren Angehörigen keine Vorwürfe. Im Gegenteil, sie bittet darum, noch mehr geschlagen zu werden, als müsse sie wahrhaftig dafür büßen, daß sie von zu Hause weggegangen ist und daß aus ihr ein ganz anderer Mensch geworden ist als ihre – wie Anna sagt – »gläubige« Mutter. Es ist, als habe Rosa nicht nur ihre Familie, sondern auch die Werte und den Glauben der Ihren verraten. Sie ist also allein.

Rosa ist in einem Zwiespalt, und die »große Tragödie, die uns heimgesucht hat«, wie ihr Bruder sagt, hat sie dünnhäutig werden lassen. Sie hat niemanden, der ihr Halt gibt, denn ausgerechnet in dieser Phase, in der sie eine seelische Krise durchlebt, hat sie das Gefühl, daß Leo, den sie als ihren Ehemann betrachtet und den sie braucht, weil sie ihn liebt und ihm ihr Herz ausschütten kann, weniger für sie da ist denn je.

Die Krankheit und der Tod der Mutter haben sie so erschüttert, daß sie es im Sommer 1897 nicht mehr bei halbherzigen Vorwürfen an die Adresse Leos bewenden lassen kann. Sie will Klarheit, sie will offen über ihre Beziehung reden, und wenn es ihr das Herz bricht. Sie besteht auf der Wahrheit, als sei sie förmlich darauf aus, daß man ihr Leid zufügt.

Möglicherweise erklärt dieser Leidenswunsch einen Großteil ihres Verhaltens, nicht nur im Privatleben, sondern auch in der Politik. Warum liebt sie einen gefühlskalten Mann wie Leo Jogiches, der ihr all die Jahre nur Wunden zufügt? Warum schließt sie sich einer Splittergruppe an, die starken Anfeindungen ausgesetzt ist. Warum nicht der Mehrheit, bei der sie mehr Ruhe finden würde?

Auf jeden Fall ist sie mit ihren Kräften am Ende. »Nein, ich kann nicht weiterarbeiten. Dauernd lenkt mich der Gedanke an Dich ab... und genauso drängt meine Seele zu Dir, und genauso überströmen die Augen mir von Tränen (hier lächelst Du sicher – ›mich kann doch jetzt die geringste Kleinigkeit zu Tränen rühren‹).«

Aber sie muß weinen, sprechen, und doch gesteht sie Leo:

»Weil ich es nicht mehr vermag, mit Dir von diesen Dingen so ungezwungen zu sprechen. Ich bin jetzt empfindlich und mißtrauisch wie ein Hase.«

Sie kann nur offen mit ihm sprechen, »wenn ich mich von einer warmen, vertrauensvollen Atmosphäre umgeben fühle, und diese pflegt so selten bei uns zu sein«. Sie ist verbittert und verzweifelt, aber sie sieht die Dinge, wie sie sind.

Leo bleibt gleichgültig. Begehrt er sie noch? Sie erinnert ihn an eine ihrer letzten Begegnungen: ».. . Du aber warst zerstreut, lustig und meintest, Du bräuchtest keine ›Physik‹, das heißt gerade alles das, was mich in diesem Augenblick erfüllte. Das hat mir so weh getan...«

Immer wieder beteuert sie: »Ich will Dich lieben.« Sie erinnert sich an den »Dufthauch der Vergangenheit«, wirft sich Ungeschicklichkeiten vor und träumt von einer »weichen, zutraulichen, idealen Atmosphäre«, wie sie in den ersten Tagen ihrer Liebe geherrscht hat.

Aber ihre Beziehung hat sich rapide verschlechtert. Oder genauer gesagt: Was sie anfangs nicht wahrnehmen wollte, was sie hinnahm, kann sie inzwischen nicht mehr ertragen, denn mit der Zeit ist alles nur noch schlimmer geworden.

Schon in Paris hat sie Leo deswegen gezürnt und sich bei ihm beklagt. Und jetzt schlägt sie noch schärfere Töne an: »Warum läßt Du mich allein? Ach, mein Gott, ich wende mich so an Dich, dabei ist es vielleicht wahr, was mir immer häufiger erscheint, daß vielleicht – Du mich schon nicht mehr so liebst?«

Zusätzlich quält sie der Gedanke, daß Leo ihre Klagen für »Weiberszenen« halten könnte.

Sie folgt nur ihrem Gefühl. Sie weint, weil sie spürt, daß Leo sich von ihr gelöst hat, und sie schreibt: »In mir steigt Haß auf, und ich möchte Dich quälen, Dich beißen, Dir zeigen, daß ich Deine Liebe nicht brauche.«

Sie macht sich Sorgen, sie leidet, sie würde gern weiterschreiben, aber sie besinnt sich auf die Verse von Mickiewicz:

> Wann wäre gerecht die Zunge der Stimme,
> die Stimme dem Gedanken;
> wo hielte je den Blitz des Gedankens
> das Wort in Schranken.

Sie fürchtet, Leo könnte über ihre Traurigkeit, ihre Geständnisse lachen. Und sie schließt mit zwei weiteren Versen des polnischen Dichters:

105

Nur Du allein, Geliebte, entbiete Willkommen
dem Gespenst wie einst!

Rosa geht gezeichnet aus dieser Krise hervor, die sie 1897 durchlebt. Es ist, als sei etwas Wichtiges in ihr endgültig zerbrochen.
Die langsame Entfremdung von Leo und die Streitigkeiten, die ihr
Verhältnis belasten, das Gefühl, daß er sie nicht mehr liebt, und
schließlich der Tod der Mutter dämpfen den Elan und die Begeisterung, die Rosa bisher ausgezeichnet haben.
Sie stellt nach wie vor ihre ganze geistige und physische Kraft in
den Dienst der Sache. Ja, sie arbeitet sogar noch härter, wie um zu
kompensieren. Doch empfindet sie, wie sie Leo gesteht, eine tiefe
Enttäuschung, »wenn ich in Gedanken mein ganzes Leben, meine
ganze Zukunft umfasse, die sich mir darstellt wie eine Gliederpup-
pe, die durch einen äußeren Mechanismus zum Strampeln gebracht wird«.
Ja, Rosa ist in ein Räderwerk geraten, in das Räderwerk der Politik,
der Überzeugungen, der Aufgaben, die erfüllt werden müssen. Es
hält sie in Bewegung, trägt sie fort, immer schneller, immer weiter.
Und sie tut, was getan werden muß. Mit Talent, mit Energie, aber
von nun an wohl auch ohne Illusionen.
Sie glaubt nicht mehr an Leos Liebe, und vielleicht glaubt sie nicht
einmal mehr daran, daß sie jemals wieder lieben kann. Ihre Mutter
ist tot. Ihre Kindheit endet im Grab der Mutter, in den Gebeten, die
täglich in der Warschauer Synagoge gesprochen werden.
Sie muß weiter agitieren. Das ist ihr Leben. Doch in ihr Herz ist Kälte eingezogen.
Aber die Lebenskraft dieser jungen, 26jährigen Frau, die eine bemerkenswerte Doktorarbeit und Artikel für die Zeitschriften *Neue
Zeit* und *Critica Sociale* geschrieben hat, ist ungebrochen.
Ihre Freunde Robert und Mathilde Seidel raten ihr, nach Deutschland zu gehen. Dort werde sie ein passendes Betätigungsfeld vorfinden, eine große Partei, Zeitungen, eine intellektuelle Atmosphäre. Marchlewski, ebenfalls ein Freund Rosas, ist seit kurzem
Chefredakteur der *Sächsischen Arbeiter-Zeitung*. Und sie kennt

noch einen weiteren Redakteur: Alexander Helpland, besser bekannt unter seinem Pseudonym Parvus, ein russischer Emigrant und Revolutionär, hochtalentiert, reich und verführerisch, und möglicherweise sogar in Rosa verliebt. Beide können ihr nützlich sein, beide können ihr helfen, in Deutschland Fuß zu fassen und in der sozialistischen Presse Arbeit als Journalistin zu finden, denn inzwischen beherrscht sie das Deutsche fehlerfrei.

Aber merkwürdigerweise reagiert Leo reserviert. Er ist eifersüchtig und will sie als Aktivistin seiner polnischen Partei nicht verlieren. Sie entgleitet ihm, und er spürt, daß sie sich seinem Einfluß entzieht, auch aus Rücksicht auf ihre Gesundheit, denn sie leidet darunter, daß sie ihn liebt und daß er ihr nicht geben kann, was sie von ihm verlangt.

Wie schon so viele Male zuvor versucht er, sie mit zärtlichen Worten zurückzuhalten. Sie erglüht vor Leidenschaft, schöpft neue Hoffnung, überschüttet ihn mit Liebeserklärungen, bedrängt ihn mit ihrem Eifer, und er, seit dem Tod seiner Mutter Frauen gegenüber noch argwöhnischer, verschließt sich wieder.

Er verfolgt Rosas Reisevorbereitungen mit Unbehagen. Er malt sich aus, welche Beziehungen Rosa zu den deutschen Sozialisten knüpfen wird. Und schon jetzt mißbilligt er ihre Freundschaft zu Parvus.

Aber er kann ihr nicht sagen, was sie von ihm hören will. Er will sie nicht zurückhalten. Zumal sie politische Gründe anführt: Sie wird polnische Bergleute in Schlesien agitieren, sie wird für sozialdemokratische deutsche Zeitungen mit einer großen Leserschaft schreiben. Leo schweigt. Nun gut! Soll sie gehen, soll sie nach Deutschland übersiedeln.

Der elegante Leo Jogiches, der kampferprobte Revolutionär und rührige Verschwörer, ist wie Rosa ein komplizierter Mensch. Als Liebende sind sie unzertrennlich, für immer aneinander gebunden, und sie fühlen es. Doch gleichzeitig sind sie unfähig zu einem gemeinsamen Leben. Sie leben getrennt voneinander, und Leo weicht jedes Mal zurück, wenn Rosa ihm die Arme entgegenstreckt. Und sie wird dieser Liebe müde, die nur Alleinsein für sie bereithält.

Wer in Deutschland leben und politisch arbeiten wollte, ohne ständig mit seiner Ausweisung rechnen zu müssen, mußte die deutsche Staatsangehörigkeit erwerben. Und Rosa war nur eine Polin und somit Untertanin des Russischen Reiches. Hier sorgte Olympia Lübeck für Abhilfe, bei der Rosa anfangs in Zürich gewohnt hatte. Sie überredete ihren Sohn, Gustav Lübeck, mit Rosa eine Scheinehe einzugehen und ihr so zur deutschen Staatsbürgerschaft zu verhelfen.

Auf diese Weise bedankte sich Olympia für die vielen Stunden, die Rosa ihrem Ehemann Karl Lübeck geopfert hatte. Rosa hatte dem erblindenden Mann beim Schreiben geholfen und seine Artikel redigiert.

Der junge Gustav Lübeck sträubte sich zunächst, erschien dann aber doch am 13. April 1898 im Rathaus. Unmittelbar nach der Trauung verließ er seine »Ehefrau« auf der Schwelle des Standesamtes.

Rosa war innerhalb von wenigen Minuten Frau Gustav Lübeck, die Frau eines Schriftsetzers, geworden. Sie sollten erst fünf Jahre später, am Tag ihrer Scheidung, wieder zusammenkommen.

Für Rosa begann nun ein neuer Lebensabschnitt. Sie kehrte Zürich und Leo Jogiches den Rücken.

Am 12. Mai 1898 traf sie in Berlin ein.

Das Foto der Scheinhochzeit: Rosa Luxemburg und Gustav Lübeck am 19. April 1898. (Foto: Bildarchiv Preußischer Kulturbesitz)

TEIL III

»Für mich gibt es nur die Pflicht.«
(1898–1904)

6. »Was war das doch für ein Leben!«
(1898–1900)

Sie trug ein schwarzes Kleid und einen neuen Hut. Die Warszawskis – polnische Freunde, die sie nach ihrer Ankunft in Berlin aufsuchte – fanden sie »bezaubernd«. Sie lächelte. Hinter dieser scheinbaren Ruhe und Selbstsicherheit verbarg sie die Frage: Würde es ihr gelingen, sich in dieser fremden Stadt durchzusetzen?

Sie verbringt die ersten Tage mit der Wohnungssuche. Begleitet wird sie von einer Bekannten, die sie »mein Cousinchen« nennt. Sie geht zu Fuß, benutzt die Stadtbahn und kauft gleich am ersten Tag ein »Passepartout« für drei Mark. Sie zählt jeden Pfennig, da sie glaubt, sie müsse Leo Jogiches, ihrem »Zahlmeister«, Rechenschaft über ihre Ausgaben ablegen.

Sie wohnt, bis sie eine Wohnung findet, in einem »möblierten Privatzimmer zu 1 Mark täglich«. Sie ist von der Wohnungssuche enttäuscht: »In der einen Wohnung zieht sich der Magen zusammen, in der zweiten heißt es, ein Soldat war hier.« Dennoch ist sie guten Mutes und schreibt am 17. Mai 1898 in ihrem ersten Brief an Leo Jogiches aus Berlin, daß ein Zimmer neben dem eines Offiziers für sie nicht in Frage kommt: »In Anbetracht der Gefahr, die Dir von daher drohen könnte, und Deiner dauernden Furcht, daß Dir die Frau mit einem Offizier durchbrennt, meide ich natürlich eine solche Nachbarschaft wie die Pest.«

Schließlich entscheidet sie sich für ein Zimmer: »Erster Stock, elegant möbliert, mit einem Pianino, sonnig, mit einem kleinen Balkon, grün bewachsen, mit Schreibtisch, Schaukelstuhl, einem Spiegel über die ganze Länge der Wand, der Balkon und das Fenster gehen in den Garten... aber«, so fährt sie fort, »ich habe fast Angst, es zu schreiben – 33 Mark!« Sie rechtfertigt sich. Das Zimmer liegt »in der Cuxhavenerstraße Nr. 2, Gartenhaus I, direkt am Tiergarten, im aristokratischsten Teil« von Berlin.

Rosa legt keinen Wert auf Luxus, aber sie braucht eine komfortable Umgebung, an der sich auch das Auge erfreuen kann. Das gibt ihr Sicherheit. Außerdem will sie nicht, daß der Abstieg im Vergleich zu Zürich zu kraß ausfällt, obwohl sie weiß, daß ihr Schweizer Zimmer, wie sie schreibt, ein »weißer Rabe« war.

Sie hat wegen des Preises gezögert und sich gescheut, eine Entscheidung zu treffen: »Mein Gewissen hat es nicht zugelassen, bevor ich nicht die halbe Stadt abgeklappert und nicht gesehen hatte, daß mir keine andere Wahl bleibt.«

Sie braucht die behagliche Atmosphäre dieses vornehmen Viertels und die Nähe des Tiergartens, in dem sie, so malt sie sich aus, jeden Tag spazierengehen wird, denn ihre Stimmung ist düster.

Die Größe Berlins bedrückt sie, und sie gesteht Leo: »Ich fühle mich, als wäre ich ganz allein und fremd hierhergekommen, um Berlin ›zu erobern‹, und wenn ich es ins Auge fasse, wird mir bange angesichts seiner kalten und mir gegenüber gleichgültigen Macht.«

Von nun an kann sie Leo nicht mehr »rechtzeitig« um Rat fragen, wenn sie eine Entscheidung treffen muß. Sie weiß das. Und sie wiederholt: »Noch nie war ich so völlig allein, fremd inmitten einer großen Stadt, mit wichtigen Aufgaben und kläglichen Kräften zu ihrer Ausführung.«

Sie muß eine politische Schlacht schlagen, sich in dieser Stadt behaupten und einen Weg ins Zentrum der deutschen Sozialdemokratie bahnen. Sie muß eine Möglichkeit finden, wie sie selbst ihren Lebensunterhalt bestreiten kann, denn schon jetzt ahnt sie, daß Leo nicht immer in der Lage sein wird, für ihre Bedürfnisse aufzukommen, und daß zudem ihre Familie in Warschau eines Tages auf ihre Hilfe angewiesen sein könnte. Und für dies alles stehen ihr nur ihre Feder und ihr Kopf zur Verfügung. Sie darf keinen Fehler machen. Sie muß Erfolg haben.

Wenn sie sich Leo anvertraut, ist es, als spreche sie zu sich selbst. Sie braucht diese Bekenntnisse. Am liebsten würde sie die ganze Nacht mit Schreiben zubringen. Mit wem soll sie sich sonst unterhalten, wenn nicht mit dem fernen Geliebten?

Sie schreibt ihm, daß sie überall »blaue Flecken« auf ihrer Seele spüre, und fährt fort: »Gestern abend, im Bett bereits, in der fremden Wohnung, mitten in der fremden Stadt, fühlte ich mich ein bißchen verzagt und dachte so im tiefsten Seelenwinkel: Wäre es nicht glücklicher, statt eines solchen abenteuerlichen Lebens irgendwo in der Schweiz mit Dir zu zweit still und herzlich zu leben und die Jugend zu genießen und sich aneinander zu erfreuen?«

Ihr ist zum Weinen zumute, sagt sie. Sie bereut es, daß sie fortgegangen ist, und empfindet eine tiefe Sehnsucht. Doch was nützt es? Sie weiß, daß alles nur Illusion ist. Sie schreibt die Worte nieder und reicht sie Leo, damit er sie sich zu Herzen nimmt. Doch andererseits weiß sie noch gut, wie es in Zürich mit Leo war: »Wir lebten doch weder zusammen, noch hatten wir aneinander Freude, und da gab es auch nichts Glückliches.« Im Gegenteil, sie empfand ein Gefühl der Disharmonie, »etwas mir Unverständliches, Quälendes, Düsteres«.

Wenn sie an Zürich zurückdenkt, ist es ihr, als bekomme sie »Stiche in die Schläfen«. Es gibt also nichts zu bedauern. Sie hat ihre Wahl getroffen, aber nicht zwischen dem Glück in Zürich und der Einsamkeit in Berlin, nicht zwischen einer Ehe mit Leo und einer politischen Karriere, sondern »zwischen zwei Trachten Prügel«.

Sie weiß, daß das Leben in Zürich, in Leos Nähe, an einem toten Punkt angelangt war. Sie hat keine andere Wahl gehabt, sie hat sich für die »Prügel« in Berlin entscheiden müssen. Doch sie wird den Wunsch nach einem anderen Leben niemals ganz aufgeben.

Im Grund ist sie, wie sie selbst sagt, »nur eine ganz gewöhnliche Katze, die es mag, gestreichelt zu werden und andere zu streicheln, die schnurrt, wenn es ihr gut geht, und miaut, wenn es ihr schlecht geht, und sonst nichts auszudrücken vermag«.

Ein ergreifendes Zeugnis und Bekenntnis ihrer Schwäche. Sie möchte lieben und geliebt werden. Sie sehnt sich nach Zärtlichkeit und Zuneigung. »Es ist eine Tatsache, ich habe verdammt Lust, glücklich zu sein, und wäre bereit, Tag für Tag um mein Portiönchen Glück mit dem Starrsinn eines Tauben zu handeln.«

Doch das Leben hat Rosa schon harte, erbarmungslose Lektionen erteilt.

Leo hat »ein Herz aus Stein und ist hart und unzugänglich... wie der Rigi« (ein Berg in der Schweiz). Um so schlimmer für sie, daß sie »nicht wie die Jungfrau« ist. Aber vielleicht, so überlegt sie, ist das Leben nur »ein freudloses, düsteres Ding... das einen packen und nicht loslassen kann«. Und ihre Lust, glücklich zu sein, »ist nur noch der Rest. Diese Lust erstirbt in mir immer mehr angesichts der sonnenklaren oder vielmehr nachtdunklen Unmöglichkeit, glücklich zu sein.«

Sie spürt, wie allmählich die Kälte in ihr aufsteigt, und fühlt sich »ganz gleichgültig und ruhig. Als ob alles in mir schläft.«

Sie übertreibt. Sie kennt die Wechselfälle des Lebens, und sie wird immer wieder Augenblicke der Bitterkeit und Unzufriedenheit erleben, aber sie versteht es auch, Nutzen aus ihren Erfahrungen zu ziehen und kühlen Kopf zu bewahren.

Sie denkt an Leo und verschlingt die Briefe und wenigen persönlichen Worte, die er ihr zukommen läßt. Doch gleichzeitig sagt sie: »In mir ist es jetzt irgendwie still, kalt. Ich erledige alles und ohne Angst, aber auch ohne großes Feuer, wie mechanisch, und in mir selbst ist alles taub und leer.«

Und sie schließt mit einer Art freudlosen Genugtuung, indem sie, ganz Realistin, ihrer Situation und ihrer psychischen Entwicklung eine positive Seite abgewinnt: »Letzten Endes geht es um so besser, je mehr ich auf meine eigenen Kräfte angewiesen bin.«

Sie besinnt sich also wieder auf sich selbst. Sie versteht die politische Arbeit als eine Art Kompensation und Verpflichtung, denn sie spürt in sich eine Energie, von der sie Gebrauch machen, ein Talent, das sie entfalten muß.

Doch sie kommt immer wieder auf ihre Beziehung zu Leo zurück, auf das Glück, auf ihre Vorstellung von einem anderen Leben. Daran wird deutlich, daß sie, ganz gleich, was sie tut oder will, sehr unter dieser Enttäuschung leidet.

»Ich lebe hier wie ohne Luft«, schreibt sie Leo. »Wenn Du hier wärest, das heißt, wenn wir zusammen lebten, dann wäre mein

116

Dasein hier doch irgendwie normal und sehr gut möglich, daß dann auch Berlin mir gefallen würde und ich im Tiergarten Vergnügen am Spazierengehen hätte...«

Ein Wunschtraum, mehr nicht. In Wirklichkeit ist es ihr gleichgültig, »ob es regnet, ob die Sonne brennt«. Und niedergeschlagen fügt die sonst so kämpferische junge Frau hinzu: »...und ich lege mich schlafen mit derselben Gleichgültigkeit, mit der ich aufstehe.« Sie leidet unter Leos Abwesenheit. »Ich fühle mich dadurch irgendwie entwurzelt, allen und allem fremd.«

Was also bleibt? »Ich beginne mich an den Gedanken zu gewöhnen, daß es für mich nur die Pflicht gibt.«

Aber diese Pflicht wird sie bis zum Ende erfüllen.

Natürlich findet sie Berlin im allgemeinen »kalt, geschmacklos, massiv, – die richtige Kaserne; und die lieben Preußen mit ihrer Arroganz, als hätte jeder den Stock verschluckt, mit dem man ihn einst geprügelt!« In einem Brief an Mathilde und Robert Seidel, die sich inzwischen endgültig in Zürich niedergelassen haben, preist sie die »wohltuende Gemütlichkeit und die Kultur der Schweiz. Und auch die Reinlichkeit!« Vorzüge, die sie in Berlin »auf Schritt und Tritt« vermißt, wie sie sagt. Freilich ist nicht auszuschließen, daß sie den Seidels damit nur schmeicheln will.

Rosa gehört zu jenen Menschen, die trotz aller Enttäuschungen und Sehnsüchte in der Lage sind, so zu handeln, als sei nichts geschehen. Das Über-Ich, die moralische und politische Verpflichtung, treibt sie vorwärts. Und die Sterne stehen günstig für sie.

Sie hat sich bei der Polizei gemeldet und anstandslos ihren Heimatschein – den Nachweis ihrer deutschen Staatsangehörigkeit – bekommen. Er trägt die Nummer 3835 Acta 1979 VH 98. »Von dem unterzeichneten K. Polizeipräsidium wird der verehelichten Rosalia Lübeck, geborene Luxemburg, geboren am 5. März 1871 zu Zamość, zum Zwecke des Aufenthalts im Auslande hierdurch bescheinigt, daß dieselbe, und zwar durch Eheschließung, die Eigenschaft als Preuße besitzt. Gegenwärtige Bescheinigung gilt nur auf die Dauer von fünf Jahren.«

Soweit hat also alles geklappt. Sie kann jetzt tun, was sie

will, und stellt sich sofort bei der Sozialdemokratischen Partei Deutschlands vor. Ein Wendepunkt in Rosas Leben.

Deutschland verfügt zu der Zeit nicht nur über die stärkste Wirtschaft in Europa, seit dem Krieg von 1870/71 ist es auf dem Kontinent auch die dominierende politische Macht, auch wenn sich Frankreich nach Kräften bemüht – seit 1893 im Verein mit Rußland –, ein Gegengewicht zu bilden.

Nach der Thronbesteigung von Kaiser Wilhelm II. und der Entlassung Bismarcks, der das Reich geeint und umsichtig verwaltet hat, wird deutlich, welche weltweiten Ambitionen Deutschland verfolgt.

Wilhelm II. will ebenso wie England und Frankreich auf das Weltgeschehen Einfluß nehmen und ein Kolonialreich errichten. Deutschland gerät ins Zentrum der Widersprüche, die nicht nur in Europa, sondern überall auf der Welt zur Konfrontation zwischen den imperialistischen Großmächten führen werden.

Junge Marxisten wie Rosa Luxemburg spüren das. Sie sind überzeugt, daß der »Kapitalismus«, dessen Ausdruck der Imperialismus ist, entscheidende Erschütterungen erleben und immer rasanter auf sein Ende zusteuern wird. Und sie sind überzeugt, daß aus seinen Trümmern eine neue, eine sozialistische Gesellschaft erstehen wird.

Dieser Glaube, der religiöse Züge annimmt, schmückt sich mit den Tugenden der Wissenschaft. Tatsächlich ist er in den Augen dieser von der Marxschen Lehre geprägten Generation weit mehr als nur eine soziale oder politische Hoffnung, vielmehr ist er eine Gewißheit, die auf den Analysen des *wissenschaftlichen Sozialismus* beruht.

Man träumt nicht, sondern man versichert mit der Überzeugung des Wissenschaftlers, daß das kapitalistische System dem Untergang geweiht ist und sich in seinem Schoß bereits seine Richter und Erben versammelt haben: die Arbeiter, das Proletariat.

Und auch in dieser Hinsicht ist Deutschland das Zentrum.

In den vorausgegangenen zwanzig Jahren hat die Sozialdemokratische Partei Deutschlands, die SPD, bei politischen Wahlen und in der Gewerkschaftsarbeit beachtliche Erfolge erzielt. Sie stützt sich auf ein Programm, das 1891 auf dem Erfurter Parteitag beschlossen wurde und in zwei Teile zerfällt: Zum einen legt es die Minimalziele der Partei fest (als Oppositionspartei will die SPD durch den gewerkschaftlichen und politischen Kampf dem »System« Verbesserungen für die Bürger, die sie vertritt und die sie wählen, abringen), zum anderen formuliert es die Maximalziele (die Partei bereitet sich auf die Revolution vor und erwartet den Zusammenbruch des gesamten Systems).

Einer der Verfasser des Erfurter Programms war Karl Kautsky. Und die Parteiführer August Bebel, Wilhelm Liebknecht, Eduard Bernstein und der Österreicher Victor Adler hatten sich lange den Anschein gegeben, als glaubten sie daran, daß beide Teile des Programms, der reformistische und der revolutionäre, problemlos miteinander zu vereinbaren seien.

»Ich will der Todfeind dieser bürgerlichen Gesellschaft und dieser Staatsordnung bleiben«, sagte Bebel wiederholt und bekräftigte: »Diesem System keinen Mann und keinen Groschen!«

Diese Haltung wurde dadurch gefördert, daß sich die Partei in Opposition zur Gesellschaft konstituiert hatte: Sie bildete ein eigenes soziales Milieu, eine Art Staat im Staat, in dem die Parteiführer wie ein kleiner Freundeskreis zusammenlebten. Ansonsten blieb die Partei sehr proletarisch und isoliert – sie zählte nur wenige Intellektuelle zu ihren Mitgliedern. Doch ihr Einfluß wuchs, mit der Zahl ihrer Wähler wuchsen auch die Zahl ihrer Abgeordneten und das Parteivermögen. Von Parteitag zu Parteitag propagierte sie ihre Politik der Reformen, der kleinen Schritte, und bekräftigte gleichzeitig ihre revolutionären Ziele, ohne sich darum zu kümmern, ob diese beiden Ziele überhaupt miteinander in Einklang zu bringen waren: Führten Reformen zur Revolution? Konnte man ein System »reformieren«, das laut Theorie dem Untergang geweiht war und dessen Sturz man beschleunigen mußte?

Dieser Partei tritt Rosa Luxemburg am 25. Mai 1898 bei. Sie weiß, was sie will: Sie will sich einen Platz erobern. Und sie denkt gar nicht daran, sich wegen ihrer Herkunft als polnische Jüdin zurückzuhalten. Sie ist fest entschlossen, für die Parteizeitungen zu schreiben und auch Reden zu halten. Leo ist etwas besorgt, weil ihr

Deutsch noch nicht perfekt ist. Sie hält diese Bedenken für unbegründet und antwortet selbstsicher: »Ich würde gleich den höchsten Ton anschlagen, d. h. den des alten Genossen, der mit der Arbeit bis ins Letzte vertraut ist, und der sich auf der Bühne wie bei sich im Schlafzimmer fühlt. Nicht die geringste Bange habe ich beim Gedanken an eine Versammlung.«

Sicherlich übertreibt sie. Aber sie mag einfach nicht »in der Ecke sitzen«. Sie liest Zeitungen und Versammlungsberichte. Und sie bebt vor Ungeduld.

Sie ist sich ihrer Sache sicher. Sie ist überzeugt, daß sie mehr kann als gewisse Redner und Journalisten in Deutschland, deren Stil sie »konventionell«, »hölzern« und »schablonenhaft« findet. Sie vergleicht deren platte Phrasen mit den Texten des Schriftstellers und Publizisten Ludwig Börne (1786–1837), die zu ihrer täglichen Lektüre gehören, und ist empört über die Ideenlosigkeit der Leute, deren Prosa sie in Berlin kennenlernt. Sie kann, sie wird, sie muß es besser machen.

»Ich glaube«, sagt sie, »daß die Leute beim Schreiben meistenteils vergessen, in sich tiefer zu greifen und die ganze Wichtigkeit und Wahrheit des Geschriebenen zu empfinden.«

Ihre eigenen Artikel und Reden werden von diesem Geist durchdrungen sein, davon ist sie überzeugt. Und trotz der Gefühlskälte, die sie entmutigt, gibt ihr diese Überzeugung die Kraft, sich der Herausforderung zu stellen und die Initiative zu ergreifen. Doch daneben verspürt sie auch das Bedürfnis nachzudenken, sich zurückzuziehen.

Denn Rosa Luxemburg ist eine widersprüchliche Persönlichkeit.

Sie leidet unter der Trennung von ihrem Geliebten, sagt aber auch: »Denken Sie: in der großen Stadt Berlin mit zweieinhalb Millionen Einwohnern keinen einzigen Freund. In diesem Augenblick ist mir so wohl bei dem Gedanken, daß ich lächele behaglich.«

Dennoch sucht sie Kontakt. Sie geht zum Sitz des Parteivorstands in der Katzbachstraße. Ein bescheidenes Haus. Sie klingelt, und »ein großer Blonder, etwa vierzig Jahre, gutaussehend, genau der Typ des höheren russischen Beamten oder Grundbesitzers« öffnet ihr die Tür, läßt sie ein und bittet sie, Platz zu nehmen. Sein Name ist Ignaz Auer. Er ist der Sekretär des Parteivorstands.

Rosa wird schnell feststellen, daß diese mächtige SPD, die von der konservativen Gesellschaft mißtrauisch beobachtet wird und den Sozialisten anderer Länder als Vorbild dient, noch über keine richtige Organisation verfügt. Der Augenblick, da Rosa das Büro in der Katzbachstraße betritt und SPD-Mitglied wird, markiert einen Wendepunkt in der Geschichte dieser Partei.

Die SPD muß sich einen Apparat schaffen, eine weitverzweigte Organisation aufbauen. Noch ist sie ein durchlässiges Gebilde, in dem ein Mensch wie Rosa seinen Weg machen kann. Hinzu kommt, daß sie noch nicht die ehrgeizigen Jungen angezogen hat. Sie ist eine echte Arbeiterpartei, in der geistig bewegliche und kreative Persönlichkeiten, die zudem gut schreiben können, selten sind.

Und diese Partei, die bislang noch kaum verbürokratisiert ist, es zwangsläufig aber werden muß, da sie immer tiefer in die Gesellschaft vordringt und sich sogar in das System integriert, das sie ablehnt, läßt sich ab Ende des Jahres 1897 auf eine Theoriediskussion ein, auf eine Kontroverse über den eigentlichen Zweck ihrer Aktionen, wie sie seit zwei Jahrzehnten nicht mehr stattgefunden hat.

Eduard Bernstein, einer der Parteiführer, hat den Stein ins Rollen gebracht. Er hat in Karl Kautskys *Neuer Zeit* eine Artikelserie über »Probleme des Sozialismus« veröffentlicht, in denen er das Dogma der revolutionären sozialistischen Partei in Frage stellt.

Bernstein war ein liebenswürdiger, bescheidener Mensch, der nach Bismarcks Sozialistengesetz zunächst ins Schweizer Exil gegangen war, inzwischen aber in London lebte.

Er war in der Partei allgemein beliebt. Kautsky, Liebknecht und Bebel, die mit ihm befreundet waren, hatten seine Artikel, in denen er die Hypothesen des Marxismus und das Credo des Erfurter Programmes der SPD revidierte, zwar mit Interesse gelesen, seine Thesen jedoch zurückgewiesen.

So behauptete der Revisionist Bernstein, daß der Kapitalismus nicht zusammenbrechen werde und viel lebensfähiger sei, als man bisher angenommen habe. Aus diesem Grund müsse sich die SPD unbedingt zu einer reformistischen Partei wandeln, die innerhalb des Systems die Forderungen der Arbeiter vertrete und das Leben der Arbeiterklasse durch Reformen verbessere.

Und war das nicht genau das, was die Partei ohnehin schon tat? Warum sich also weiterhin revolutionär nennen oder das nahe Ende eines Systems verkünden, das entgegen allen Voraussagen von Marx, die im übrigen schon ein halbes Jahrhundert alt waren, einen ständigen Aufschwung erlebte? Bernstein plädierte dafür, den moralischen Inhalt des Sozialismus zu betonen und den Willen zur Revolution hintanzustellen. Die Partei, so schrieb er, solle sich zu dem bekennen, was sie sei, nämlich eine »reformistische, sozialistische und demokratische Partei«. Und er fügte hinzu: »Das Endziel, was immer es sei, ist mir nichts, die Bewegung alles.«

Bernstein lieferte also reichlich Zündstoff für eine Kontroverse, doch die deutschen Parteiführer, die miteinander befreundet waren und sich einvernehmlich die Macht teilten, standen sich zu nahe, um in einen Ideologiestreit einzutreten.

Ignaz Auer, der Rosa Luxemburg soeben empfangen hatte und sie ihren Schriften nach kannte, hörte interessiert zu, als sie darauf hinwies, daß sie die deutsche Staatsbürgerschaft besitze, und sich bereit erklärte, bei den polnischen Arbeitern in Oberschlesien die Wahlkampftrommel zu rühren.

Derselbe Auer hatte Bernstein geschrieben: »Mein lieber Ede, was Du verlangst, so etwas beschließt man nicht, so etwas sagt man nicht, so etwas tut man.« Warum also polemisieren? Warum interne Probleme an die Öffentlichkeit bringen?

Gewiß, die Kritik am großen Marx war etwas unangenehm. Doch die Parteiblätter (der *Vorwärts* und die *Leipziger Volkszeitung*) stellten lediglich mit Bedauern fest, daß Bernsteins Artikel »in der Form manchmal mißverständlich« seien. Er habe »eine Reihe anregender Betrachtungen in eine verfehlte Pointe auslaufen lassen, wie das gerade lebhaft und scharf denkenden Leuten sehr leicht passiert. Aber das ist auch alles!«

Nur waren die Deutschen nicht allein.

Von Januar bis März veröffentlichte der mit Rosa befreundete Parvus Helpland, Chefredakteur der *Sächsischen Arbeiterzeitung,* unter dem provokativen Titel *E. Bernsteins Umwälzung des Sozialismus* eine polemische Artikelserie gegen Bernstein.

Zum einen war Parvus davon überzeugt, daß seine Angriffe gegen Bernstein berechtigt waren – er war wie Rosa jung und stand den Russen nahe, die sich in ihrem Kampf gegen die Autokratie als Revolutionäre verstanden –, zum anderen scherte er sich nicht um die freundschaftlichen Beziehungen unter den deutschen Parteiführern. Darüber hinaus verfolgte er das Ziel, seinem Blatt im ganzen Land Gehör zu verschaffen, was ihm auch gelang. Durch seine Attacken gegen den »Parteibonzen« Bernstein wurde er ein bekannter Mann.

Rosa, die wie Parvus aus der Randgruppe der russischen und polnischen Exilanten kam, konnte nur auf dieselbe Weise reagieren.

Und wie Parvus begriff sie, daß sie den Bernstein-Streit, die offene Polemik, dazu benutzen konnte, sich als Genossin zu profilieren, die den Parteigrößen ebenbürtig war.

Sie ergriff die Chance, die sich ihr bot, beim Schopf. Wenn sie es geschickt anstellte, konnte sie sich auszeichnen und einen Namen machen.

Sie mußte arbeiten und nochmals arbeiten, pausenlos, ohne Zeit zu verlieren. Und sie mußte versuchen, sich unentbehrlich zu machen, zum Beispiel dadurch, daß sie bei den Arbeitern polnischer Herkunft um Stimmen für die deutsche Sozialdemokratie warb.

Rosa hatte einen festen Plan im Kopf. Jetzt galt es nur noch, ihn in die Tat umzusetzen.

In ihren Briefen an Leo steckte Rosa kühl und mitunter sogar zynisch die Etappen ihrer Strategie ab. Sie war ehrgeizig und fest entschlossen, jede Möglichkeit zu nutzen, ohne sich aber irgendwelchen Illusionen hinzugeben. Am 28. Mai 1898 schrieb sie: »Ich hätte für den Anfang lieber auf einem allgemeineren Schauplatz agiert – in Berlin, und nicht auf einem oberschlesischen Kaff.«

Doch sie fügt sich. Auf diese Weise kann sie zu den Deutschen gute Beziehungen knüpfen. Als Neuling muß sie nehmen, was sie bekommt. »Vorläufig müssen wir uns auf die Deutschen stützen.« Eine klare, nüchterne Analyse. Sie tut, was sie tun muß, um das gesteckte Ziel zu erreichen.

Sie kann es sich nicht erlauben zu zögern: »Kurz, es bleibt nichts anderes übrig, als den kleinen Koffer an sich zu nehmen und sich in Bewegung zu setzen.«

Knapp einen Monat nach ihrer Ankunft in Berlin reiste sie also weiter nach Oberschlesien, in jenen Teil Polens, der seit dem 18. Jahrhundert zu Preußen gehörte und zu den Gebieten zählte, in denen die deutsche Sozialdemokratie bislang noch kaum Fuß gefaßt hatte.

Rosa Luxemburg reiste kreuz und quer durch dieses Missionsgebiet und fand rasch Kontakt zu den polnischen Bergarbeitern. Rosa sprach ihre Sprache, und die Arbeiter fühlten sich geschmeichelt, freuten sich über diese bemerkenswerte Rednerin und hießen sie als Landsmännin stolz willkommen, obwohl sie im Gegensatz zu den Agitatoren der polnischen Partei PPS gegen eine Rückgabe Schlesiens an Polen war, da sie die Unabhängigkeit Polens als Rückschritt betrachtete.

Die lokalen SPD-Funktionäre, die in dieser entlegenen Region Pionierarbeit leisteten, nahmen sie natürlich wohlwollend auf. Zu ihnen zählten der Journalist und ehemalige Reichstagsabgeordnete Julius Bruhns, Parteisekretär in Breslau, Dr. August Winter in Königshütte und schließlich Bruno Schoenlank.

Schoenlank war der klügste Kopf von allen. Rosa hatte ihn bereits auf der Zugfahrt nach Oberschlesien kennengelernt. Er hatte sich ihr vorgestellt, und sie hatte ihm interessiert und amüsiert zugehört. Schoenlank machte ihr den Hof. Er war Chefredakteur der *Leipziger Volkszeitung,* eines sozialdemokratischen Blattes, das mit literarischen Rubriken und Artikeln zu Grundsatzfragen versuchte, sich von der Mittelmäßigkeit der Provinzpresse abzuheben.

Begegnungen wie diese wertete Rosa als gutes Omen. Sie hatte sich vorgenommen, Kontakte zu knüpfen und die Genossen für sich einzunehmen. Sie war alles andere als »spontan« in ihren Arbeitsbeziehungen, sondern berechnend und als kluge Taktikerin einzig darauf bedacht, sich Rückhalt zu verschaffen.

So wehrlos sie in ihrer Korrespondenz mit Leo wirkte, so souverän war sie in ihren Beziehungen zu anderen, wobei sie Leo stets um Rat fragte. Einmal antwortete sie ihm: »Winter gegenüber werde ich mich so verhalten, wie Du rätst; sicherlich werden wir prächtig harmonieren, das muß ein grundbraver Kerl sein, obwohl er ein Schwab ist (denn ein Pschiakrew ist noch schlimmer).«

Sie handelte also mit Umsicht, darauf bedacht, den polnischen Arbeitern ihre Ideen nahezubringen, aber auch, sich in der deutschen Partei schnell Gehör zu verschaffen. Geschickt verband sie den Wunsch, für ihre Überzeugungen zu werben, mit der Absicht, das Fundament für ihre zukünftige Karriere zu legen.

Rosa Luxemburg war alles andere als naiv.

Und sie beurteilt jede Aktion danach, ob sie ihr einen Nutzen bringt. So reist sie durch die Wahlkreise und verteilt mit Winter Flugblätter und Wahlkarten. Ihr Arbeitstag beginnt um acht Uhr morgens und endet oft erst abends um acht.

Leo hält diese Tätigkeit für erniedrigend, doch sie erklärt ihm: »Diese Arbeit einzig und allein verschafft mir Ansehen in den Augen von Winter, Bruhns... und bei allen kann sie mir einzig und allein einen guten Ruf schaffen, ebendeshalb, weil ich gleichzeitig als vortreffliche Rednerin auftrete, das heißt, daß ich auch zu Besserem fähig bin, aber nicht davor zurückschrecke, in Reih und Glied zu marschieren.«

Und sie hat Erfolg. Man hört ihr zu, applaudiert, verlangt nach ihr.

Sie spricht voller Leidenschaft und ist leicht berauscht von der Leichtigkeit, mit der sie sich durchsetzt. »Ich hatte doch nicht die geringste Sicherheit, was das anbetrifft«, schreibt sie, »ich mußte mich einfach aufs Eis begeben. Jetzt bin ich sicher, daß ich in einem halben Jahr zu den besten Rednern der Partei gehören werde. Stimme, Ungezwungenheit, Sprache, alles ist mir gegeben, und am wichtigsten, daß ich so ruhig auf die Tribüne gehe, als wäre ich schon 20 Jahre lang aufgetreten, ich verspüre nicht die geringste Angst.«

Der Erfolg gibt ihr Sicherheit, zumal sie auch als Frau Interesse weckt. Julius Bruhns gesteht ihr, daß er in sie verliebt sei, bittet um etwas Aufmerksamkeit und Zuneigung, läßt sich über die Fehler seiner Ehefrau aus. Geschmeichelt hört Rosa ihm zu und gelobt ihm Freundschaft, ein wenig herablassend zwar, aber durchaus geschickt.

Auch mit Bruno Schoenlank verbindet sie eine zweideutige Beziehung. Er bietet ihr an, Artikel in der *Leipziger Volkszeitung* zu veröffentlichen. Er schreibt ihr zahlreiche Briefe, spricht über Philosophie und Literatur, stattet ihr Besuche ab und platzt zuweilen sogar unangemeldet bei ihr herein, depressiv und verliebt. Sie muß ihn auf Distanz halten und gleichzeitig erhören. Also tauscht sie sich mit ihm aus. Und vielleicht läßt sie ihm sogar ein wenig Hoffnung.

Wenn er zu niedergeschlagen ist, tröstet sie ihn. Nach einem seiner Besuche berichtet sie: »Ich mußte versuchen, ihn nach Möglichkeit zu beruhigen, denn er machte den Eindruck, als sei er schon halb verrückt. Er hatte erneut die Absicht, Schluß zu machen.«

Das macht Rosas Stärke aus: einerseits Aufrichtigkeit, Glaube, Sensibilität, feste Überzeugungen und Pflichtbewußtsein, andererseits Gefühlskälte, wenn es gilt, Menschen zu beeinflussen, die ihr nützlich sind.

Die Diagnosen, die sie stellt, sind nüchtern und klar: Sie sagt Leo, sie könne mit Schoenlank machen, was sie wolle, und als sie nach der Schlesienreise Bilanz zieht, präzisiert sie mit dem Zynismus eines Rastignac, was ihr die Reise eingebracht hat: »Persönliche Beziehungen zu Bruhns und Schoenlank, das bedeutet, zwei Redakteure völlig zu meinen Diensten.«

Schon nach wenigen Wochen in Deutschland hat sie also begriffen, worauf es in der deutschen Sozialdemokratie ankommt. Sie weiß, wie man sich Geltung verschafft, wie man Bekannte, Freunde und Zeitungen für seine Zwecke nutzt.

Und ihr Erfolg, ihre Ausstrahlung, ihre Macht über die Zuhörer und die Männer, denen sie begegnet, tragen dazu bei, daß ihre Beziehung zu Leo sich unmerklich verändert.

Sie liebt ihn noch immer, »sogar ein bißchen leidenschaftlich«, und sorgt sich wegen seiner Lebensweise. Sie will, daß er ordentlich studiert, ausreichend schläft, sich gesund ernährt. Und sie wird gebieterisch: »Schreibe mir, Kind...« Er korrigiert die Druckfahnen ihrer Doktorarbeit, die als Buch erscheinen soll. Schlimm. »Ich habe Deine Berichtigungen durchgelesen und hätte beinahe Krämpfe gekriegt. Aber ich will nicht mehr darüber reden...« Sie hört nicht auf seine Ratschläge. Es beunruhigt ihn, daß sie Reden auf deutsch hält. Sie zuckt nur die Schultern. Er hat ja keine Ahnung, daß sie die Sprache Goethes schon wie Bismarck spricht! Sie nennt ihn, mit einem Hauch von Zuneigung und Spott, ihren »Dummerjan«.

Gewiß, sie träumt noch immer. Denn – und man spürt es ganz deutlich, ganz gleich, was sie behauptet – sie wird ihre Empfindsamkeit, den imaginären Teil ihrer selbst, niemals unterdrücken können. Obwohl sie sich dagegen wehrt, wird sie von ihr überwältigt, wird sie von ihren Gefühlen fortgerissen.

In Oberschlesien streift sie durch die Getreidefelder, pflückt Kornblumen und Klatschmohn. Sie hört Leute Polnisch reden, »ihre« Sprache, und fühlt sich in ihre Kindheit zurückversetzt.

Kornfelder, Wiesen und Äcker, weite Flächen und polnische Bauern: »Ich fühle mich wie neugeboren«, schreibt sie, »als ob ich wieder Boden unter den Füßen gefunden hätte.«

Sie sieht ein fünfjähriges Bauernkind, das barfuß eine Herde Kühe hütet, und in der Ferne einen Kiefernwald – und schon kommen ihr die Tränen. Sie träumt davon, mit Leo in einem schlesischen Dorf die Ferien zu verbringen: »Dort würden wir beide aufleben beim Herumstreifen im Getreide.«

Doch sie weiß jetzt auch, daß solche Träume nicht von Dauer sind.

Leo hat ihren Brief anscheinend nicht gelesen, ihren Vorschlag nicht bemerkt: »Du hast mir darauf nichts geantwortet, zieht Dich das nicht an, oder glaubst Du nicht an die Möglichkeit, es zu verwirklichen?«

So zeigt sich im Traum, hinter dem Schutzschild der Agitation und des politischen Erfolges, eine andere psychologische Realität, eine andere Rosa, von der niemand etwas ahnt, weder ihre Genossen noch die polnischen Arbeiter, die ihr zuhören und Beifall spenden. Eine Rosa, die nur Leo Jogiches kennt, aber der will sie nicht verstehen.

Dennoch spricht sie weiter zu ihm, unermüdlich. In ergreifenden und verzweifelten Worten schildert sie ihm ihr tägliches Leid. Ein Gedanke genügt – zum Beispiel die Erinnerung an den Tod seiner Mutter, an die Trauer, die er empfand, oder an Warschau, an die Ihren –, und sie beginnt zu weinen. »Zum Glück hat es niemand gesehen«, beruhigt sie Leo, »Du hast sicher schon Angst.«

Sie weint nicht vor Schmerz über ihr Schicksal, und es ist auch nicht die Sehnsucht, die sie überwältigt.

»Sondern jedesmal erschüttert mich ein Gedanke: Was war das für ein Leben! Was hat dieser Mensch erlebt, wozu so ein Leben! Ich kenne keinen Gedanken, der für mich so schrecklich wäre wie dieser; es ist, als würde mich etwas zerreißen, wenn ich daran zu denken beginne ...«

Metaphysische Angst? Das heißt eine über eine politische Frage hinausgehende Suche nach dem Sinn des Lebens?

Rosa spricht von einem Riß, und möglicherweise liegt hier ein weiteres Motiv für ihr soziales Engagement. Vielleicht will sie vor dieser Wunde flüchten und lenkt sich deshalb mit Arbeit ab. Vielleicht revoltiert sie auch gegen die Stellung des Menschen auf dieser Welt und wünscht sich ein anderes Leben. Oder sie strebt nach etwas Absolutem, nach einem friedvollen, glücklichen Dasein, in dem es nur Liebe und friedliche Landschaften, Getreidefelder, Kiefern und Kornblumen gibt.

Doch statt dessen stößt sie sich am Elend der kleinen Leute, am Tod von Menschen, die ihr nahestanden, am Schweigen und Ausweichen Leos. Was ihr bleibt, ist die »Pflicht«.

Sie ist erfolgreich. Sie ist »kalt und ruhig«. Und doch fehlt etwas

Wichtiges. »Mir ist so, als wäre etwas in mir gestorben, ich empfinde weder Angst noch Schmerz, noch Einsamkeit, genau wie ein Leichnam. Es ist, als wäre ich ein ganz anderer Mensch als in Zürich, und ich reflektiere über die damalige Zeit wie eine andere Person.«

Sie ist nicht sie selbst. Was empfindet sie? »Eine Art tödliche Apathie, bei der ich alle Handlungen, sogar die im Denken, wie ein Automat ausführe, so als ob ich ein anderer wäre. Was ist das? Erkläre es mir. Einmal fragst Du mich, was mir fehlt. Eigentlich das Leben!«

Dies zu denken und zu fühlen – das Wort *Tod* begleitet Rosa in ihren Briefen wie ein düsterer Schatten, den man nie vergessen darf, selbst wenn sie sorglos und fröhlich scheint –, es mit einer besonderen Gabe zur Selbstbeobachtung und einem etwas morbiden Hang, auf der Verzweiflung zu beharren, zu analysieren und, wer weiß, dabei vielleicht sogar zu hoffen, sie könne Leo erweichen und dazu bringen, daß er ihr seine Liebe zeigt, und bei alledem noch politisch aktiv zu bleiben, das macht das Wunder dieser Frau aus.

Und zweifellos liegt gerade in dieser Ambivalenz und der letztlich immer überwundenen Schwäche das Geheimnis jener Spannung, die ihrer Stimme, ihren Texten und ihrer Gegenwart diese beeindruckende Kraft und Tiefe verleiht.

Die Politikerin, Philosophin und Nationalökonomin Rosa Luxemburg verfügt über Eigenschaften, die man gerade bei jenen Menschen so selten findet, die in Politik und Gesellschaft eine aktive Rolle spielen.

Rosa, eine »zerrissene«, »verwundete« und kämpferische Frau.

Im Juni 1898 reist sie durch Oberschlesien und hält Reden. Im Juli veröffentlicht sie ihre Doktorarbeit. Und gleichzeitig rechnet sie privat mit Leo ab und wirft ihm seine »verdammte Wut« vor.

Sie verlangt sehr viel. Sie sähe es gerne, wenn Leo in gleichem Maße wie sie zur Selbstanalyse fähig wäre. Sie hätte gern eine klare Beziehung zwischen zwei intelligenten Menschen, die geprägt ist von Großzügigkeit, Leidenschaft und gegenseitigem Verständnis. Kurz und gut, die gleichen Eigenschaften, die sie im politischen Leben an den Tag legen, und ihre ideologische Komplizenschaft sollen sich auch in ihrem Privatleben, in ihrer Liebe niederschlagen.

Aber das ist eine Illusion. Unmöglich.

Vielleicht ist ihr Bemühen, alles zu sagen, auch ein wenig machiavellistisch. Sie weiß nämlich sehr gut, daß Leo auf ihren Erfolg und die Komplimente, die man ihr macht, neidisch ist. Er hat keine Kontrolle mehr über sie. Sie weist seine Ratschläge zurück.

Und so schickt sie ihm Briefe ihrer Freunde Schoenlank und Bruhns. Leo soll sie lesen und ihr sagen, was er davon hält.

Sie hat ihm schon ausführlich von diesen »Freunden« berichtet. Schoenlank ist häufig bei ihr zu Gast. Sie ißt mit ihm zu Abend. Luise Kautsky vermutet gar, daß Schoenlank und Rosa ein Verhältnis haben.

Leo schickt die Briefe ungelesen zurück. Aus Ärger, Gleichgültigkeit oder Eifersucht? Rosa quittiert diese »Grobheit« mit den Worten: »So hattest Du nicht wie der ›edle Gatte‹ im Roman darauf zu antworten, der seiner Frau großmütig die Briefe ihrer Verehrer ungelesen zurückgibt, um zu zeigen, wie weit er jenseits von Gut und Böse, sondern so auf unsere Art, ehrlich und einfach die Nase in die Briefe zu stecken, sie aufmerksam durchzulesen, zu überlegen und mir Deine Eindrücke zu schreiben.«

Verlangt sie nicht zuviel? Beweist diese Forderung nicht, daß sie die Gefühle der anderen nicht versteht? Vertritt sie nicht den Standpunkt einer Frau, die ihrer Zeit und den Beziehungen zwischen Mann und Frau so weit voraus ist, daß sie zwangsläufig enttäuscht werden muß?

Es stimmt, daß Leo Jogiches nicht der geeignete Partner für eine solche Beziehung ist. Es verletzt ihn, wenn sie berichtet, daß sie von ihren Verehrern »jeden zweiten Tag gewaltige Briefe« erhalte, »die in mehrerer Hinsicht interessant sind«.

Rosa will Leo erziehen. Er soll seine männlichen Besitzansprüche und seinen Stolz aufgeben. Sie macht also weiter.

Bruhns versichert ihr, daß er es unter dem Einfluß einer Frau wie ihr weit bringen werde. »Das schreibt ein fast vierzigjähriger Mann!« wundert sich Rosa.

Von Schoenlank sagt sie, er sei »äußerst geistreich und gebildet, unsere Korrespondenz bewegt sich auf dem Boden, auf den ich sie gestellt habe: dem wissenschaftlich-salonhaften; wir schreiben über Kant«.

Rosa weiß, daß sie Leo damit eine »Abreibung« verpaßt. Sie fügt hinzu: »Du schämst Dich und fühlst Dich in meinen Augen wieder kompromittiert. Das ist gut.«

An solchen Äußerungen wird deutlich, daß Rosa schon nach wenigen Wochen in Deutschland zu Leo und den Männern neue Beziehungen aufbaut. Beziehungen, die sie sich gleichberechtigt wünscht, die sie jedoch souverän beherrscht.

Beiläufig teilt sie Leo mit, daß sie jetzt mit dem Redigieren von »Notizen« für Parvus' Zeitung Geld verdiene und an einem Artikel für Schoenlanks Tageszeitung arbeite. Und darauf ist sie stolz. Sie wird ihrem »Dziodzio« und sogar der Familie in Warschau Geld schicken können.

Die Situation hat sich verkehrt. Rosa erkämpft ihre Freiheit. Sie ist eine unabhängige Frau geworden.

Und sie schließt: »An den Abenden arbeite ich am Bernstein, der Blitz soll einschlagen, was für eine schwere Sache.«

Das war ihre Hauptaufgabe. Rosa hat in der Tat schnell begriffen, daß sich hier eine Möglichkeit bietet, Ansehen zu erlangen und Einfluß zu gewinnen.

Wenn sie Bernsteins Thesen erschüttert oder, besser noch, widerlegt, wenn sie nachweist, daß sein »Revisionismus« an den Grundlagen des Marxismus rüttelt, dann wird sie der »Parteiphilosoph« der deutschen Sozialdemokratie. Und sie glaubt, daß sie für diese Aufgabe weitaus geeigneter ist als Parvus, der zu diesem Zeitpunkt in seiner *Sächsischen Arbeiterzeitung* einen einsamen Kampf gegen Bernstein führt.

Gemessen an dieser wichtigen Aufgabe wird alles andere nebensächlich. Rosa spürt, daß sie richtungsweisend für ihre Zukunft sein wird.

»Und wie sehr, wie sehr ich Dich liebe«, schreibt sie Leo. Als hätte sie Zeit zu trödeln angesichts der »furchtbaren Schwierigkeiten« bei ihrer Arbeit, die Wissen und Geschick erfordert!

Bei der Lektüre ihrer Briefe drängt sich zuweilen die Frage auf, ob sie nicht deshalb gegen Bernstein Position bezieht, weil alle anderen Plätze in der politischen Arena besetzt sind, weil dies der einzige ist, den man ihr anbietet.

Bernstein vertritt den rechten Flügel der Partei. Kautsky, Bebel und Liebknecht behaupten mit Umsicht und Autorität die Mitte. Es gibt niemanden, der über genügend Talent verfügt, um Bernstein Paroli zu bieten. Parvus und Schoenlank haben jedenfalls nicht das notwendige Format.

So sind es auch taktische Überlegungen im Hinblick auf ihre weitere Karriere, die Rosa dazu bewegen, sich voll auf diese Polemik einzulassen.

»Wenn ich nur wüßte, was ich schreiben soll«, schreibt sie bisweilen. »Die Form würde sich fast von selbst ergeben, wie es sich gehört, ich fühle das schon.«

Sie muß lesen und nochmals lesen. In diesen Sommermonaten des Jahres 1898 wird ihr Leben ganz von der Arbeit diktiert.

»Ich bin bereit, das halbe Leben für diesen Artikel zu geben, so habe ich mich in ihn verbissen.«

Sie kommt sich vor wie ein Erfinder, der ständig in der Angst lebt, daß ein Konkurrent ihm zuvorkommt und vor ihm ein Patent anmeldet. Deshalb arbeitet sie pausenlos: »Es muß schnell gehen, weil die ganze Arbeit überhaupt umsonst ist, wenn jemand schneller ist als wir.«

Sie hält eiserne Disziplin. Und sie führt ein einsames Leben. Um acht Uhr steht sie auf, liest Zeitung, reibt sich mit kaltem Wasser ab, trinkt ein Glas heiße Milch. Dann geht sie eine Stunde im Tiergarten spazieren, bei jedem Wetter. Anschließend schreibt sie Briefe und Notizen für verschiedene Zeitungen (sie braucht die Honorare, muß ihren Platz behaupten). Nach dem Mittagessen hält sie einen Mittagsschlaf. Gegen drei Uhr trinkt sie Tee, schreibt weiter an den Notizen oder liest Bücher. Um sechs Uhr eine Tasse Kakao, um acht Abendessen. »Dann setze ich mich an den Bernstein.«

Um zehn Uhr ein Glas Milch. »Ich arbeite abends sehr gern. Ich habe mir einen roten Lampenschirm gemacht und sitze an meinem Schreibtisch, gleich am offenen Balkon; das Zimmer im rosa Halbschatten sieht entzückend aus, und über den Balkon kommt aus dem Gärtchen frische Luft.«

Dieses asketische Leben, das einzig darauf ausgerichtet ist zu schreiben, Bernstein zu widerlegen und der 27jährigen Rosa einen Platz in der Partei und der internationalen sozialistischen Bewegung zu erobern, schließt jegliche Sinnlichkeit aus. Ohne Zweifel ist diese Verdrängung – oder Sublimierung – die Ursache für die unterschwellige Traurigkeit, die sie wie trübes Wasser überschwemmt, wenn sie sich in sich selbst versenkt.

Vielleicht sind in dieser rigiden Lebensweise, in dieser »Zwangsarbeit«, auch die Gründe für Rosas Kränkeln zu suchen.

Sie fühlt sich matt und leidet häufig unter Übelkeit. Schon fragt sie sich, ob sie nicht, wie ihre Mutter, Magenkrebs hat. Dann, wieder etwas vernünftiger geworden, meint sie: »Jene Übelkeiten bis zum Erbrechen kommen von nervöser Überanstrengung, und diese periodischen Magenschmerzen können durch Gallensteine hervorgerufen werden.«

Ein andermal klagt sie, daß sie »so geschwächt« sei. Eine eitrige Wunde behindert sie in ihrer Bewegungsfreiheit. Sie flucht, zwingt sich aber, bis zur Bibliothek zu gehen.

Im Februar 1899 bekommt sie, allein in ihrem Zimmer, hohes Fieber. Um drei Uhr morgens schleppt sie sich zum Arzt. Es ist nur eine Angina.

Es gibt jedoch Schlimmeres. Zuweilen hat sie das Gefühl, nicht mehr arbeiten zu können. »Ich wandle umher wie ein gedankenloses Stückchen Vieh.« Gedächtnislücken. Erdrückende Müdigkeit. »Ich habe die Empfindung einer Geistestrübung, denke und fühle alles wie durch ein Seidenpapier.«

Sie bekommt es mit der Angst zu tun. Ob Überarbeitung der Grund ist? Oder ist dieses Gefühl, sich selbst fremd zu sein, gar ein »Symptom«? Sie fragt: »Ob ich nicht einmal an einer Geisteskrankheit sterbe?«

Natürlich bricht sie von Zeit zu Zeit aus, schreibt ein paar flüchtige Zeilen über diverse Geschenke von ihrer Schwester Anna, darunter drei neue Blusen, ein eleganter Stoff für einen vierten schwarzen Rock, ein Winterhut (Bolero) und ein entzückender goldener Ring, oder verliert einen Satz über ein Gerücht, das ihrer Familie in Warschau zu Ohren gekommen ist, daß sie sich nämlich verlobt habe.

»Die Schwester hat mir sehr ernsthaft zugeredet, mit dem Heiraten nicht länger zu zögern, sie wünscht es sehr.«

Kein Wort mehr. Leo wird schon verstehen – wenn er will. Außerdem hat Rosa keine Zeit, sich aufzuhalten. »Vor allem der Artikel!«

Unter diesen Bedingungen ist es kein Wunder, daß die Beziehung zwischen Rosa und Leo eine tiefe Krise erlebt. Mit »Ich umarme Dich herzlich« beendet Rosa ihre Briefe. Und man ahnt, welchen Preis sie für den Erfolg bezahlt und was sie, zu Tode betrübt, diesem Ziel opfert – oder ist sie zu diesem Opfer gezwungen?

Als ihre Artikel jedoch vom 21. bis 28. September 1898 in Bruno Schoenlanks *Leipziger Volkszeitung* erscheinen – sieben an der Zahl, eine Broschüre –, wird die Sozialdemokratische Partei von Grund auf erschüttert.

Bernstein ist widerlegt, und zwar nicht auf die ungestüme, polemische Art eines Parvus, sondern Punkt für Punkt. Eine junge polnische Jüdin, gerade 27 Jahre alt, hat den renommiertesten Theoretiker der mächtigsten sozialistischen Partei besiegt.

Die Artikel, die unter dem Titel *Sozialreform oder Revolution?* zusammengefaßt wurden, zwingen jedes Parteimitglied, zu Bernsteins Thesen Stellung zu beziehen.

Die Zeit des vorsichtigen Taktierens ist vorbei.

Da Rosa keine Machtpositionen bedroht, sondern nur auf der theoretischen Ebene argumentiert, erntet sie Zustimmung. Obwohl sie einen revolutionären Standpunkt vertritt, spielt sie die Rolle einer Konservativen, die das Gleichgewicht innerhalb der Partei, die sich zugleich als reformistisch und revolutionär versteht, bewahren will.

Man kann also durchaus den Hut vor ihr ziehen. Aber was ändert dies am wirklichen Parteileben?

Nicht Rosa, sondern Bernstein selbst hat das Gleichgewicht in revolutionärer Manier gestört, indem er erklärt hat, der König sei nackt (die Partei sei eine reformistische Partei)! Rosa hingegen hat der traditionellen Parteilinie das Wort geredet. Eine paradoxe Situation.

Die Dinge ändern sich freilich schlagartig, sobald sie in eine Machtposition aufsteigt. Ende September wird Parvus von der königlich sächsischen Regierung aus Deutschland ausgewiesen. Daraufhin bietet die SPD-Führung Rosa die Leitung der *Sächsischen Arbeiterzeitung* an. Rosa nimmt an und wird Chefredakteurin des Blattes – ein außergewöhnlicher Aufstieg, der verdeutlicht, welchen Anklang ihre Artikel finden und welche Rolle man ihr bereits zuspricht. Doch sie wird sich nur zwei Monate auf diesem Posten halten können. Zu groß sind die Anfeindungen der Journalisten, die Eifersüchteleien und Machtkämpfe in der Redaktion.

Leo ist zu ihr nach Dresden geeilt, doch seine Anwesenheit wirft nur zusätzliche Probleme auf. Leo lebt im Verborgenen und bedrängt sie mit seinen Ratschlägen. Sie glaubt, daß er eifersüchtig ist, fühlt sich von ihm kontrolliert und moralisch überwacht. Auch dies trägt dazu bei, daß sie ihren Rücktritt erklärt.

In erster Linie aber hat sie begriffen, daß sie für einen Posten im »Parteiapparat« nicht geeignet ist. Ihre Herkunft, ihre Ideen, die Tatsache, daß sie eine Frau ist – alles macht ihr die Aufgabe nur noch schwerer. Sie ist von Natur aus verdächtig.

Als sie jedoch erfährt, daß der Parteivorsitzende August Bebel wiederholt seine Enttäuschung über sie zum Ausdruck gebracht hat, da sie angeblich zu sehr als Frau und zu wenig als Parteigenossin gehandelt habe, widerspricht sie energisch und weist darauf hin, daß man sie zur Demission gezwungen habe. Sie habe vor der Wahl gestanden, ihre Freiheit als Chefredakteurin aufzugeben oder zu gehen. Also sei sie gegangen.

Sie hat begriffen, daß sie Argwohn erregt, sobald der Eindruck entsteht, daß sie nach Macht strebt.

Der Österreicher Adler schreibt: »Im übrigen machen sie [Rosa Luxemburg] und der sehr kenntnisreiche Parvus sich dadurch unangenehm, daß sie Neuigkeiten, die uns Sozialdemokraten keineswegs neu sind, mit einem aufdringlichen Fanatismus predigen, als wollten sie den unerhörten Satz, daß zweimal zwei vier ist, zum dogmatischen Privilegium einer Sekte erheben.«

Rosa merkt, daß sie nur am Rand der Partei, außerhalb der festgefügten Strukturen, Einfluß ausüben kann. Sie zieht ihre Lehren aus ihrem öffentlichen Erfolg als Theoretikerin und ihrem Scheitern als Chefredakteurin.

Von nun an wird sie einen anderen Weg gehen: Da ihr eine Führungsrolle versagt bleibt, wird sie auf die Meinungsbildung in der Partei Einfluß nehmen.

Die großen Parteizeitungen standen ihr jedoch offen. Ihr Freund Schoenlank, aber auch Karl Kautsky, hießen sie in der *Leipziger Volkszeitung* oder in *Der Neuen Zeit* willkommen. Der *Vorwärts,* das Zentralorgan der Partei, lud sie ein, Kolumnen zu schreiben.

Bei verschiedenen Parteitagen (im Oktober 1898 in Stuttgart, im Oktober 1899 in Hannover und im September 1900 in Mainz) trat Rosa als Rednerin auf. Noch war die Partei nicht verbürokratisiert, noch konnte offen debattiert werden. Rosa wurde als Ausländerin angegriffen, der es an Takt mangele: Wie konnte sie in einer Zeit, in der die Dreyfus-Affäre Frankreich und Europa erschütterte, sechzehn antisemitische Abgeordnete im Reichstag saßen (seit 1893) und im Gegenzug zionistische Thesen formuliert wurden, den latenten Antisemitismus in gewissen Redebeiträgen und Artikeln ignorieren?

Ein anderer Vorwurf lautete, sie sei eine wirklichkeitsfremde Intellektuelle, die nicht einsehen wolle, daß lokalen Aktionen gewisse Grenzen gesetzt seien. So attackierte sie in Stuttgart ein junger Gewerkschafter mit den Worten: »Luxemburg spricht wie eine Göttin aus den Wolken... Mögen die beiden [sie und Parvus] hinter den grünen Tischen bleiben und wissenschaftliche Prinzipien erörtern und klären. Uns aber, die wir den Kampf zu führen haben und die

Verantwortung zu tragen haben, vor Mit- und Nachwelt, uns überlassen sie die Festlegung der Taktik.«

Rosa setzte sich gegen solche Vorwürfe zur Wehr. Beide Hände auf das Rednerpult gestützt, antwortete sie mit weit hörbarer Stimme, indem sie noch einmal ihren Standpunkt verdeutlichte, Bernsteins Thesen verwarf und erneut die offizielle Theorie der Partei bestätigte, wonach »die kapitalistische Gesellschaft sich in unlösbare Widersprüche verwickelt, die im Schlußresultat eine Explosion notwendig machen, einen Zusammenbruch, bei dem wir den Syndikus spielen werden, der die verkrachte Gesellschaft liquidieren wird«.

Sie sprach mit dem Enthusiasmus eines Menschen, der fest an seine Sache glaubt. Und sie glaubte an ihre Sache. Sie war eine geschickte Taktikerin, realistisch bis zum Zynismus, stellte ihren Ehrgeiz jedoch in den Dienst einer Überzeugung, welche die Kraft eines religiösen Glaubens besaß.

Die Geschichte beschleunigte sich. Die imperialistischen Mächte gerieten überall aneinander. Die Sozialdemokraten gewannen Stimmen (2 107 000 bei den Wahlen im Juni 1898). Wilhelm II. besuchte Jerusalem und Konstantinopel (Oktober 1898) und unterstrich die deutschen Ansprüche. Deutschland verdoppelte 1900 den Etat für seine Kriegsmarine, und die europäischen Mächte führten unter dem Befehl des deutschen General-Feldmarschalls von Waldersee in China einen gemeinsamen Feldzug durch.

Rosa verfolgte diese Ereignisse mit großer Aufmerksamkeit und sah schon im Januar 1899 voraus, daß es nach der Aufteilung Asiens und Afrikas »für die europäische Politik kein weiteres Feld gibt, um sich zu entwickeln«.

Und sie schrieb als eine der ersten führenden Sozialisten: »Dann tritt erneut eine solche Einklemmung ein ... und den Staaten Europas bleibt nichts anderes, als sich aufeinander zu stürzen.«

Und das sei dann die Zeit der Revolutionäre, »die Periode der Schlußkrisen ... was für herrliche Ausblicke das gewährt«.

»Dies ist die Entscheidungsschlacht. Schließen wir uns zusammen, und morgen wird die Internationale das Menschengeschlecht

sein... Die Welt wird sich von Grund auf verändern.« Rosa hätte
Wort für Wort diese Parolen wiederholen können, die aus der Feder
des Franzosen Eugène Pottier stammten.

Rosa ließ sich von diesem Messianismus, von dieser Gewißheit tragen, wenn sie ihren Gedanken Ausdruck verlieh. Ihre übersteigerten Gefühle, ihre Intelligenz (sie »wies nach«, daß die Revolution
bevorstand und daß Bernstein Unrecht hatte) und ihr Wille, sich
als Person auf der sozialistischen Bühne in Deutschland und Europa durchzusetzen, verschmolzen zu einem Ganzen.

Ihre Begeisterung wirkte ansteckend, denn es war offensichtlich,
daß sie auch glaubte, was sie sagte.

Außerdem war sie noch jung und sprach für all die jungen Aktivisten, die wie sie von der Gewißheit angetrieben wurden, daß eine
neue Zeit heraufdämmerte, daß eine internationale Verständigung
und eine glänzende Zukunft bevorstanden.

Auf dem Parteitag in Stuttgart sagte Rosa:»Daß ich mir meine Epau-
letten in der deutschen Bewegung erst holen muß, weiß ich; ich will
es aber auf dem linken Flügel tun, wo man mit dem Feinde kämpfen,
und nicht auf dem rechten, wo man mit dem Feinde kompromisseln
will.« Sie wartete, bis die Proteste der Zuhörer verstummten, und
fuhr dann fort: »Wenn aber Vollmer gegen meine sachlichen Ausführungen das Argument ins Feld führt: Du Gelbschnabel, ich
könnte ja dein Großvater sein, so ist das für mich ein Beweis, daß er
mit seinen logischen Gründen aus dem letzten Loche pfeift.«

Der Saal lachte. Rosa war eine gefürchtete Polemikerin.

Dank ihrer Intelligenz, ihrem Bekanntheitsgrad, der Rolle, die sie
im Bernstein-Streit gespielt hatte, und ihrem weiblichen Charme,
den sie bisweilen geschickt einzusetzen verstand, wenn es galt,
nützliche Kontakte zu knüpfen, schuf sich Rosa nach und nach ein
ganzes Netz von Beziehungen, und aus einigen wurden sogar
Freundschaften.

Und sie hat keine zufällige Auswahl getroffen. Ihre Freunde und
guten Bekannten gehören allesamt zur geistigen Elite der Sozialdemokratie. Einer von ihnen ist Franz Mehring, ein 55jähriger
Journalist, Historiker und Philosoph – er wird ab 1902 die Werke

von Marx und Engels herausgeben. Er bewundert vor allem die Schaffenskraft der Luxemburg. Dann ist da noch Clara Zetkin. Sie ist knapp über vierzig Jahre alt und leitet die Frauenzeitschrift der Partei. Einst mit dem russischen Revolutionär Ossip Zetkin verheiratet, führt sie inzwischen ein unabhängiges Leben. 1899 heiratet sie den achtzehn Jahre jüngeren Maler Friedrich Zundel.

Mehring und Zundel sind Freunde und gleichzeitig Genossen, die Rosas politische Ansichten teilen. Nicht so Karl Kautsky. Wohl unterstützt er Rosa im Streit mit Bernstein, doch ist er zu gemäßigt und repräsentiert zu sehr die Parteimitte, als daß er lange an der Seite dieser Revolutionärin bleiben könnte.

Inzwischen ist Rosa jedoch zum Stammgast in der Familie Kautsky geworden. Sie ist begeistert von Minna Kautsky, Karls Mutter und Verfasserin von Arbeiterromanen. Und sie freundet sich mit Karls Frau Luise an. Die Mutter dreier Söhne faßt eine Zuneigung zu Rosa, bewundert sie und nimmt sie sich bei ihren Emanzipationsversuchen zum Vorbild.

Im Herbst 1899 zieht Rosa nach Friedenau, in ein »herrliches Zimmer« in der Wielandstraße 23, II, links. Die Kautskys wohnen in der Nachbarschaft, und der Kontakt wird noch enger.

Sie wird häufig zum Abendessen eingeladen, trifft Bebel, Liebknecht und Mehring, verbringt den Weihnachtsabend mit der Familie, spielt mit den Kindern und diskutiert unter vier Augen mit Kautsky. Mit anderen Worten: Rosa wird in den engen Kreis der SPD-Führer integriert.

Und Rosa spielt damit. Ihre Freundschaft mit den Kautskys ist nämlich nicht spontan entstanden. Auch sie wurde gezielt aufgebaut.

Rosa behandelt die Kautskys mit der gleichen Rücksicht, mit der man »wichtige Leute« behandelt, und weniger wie Freunde, in deren Gegenwart man sich frei und ungezwungen verhält.

Im Umgang mit ihnen, zumindest mit Karl Kautsky, bleibt sie die politische Taktikerin. Sie will das Wohlwollen Karls und Bebels für ihr Fortkommen nutzen. Und deshalb muß sie mit ihnen auskommen.

»Die Kautskys nehmen mir eine Masse Zeit weg«, vertraut sie Leo an, »sobald ich ihnen begegne, bin ich verloren, vor einer Stunde lassen sie mich nicht gehen. Gestern ging ich an ihr vorbei, als sie mit jemandem auf der Straße sprach, so drückte ich mich denn vorbei, froh, daß mir das geglückt war. Doch zwei Minuten später jagt ihr Kleiner im Galopp hinter mir her, daß die Mama bittet, ich sollte auf sie warten. Natürlich hat sie mich mitten in der größten Arbeit auf eine Stunde zu einem Spaziergang mitgeschleppt. Unterwegs kam er und zog uns mit nach oben, kurz, etwa zwei Stunden waren weg, worüber ich wütend war.«

Rosas Haltung ist die einer Einzelgängerin. Sie verhält sich wie eine Aufklärerin, wie das Mitglied einer revolutionären Vorhut, das sich auf feindliches Gebiet vorwagt. Sie sondiert das Terrain, ebnet den Weg. Sie lächelt, hört zu, scheint zu paktieren, spielt mit den Kindern, doch in Wahrheit kommt sie aus einem anderen Lager, ist sie von einer anderen Art.

Als die Bebels sie zum Abendessen einladen, kann sie nicht ablehnen. Schließlich hat ihr Bebel soeben vorgeschlagen, die Redaktion des *Vorwärts,* des Zentralorgans der Partei, zu übernehmen. »Offensichtlich wird dieser Kelch nicht an mir vorübergehen – selbst mitten im dicksten Brei zwischen Bebel, Karl Kautsky, Mehring etc. zu lavieren. Heute zum Beispiel Julia Bebel abzusagen wäre direkt eine Beleidigung.« Undenkbar. »Auch K. K.s muß ich besuchen, denn sie kommen dauernd zu mir. Aber daß mir von ihnen übel wird, das ist ein Fakt.«

Ist es wirklich so schlimm? Sie übertreibt wohl, um Leo, der immer noch in Zürich wohnt, nicht zu verärgern. Sie weiß, daß er dem gesellschaftlichen Leben, das sie sich aufbaut, ablehnend gegenübersteht. Und sie spürt, daß er all diesen Genossen mißtraut, die er nicht kennt und die sie eine »Siegerin« nennen, überschwenglich ihre Artikel loben, sie einladen, in ihrem Bezirk zu sprechen, und im September 1900 auf dem Mainzer Parteitag neben ihr sitzen und sie »eifrigst hofieren«, wie sie sich ausdrückt.

Ihr Benehmen ist immer noch widersprüchlich. Fast wie ein Kind will sie ihre Freude mit Leo teilen.

So auch im Februar 1899, als sie im Berliner Stadtteil Charlottenburg vor 1500 Zuhörern spricht. Auch Schoenlank ist dabei. Er sitzt neben ihr. Rosa erzählt Leo, wie perfekt sie gewesen sei, »ein brillanter Volksredner«. Und sie fährt fort: »Schoenlank bewundert besonders, wie deutlich und ausdrucksvoll ich spreche, kein einziges Wort geht verloren.«

Was Leo wohl davon hält? Mit viel Mühe gelingt es ihnen, ein paar gemeinsame Tage in Stuttgart zu verbringen. Beim Abschied sind beide unzufrieden.

Leo bemüht sich momentan um die Schweizer Staatsbürgerschaft. Er versinkt zunehmend in der politischen Bedeutungslosigkeit. Rosa rüffelt ihn deswegen.

»Es ist fast unter Deinem Niveau, solch einen Standpunkt einzunehmen, wie Du ihn seit einigen Jahren mit solchem Starrsinn einnimmst, das ist eines Menschen größeren Formats unwürdig...«

Sie glaubt, daß er verbittert ist.

Sie selbst ist manchmal regelrecht berauscht von den vielen Komplimenten. Sie verurteilt Leos zunehmende Isolierung und fühlt sich gleichzeitig unwohl in dieser Partei und unter ihren Führern, die wie biedere und zufriedene Kleinbürger leben und im Grunde Konformisten sind. Sie ist eine Außenseiterin und wird in der Partei nicht umsonst als »Krakeelerin« gescholten. So wagt sie Dinge zu sagen wie: »Jahrelang nur vom *Vorwärts* zu leben und überhaupt von der sozialdemokratischen Presse ist die beste Methode, um zu einem Kretin zu werden.«

Ein vernichtendes Urteil und ein Beweis ihrer geistigen Unabhängigkeit, aber auch ihrer Widersprüchlichkeit, denn schließlich schreibt sie ja für diese Zeitungen.

Sie findet, daß die Partei »verdammt schlecht dasteht« und daß ihr ein kluger Kopf an der Spitze fehlt. »Das ist eine Situation, in der ein Mensch mit Energie und Gesundheit an meiner Stelle viel ausrichten könnte.«

Doch sie hat eine zarte Gesundheit. Und sie ist eine Frau, eine Polin jüdischer Herkunft. Sie bleibt also auf ihrem Posten, »jeden Moment in Bereitschaft«.

Lange vor allen anderen errät sie, was sich hinter der Fassade der mächtigen deutschen Sozialdemokratie verbirgt: eine schwache Organisation, mittelmäßige Menschen und Ideen. Alles ist schwerfällig und konformistisch.

Sie möchte Einfluß auf die Partei ausüben, und sie hat bereits bewiesen, daß ihr das nicht schwerfällt. Da sie aber weiß, was dies bedeutet, fügt sie hinzu: »Arme Partei, wenn solch ein Pfuscher und Stümper wie ich in ihr eine Rolle spielen kann.«

Sie entdeckt auch, daß alles »Drahtzieherei hinter den Kulissen« ist, daß Klatsch, Eifersüchteleien und Rivalitäten zum Parteialltag gehören. Und daß man deshalb Rückendeckung braucht und sich den einen oder anderen warm halten muß.

Darauf versteht sie sich. Sie muß es tun und beugt sich diesem Gesetz. Doch ihr Charakter und ihre Art, für die Politik zu leben, halten sie gleichzeitig davon ab, sich zu sehr auf dieses Parteileben einzulassen, das sie nur verabscheuen kann.

Rosa ist somit das beinahe klassische Beispiel einer starken Persönlichkeit, die durch das Verhalten einer Gruppe – in diesem Fall der Partei – behindert wird und diese Gruppe dennoch braucht. Ein Widerspruch, der nur dann überwunden werden kann, wenn diese Persönlichkeit eine Gruppe von Anhängern um sich schart, die ihre Ideen unterstützen.

Kurz gesagt, Rosa steht schon in den Jahren 1890 bis 1900 vor der Wahl, am Rand zu bleiben und, ohne eine Führungsposition zu bekleiden, Einfluß zu nehmen oder aber eine eigene Richtung zu begründen oder eine eigene Partei ins Leben zu rufen.

Leo Jogiches hatte diese Frage dadurch gelöst, daß er zusammen mit Rosa seine kleine Partei, die SDKP, gegründet hatte. Um die Jahrhundertwende erfuhr die Partei in den polnischen Industriestädten einen Aufschwung.

Die russischen Sozialisten hatten 1898 die Russische Sozialdemokratische Arbeiterpartei (RSDRP) gegründet, die in ihren Reihen bereits eine starke Persönlichkeit hatte, die sich, wie Rosa, die Machtfrage stellte, nämlich Lenin.

Doch Rosa ist eine empfindsame Frau. Sie ist entsetzt über dieses

»Klatschnest, das sich Partei nennt«. Und sie kann ihre Gefühle, die sie zunächst nur Leo mitteilt, nicht lange verbergen. »Jede Annäherung an die Parteibande«, schreibt sie ihm am 27. April 1899, »hinterläßt in mir ein derartiges Unbehagen, daß ich mir jedesmal danach vornehme: drei Seemeilen weit vom tiefsten Stand der Ebbe!... Nach jedem Zusammensein mit ihnen wittere ich soviel Schmutz, sehe soviel Charakterschwäche, Erbärmlichkeit etc., daß ich zurückeile in mein Mauseloch.«

Doch sie zieht sich nie für lange zurück. Schnell gewinnen wieder der Wunsch und das Bedürfnis zu handeln die Oberhand. Und Rosa ist überzeugt, daß sie etwas bewirken kann. Sie braucht dieses Gefühl. Unter Anspannung aller Kräfte macht sie weiter, denn sie glaubt, »daß man bei entsprechenden Fähigkeiten in der Bewegung eine Menge tun kann, man kann es tagtäglich tun und noch auf Jahre hinaus«.

Rosa ist in der Lage, Enttäuschungen zu überwinden. Sie gehört einer Generation an – auch wenn sie die anderen aufgrund ihrer außergewöhnlichen Fähigkeiten um Haupteslänge überragt –, die sich von der Geschichte getragen fühlt und davon überzeugt ist, daß sich Gewaltiges ereignen wird, daß der Verlauf der Geschichte sich beschleunigt und dem Sozialismus die Zukunft gehört. »Die ganze gegenwärtige Epoche«, sagt sie, »ist außerordentlich kritisch.«

Und in der Partei ist niemand, der das Ruder in die Hand nehmen kann. Das Spiel ist eröffnet.

Rosa hat sich bereits einen Grundsatz zu eigen gemacht, der Aufrichtigkeit mit taktischem Geschick verbindet.

Leo bezeichnet ihren Idealismus als »lächerlich«, doch sie entgegnet ihm, daß dies ein Irrtum sei. Zum einen, weil es auch in der deutschen Bewegung Idealisten gebe: die »einfachsten Agitatoren aus der Masse der Arbeiter«, die sie auf Versammlungen getroffen habe. Zum anderen, weil man sogar unter den Parteiführern Idealisten finde: zum Beispiel den alten Bebel.

Es gibt jedoch noch einen anderen Grund: »Die suprema ratio, zu der ich durch meine ganze polnisch-deutsche revolutionäre Praxis gelangt bin, ist: stets ich selbst zu sein, ganz ohne Ansehen der Umgebung und der anderen. Ich jedoch bin Idealist und will es bleiben, sowohl in der deutschen als auch in der polnischen Bewegung.«

Rosa hat eine klare Wahl getroffen, die sowohl moralischen wie auch strategischen Erwägungen Rechnung trägt. Rosa ist davon überzeugt, daß sie auf diese Weise Punkte machen kann.

Aber sie ist nicht blind für die Realität: »Das bedeutet natürlich nicht, daß ich die Rolle eines tugendsamen Esels zu spielen beabsichtige, der für andere arbeitet; sicher, ich will und werde nach einer möglichst einflußreichen Stellung in der Bewegung streben, aber das steht nicht im geringsten dem Idealismus entgegen und braucht mich nicht dahin zu drängen, andere Mittel als meine eigenen Talente einzusetzen, sofern ich welche besitze.«

Diesbezüglich hat sie keine Zweifel. Die Beweise liegen schon vor. Ihre Artikel werden kommentiert und zitiert. Sie ist längst keine »Anfängerin« mehr.

»Die bürgerliche Presse hat mich jetzt dauernd vor«, berichtet sie stolz. »In einem Jahr hoffe ich (insbesondere nach Mäßigung des Tones) tonangebend für die gesamte Parteipresse zu sein. Dazu ist gar nicht viel erforderlich. ... denn die Partei hat keine Leute mit Kopf und Charakter.«

Sie hat es nicht mehr nötig, Leos Anweisungen exakt zu befolgen. Sie hat sich emanzipiert. Nicht einmal finanziell ist sie mehr von ihm abhängig. Als ihre Schwester Anna in Geldschwierigkeiten ist, wendet sie sich direkt an Rosa und bittet sie um fünfundzwanzig Rubel.

Dabei ist es noch gar nicht lange her, daß man ihr fünf Rubel und kleine Geschenke schickte. Doch diese Zeiten sind vorbei.

In kaum zwei Jahren haben sich die Rollen umgekehrt. Sie liest Leo kräftig die Leviten: »Mein Lieber«, schreibt sie am 7. Dezember 1899, »mache mir die Freude und unterstreiche nicht die Zeilen in Deinen Briefen, es verursacht mir direkt Nervenschmerzen, diese verbissenen Unterstreichungen zu lesen. Denke nicht, daß die ganze Welt aus Idioten besteht, die nur dann die Bedeutung von etwas

Geschriebenem verstehen, wenn sie eins auf den Schädel bekommen mit dem dicken Knüppel der Unterstreichung von Worten.«
Leo soll wissen, daß von nun an sie die Zügel in der Hand hält. Was er befürchtet hat, ist eingetreten.
Aber eine Geste von Leo genügt, und der Traum von einem glücklichen Familienleben wird wieder lebendig.
Dann kommt wieder die andere Rosa zum Vorschein, die zärtliche, sensible und schwache Frau, die gerührt ist, weil Leo ihr zum achtundzwanzigsten Geburtstag ein Buch des Nationalökonomen Rodbertus schickt und weil ihr – wie sie ihm mitteilt, denn bei ihr kommt die Wahrheit immer zu ihrem Recht – Schoenlank zu dieser Gelegenheit vierzehn Bände Goethe im Luxuseinband geschenkt hat.
Dies sind die kleinen Freuden ihres einsamen Lebens. Dazu kommen die Erinnerungen, Wünsche und Hoffnungen, die aus ihrem Inneren aufsteigen. Bilder von ein paar Ferientagen, die sie mit Leo in Maroggia, einem Dorf am Luganer See, verbracht hat: das einfache Abendessen mit gebratenen Eiern, der Duft des Gartens, Apfelsinen, »ein Törtchen auf Papier«. »Und da ging über dem San Salvatore der Mond auf.« Ist dies alles entschwunden?
Ihr Traum ist »eine eigene kleine Wohnung, ein paar eigene Möbel, eine eigene Bibliothek; ruhige und regelmäßige Arbeit, gemeinsame Spaziergänge, ab und zu die Oper, ein kleiner, ein sehr kleiner Kreis von Bekannten, die man gelegentlich zum Abendbrot einlädt, jedes Jahr im Sommer eine Reise für einen Monat aufs Land, das aber ganz ohne Arbeit!«
Und, sie wagt es kaum zu schreiben und setzt es darum leicht verschämt in Klammern: »(Und vielleicht auch noch so ein kleines, ganz kleines Bobo? Wird es niemals erlaubt sein? Niemals?)«
Sie erzählt, wie ihr eines Tages beim Spaziergang im Tiergarten ein Kind begegnete und wie sie plötzlich die Lust überkam, es zu entführen und als eigenes zu behalten. So stark war ihr Wunsch nach einem Kind.
»Ach, Dziodzio, werde ich niemals ein Bobo haben?«
So brechen plötzlich ihre verdrängten Wünsche hervor, und mit ihnen die Angst vor der Zeit, die vergeht.

»Ich fühle mich irgendwie schon alt und bin schon häßlich, Du wirst keine schöne Frau haben, wenn Du mit ihr untergehakt durch den Tiergarten spazierengehst.«

Und der Schmerz über ihr fehlendes Privatleben. »Niemals verstanden wir es, die Feiertage anständig zu begehen; weißt Du, es ist wirklich so, wo keine Kinder sind, gibt es keine Feiertage und eigentlich auch kein Familienleben. Oder nicht? Wir werden immer allein sein in einem leeren Haus.«

Und am letzten Tag des Jahres 1898 – sie ist wieder einmal allein – stellt sie fest: »Der Mensch ist offensichtlich heidnisch geworden und verwildert durch die vielen Jahre dieses studentischen Vagabundenlebens im Ausland.«

Rosa empfindet also eine unauslöschliche Sehnsucht nach einem normalen Familienleben.

Dies ist auch der Grund, warum sie nie den Kontakt zu ihrer Familie abreißen läßt. Sie empfängt ihren Bruder mit Frau und Kindern in Berlin und verbringt im August 1899 die Ferien – drei Wochen – mit ihrem kranken Vater in Grafenberg. Sie ist erschüttert über diesen alten Mann. Sie will ihn nicht enttäuschen und macht ihm weis, daß sie Leo Jogiches heiraten wird. Und kaum ist der überglückliche Vater wieder in Warschau, überhäuft er sie mit Bitten.

Ob sie Leo nicht dazu überreden könne, ihr einen kleinen Teil seines Erbes vorzuschießen, damit er Anna, Rosas älterer Schwester, die im Alter von zweiundvierzig Jahren einen Heiratsantrag erhalten hat, eine Aussteuer geben könne?

Mit ihrem Genie, so schreibt Elias Luxemburg, werde sie doch einen geeigneten Moment finden, um mit Leo Jogiches über die Sache zu reden.

Rosa schweigt dazu, aber man kann sich vorstellen, wie aufgewühlt sie ist, in welchen Zwiespalt sie gerät, als der Vater ihr anvertraut: »Mir bleibt nur eine Hoffnung, nur ein strahlender Moment in meinem Leben, und das sind Eure beiden Hochzeiten.«

Und er insistiert: Rosa soll Leo erklären, daß er sofort 500 Rubel braucht!

Rosa antwortet nicht.

Sie muß ihre Artikel schreiben. Sie verabscheut diese Seite des Familienlebens, die ihr der Vater vor Augen führt. Doch sie kann ihn deswegen nicht verurteilen, nicht mit ihm brechen.

Sie bekommt Vorwürfe zu hören. »Da ich so lange keine Nachricht und Antwort auf meine Briefe und meine letzte Karte habe, bin ich sehr beunruhigt«, schreibt der Vater. »Ich kann daraus nur schließen, daß es Dir völlig gleichgültig ist.«

Wer versteht Rosa? Weder Leo noch ihr Vater. Wer versteht, daß sie am liebsten alles in ihren Armen halten würde, sich aber entscheiden und schweigen muß. Im September 1900 muß sie zum Kongreß der Internationale nach Paris fahren, wo sie eine Rede gegen den Militarismus halten wird.

Sie ist hin- und hergerissen zwischen all diesen Verpflichtungen, die sich nicht miteinander vereinbaren lassen.

Niemand vergibt ihr. Alle glauben, daß sie stark ist. Daß sie alles hören kann.

Ihr Vater schreibt: »Das erinnert mich an etwas, was ich einmal gelesen habe ... daß ein Adler sich hoch erhebt, also sieht er nicht, was auf der Erde geschieht. Du bist mit sozialen Fragen befaßt, und die häuslich-familiären Angelegenheiten sind sogar vom zweiten Platz gerückt, naja, was tun! Ich muß auch das annehmen. Das ist wohl der letzte Wermutstropfen in meinem Kelch. Ich kann Dich mit meiner Korrespondenz nicht mehr belasten. Laß es Dir gut gehen. Dein Dich liebender Vater.«

Als Rosa von dem Pariser Kongreß zurückkehrt, erfährt sie, daß ihr Vater am 30. September 1900 gestorben und schon begraben ist.

Das Leben kennt kein Erbarmen.

7. »Wes das Herz voll ist,
davon geht der Mund über.«
(1900–1903)

Noch nach Monaten fällt es Rosa schwer, den Tod ihres Vaters zu vergessen oder auch nur an ihn zu denken. Seine letzten Briefe, die in ihnen enthaltene Mißbilligung, die Rosa in ihre Einsamkeit verwiesen, haben sie zu sehr verletzt. Wieder steht sie vor der Frage, die sie ein Leben lang verfolgt: Hat sie die richtige Wahl getroffen, als sie die »Heidin«, die »Wilde« wurde, die nicht einmal an den Begräbnissen von Mutter und Vater hat teilnehmen können?

Als sie sich bei Minna Kautsky, Karls Mutter, »für die lieben Worte, die Sie mir aus Anlaß des Todes meines Vaters geschickt haben«, bedankt, fügt sie hinzu: »Dieser Schlag hat mich für Monate so niedergeschmettert, daß ich mit den Menschen weder schriftlich noch mündlich verkehren konnte. Ich war innerlich wie abgestorben und so gleichgültig für alles, daß ich nur mechanisch die Tagesobliegenheiten eines lebendigen Menschen verrichtete.«

Gewiß, dieses Gefühl ist bei Rosa nicht neu, aber die Ereignisse verstärken es noch und entfremden sie dieser Welt, in der sie sich gleichzeitig immer stärker engagiert: als Rednerin und Journalistin, als Freundin der Kautskys und Mehrings. Sie schreibt gefühlvolle Briefe an Minna Kautsky, die sie »Großmama« nennt. Sie schmeichelt ihr, berichtet von kleinen Begebenheiten und vertraut ihr an, daß sie den Mehrings in letzter Zeit etwas nähergekommen sei. Ja, sie gesteht ihr sogar, daß ihr die Zuneigung anderer immer »als etwas Unerwartetes, als Geschenk« erscheine.

Und da Frau Mehring sehr gut Klavier spielt und Chopin und Beethoven liebt, bemerkt Rosa: »Starke Berührungspunkte sind also jedenfalls da.«

Aber sind das nicht nur wohlberechnete Artigkeiten, mit denen Rosa Großmama Kautsky gefallen will? Spricht sie nicht nur deshalb mit ihr über Literatur und Kunst, weil sie Schriftstellerin ist?

Aus derselben Feder fließen nämlich auch ganz andere Worte. So schreibt sie an Leo Jogiches: »Bei K. K. bin ich selten und nur kurz, er ist bei mir häufiger.« Und über seine Frau, Luise, die Rosa vertraulich Lulu nennt, sagt sie: »Du fragst, apropos, was für Aversionen zwischen uns sind. Absolut keine, im Gegenteil, sie liebt mich mächtig und küßt mich dauernd, redet mich per Du an. Aber ich habe durch Beobachtungen in dieser Zeit ihren Charakter kennengelernt, und der gefällt mir nicht. . . . Mich stoßen solche Typen bei Frauen ab, ich suche in einer Frau immer Edelmut, und davon hat sie nichts.«

Karl gegenüber ist sie noch reservierter. Mit dem Wohlwollen des Älteren, der den erfahrenen Lehrer spielt, hat er Rosa prophezeit, daß sie in zwanzig Jahren genauso denken werde wie er.

»Worauf ich entgegnete, daß ich in diesem Fall in zwanzig Jahren eine Schlafmütze sein werde. Unsere Freundschaft ist aber nach diesem Gespräch noch heißer entflammt, und heute erklärte er mir, daß er die ganze Nacht über dieses Gespräch nachgedacht hat.«

Rosas Ironie. Sie ist immer auf der Hut. Ihrem scharfen Blick entgeht keiner der kleinen menschlichen Beweggründe.

»Übrigens, was soll das alles? Es taugt keinen Pfifferling!«

Und mit einer gewissen Übertreibung, zu der sie manchmal neigt, fügt sie hinzu: »Überhaupt wird mir von der ganzen Menschheit übel.«

Daß Rosa so schnell von einem Gefühl der Bitterkeit und einem Widerwillen gegen andere ergriffen wird, mag daran liegen, daß es ihr nicht gelingt, ein seelisches Gleichgewicht zu finden.

Wiederholt wirft sie Leo vor, er verursache ihr »Stiche im Herzen«.

Rosa ist erst dreißig Jahre alt, aber sie hat kein Sexualleben. Vielleicht ein paar Umarmungen mit Bruno Schoenlank?

Arbeit, Einsamkeit, hitzige Versammlungen und narzißtische Befriedigung über Artikel, die öffentlich gewürdigt werden – das ist wenig, um ihre Wünsche zu befriedigen. Daher die übertriebenen, übersteigerten Gefühle und die chaotische Beziehung zu Leo mit ihren hundert Brüchen und ebenso vielen Versöhnungen.

Im Frühjahr 1900 scheint sie eine endgültige Entscheidung getroffen zu haben. Sie will sich von ihm trennen, Schluß machen und »endlich einmal aus diesem verzauberten Kreis von Rätseln herauskommen, in dem ich schon so lange herumirre«.

Sie ist inzwischen fest davon überzeugt, daß sie den Grund für Leos Schweigen, für seine Härte, seine moralisierenden Belehrungen und vor allem seine Weigerung, zu ihr nach Berlin zu kommen, gefunden hat. Sie glaubt, daß er sie nicht mehr liebt. In einem Brief an ihn äußert sie den Verdacht, »daß Du vielleicht sogar von jemand anderem in Anspruch genommen bist, daß ich jedenfalls aufgehört habe, für Dich der Mensch zu sein, der imstande wäre, Dich im Leben glücklich zu machen – sofern das überhaupt möglich ist«.

Sie muß also den »verzauberten Kreis von Rätseln« durchbrechen, ihre Beziehung und Korrespondenz beenden. Sie macht sich mit dem Gedanken vertraut, »daß ich allein bin und es nun immer sein werde. Ich verspürte dabei etwas Kälte, aber auch Stolz.«

Doch Leo, getroffen von der Abweisung, kapituliert und erhebt Einwände. Führen sie nicht schon seit längerem ein getrenntes geistiges Leben?

Vermutlich erschreckt ihn der Gedanke, daß diese Korrespondenz voller Leidenschaft, Liebe und Wut nun aufhören sollte. Er versucht, sie von ihrem Entschluß abzubringen.

Diesmal jedoch gibt Rosa nicht nach. »So wie wir in den letzten Jahren gelebt haben, ist kein gemeinsames geistiges Leben zu schaffen.« Sie verlangt von Leo, daß er nach Berlin zieht, denn sie wird nie mehr nach Zürich zurückkehren. Und sie ist nicht bereit, Leos Befehle, Verachtung und Herablassung länger hinzunehmen, denn sie sieht auf Schritt und Tritt, »mit was für Frauen andere Leute leben und wie sie sie verehren und für weiß Gott was halten, wie sie sich einfach ihrer Herrschaft unterwerfen«.

Die Zeit der Ungerechtigkeiten und der Ausflüchte ist vorbei. Sie besteht darauf, daß er Zürich verläßt und zu ihr kommt. In Berlin will sie Leo bei seiner Doktorarbeit unterstützen. Und, so fügt sie großzügig hinzu, »wenn diese fertig sein wird, schicke ich Dich für ein Semester nach Zürich«.

So kehren sich am Ende des langen und schmerzlichen Kampfes die Kräfteverhältnisse um.

Leo gibt nach. Er ist nur der unbekannte Aktivist einer polnischen Partei, dessen Name in keiner Zeitung steht und der das Pseudonym Tyszla verwendet, hinter dem manche Leute Rosa Luxemburg vermuten!

Er tritt nicht einmal als ihr Helfer in Erscheinung. Auf intellektueller Ebene ist er in der Führung der SDKPiL im Ausland tätig und gibt deren Publikationen heraus, während Rosa durch ihre polemischen Schriften und ihre Parteitagsreden in den Kreis der deutschen Parteiführer vorgestoßen ist.

Gewiß, auch Leos Arbeit ist wichtig, doch wie glanzlos erscheint sie im Vergleich zu dem strahlenden Stern Rosa, deren Name man in allen sozialistischen Parteien Europas kennt!

Am Ende des Jahres 1900 zieht Leo Jogiches nach Berlin, doch wird er sich in der Stadt niemals öffentlich mit Rosa zeigen. Er setzt sein schattenhaftes Leben fort und versteckt sich vor Rosas Wirtin und ihren Freunden, den Kautskys und Mehrings, die er mit einer Mischung aus Verachtung und Eifersucht »Rosas Leute« nennt.

Er versinkt in pessimistischem Mißmut. Langeweile, Untätigkeit, Machtlosigkeit und das Gefühl des Scheiterns treiben ihn in eine regelrechte Depression.

Er kann Rosas Dominanz nicht akzeptieren, aber ebensowenig kann er mit ihr brechen. Er hadert mit seinem Schicksal, obwohl er normalerweise ein Ausbund an Energie ist und seinen Mut, seine Hingabe und seine politische Intelligenz oft genug unter Beweis gestellt hat.

Rosa ist empört: »Genauso, stelle Dir vor, macht es mich rasend vor Ohnmacht, wenn ich Tag für Tag und Jahr für Jahr zusehe, wie Du Dich geistig malträtierst und zugrunde gehst – gleichfalls ohne jeden anderen Grund als Deine eigene Ungebärdigkeit. Du wirst böse sein, daß ich Dir solche Dinge schreibe ... aber Du weißt, daß ich kein Diplomat bin, und – wes das Herz voll ist, davon geht der Mund über.«

Nichts hilft, um diesen Zustand zu beenden.

Im August reist Rosa mit Leo nach Sylt. Die »kahle« Insel und »das ewig rauschende Meer ringsum« machen alles nur noch schlimmer. Neuer Kummer lastet auf Rosa. Zwischen ihren Körpern besteht keine Harmonie mehr. Auch das ist vorbei. Sie schläft.

»Daß man dabei so allmählich kretinisiert – na, das merkt ihr ja selbst am Briefe«, schreibt sie Luise Kautsky.

Doch auch nach diesem Mißerfolg gibt sie nicht auf. Kaum aus den Ferien zurück, erfüllt sie sich einen Traum: Sie mietet sich eine Wohnung. Sie hat genug von möblierten Zimmern.

In der Cranachstraße 58 verfügt sie über zwei Wohn- und Arbeitszimmer. Das eine ist für sie, das andere für Leo. Wie eine kleinbürgerliche Hausfrau – oder eher wie eine Frau, die hofft, endlich eine Familie zu gründen – kümmert sie sich um jede Kleinigkeit. Sie hängt dunkle Samtvorhänge auf, kauft Bücherregale und Sessel. Das Hausmädchen Anna wird in der Küche untergebracht.

Rosa ist am Ende einer Irrfahrt angelangt. Die Wohnung ist der materielle Beweis für ihre Verwurzelung in diesem Land, in dieser Partei. Sie symbolisiert einen Wendepunkt in ihrem Leben.

Rosa ist »seßhaft« geworden. Alles ist bereit für eine dauerhafte Beziehung zwischen ihr und Leo. Im übrigen wissen jetzt auch die Kinder ihres Bruders von der Existenz eines »Onkel Leo«. Alles ist nur noch eine Frage der Zeit.

Aber Leo entzieht sich ihr abermals. Und diesmal hat er einen triftigen Grund. Sein Bruder Ossip hat Tuberkulose und reist auf Anraten der Ärzte nach Algier, weil man sich von dem dortigen heißen Klima eine Genesung erhofft. Leo begleitet ihn und entkommt so im Dezember 1901 seiner Zukunft als »Ehemann«, die Rosa ihm zugedacht hat. Während sie auf seine Rückkehr wartet, richtet sie die Wohnung vollends ein und lernt mit rührendem Eifer, wie man eine Hausangestellte behandelt.

Von verschiedener Seite habe sie gehört, schreibt sie Leo, »daß man ein Dienstmädchen, das bleibt und mit dem man zufrieden ist, mit Geschenken in Höhe eines Monatslohns bedenkt«. Und sie zählt auf, was sie Anna alles geschenkt hat: »eine wunderbare Seidenbluse, hochrot mit einem weißen Einsatz und schwarzen Samtbändchen für 10 M, einen Schirm mit altgoldenem Griff für 5 M und ein Paar Glacéhandschuhe für 1,90 M«.

Rosas Wunsch, sich ein eigenes Heim einzurichten und ein »normales«, bürgerliches Leben zu führen, als wolle sie sich auf diese Weise einen Traum verwirklichen, offenbart auch ihr Bedürfnis nach Stabilität. Es ist, als greife sie auf Verhaltensweisen zurück, die sie als Kind zu Hause beobachtet hat, wo ihre jüdische Mutter, eine pflichtbewußte Frau mit einem traditionellen Sinn für Häuslichkeit, über das Wohl der ganzen Familie gewacht hat.

Rosa ändert ihren Lebensstil. Sie entdeckt die Behaglichkeit und die Vorzüge einer harmonischen Umgebung, die sie sich mit ihren Büchern und anderen »natürlichen« Dingen, die sie noch nie besessen hat, ganz nach ihrem Geschmack einrichten kann. Anna nimmt ihr die Hausarbeit ab, trägt ihr den Koffer und bringt für sie die Briefe zur Post.

Diese Wohnung – ihre Wohnung, denn sie bezahlt die Miete – gibt ihr Sicherheit. Und sie ist gleichzeitig der Beweis, daß sie das Bedürfnis nach einem festen Zuhause hat und von den anderen als ihresgleichen anerkannt werden will. Doch an der Bedeutung, die sie ihr beimißt, und an der Sorgfalt, mit der sie sich um jede Kleinigkeit in ihrem »Haus« kümmert, wird zugleich auch ihre Schwäche deutlich. Im Grunde genommen verabscheut sie nämlich jede Unordnung, das regellose Leben der Außenseiter, der Exzentriker – und sie sagt es Leo. In der Kunst bevorzugt sie die klassischen, ja konventionellen Formen. Sie breitet Zierdeckchen über ihre Tische und kauft sich eine Porzellanfigur, die *Amor und Psyche* darstellt.

Diese Sehnsucht nach einem sicheren Hafen, nach einem friedlichen Refugium hat aus Rosas Sicht durchaus etwas Vernünftiges. Als Journalistin und Ideologin, die ständig im Spannungsfeld der Politik steht und bei Versammlungen den verbalen Attacken ihrer Gegner ausgesetzt ist, braucht sie einfach einen Platz, an dem sie sich von den Turbulenzen des öffentlichen Lebens zurückziehen kann. Doch gleichzeitig zeigt sich darin auch die rührende Beharrlichkeit einer Frau, die sich die Begeisterung und die Träume eines unschuldigen Mädchens bewahrt hat. Es ist, als ob diese militante

153

Revolutionärin und hochkarätige Politikerin weiter die Puppenmutter oder Ehefrau spielen wolle.

Am 14. Januar 1902, zum Beispiel, berichtet sie Leo voller Stolz, daß der französische Sozialist Vaillant sie mit Lob überschüttet hat: »In Brüssel«, so hat ihr Vaillant geschrieben, »sprach ich mit dem Bürger Plechanow über die so soliden und brillanten Artikel, in denen Sie die französische Krise behandelt... haben. Seine Meinung war nicht weniger schmeichelhaft als die meine, und wir kamen zu dem Schluß, daß es ungemein nützlich wäre, wenn diese Artikel, in einer Broschüre gesammelt, vor allem in französischer Sprache erscheinen könnten.«

Und doch will die gleiche Frau für die Kautskys und Mehrings »einen ordentlichen Empfang« geben, da sie sich allmählich »schon ein bißchen mies« vorkommt, wenn sie die Einladungen der anderen nicht erwidert.

Natürlich regt sie sich auf: »Daß sie die Gans tritt, wieviel Geld das verschlingen wird, und mir tut jetzt jeder Groschen leid! Und meine Anstrengung.«

Doch zehn Tage später berichtet sie Leo in aller Ausführlichkeit von ihren Vorbereitungen für den Empfang: »Ich gebe ihnen einen Imbiß (Kaviar und Lachs), kalten Fisch, kalten Aufschnitt mit Salat, Kompott und als Nachtisch Pudding, der schon heute gekocht wird.« Und mit kindlicher Begeisterung und Genugtuung prahlt sie damit, daß alles »sogar viel eleganter wird als bei der Neufeld«, ihrer früheren Wirtin.

Das Abendessen wird in der Tat ein Erfolg, und glücklich berichtet sie, daß alle sie »zu necken anfingen wegen jener sechs Gänge, die ich bei den Abenden auftischte! Dieses Klatschnest hat sich schon dieses Unsinns angenommen!«

In der Tat liebt sie das gesellige Leben und pflegt die Beziehungen, die ihr Zugang zum Machtzentrum der Sozialdemokratischen Partei verschaffen.

Sie lädt einen bestimmten Parteiführer (Ledebour) ein, weil sie möchte, daß er die Besprechung eines Buchs annimmt, das ihre Freundin Clara Zetkin geschrieben hat.

Sie geht ins Theater, ins Konzert, zu Liederabenden. Sie lädt Frau Mehring dazu ein. Sie ist glücklich, meint aber gleichzeitig: »Mir tut es nur um den heutigen Abend leid.«

Und niemals vernachlässigt sie ihre Familie, die Kinder ihres Bruders und ihre Schwester. Sie trägt Leo auf, einen Coupon Seide zu kaufen, den sie der Ältesten schenken will. Außerdem will sie, daß »Fräulein Romana Luxemburg, Chłodna 32«, ihre Nichte, »von Onkel Leo eine hübsche Karte« bekommt.

Während Leo mit seinem todkranken Bruder Ossip in Algier weilt, überschüttet sie ihn mit guten Ratschlägen. Ossip soll essen und viel schlafen. Aus der Ferne kümmert sie sich um die kleinsten Details, ist besorgt, aufmerksam, perfekt. Und doch auch unerträglich, da sie zu allem eine Meinung hat.

Sie beschließt, ihren Tagesablauf zu ändern. Sie steht um sieben Uhr morgens auf und rät Leo, ihrem Beispiel zu folgen »und gleich in die Sonne hinauszugehen und abends nicht zu lange zu sitzen, denn Dich macht das auch fertig und macht, daß Du meist schlechter Stimmung bist«.

Sie ist unermüdlich und benimmt sich mustergültig.

Und vielleicht ist das der Grund, warum Leo sie flieht, warum er sie fürchtet und ihre Gesellschaft meidet, obwohl er sie doch liebt.

Er wird erst nach dem Tod seines Bruders im März 1902 wieder nach Berlin zurückkehren und sein Leben in Rosas Schatten wiederaufnehmen. Der Tod des Bruders berührt Rosa sehr, wie auch schon der Tod von Leos Mutter im Jahr 1898. Leo schenkt ihr die goldene Uhr, die der Mutter gehörte und die sein Bruder immer bei sich trug. Beim Anblick dieses »teuren Andenkens« schlage ihr Herz schneller, sagt Rosa.

Sie ist übersensibel und leidet unter den Tragödien dieses Lebens, das sie für alle Menschen verändern will. Außerdem macht ihr die Erkenntnis zu schaffen, daß es ihr trotz aller Bemühungen niemals gelingen wird, mit Leo jene friedliche, stabile Verbindung zu schaffen, von der sie träumt: eine Familie. Sie schreibt Leo: »Wie Du siehst, will das Leben uns kein bißchen Frieden gönnen. Dauernd geschieht etwas, was Sturm in unser Leben bringt.«

Aber wie könnten sie auch dem Sturm der Ereignisse entgehen, wo sie doch beide aktiv in die Geschichte eingreifen? Schließlich ist Rosa eine der bekanntesten Persönlichkeiten der Sozialdemokratischen Partei, bereist das ganze Land, hetzt von einer Versammlung zur anderen und steht mit ihren Schriften im Mittelpunkt der Diskussionen jener Jahre.

Durch ihre Agitation bei den Polen in Oberschlesien und Posen hat sich Rosa für die deutsche Partei unentbehrlich gemacht. Sie gewinnt Stimmen für die Partei. Und durch ihren intellektuellen Einfluß, der ihr einen Platz im Umfeld der Parteiführung und in der Ideologiedebatte sichert, stärkt sie gleichzeitig ihre Position bei den Polen. Man braucht sie als Mittelsperson.

Wenn ein Pole Kontakt zu Kautsky oder Bebel aufnehmen will, muß er sich zunächst an Rosa wenden. Sie ist mittlerweile die anerkannte Spezialistin für polnische Angelegenheiten in der Partei. Und daß sie den polnischen Nationalismus der rivalisierenden PPS bekämpft, macht sie den deutschen Sozialdemokraten nur noch sympathischer.

Sie hat regional Fuß gefaßt – obwohl sie keine Abgeordnete ist – und hat darüber hinaus eine nationale und internationale Zuhörerschaft. Und nach und nach übernimmt die Partei sogar ihre »antirevisionistische« Position.

Ihre Angriffe gegen Bernstein haben Eindruck gemacht. Am Vorabend des Lübecker Parteitags (vom 22. bis 28. September 1901) läßt ihr Bebel ausrichten, daß er eine eindringliche Rede gegen Bernstein halten werde. Er schließt mit den Worten: »Grüß schön die Rosa und sie möchte sich für Lübeck rüsten.«

Eine überflüssige Aufforderung, wenn man Rosa kennt. Allerdings rufen ihre Redebeiträge beim Parteitag auch Proteste hervor. So wirft man ihr vor, es gehöre »eine ziemliche Geschmacklosigkeit dazu, hervorragende Parteigenossen ihren Gegnern gewissermaßen im Badekostüm vorzuführen«. Andere bezeichnen Rosa, Parvus und Mehring als »literarische Raufbolde«, die einen »recht unangenehmen Ton« in die Parteipresse gebracht hätten, und sehen in dem »männlichen und weiblichen Zuzug aus dem Osten«

eine Ursache für »die steigende Welle von Antisemitismus in Deutschland«.

Diese Angriffe richten sich freilich alle gegen die Form oder die Person und beweisen lediglich, daß die Gegner ihr inhaltlich nichts entgegenzusetzen haben.

Rosa profitiert von einer Strömung, die in allen sozialistischen Parteien zunimmt und innerhalb der Sozialdemokratischen Arbeiterpartei Rußlands in der bolschewistischen Bewegung ihren Ausdruck findet. In Frankreich äußert sie sich in den Angriffen Vaillants oder Guesdes gegen den »Ministerialismus«, also gegen diejenigen, die für eine Regierungsbeteiligung der Sozialisten eintreten.

Einer von ihnen, Millerand, ist mit Unterstützung von Jaurès Handelsminister im Kabinett Waldeck-Rousseau geworden, dem unter anderem auch General Galliffet angehört, der 1871 an der Niederschlagung der Pariser Kommune beteiligt war.

Rosa hat diese Initiative übrigens in zahlreichen Artikeln in der *Neuen Zeit* als »sozialistisch-ministerielle Farce« verurteilt, die von Doppelbödigkeit gezeichnet sei: »Handfeste Konzessionen an die Rechte, Scheinkonzessionen an die Linke.«

Sie geißelt diesen Opportunismus und beschreibt Jaurès als eine Art »Tartarin de Tarascon« (eine Romanfigur von Alphonse Daudet), der die Korrumpierung des Sozialismus als Erfolg feiere.

Man hört ihr zu und übersetzt ihre Texte. Ihre internationale Zuhörerschaft wächst. Und bald, im Jahr 1903, wird sie als Vertreterin der kleinen polnischen Partei von Leo Jogiches (der SDKPiL) in das Internationale Sozialistische Büro berufen. Das Gremium tritt regelmäßig in Brüssel zusammen. Dort lernt Rosa die Großen der Internationale kennen.

Sie hat eines ihrer Hauptziele erreicht. Sie ist anerkannt. Sie verkörpert den linken Flügel der Internationale, noch dazu in einem Moment, als diese an Stärke gewinnt.

Auf dem zweiten Parteitag der russischen Partei im August 1903 erringen die Bolschewiken die Mehrheit. Die Minderheit der Menschewiken trennt sich von der Partei.

Aber hat diese »revolutionäre« Strömung, die den »Ministerialismus« und den »Revisionismus« ablehnt und den Zusammenbruch des Kapitalismus voraussagt, auch wirklich Tiefe?

In Deutschland wie in Frankreich sind die Parteiführer und Abgeordneten fest in Gesellschaft und System verankert.

Auf dem Dresdner Parteitag (13. bis 20. September 1903) beteuert Bebel in gewohnter Manier: »Ich will der Todfeind dieser bürgerlichen Gesellschaft und dieser Staatsordnung bleiben, um sie in ihren Existenzbedingungen zu untergraben und sie, wenn ich kann, beseitigen.« Doch die Realität des Parteilebens sieht ganz anders aus. Rosa Luxemburg hat das längst erkannt.

Funktionäre der mittleren und unteren Parteiebene, Abgeordnete, Gewerkschaftsführer oder Journalisten reagieren sofort mit Feindseligkeit, wenn Rosa auf dem Gebiet, in dem sie tätig sind, eine konkrete Rolle spielen will.

Auf Versammlungen sprechen, die Zuhörer begeistern und dadurch die Position der örtlichen Abgeordneten stärken – in Ordnung. Große Ideen erörtern, Artikel für die *Neue Zeit* schreiben – warum nicht? Ja, man übernimmt sogar ihren Standpunkt und verurteilt den Revisionismus, warum auch nicht? Alles schön und gut, solange sich an der politischen Praxis nichts ändert.

Aber sich von einer Jüdin polnischer Herkunft sagen lassen, was man zu tun hat? Das ist etwas ganz anderes.

Rosa wird erneut diese Erfahrung machen.

Am 30. Oktober 1901 stirbt Bruno Schoenlank, einer von Rosas Bewunderern, und die Pressekommission der Partei zieht sofort Rosa als seine Nachfolgerin in der Chefredaktion der *Leipziger Volkszeitung* in Betracht.

Sie hat die meisten ihrer Artikel in dieser Tageszeitung veröffentlicht und gehört zu den bekanntesten sozialistischen Autoren in Deutschland.

Das Gerücht über ihre Berufung an die Spitze des Leipziger Blatts löst zahlreiche Kommentare aus. Die konservativen Zeitungen sprechen von einem Skandal, von einer Provokation, fordern ihren Hinauswurf und bezichtigen die Sozialdemokraten der Verantwortungslosigkeit. Franz Mehring, mit dem sie die Leitung teilen soll, schreibt: »Wir können unsere junge Freundin nur beglückwünschen zu dem Entsetzen, das ihr bloßer Name auslöste.«

In der Tat zögert sie. Die neue Aufgabe ist verlockend, doch sie wagt ihren Enthusiasmus nicht zu zeigen. Selbst ihren »Freunden« gegenüber hält sie sich bedeckt, da sie weiß, daß sie ihr wahres Verlangen nicht eingestehen darf. An Clara Zetkin schreibt sie: »Mich zieht es noch so stark zu wissenschaftlich-theoretischen Arbeiten... Und daß sich eine gewissenhafte Redaktionsführung mit wissenschaftlicher Selbstbildung und Produktion nicht verträgt, das wissen Sie ebensogut wie ich.«

Viele Worte, mit denen sie nur verschleiert, was sie eigentlich will und was sie in einem Brief an Leo unverblümt und mit nüchternem Realismus darlegt.

»Jetzt, was uns die Geschichte gibt«, schreibt sie ihm nach Algier, »1. viel Geld. Wir könnten sorglos leben, jeden Sommer in die Schweiz oder an die See fahren, uns anständig kleiden, die Wohnung herrichten (den Angehörigen helfen...), schließlich jeden Monat einige Hunderter für später weglegen.«

Rosa muß sehen, wo sie bleibt: Sie weiß, daß sie von Ideologien nicht leben kann. Die »Revolutionärin« rechnet mit jeder Mark, und sie weiß den Pfennig zu ehren.

Doch was sie an der eventuellen Ernennung am meisten reizt, ist die damit verbundene politische Stellung: »Was es bedeutet, Redakteur der ersten Parteizeitung zu sein, das weißt Du selbst.«

Schließlich kommt sie nochmals auf persönliche Gründe zurück und meint, dieser Posten ermögliche »ein äußerlich geregeltes und in festen Bahnen sich bewegendes Leben und Wirken, nicht so, daß man jeden Tag aus dem Bett steigt und ins Blaue hinein überlegt, was man unternehmen, was man schreiben, was man anpacken soll. Ich denke, daß diese äußere Normalisierung und Stetigkeit des Lebens gerade einer der wichtigsten Faktoren für die Beruhigung und Gesundung unserer Nerven wäre.«

Man kann sich vorstellen, wie sorgfältig Rosa die verschiedenen Faktoren – Geld, psychische Ausgeglichenheit – abwägt, wobei die persönlichen Aspekte eine Hauptrolle spielen.

Zumindest auf der rationalen Ebene. Denn was letztlich den Ausschlag gibt, ist der Gedanke, tätig zu sein. Sie schreibt Leo – und das gilt ebensogut für sie selbst –, daß er immer dann auflebe, »wenn Dich, und sei es auch nur von weitem, Trompetenschall vom Schlachtfeld, der Widerhall der Arbeit und des Kampfes erreichen«.

Es dauert jedoch nur wenige Wochen, und der schöne Traum zerplatzt wie eine Seifenblase.

Sie ist mit Mehring nach Leipzig gegangen und hat ihren Posten angetreten, aber alle sind gegen sie. Selbst Mehring, ihr Freund, gerät mit ihr aneinander und beklagt ihre »maßlose Herrschsucht und namentlich ihre schmutzige Habgier«.

Die Journalisten weigern sich, ihre Autorität anzuerkennen, und stellen ihre Entscheidungen in Frage. Eine Frau, eine Jüdin, eine Polin als Chefin?

Sie hält einige Monate durch, doch um weiterzumachen, müßte sie sich auf einen schäbigen Machtkampf einlassen, einen täglichen Kleinkrieg führen und taktische Bündnisse eingehen, die sie für demütigend hält. Dazu ist sie nicht in der Lage. Kompromisse sind ihre Sache nicht.

Sie tritt von ihrem Posten zurück und rechtfertigt ihren Schritt am 11. Oktober 1902 in einem Brief an August Bebel: »Könnte ich Ihnen die verschiedenen Wechselfälle meiner Beziehungen zur *Leipziger Volkszeitung* erzählen... dann würde Ihnen klar sein, daß ich nicht etwa mutwillig einen Streit vom Zaune brach, daß ich nicht aus freien Stücken ging, sondern vielmehr gegangen worden bin. Seit Juni schon wurde ich Schritt für Schritt verdrängt...«

Einmal mehr hatte sich gezeigt, daß Rosa aufgrund ihrer Persönlichkeit für einen Posten im »Parteiapparat«, für welchen auch immer, nicht geeignet war. Sie war kein Rädchen in der Maschinerie. Sie war unwiderruflich eine »Rebellin«.

Andererseits begrüßt man es, daß sie im Frühjahr 1903 nach Chemnitz geht und unter den dort lebenden Polen den Reichstagswahlkampf der Partei führt. Und sie tut es gern, auch wenn die

Abgeordneten, die sie unterstützt, nach Max Schippels Worten die »schlimmsten Opportunisten« sind.

Die Massen strömen, um sie zu hören: 2000 Zuhörer bei einer Versammlung im Freien in Lichtenstein, 1500 in Bromberg. Vorn sitzt die jüdische Bourgeoisie, dahinter die deutschen und polnischen Minen- und Textilarbeiter.

Auf das Rednerpult gestützt, auf dem Kopf einen Hut, der die zu einem Knoten geflochtenen Haare bedeckt, spricht sie beinahe zwei Stunden lang. Eine plumpe, kleine Gestalt, deren energische Stimme sich erhebt und den »Klassenfeind« anprangert. Sie greift selbst Kaiser Wilhelm II. an und erklärt: »Der Mann, der von der guten und gesicherten Existenz der deutschen Arbeiter spricht, hat keine Ahnung von den Tatsachen.« Wenn er den Mut dazu habe, solle er doch kommen und sich selbst davon überzeugen.

Vor dem Gesetz genügt diese Äußerung, sie wegen Majestätsbeleidigung anzuklagen und zu drei Monaten Gefängnis zu verurteilen.

Doch das kümmert sie nicht. Der Wahlkampf wird fortgesetzt, und die Sozialdemokraten erringen einen großen Sieg: Die Partei ist von nun an mit 81 Abgeordneten im Reichstag vertreten.

In diesem Frühjahr 1903 steht Rosa Luxemburg auf dem Gipfel ihrer Karriere.

Sie fährt regelmäßig nach Brüssel ins Internationale Sozialistische Büro. Anschließend kehrt sie in *ihre* Wohnung in der Cranachstraße zurück, in der sich der griesgrämige Leo verkriecht. Aber immerhin, er ist da, wie ein mürrischer Kater.

Anscheinend genügt ihr das im Moment.

Sie schreibt. Man veröffentlicht ihre Sachen. Sie hat den »Revisionismus« besiegt. Die sozialistische Bewegung scheint überall einen Aufschwung und eine Radikalisierung zu erleben. Die Geschichte ist in Bewegung geraten. Die Zukunft ist wieder in Reichweite gerückt.

Und am 4. April 1903 ist nach langwierigen Bemühungen endlich ihre Ehe mit Gustav Lübeck geschieden worden.

Sie hat sich gemausert.

8. »Mit einem Wort, ich freue mich sehr des Lebens.« (1904)

Das Jahr 1903 liegt hinter Rosa. Es hat ihr viel »Arbeit und Erfolg« gebracht, aber sie ist auch erschöpft. Besonders die langen, strapaziösen Zugfahrten quer durch Deutschland und nach Brüssel haben an ihren Kräften gezehrt.

Am 1. Januar 1904 schreibt sie ihren Zürcher Freunden Robert und Mathilde Seidel: »Mit einem Wort, ich bin froh, daß das Jahr um ist, ich zwinge mich, hoffnungsfroh ins neue zu blicken.«

Einige Tage später muß sie vor dem Zwickauer Landgericht erscheinen und sich gegen den Vorwurf der Beleidigung Seiner Majestät des Deutschen Kaisers in einer öffentlichen Rede verantworten. Das beunruhigt sie wenig, doch bekommt sie, wie sie am 21. Januar 1904 schreibt, »gleich nach meiner Rückkehr aus Zwickau einen Hexenschuß und sitze nun mit steifem Hals und schiefem Kopf da«.

Dennoch führt sie von nun an ein geregeltes, bequemes Leben, und sie hält sich sogar ein Kaninchen. Sie ist fasziniert von seinen anmutigen Bewegungen. Überhaupt deutet ihr zärtlicher Umgang mit Tieren darauf hin, daß sie langsam wieder zur Ruhe kommt. Sie nimmt sich die Zeit, sie in den Arbeitspausen zu beobachten, und sie versucht nicht, mit Leo Jogiches zusammenzukommen, der sich zunehmend abkapselt. Vielleicht stehen sie nicht gut miteinander, vielleicht haben sie sogar Streit, denn Rosa spricht mehrmals von den heftigen Auseinandersetzungen zwischen ihnen.

Sie kann es sich auch erlauben, Ferien zu machen, und verbringt einige Tage im Juli und August im brandenburgischen Hessenwinkel. Sie steht um sechs Uhr morgens auf, unternimmt jeden Tag »stundenlange Streifzüge« durch die ausgedehnten Kiefernwälder und entdeckt unzählige Seen. Sie schöpft neue Kräfte und ist glücklich, ja sie wirkt beinahe übermütig, wenn sie Luise Kautsky auf italienisch mit »carissima Luigina« anredet, sich mit einem Kuß verabschiedet und hinzufügt: »Karl kann auch einen kriegen, wenn er will. Und die Buben.«

Die ersten Monate des Jahres 1904 sind in der Tat eine Oase des Friedens in Rosas Leben.

Aber natürlich kann eine Frau wie sie nicht ganz ohne Spannung leben. Nach wie vor horcht sie auf den »Trompetenschall«. Sie schreibt, sie agitiert, sie reist. Und sie profitiert von der Arbeit, die sie in den vergangenen sechs Jahren in Deutschland geleistet hat. Sie hat sich einen Namen gemacht. Sie kennt alle wichtigen Leute in der deutschen Sozialdemokratie, und ihre Beziehung zu Luise Kautsky entwickelt sich im Laufe der Zeit zu einer echten Freundschaft. Gleiches gilt auch für Clara Zetkin. Außerdem schließt sie, mittlerweile in ganz Europa bekannt, Freundschaft mit Sozialisten aus anderen Ländern, so etwa mit der holländischen Schriftstellerin Henriette Roland-Holst, die sie in ihren Briefen mit »geliebte Henriette« und »blonde Madonna« anredet.

»Glauben Sie mir niemals«, schreibt sie ihr, »ich bin in jedem Augenblick anders, und das Leben besteht nur aus Augenblicken.«

Sogar ihre Einstellung zu Karl Kautsky ändert sie: sie duzt ihn, nennt ihn »lieber Karolus« oder »Karolus Magnus« und schildert ihm begeistert, welche Möglichkeiten sich ihr in der sozialistischen Bewegung zu eröffnen scheinen: »Mit einem Wort, ich freue mich sehr des Lebens.«

Sie ist dreiunddreißig Jahre alt.

Sie fühlt sich vom Erfolg ihrer Ideen getragen, und ihr Elan verstärkt diesen Erfolg noch.

Wenn man eine Polemik oder eine ideologische Auseinandersetzung führe, so erklärt sie Karl Kautsky, müsse man es »mit Lust und Freude tun, nicht wie ein lästiges Intermezzo, denn das Publikum fühlt die Stimmung der Kämpfenden immer heraus, und die Freude am Gefecht gibt der Polemik einen hellen Klang und eine moralische Überlegenheit«.

Und genau so verhält sie sich auf dem Internationalen Sozialistenkongreß, der in der zweiten Augusthälfte 1904 in Amsterdam stattfindet.

Sie ist nicht mehr die junge Unbekannte, deren Mandat angefochten wird. Elf Jahre sind seit dem Zürcher Kongreß vergangen. Jetzt ist sie Mitglied des Internationalen Sozialistischen Büros, deutsche Delegierte mit einem Mandat aus Bromberg und zugleich ständige Vertreterin des Hauptvorstands der SDKPiL. Und sie repräsentiert Polen in der Kommission, welche die internationalen Regeln der sozialistischen Taktik festlegt.

In dieser Kommission wird die entscheidende Schlacht geschlagen zwischen den Gegnern des Klassenkampfs, die für eine »Zusammenarbeit« der Klassen und eine Beteiligung von Sozialisten an »bürgerlichen Regierungen« plädieren, kurz den Revisionisten, und den Anhängern des Klassenkampfes.

Gestärkt durch ihren Erfolg gegen Bernstein, verficht Rosa auf dem Kongreß die »revolutionäre« marxtreue Linie, wie sie von der deutschen Sozialdemokratie vertreten wird, die dank Rosa zum »revolutionären Marxismus« konvertiert ist (allerdings nur verbal!).

Ihr Gegner ist Jean Jaurès, gegen den sie seit Jahren polemisiert. Sie hat ihn in Paris kennengelernt. Seine Eloquenz, sein Großmut und seine Bildung haben sie beeindruckt. Gleichwohl hat sie ihn heftig kritisiert, weil er dem »Ministerialismus« das Wort redet und den sozialistischen Minister Millerand unterstützt.

Sie hat den Verdacht, daß Jaurès nur ein eitler Heuchler ist. Sie möchte ihn besiegen, damit der Kongreß den sozialistischen Parteien in Frankreich empfiehlt, sich zu vereinigen. Und sie hofft, daß sich Guesde und Vaillant im Falle eines Zusammenschlusses in der neuen Partei gegen Jaurès durchsetzen werden.

Bei dem Duell in Amsterdam trägt Rosa den Sieg davon. Brillant und unerbittlich geißelt sie die »versöhnlerische« Haltung von Jaurès in der Dreyfus-Affäre.

Als Jaurès für seine Gegenrede auf die Rednertribüne stieg, herrschte absolute Stille im Kongreßsaal. Jaurès sprach nicht nur als Sozialist, sondern auch als Republikaner. Er wies den Anspruch der deutschen Sozialdemokraten zurück, anderen Ratschläge zu erteilen. Sie, die Deutschen, seien ja nicht einmal in der Lage, eine Republik bei sich aufzubauen, und müßten sich mit dem begnügen, was ihnen der Kaiser zugestehe.

Rosa verstand seine Argumente nicht. Offenbar war sie zu sehr in ihren internationalistischen Vorstellungen gefangen, um die nationalen Unterschiede wahrzunehmen und die Richtigkeit seiner Analyse zu erkennen. Jaurès wies vor allem auf den Widerspruch hin, der zwischen den »revolutionären« Ambitionen der Deutschen – und Rosas – und ihrem tatsächlichen politischen Handeln bestand.

Als Jaurès seine Rede beendet hatte, fand sich kein Übersetzer, der sie ins Deutsche übertragen konnte. Jaurès war schwierig zu übersetzen.

Da ging Rosa wieder nach vorne, erklomm die Rednertribüne und übersetzte die Rede von Jaurès unter dem Beifall des Saales in ein vorzügliches Deutsch. Jaurès dankte ihr.

War dies nicht der Beweis, daß die Solidarität unter Sozialisten größer war als die Gegensätze?

Diese symbolträchtige Szene hatte jedoch vor allem Rosas Können und geistige Überlegenheit demonstriert und ihr, wenn auch auf etwas theatralische Weise, zum Triumph verholfen. Die französischen Parteien mußten sich vereinigen. Der revolutionäre Marxismus war als Doktrin der Internationale anerkannt, der Revisionismus geschlagen.

Natürlich waren solche Siege vor allem Siege »auf dem Papier«, die mit Hilfe von Reden und Resolutionen errungen wurden.

Die strengen Prinzipien, die Rosa soeben durchgesetzt hatte, änderten nichts am Alltag jeder Partei.

Und in der Tat: Als die vierundzwanzig sozialistischen Parteien in Frankreich sich 1905 mit Billigung von 476 Delegierten zur *Section Française de l'Internationale Ouvrière* (SFIO) zusammenschlossen, wurde dadurch kein Problem gelöst.

Was konnten schon Worte gegen die gesellschaftliche und politi-

Internationaler Sozialistischer Kongreß in Amsterdam im August 1904.
nicht immer sind sie einer Meinung. (Foto: Archiv der sozialen Demokratie der

sche Praxis ausrichten, welche die führenden Funktionäre der
sozialistischen Parteien mit jedem Tag mehr an das politische
System ihres Landes banden? Was konnte der Internationalismus
gegen den Nationalismus ausrichten, dessen Aufschwung in Europa sich immer deutlicher abzeichnete?
Vor lauter Freude über ihren Sieg in Amsterdam dachte Rosa nicht
daran. Und doch: Wenn man Rosa auf einem offiziellen Gruppen-
foto sieht, das bei dem Kongreß aufgenommen wurde – auf dem
Kopf einen eleganten, mit einem breiten Band geschmückten Hut,
das Gesicht halb verdeckt, die einzige Frau unter Männern wie
Adler, Kautsky, Vaillant, Plechanow, dem Japaner Katayama und
anderen –, so kann man ermessen, welche Leistung sie vollbracht
hatte, aber auch, wie gefährdet der Erfolg war, den sie soeben
errungen hatte.

August Bebel droht gutmütig seiner Mitstreiterin Rosa Luxemburg, denn
Friedrich-Ebert-Stiftung)

Wie sollte sie diese vorsichtigen Männer und die Parteiapparate, die sie repräsentierten, ändern? Das Heer der Funktionäre und Bürokraten, die zwar gerne ihren Reden lauschten, es jedoch niemals wagen würden, mit dem System zu brechen, in dem sie lebten, und oft bequem lebten, da sie als Vertreter einer Opposition toleriert wurden, die sich brav an die politischen Spielregeln hielt.

Hier lag die Macht des Revisionismus. Und die konnte von keinem internationalen Kongreß gebrochen werden.

Einige Wochen später wird Rosa ausgiebig Gelegenheit haben, über diese Probleme nachzudenken. Nach ihrer Rückkehr aus Amsterdem erfährt sie nämlich, daß das Landgericht Zwickau sie im Juli wegen Majestätsbeleidigung zu drei Monaten Gefängnis verurteilt hat. Am 26. August 1904 betritt sie die Zelle Nr. 7 des Gefängnisses von Berlin-Zwickau.

Sie ist eine politische Gefangene. Sie hat in ihrer Zelle einen Tisch mit Lampe, darf sich Bücher schicken lassen und ihre Mahlzeiten aus einem Gasthaus beziehen.

»Seid ohne Sorge um mich«, schreibt sie ihrer Freundin Luise Kautsky, »mir geht es gut: Luft, Sonne, Bücher und menschliche Liebenswürdigkeit umgeben mich.«

Rosa tritt ihre Haftstrafe – die sie übrigens nicht ganz abzusitzen braucht, da sie am 24. Oktober im Zuge einer Amnestie anläßlich der Krönung des neuen sächsischen Königs Friedrich August vorzeitig entlassen wird – mit heiterer Gelassenheit an.

Die Strafe ist für sie die Bestätigung ihres politischen Erfolges und der Richtigkeit ihres Kurses, als führe eine direkte Linie von der jungen Warschauer Gymnasiastin, die den deutschen Kaiser verspottet hat, zu der kämpferischen Journalistin.

In einem Brief an Julius Bruhns, den sie schon immer für zu durchtrieben gehalten hat, schreibt sie in diesem Jahr 1904 mit einem Hauch von Ironie: »Der gerade und offene Weg ist immer der beste.«

Im übrigen erhält sie im Gefängnis viele Zeichen der Zuneigung. Ihr Bruder Joseph besucht sie, ihr Bruder Maximilian schickt ihr Geld. Mehrere Wochen lang werden ihre Mahlzeiten von einem Restaurant in der Nähe des Gefängnisses geliefert, dann berichtet sie Leo: »Ich bin nun auf meinen Wunsch im Mittagessen vom Restaurant auf die Anstaltskost zurückgegangen, und das tut mir wohl. Mein Magen hat nämlich die höhere Kultur satt bekommen und schwärmt für Rousseau.«

Wie es scheint, bedrückt sie das Gefängnis nicht allzu sehr.

Sie liest die *Göttliche Komödie.*

»Gewiß, es herrscht vollkommene Ruhe ringsherum«, schreibt sie, »ausgenommen etwas lustiges sächsisches Kindergeplapper irgendwo draußen und ein geschäftiges Entengeschnatter vom Teich der nahen Anlage, wie ich mir denke.«

Sie ist für diese Ruhe und diese erzwungene Einsamkeit sogar »von ganzem Herzen dankbar«. Im Kontakt mit Menschen, so erklärt sie, empfinde sie ein Gefühl der inneren Zerrissenheit. »In der Einsamkeit finde ich wieder zu mir und bringe etwas Ordnung in mein geistiges Bummelleben.«

Und etwas großspurig behauptet sie sogar, das schlimmste sei die »verflixte Amnestie« gewesen.

Sie übersteht die Haft, die zugegebenermaßen recht komfortabel war, also unbeschadet. Sie hat nicht nur »wie ein Wilder« gelesen, sondern auch die politische Lage analysiert und schätzt ihren Sieg über den Revisionismus nun realistischer ein.

Sie schreibt Kautsky, »daß wir ungeheuer viel zu tun haben und vor allem ungeheuer viel zu studieren«.

Vor allem eines hat sie begriffen: Wenn man die Opportunisten und Revisionisten besiegen will, ist es nicht damit getan, Anträge durchzubringen und bei Redeschlachten oder Kongressen Siege zu erringen. Man muß handeln.

»Der Opportunismus ist überhaupt eine Sumpfpflanze, die sich in stehendem Wasser der Bewegung rasch und üppig entwickelt; bei forschem starkem Strom verkümmert sie von selbst. Hier in Deutschland ist ein Vorwärtskommen direkt ein dringendes, brennendes Bedürfnis! ... Aber die deutsche Sozialdemokratie muß das Signal und die Richtung geben.« Und darin sieht Rosa ihre Aufgabe auf dem linken Flügel der Partei.

Deutschland sollte zwar die treibende Kraft sein, doch noch wichtiger war für Rosa die Internationale. Und hier sah sie Grund zur Sorge. Lenins Bolschewiken, die viele ihrer Ansichten teilten, für einen revolutionären Marxismus eintraten und den Revisionismus verurteilten, waren autoritär, und Rosa Luxemburg begann schon 1904, gegen die »Engstirnigkeit« der leninistischen Theorien zu polemisieren.

Sie war für Härte, Kompromißlosigkeit und Radikalität, jedoch im Rahmen einer offenen, pluralistischen Debatte.

Sie hatte Lenin 1901 in München getroffen. Der Mann mit den »Schlitzaugen« hatte sie fasziniert. Seine unbeirrbare Entschlossenheit, sein lebhafter Verstand, sein taktisches Gespür und seine Tatkraft hatten sie beeindruckt.

Doch sie war keineswegs geblendet von diesem Mann, den sie –

wie Jogiches – für einen der großen Revolutionäre ihrer Zeit hielt. Immer häufiger erhob sie Vorwürfe gegen ihn, die von geradezu prophetischer Weitsicht zeugen.

Der Leninismus, so erklärte sie, dürfe nicht mit dem Marxismus verwechselt werden. Sie mißtraute der »Kasernendisziplin« und dem »Ultrazentralismus«, den Lenin mit seinem »sterilen Nachtwächtergeist« den Bolschewiken offenbar aufzwingen wolle: »Sein Gedankengang ist hauptsächlich auf die Kontrolle der Parteitätigkeit und nicht auf ihre Befruchtung, auf die Einengung und nicht auf die Entfaltung, auf die Schurigelung und nicht auf Zusammenziehung der Bewegung zugeschnitten.«

In dieser Weise bezieht Rosa in ihrem Artikel *Organisationsfragen der russischen Sozialdemokraten* klar Stellung.

Sie, die man dem linken Flügel zurechnet, kritisiert die Bolschewiken Lenins und eröffnet einen neuen Weg zwischen der Unterwerfung der Gemäßigten und dem leninistischen Ultrazentralismus. Schon 1904 ahnt sie, welche Probleme diese Leute aus dem »barbarischen« Zarenreich, die sie »mongolische« Marxisten nennt, noch aufwerfen werden.

Rosa ist eine echte Europäerin. Sie ist durchdrungen von der Kultur des Widerspruchs und der Debatten, der Hinterfragung des eigenen Tuns. Obwohl fest zum Handeln entschlossen, wird sie von Zweifeln geplagt und stellt die Frage nach dem Sinn des Lebens.

Und im Gefängnis von Zwickau, wo sie viel liest und sich außer mit ihrem Spezialgebiet Nationalökonomie auch mit Literatur und mit dem Philosophen Leibniz beschäftigt, denkt sie über ihren bisherigen Lebensweg nach.

Das Leben ist in Warschau geblieben, im Hof des Hauses, in dem sie mit ihrer Familie gewohnt hat. Seitdem läuft sie ihm vergeblich nach. Sie sieht sich als Opfer eines »frevelhaften Spieles«, wie sie Luise Kautsky anvertraut. »Das Leben spielt mit mir ewiges Haschen.«

Frustration, ständige Enttäuschungen, Verlockungen: So wird sie dazu angetrieben, immer weiterzulaufen, unbefriedigt und atemlos, wie eine Frau, die niemals einen Orgasmus erreicht, die man erregt und reizt und dann keuchend und nervös zurückläßt.

Rosa bleiben nur die Agitation – der sie wie ein »Automat« nachgeht, wie sie häufig sagt – und die Selbstverleugnung, gepaart mit jener inneren Verzweiflung, die sie wiederholt zum Ausdruck gebracht hat.

Als sei ihr im Gefängnis bewußt geworden, welch unschätzbares Gut die Freiheit, das Leben an sich darstellen, begehrt sie, mittlerweile dreiunddreißig Jahre alt, endlich auf. Warum sich quälen, sich verstümmeln, sich Verbote auferlegen?

»Die Moral von der Geschichte«, so sagt sie, »sobald der Mensch sich im Leben einmal recht arm vorkommt, soll er sich nur hinsetzen und ein Inventar seiner irdischen Güter aufnehmen, alsdann wird er erst entdecken, wie reich er ist.«

Sie rät Leo, danach zu handeln und nicht zu vergessen, was er an ihr hat: »Dann wirst Du Dir wie ein Krösus vorkommen.« Das ist die Haltung, die sie von nun an selbst zu ihrem Leben einnehmen will.

Sie will nicht mehr unter den Alpträumen leiden und – wie im Gefängnis geschehen – nachts aus dem Schlaf aufschrecken und nach der Mutter rufen. Sie ruft sieben Jahre zu spät, wie sie selbst sagt. »Du kannst Dir von dem peinlichen, beklemmenden Gefühl keine Vorstellung machen, das mich dann beschlich.«

Rosa möchte versuchen, ihr Leben aus neuen Quellen zu speisen. Sie warnt Leo: »Ich . . . verspreche mir, draußen in vollen Zügen zu leben.«

Und sie fügt hinzu: »Wenn ich wieder heraus bin, wird es einen heftigen Konflikt zwischen Deinem hohlwangigen Nazarenertum und meinem vollblutigen Hellenentum geben.«

Rosa will sich nicht länger quälen lassen. Sie will, daß das Leben auch eine Freude und ein Vergnügen ist.

Und Rosa ist nicht die Frau, die einen Vorsatz oder eine Hoffnung aufgeben würde.

TEIL IV

*»Eiserne Entschlossenheit
erfaßt mich.«*
(1905–1906)

9. »Laß mich ganz gehen!«
(1905)

Sie wollte also anders leben. Und es war, als stehe dieser Wunsch im Einklang mit der Geschichte, mit den Ereignissen, die sich seit einigen Monaten häuften und auf abrupte Umwälzungen hindeuteten. Rosa war eine scharfe Beobachterin der internationalen Lage, und so konnten ihr die bevorstehenden Verschiebungen und Zusammenstöße nicht verborgen bleiben, ähnlich wie wenn tektonische Schichten sich zu bewegen beginnen, bevor das Erdbeben einsetzt und Risse sichtbar werden.

Ihr Vorsatz, das Leben zu genießen, entsprang der Erkenntnis, daß die Dinge wieder in Bewegung kamen. Im Gefängnis war ihr bewußt geworden, was es heißt, frei zu sein. Sie hatte keine Zeit mehr zu verlieren. Das Leben mußte ausgekostet werden, denn die geschichtlichen Ereignisse überstürzten sich.

Was stand bevor?

Zunächst Krieg. Seit Januar 1904 kämpften Japaner und Russen gegeneinander. Was konnte man dagegen unternehmen, außer die Bindungen innerhalb der Sozialistischen Internationale zu verstärken?

In Amsterdam hatte Rosa gesehen, wie der Russe Plechanow trotz des Krieges unter Beifall und voller Rührung dem Japaner Katayama die Hand geschüttelt hatte. Es war wie eine symbolische Illustration der Parole »Proletarier aller Länder, vereinigt Euch!«

Doch die Spannungen nahmen zu: Rivalitäten zwischen Frankreich und Deutschland wegen Marokko – im März 1905 fuhr Wilhelm II. nach Tanger und meldete seine weltweiten kolonialen Ansprüche an. Angesichts dieser Bedrohung schlossen Frankreich und England die *Entente cordiale,* die aus Pariser Sicht die französisch-russische Allianz ergänzte.

Rosa sah in diesem Zusammenstoß der »Imperialismen« ein Indiz

175

dafür, daß die Widersprüche des Kapitalismus unüberwindbar wurden und zu seinem Zusammenbruch führten. Sie hatte vorhergesagt, daß es zu einem Krieg zwischen den europäischen Mächten kommen könnte. Die »Massen« rührten sich. Im Januar 1908 traten die Bergarbeiter an der Ruhr in einen langen Streik.

Und vor allem setzten sich, einem Donnerschlag gleich, die russischen Massen in Bewegung, die, von materieller Not gepeinigt, sich zusätzlich durch die militärischen Niederlagen gedemütigt fühlten, die der Zar bei Port Arthur und Mukden (2. Januar 1905) sowie kurz darauf bei Tsuschima erlitten hatte, wo die russische Flotte durch die Japaner zerstört worden war (28. Mai 1905).

Am 22. Januar 1905 marschieren in St. Petersburg Zehntausende von Demonstranten unter Führung des Priesters Gapon friedlich zum Winterpalais. Sie tragen Ikonen und Porträts des Herrschers und wollen diesem Bittschriften übergeben. Die Armee eröffnet das Feuer. Hunderte von Toten bleiben auf dem Pflaster liegen. Der Vorfall wird als »Blutsonntag« in die Geschichte eingehen. Er ruft in ganz Europa Empörung hervor und löst im gesamten Zarenreich eine Revolution aus.

Am 27. Januar 1905 kommt es in Warschau zu Demonstrationen.

Die von Rosa so oft beschworene Revolution wurde Wirklichkeit. In Polen, in ihrem Polen, griffen die wenigen hundert Aktivisten ihrer kleinen Partei, der SDKPiL, zu den Waffen und folgten damit spontan dem Beispiel der russischen Arbeiter, die in Moskau, St. Petersburg und Odessa den Kampf gegen den Zaren aufgenommen hatten.

Wie könnte Rosa unter diesen Umständen so weiterleben wie bisher? Plötzlich ist das, wofür sie seit ihrer Jugend gekämpft hat, in den Schlagzeilen. Leo verläßt Berlin und beweist damit, daß er doch nicht so unentschlossen ist, wie sie behauptet hat. Er geht nach Krakau, in den österreichischen Teil Polens. Dort ist er Warschau näher und organisiert, sozusagen vor der Haustür des Russischen Reiches, revolutionäre Aktionen, gibt Flugblätter heraus und gründet eine neue Zeitung mit dem Titel *Von der Kampffront,* die über die Ereignisse in Russisch-Polen berichten und sie analysieren wird.

Mit Beginn des Jahres 1905 endet für Rosa eine ruhige Phase der Geschichte, die nur aus ideologischen Polemiken und Reden zu bestehen schien.

Man kämpft jetzt bei ihr »zu Hause«. Man stirbt. Ihr alter Freund und Genosse Kasprzak, der ihr 1888 zur Flucht verholfen hat, ist in Gefahr. Ein paar Monate später wird er verhaftet, als er mit Waffengewalt eine geheime Druckerei gegen die russische Polizei verteidigt. Er wird zum Tode verurteilt und hingerichtet.

Angesichts der Revolution und der Gewalt stellt sich Rosa eine wichtige Frage: Wo ist der Platz der Intellektuellen? Welche Rolle haben sie bei der revolutionären Aktion zu spielen?

Doch auch in ihrem Privatleben kommt es zu Brüchen.

Zwischen ihr und Leo ist ohne Zweifel alles gesagt.

Sie hat explizit ihr Recht auf Freiheit und Vergnügen gefordert. Doch Leo geht fort und kehrt an ihre gemeinsame Front zurück. Und natürlich kann Rosa seinen Entschluß nur gutheißen.

Doch schon jetzt, im Februar 1905, ahnt sie auch, daß sie nie mehr mit ihm zusammenleben wird. Sie ist ein anderer Mensch geworden, und die Ereignisse machen die Trennung unausweichlich. Sie ahnt, daß sie die Hoffnung, mit Leo jemals eine Familie zu gründen, endgültig begraben muß.

Alles gerät in Bewegung und zerbricht in diesem Jahr, das den eigentlichen Beginn des 20. Jahrhunderts markiert.

Denn es ist auch das Jahr, in dem Einstein seine spezielle Relativitätstheorie formuliert und Freud seine Sexualtheorie begründet. Picasso geht neue Wege in der Malerei (1907 wird er sein berühmtes Bild *Les demoiselles d'Avignon* ausstellen).

1905: Ein Buch wird zugeklappt. Der Prolog zu einer anderen, tragischen Zeit wird geschrieben. Für die Welt und für Rosa.

Man spürt ihr fieberhaftes Verlangen, überall ins Geschehen einzugreifen. Sie schreibt für sozialdemokratische deutsche Zeitungen und für Publikationen, die Leo nach Russisch-Polen schmuggelt, einen Artikel nach dem anderen. Obwohl sie überarbeitet ist und lange Zugfahrten in Kauf nehmen muß, spricht sie, so oft es ihr möglich ist, auf Versammlungen über die Lage in Rußland und die Perspektiven, die sich aus ihr eröffnen.

So tritt sie in der Gegend um Essen auf, und anschließend berichtet sie: »Ich bin erst gestern abend zurückgekehrt – aus Essen, wo ich binnen drei Tagen sechs Versammlungen hatte, davon drei Großveranstaltungen (je 2000–3000) ... Es ging ausgezeichnet, aber Du kannst Dir vorstellen, wie ich die ganze Zeit in der Mühle war.« Neun Stunden Bahnfahrt, Droschke, Reden. Doch bringt sie unter dem Druck der Ereignisse, getragen durch die begeisterte Stimmung, die erforderlichen Kräfte auf. »Wieviel frische Gedanken und Pläne ich mitgebracht habe, wieviel Lust zur Arbeit.«

Sie greift zur Feder. »Was das Schreiben selbst betrifft, so habe ich Lust und spüre, daß meine Faust eiserne Entschlossenheit erfaßt.«

Sie wirbt um Solidarität, sammelt Geld für die Russen und sorgt für die gerechte Verteilung zwischen den rivalisierenden Organisationen. Und sie tröstet ihre Briefpartner mit dem Hinweis, daß es bei der Verteilung von Spenden überall zu Betrügereien komme.

Sie sieht keinen Grund, sich wegen der Querelen unter den Russen Sorgen zu machen. Lenin weicht zwar aus und übt Kritik an Kautsky. Aber all das verdient ihres Erachtens wenig Beachtung. Sie möchte nur das Wesentliche sehen: die Bewegung. Und die Sicherheit der Genossen. Wenn sie auf einer Postkarte mitteilen kann, daß es allen sehr gut geht, ist sie glücklich, denn dies bedeutet, daß der eine oder andere Genosse noch in Freiheit ist.

Wozu sich mit Kleinigkeiten aufhalten, wo sie doch davon überzeugt ist, daß die Periode, die mit dem Blutsonntag in St. Petersburg begonnen hat, für die gesamte Welt von Bedeutung ist?

»Die innere Verknüpfung des politischen und sozialen Lebens zwischen den kapitalistischen Ländern ist heutzutage eine so intensive, daß die Rückwirkung der russischen Revolution auf die soziale Lage in Europa, ja in der ganzen sogenannten zivilisierten Welt eine enorme sein wird – eine viel tiefer gehende als die internationale Rückwirkung der früheren bürgerlichen Revolutionen.«

Es stimmt, daß ein Ruck durch Deutschland gegangen ist. Eine Welle der Sympathie für die Opfer des Blutsonntags hat die deutsche Sozialdemokratie erfaßt und beeinflußt die Stimmung im Volk. Hinzu kommt, daß Gewerkschaften und Unternehmer in zahlreiche Arbeitskonflikte verwickelt sind, die unter dem Eindruck der Ereignisse in Rußland einen politischen Charakter annehmen. Wird es in Deutschland zu einem revolutionären Erdbeben kommen, das mit dem in Rußland vergleichbar ist?

Rosa Luxemburg hält es für möglich, ja für notwendig. Ihre Herkunft, ihre Doppelmitgliedschaft in der SDKPiL und in der SPD sowie ihre Kenntnisse der russischen Sprache – die in den führenden Kreisen der deutschen Sozialdemokratie niemand außer ihr beherrscht – lassen sie offenbar vergessen, daß Deutschland nicht mit Rußland gleichzusetzen ist.

Sie versteht die Russische Revolution als Signal für die Massen, in Aktion zu treten und durch Taten den Revisionismus und Opportunismus zu beenden. Allein die Tatsache, daß die Revolution, obwohl nur von sehr wenigen vorausgesehen, stattgefunden hat, veranlaßt Rosa und ihre Freunde, die sich um sie geschart haben, eine radikalere Position zu beziehen.

Rosas Einfluß auf Karl Kautsky ist ungebrochen, und da ihr die *Neue Zeit* jederzeit offensteht, verbreitet sie ungehindert ihre Ideen. Zusätzlich kann sie auf Franz Mehring, Clara Zetkin und das Ehepaar Emanuel und Mathilde Wurm zählen. Er ist Chemiker, Delegierter und Redakteur der *Neuen Zeit,* und sie, etwas jünger als Rosa, ist in der sozialdemokratischen Frauenbewegung aktiv.

Auch der Parteivorstand mit August Bebel an der Spitze zeigt sich, zumindest verbal, mit der russischen Revolution solidarisch. Auf diese Weise versucht die SPD-Führung, den Streit um Bernstein zu ihren Gunsten zu beenden.

So besteht Bebel darauf, daß Rosa als Redakteurin für russische und internationale Fragen dem *Vorwärts* beitritt. Rosa ist dazu bereit, allerdings nur, wenn sie schreiben darf, was sie für richtig hält. Und sie macht sich keinerlei Illusionen über die Qualitäten ihrer Kollegen.

»Die Redaktion besteht aus Ochsen, und überheblichen noch dazu«, lautet ihr Urteil. »Und wenn Du Dir dann noch diesen Stil ein bißchen ansehen würdest, den sie alle schreiben! Aus der Haut fahren möchte ich!« Dennoch nimmt sie das Angebot an, denn über die Zeitung kann sie Einfluß nehmen und ihre Analysen der Lage in Rußland unter die Leute bringen.

Und sie tut dies so effektiv und kämpferisch, daß die konservative Presse in Aufruhr gerät und der rechte Abgeordnete Stöcker im Reichstag gegen diese staatenlose Agitatorin wettert. Bebel antwortet ihm höchstpersönlich und bekräftigt seine Solidarität mit Rosa.

Rosa scheint also Punkte zu sammeln. Sie knüpft neue Freundschaften und vertieft alte, man erklärt sich solidarisch mit ihr. Sie genießt diese Tage des Kampfes und lebt völlig im Einklang mit den Ereignissen und dieser Wendung der Geschichte, die ganz dem entspricht, was sie ist und denkt. Es ist, als könne sie freier atmen. Und sie ist sich dessen bewußt. Der Fortschritt, so schreibt sie, sei großartig und gebe ihr neue Kraft.

Sie hat Bernsteins Thesen angefochten, doch im Grunde hat dieser Streit um Worte und Ideen zu nichts geführt. Er hat nichts bewegt. Rosa gehört zu jenen Menschen, für die sprunghafte Entwicklungen in der Geschichte wie etwa die Erhebung der »Massen«, die an der herrschenden Ordnung rütteln und die Bürokraten aus dem Gleichgewicht bringen, lebensnotwendig sind. Erst dann spürt sie, daß sie lebt.

Die »Bernsteinerei«, so schreibt sie, habe sie vor der Zeit alt und müde werden lassen, aber die Revolution habe sie um »zehn Jahre jünger« gemacht. Noch nie sei ihr die Arbeit so leichtgefallen wie im Moment. »Es lebe die Revolution!«

Welche Rolle spielt bei diesem Enthusiasmus der Verstand, welche der Charakter? Läßt sich Rosas Begeisterung für die Revolution, die ja auch »Unordnung« und ein kollektives, gewaltsames Tun ist, durch eine innere Bestimmung erklären, durch »Neigungen«, deren Ursprung man in der persönlichen Unzufriedenheit oder in den Umständen suchen muß, die Rosas Persönlichkeit geformt haben?

August Bebel (1840–1913). Er gründete im Jahr 1869 zusammen mit Wilhelm Liebknecht die sozialistische Arbeiterpartei.
(Foto: Bildarchiv Preußischer Kulturbesitz)

Auf jeden Fall ist Rosa wieder bester Laune, und das hat auch intellektuelle Gründe. Die Revolution, so schreibt sie, mache Fortschritte, und es sei ihr eine große Freude, sie beobachten, verstehen und an ihr mitwirken zu können. Sie verspottet und verachtet die »unintelligenten Beobachter«, womit sie insbesondere die liberalen Russen oder die Redakteure des *Vorwärts* meint, die das Geschehen mit gemischten Gefühlen verfolgen und hin- und hergerissen sind zwischen Hoffen und Bangen.

Sie selbst, meint sie stolz und zuversichtlich, arbeite fröhlichen Herzens mit, und die geistige Arbeit (die Analyse des revolutionären Prozesses) verschaffe ihr vielleicht einen noch größeren Genuß als das praktische Mittun. Die Massen wollten jetzt Klarheit, und sie schätze sich glücklich, daß sie, und sei es auch noch so wenig, dazu beitragen könne, diesen Durst nach Bildung zu stillen.

Doch wer kann glauben, daß solche Gefühle von der Mehrheit einer Partei geteilt werden, deren Funktionäre – ganz gleich was sie sagen oder denken – an die herrschende Ordnung gebunden sind, selbst wenn sie sie aufrichtig verbessern wollen? Wer kann glauben, daß Rosas psychologisches Profil und intellektuelle Ansprüche denen eines durchschnittlichen SPD-Abgeordneten oder eines Gewerkschaftsführers entsprechen?

Vor lauter Freude über die Ereignisse unterschätzt Rosa die Opposition innerhalb der Sozialdemokratie. Offenbar hat sie vergessen, gegen welche Widerstände sie in der Vergangenheit schon zu kämpfen hatte. Sie wird unsanft daran erinnert.

Die Delegierten auf dem Gewerkschaftskongreß, der vom 22. bis zum 27. Mai 1905 in Köln stattfindet, weisen jeden Vergleich der Situation in Deutschland mit der in Rußland zurück und sprechen sich gegen einen Massenstreik aus, wie ihn Rosa nach russischem Vorbild vorschlägt: »Schluß mit dem Gerede vom Massenstreik – Generalstreik ist Generalunsinn!«

Sie, die »blutrote Rosa«, die Ausländerin, die Jüdin, die Intellektuelle, muß sich vorhalten lassen, sie habe keine Ahnung vom wirklichen Leben der deutschen Massen. Otto Hué, der Führer der Bergarbeiter, attackiert sie in seinem Verbandsblatt: »Wir wunderten uns schon immer, warum unsere theoretischen Generalstreikler nicht schleunigst nach Rußland gehen, um dort praktische Kampfeserfahrung zu sammeln ... Weshalb eilen insbesondere die aus Rußland oder Polen stammenden, jetzt in Deutschland, Frankreich und der Schweiz ›revolutionäre‹ Artikel schreibenden Theoretiker nicht auf den Kampfplatz? ... Probieren geht über Studieren, darum auf in den russischen Freiheitskampf, ihr Theoretiker des Klassenkampfes!«

Rosa bleibt die Antwort nicht schuldig, doch der Angriff hat sie verletzt, denn er stellt ihren persönlichen Mut in Frage, und nicht nur ihren, sondern auch den ihrer Genossen, die wie Kasprzak zum Tode verurteilt wurden. Er beleidigt die Warschauer Arbeiter, die bei den Demonstrationen am 1. Mai 1905 zu Hunderten fielen, und er beleidigt Leo Jogiches, der oft von Krakau nach Warschau fährt.

Auf dem Jenaer Parteitag im September 1905 geht sie mit ihren Gegnern hart ins Gericht. Als Bernstein eine Bemerkung zum Massenstreik macht, ruft sie ihm zu: »Ach, was verstehen Sie davon?«

Bei der Grundsatzdebatte über die Begriffe »Massenstreik« und »Generalstreik« – soll man dafür oder dagegen sein? – geht es nach Rosas Auffassung um nichts anderes als um die Alternative zwischen Aktion und Untätigkeit. Sogar die Gewaltfrage ist für sie zweitrangig.

»Wir sehen doch an der Geschichte«, sagt sie, »daß alle Revolutionen mit dem Blut des Volkes erkauft sind. Der ganze Unterschied ist, daß bis jetzt das Blut des Volkes für die herrschenden Klassen verspritzt wurde, und jetzt, wo von der Möglichkeit gesprochen wird, ihr Blut für ihre eigene Klasse zu lassen, da kommen vorsichtige sogenannte Sozialdemokraten und sagen, nein, dies Blut ist uns zu teuer.« Vor allem sei es nutzlos, diese Fragen theoretisch abzuhandeln. In Rußland gebe es keine Gewerkschaften. »Die Massen sind in die Revolution getrieben ... Die Organisation wird auch umgekehrt selbst im Kampf geboren, zusammen mit der Klassenaufklärung.«

183

Rosa Luxemburg hat sich so in wenigen Sätzen den Weg zu einer neuen politischen Konzeption geebnet. Ihres Erachtens ist es die Aktion, die Neues schafft, Kräfte freisetzt und eine Organisation hervorbringt.

Doch diese Auffassung stand im scharfen Widerspruch zur Praxis der deutschen Sozialdemokratie und ihrer Strategie des langsamen Fortschritts, auch wenn diese Politik zugegebenermaßen stets von revolutionären Reden begleitet war. Sie stellte die politischen und gewerkschaftlichen »Organisationen« in Frage, die ihre potentiellen Wähler und Anhänger gemächlich von Wahl zu Wahl, von Verhandlung zu Kompromiß führten.

Rosa gab indirekt zu verstehen, daß diese Organisationen – der Stolz der deutschen Sozialdemokraten – nichts oder nur wenig bewirkten. Und als Gegenbeispiel führte sie die russischen »Barbaren« an. Hätten sich die Massen erst einmal in Bewegung gesetzt, so verkündete sie, würden sie auch etwas Neues schaffen.

Sie hielt den Organisationen vor, daß sie zum Selbstzweck geworden seien.

»Lernen Sie einmal aus der russischen Revolution!« forderte sie die Delegierten auf. »Es gilt vor allem, die Massen aufzuklären.« Und genau darum bemühte sie sich.

Was konnte man ihr antworten? Schließlich gehörte sie zu den führenden Köpfen der Partei, genoß offenbar Bebels Unterstützung und veröffentlichte Artikel in der *Neuen Zeit* und im *Vorwärts*. Und ihre Aufrichtigkeit, ihre Hingabe und ihre Intelligenz waren über jeden Zweifel erhaben.

Die einen vermieden die Auseinandersetzung und sagten ironisch: »Genossin Luxemburg, sehen Sie, ich bin Maurer von Beruf... Ach, wir wissen alle zusammen, daß wir mit unserem Wissen nicht heranreichen an diejenigen, die in ihrer Jugend nicht Hunger gelitten und eine gute Bildung genossen haben.«

Auch August Bebel, ein geschickter Parteitagsredner, der sein Publikum zu nehmen verstand, wich der Diskussion aus, indem er den Saal zum Lachen brachte: »... aber eine Debatte, in der so viel von Blut und Revolution die Rede gewesen wäre, wie in der heutigen, habe ich noch nicht gehört. Als ich das alles hörte, habe ich ein paarmal unwillkürlich auf meine Stiefelspitzen gesehen, ob diese nicht bereits im Blut wateten.«

Erneutes Lachen, und Rosa Luxemburgs Analysen waren vom Tisch.

Allerdings wußte August Bebel sehr wohl, daß Rosa soeben eine Ketzerei begangen hatte und daß er von nun an ihr Gegner war, auch wenn sie freundschaftlich miteinander verbunden waren, auch wenn sie vorläufig noch ihren Platz in der Partei hatte und ihm nützlich sein konnte.

Einige Wochen später, als er Rosa bei Karl Kautsky trifft, lacht er immer noch. Doch inzwischen schwingt in seinen Sätzen eine düstere Prophezeiung mit: »August«, so erzählt Rosa, »warf mir (allerdings in freundlichstem Ton) Ultraradikalismus vor und rief: ›Wenn die Revolution in Deutschland kommt, wird Rosa bestimmt auf der Linken stehen und ich bestimmt auf der Rechten‹, und dann fügte er scherzhaft hinzu: ›Aber wir werden sie aufhängen, wir lassen uns nicht von ihr in die Suppe spucken.‹ Worauf ich ruhig erwiderte: ›Es ist noch nicht heraus, wer wen aufhängen wird.‹ Typisch!«

Rosa ist von Bebels Worten nicht überrascht. Intuitiv hat sie solchen »Phrasendreschern«, die sich in die Brust werfen und jeden Saal begeistern können, deren Überzeugungen jedoch dem Druck der Ereignisse nicht standhalten, schon immer mißtraut. Und sie weiß gut, daß diese Leute seit dem Blutsonntag in St. Petersburg zögerlich geworden sind, auch wenn sie scheinbar noch der Revolution das Wort reden. Sie haben Angst.

Als Polin fühlt sie sich erneut den Russen sehr nahe. Sie denkt oft an ihren hingerichteten Freund Kasprzak. »Stell Dir vor«, vertraut sie Leo an, »heute habe ich die ganze Nacht geträumt, daß Kasprzak hier war und mit Dir über Parteisachen gesprochen hat, und ich habe zugehört. Als ich aufwachte und mir bewußt wurde, daß alles aus ist, und zwar für immer, da wurde mir schrecklich zumute, und ich hatte keine Lust aufzustehen. Ich denke überhaupt sehr oft an ihn und kann mich mit diesem Fakt überhaupt nicht abfinden.«

185

Das also macht ihr zu schaffen. Sie setzt sich noch mehr ein, verfolgt die Ereignisse in Warschau mit Sorge und ärgert sich, wenn Kautskys Kinder sie zur Geburtstagsfeier ihres Vaters holen, wo sie doch einen dringenden Artikel zu schreiben hat. »Ich verlor den ganzen Abend«, schreibt sie Leo, »und ging mit einem Katzenjammer schlafen.«

Ihr Ärger wird noch größer, als sie merkt, daß Kautsky, der doch ihr Freund und Verbündeter ist, allmählich in seiner Haltung schwankt. Als der Zar der Einberufung einer Volksvertretung, der Duma, zustimmt, sind Rosa und die Revolutionäre der Meinung, daß es sich dabei nur um einen Köder handele und daß man auf eine solche Scheindemokratie nicht eingehen dürfe. Kautsky ist offenbar anderer Meinung. Rosa schreibt über ihn: »Karl Kautsky ist in der Duma gründlich umgefallen. Gestern trafen wir uns beim Spazierengehen und begannen zu disputieren. Er spinnt, man muß sich beteiligen.«

An der Haltung zur Revolution wird für Rosa selbst wie auch für alle ihre Bekannten unmißverständlich klar, wo jeder wirklich steht.

Etwa zur gleichen Zeit erfährt sie vom Tod eines achtzehnjährigen Mädchens. Sie war die Verlobte eines neunzehnjährigen Matrosen namens Feldman, der an der Meuterei auf dem Panzerkreuzer Potemkin beteiligt gewesen war: Das Mädchen »stürzte sich auf die falsche Nachricht von seiner Verhaftung hin, bevor er im Ausland eintraf, in Genf aus dem Fenster und war auf der Stelle tot«. Dies ist die grausame Wirklichkeit der Geschichte, und sie sitzt immer noch in Berlin. Der Widerspruch zwischen dem, was andere tun – die Revolution in Rußland und Polen –, und ihrer ruhigen Existenz als deutsche Sozialdemokratin erfüllt sie mit Unruhe.

Sie geht weiter ihrem gewohnten Leben nach. Sie läßt die Wohnung streichen. Sie kümmert sich – und das beruhigt sie – um den Hund Puck. Er fällt von der Treppe und bricht sich eine Pfote, »stelle Dir die Aufregung vor«.

Sie sucht einen Tierarzt auf, »aber Puck jault vor Schmerz, ist ungeduldig und läßt ›Mama‹ keinen Schritt von sich«.

Sie weiß sehr gut, wie lächerlich das ist, und macht sich über diesen Ersatz für Muttergefühle auf bittere Weise lustig. Doch mit ihren Gedanken ist sie woanders, in Polen. Die Kautskys laden sie nach Sankt Gilgen ein, einem Dorf bei Salzburg, wo sie die Ferien verbringen. Zunächst will sie mitkommen, doch dann ändert sie plötzlich ihre Meinung: »Ich kann dieses Geplapper den ganzen Tag nicht ertragen.«

Und dann, statt wie vorgesehen in Berlin zu bleiben, reist sie Anfang August unvermittelt ab, und zwar nach Krakau. Sie hält die innere Spannung nicht mehr aus.

»Zu Deiner und meiner Überraschung«, schreibt sie Luise Kautsky, »sitze ich nun in Krakau und schicke mich an, dir den Geburtstagskuß vom schönen Jordanpark am Ufer der Mutter Weichsel zu senden.«

Was hat sie zu dieser Reise veranlaßt? Mehrere Gründe spielen zusammen.

Zunächst einmal will sie sich informieren, was in Polen vor sich geht, und den Ereignissen näher sein. Denn seit Leo Jogiches in Krakau ist und die Politik seiner Partei in die Hand genommen hat, liefert er Rosa nur noch spärliche Informationen, die es ihr kaum erlauben, sich ein klares Bild von der Lage zu machen.

Man hat den Eindruck, daß Leo, dank der Revolution endlich der Dominanz Rosas entkommen, sich nun an ihr rächt, indem er die Ereignisse, von denen er Kenntnis hat, die er selbst auslöst und kommentiert, wie sein Eigentum für sich behält. Die Situation erlaubt es ihm, seine verlorene Macht wiederzuerlangen, indem er Rosa wieder auf Distanz hält und sie auf ihre Rolle als Journalistin und ferne Kommentatorin verweist, die nur zum Schreiben und für Aufgaben in der ruhigen deutschen Partei taugt.

Rosa ist empört. »Wie kann man mich so ohne jede Nachricht lassen, das ist direkt gewissenlos.« Sie fühlt sich erniedrigt und ausgebeutet, empfindet Verachtung für Leo und grollt ihm.

Die Vergangenheit kommt wieder hoch, ihre ungleiche Beziehung, Leo, ihr Gebieter, ihr »Lehrer«, der ihr diktiert, was sie zu tun hat. Doch sie ist nicht mehr bereit, das hinzunehmen. Und mit schneidendem Ton, der keine Widerrede duldet, schreibt sie: »Ich möchte wenigstens in den wichtigsten Sachen unserer Arbeit au courant sein und bitte Dich, nicht so kindisch zu sein und mich nicht gewaltsam von der polnischen Arbeit abzuschirmen in der Art, daß Du mich über nichts informieren willst. Mein Gold – wende mir gegenüber niemals mehr Pferdekuren an, gut?«

Dieses »mein Gold« zwischen den Zurechtweisungen klingt wie das ferne Echo von etwas, das einmal war und das es nicht mehr gibt.

Seit Februar 1905, seit Leo in Krakau weilt, wird die Kluft zwischen ihnen von Brief zu Brief immer tiefer. Der Streit über die unzureichenden Informationen aus Polen ist nur das äußere Zeichen einer Trennung, von der sie spüren, daß sie endgültig sein wird. Sie fechten einen letzten Kampf aus, bei dem sie wie aus Treue zu sich selbst und ihrer Vergangenheit noch einmal all die Szenen wiederholen, die sie schon so oft gespielt haben, an die jedoch keiner mehr glaubt.

Daß diese Entzweiung ausgerechnet in das Jahr fällt, in dem die Geschichte Risse bekommt, und daß dieser Bruch sich mit den Ereignissen der Revolution überschneidet, macht aus dem Jahr 1905 ein Schlüsseljahr für Rosas Leben.

In ihren Briefen an Leo spricht sie zwar immer noch von ihrer Wohnung in der Cranachstraße, von der frisch gestrichenen Küche, die sich in einen richtigen Salon verwandelt hat, von ihrer gemeinsamen Zukunft. Doch das alles ist zum Ritual geworden. Die meisten Briefe sind unpersönliche Tätigkeitsberichte, vollgestopft mit Informationen und Fragen. Und zuweilen erteilt sie Leo Ratschläge. So warnt sie ihn vor einem Zusammenschluß mit den jüdischen Sozialisten vom Bund. »Ich stimme keinerlei Zusammengehen mit den Juden zu«, sagt sie scharf. »Es ist klar, vereint schlagen, aber – getrennt marschieren. Dieses Gesindel braucht uns, wir sie nicht... Dreh und winde dich, aber geh keine Verpflichtung ein!!!«

Rosa kann hart sein. Und nicht nur in politischen Angelegenheiten.

Leo versucht durch das Zurückhalten von Informationen über Polen nämlich nicht nur, seine Autorität wiederherzustellen und eifersüchtig sein Terrain gegen Übergriffe zu verteidigen. Er rächt sich auch.

Er merkt deutlich, daß Rosa nicht mehr dieselbe ist. Sie hat ihn in ihren Briefen aus dem Zwickauer Gefängnis gewarnt. Sie möchte leben. Und er hat begriffen, was sie damit meinte: Sie will auch andere Männer außer ihm lieben, sich vielleicht von ihnen lieben lassen, Liebhaber haben. Körperliche Freuden auskosten, bevor es zu spät ist.

Und diese Freiheit fordert Rosa ausgerechnet im Jahr der Revolution. Leo müsse das verstehen, sagt sie. So sei es nun mal.

»Überhaupt laß mich ganz gehen, laissez-faire, Goldchen, denn auch Du mußt doch ein wenig subtil sein ... Und gegenüber jeglicher Analyse habe ich jetzt eine größere Abneigung als je zuvor. Ich lebe einfach ein Pflanzenleben, und man muß mich so lassen, wie ich bin.«

Es liegt bei Leo, dies zu akzeptieren oder abzulehnen. Eine »Pflanze« nimmt sich so viel Sonne und Wasser, wie sie braucht.

Rosa zeigt ihr Verlangen und ihre Einstellung mit der Selbstgefälligkeit einer Frau, die sich »emanzipiert« gibt. Als sie einen Besucher erwartet, den ihr Minna Kautsky schickt, schreibt sie: »Ist er noch jung? Hübsch? Ledig? Interessant? Ich könnte alle diese Eigenschaften jetzt brauchen (sowohl bei mir wie bei meiner entourage).«

Dies schreibt sie im Juli 1905. Und tatsächlich tauchen in ihrer Umgebung Männer auf, die oft viel jünger sind als sie. So knüpft sie freundschaftliche Bande zu Hans Diefenbach, einem Arzt und Reserveoffizier aus Stuttgart, der sie regelmäßig besuchen kommt. Doch zweifellos verbinden sie vorläufig nur harmlose Gespräche über Kunst und Literatur.

Doch der andere, den sie in ihren Briefen nur mit der Initiale W. erwähnt, ist sehr wohl ihr Liebhaber.

Er ist neun Jahre jünger als sie und Mitglied der SDKPiL. Seit 1903 gehört er unter dem Pseudonym Witold der Parteiführung an, und unter seinem richtigen Namen Władysław Feinstein schreibt er für Leos Publikationen. Rosa hält große Stücke auf seine journalistischen Fähigkeiten. Nach der Lektüre eines brillanten Artikels fragt sie Leo: »Warst Du es selbst oder Witold?«

Als Witold nach Berlin kommt, ist er von Rosas Intelligenz, ihrer Lebhaftigkeit und Eloquenz beeindruckt. Sie bezaubert ihn. Und sie erobert ihn. Sie ist keine Frau, die »genommen« wird, sie nimmt selbst. Und dieser junge Mann aus Krakau – er ist gerade fünfundzwanzig Jahre alt –, dessen Haut und schwarzgelocktes Haar noch den Geruch der Revolution verströmen, wirkt auf sie zu anziehend, als daß sie widerstehen könnte. Warum sollte sie auch?

Sie muß einfach ein »Pflanzenleben« führen.

Als sie unvermittelt nach Krakau fährt, will sie der »Front« näher sein und zugleich Witold wiedersehen. Doch sie kann Leo nicht anlügen. Sie gesteht ihm ihre Liaison. Und das ist eine »Revolution« in ihrer Beziehung.

Leo ist erschüttert und niedergeschlagen. Im September wird er nach Berlin gehen. Um Rosa anzuflehen? Das ist nicht seine Art. Aber er will auf sie einwirken, will versuchen, sie zurückzuerobern. Er telegrafiert ihr. Er schickt ihr Gedichte und einen Kunstband. Sie besänftigt ihn, wie man es mit einem schwachen Menschen tut. »Teurer! Antworte gleich, ob Du schon ruhig bist... Teurer, sei doch ruhig und guten Mutes.« Worte der »großen Schwester«, die mit »ich umarme Dich herzlich« schließt.

Gewiß, sie hat mit W. gebrochen. »Ich habe in dieser letzten Zeit und noch gestern furchtbare Qualen durchgemacht, aber ich fühle gleichzeitig auch schon irgendeinen Keim der Ruhe und Stille in mir. Witold wußte schon, als er ankam, daß die Entscheidung gefallen ist; mit keinem Wort hat er versucht, mich zu erschüttern. Er will nach Krakau für ständig fahren, man muß ihn zurückhalten. Tu in dieser Hinsicht, was Du kannst.«

Doch wie könnte Leo noch Vertrauen zu ihr haben? Die »Pflanze« wird sich an dem, was um sie herum geschieht, bereichern. Sie ist nicht mehr eingesperrt. Sie ist frei.

Er kann sich mit dieser Situation nicht abfinden. Er schreibt kurze, traurige Briefe mit Bleistift, und Rosa antwortet ihm, als spreche sie mit einem Kranken. Sie versucht, ihn zu trösten, weigert sich jedoch, den Grund für diese »Niedergeschlagenheit« zu sehen, und nennt seine Briefe »dumm«.

»Das ist wohl eine Depression nach einer außergewöhnlichen Erschöpfung durch Arbeit, daß Du von irgendwelchen Vorahnungen träumst«, schreibt sie. Doch die Fröhlichkeit vom Beginn des Jahres 1905 scheint sie verlassen zu haben.

Es ist Herbst in Berlin. Sie hat mit Witold gebrochen. »Das Wetter ist hier auch schauderhaft, fast unaufhörlich pladdert der Regen, es ist kalt und dunkel.«

Sie sei hundemüde, schreibt sie. Es ist, als habe sie die körperliche Freude verlassen, als nagten wieder die alten Zweifel an ihr, die sie dank der Revolution und ihrem Verhältnis zu Witold für einige Monate vergessen hatte.

Am Abend des 20. Oktobers holt sie »durch einen merkwürdigen Zufall« die Schachtel hervor, in der sie die letzten Briefe ihrer Eltern und Geschwister aufbewahrt.

Eine andere Welt, eine andere Zeit, Stimmen, die aus den Tiefen ihrer Erinnerung kommen, entreißen sie der Arbeit und der Gegenwart. Sie liest die Briefe. Sie weint. Sie geht »mit dem großen Wunsch, nicht wieder aufzuwachen«, zu Bett.

Sie ist böse auf Leo Jogiches. Sie ist ungerecht, doch in ihren Augen ist er daran schuld, daß sie sich politisch engagiert hatte. Natürlich stimmt das nicht, und sie weiß es. Doch die Heftigkeit ihrer Anschuldigung läßt ahnen, wie tief der Graben zwischen ihnen mittlerweile geworden ist. Leo ist ihre Vergangenheit, er steht für die Schuld, die sie auf sich geladen hat. Er muß verschwinden.

Sie habe die Briefe des Vaters und der Mutter deshalb nicht beantwortet, weil sie mit »weltbewegenden Aufgaben« beschäftigt gewesen sei, schreibt sie sarkastisch und schonungslos gegen sich selbst. »Du wurdest mir verhaßt als derjenige, der mich für immer an diese verfluchte Politik geschmiedet hat. (Ich erinnere mich, daß ich auf Dein Zureden hin die Lübeck damals davon abgehalten habe, nach Weggis zu kommen, damit sie mich nicht stört, den epochemachenden Artikel für die *Sozialistischen Monatshefte* zu beenden; dabei fuhr sie zu mir – mit der Nachricht vom Tode der Mutter!)«

Sie meint, was sie sagt, und belastet Leo unbekümmert mit Dingen, für die sie selbst verantwortlich ist.

Wer nicht mehr liebt, ist erbarmungslos.

»Gestern war ich schon nahe daran, den Entschluß zu fassen, mit einem Schlag diese ganze gottverdammte Politik oder vielmehr diese blutige Parodie eines politischen Lebens, wie wir es führen, sausen zu lassen und pfeife auf die ganze Welt. Das ist so ein idiotischer Baaldienst, sonst nichts, wobei die ganze menschliche Existenz der eigenen Zerrüttung, einer geistigen Rotzkrankheit zum Opfer gebracht wird. Würde ich doch an Gott glauben, dann wäre ich überzeugt, daß uns Gott für diese Qual schwer strafen wird.«

Diesmal ist alles gesagt. Sie glaubt, daß er ihr Leben verdorben habe. Ein Vorwurf, der wahrscheinlich der Stimmung eines Abends entspringt. Denn am folgenden Tag kann sie schreiben, sie sei in der Sonne spazieren gegangen und fühle sich schon etwas besser. Doch der Vorwurf ist ausgesprochen, unwiderruflich.

Er weiß, daß sie ihm auch wichtige Dinge nachträgt, die sie gemeinsam getan haben, Dinge, denen sie alles geopfert haben.

Was bleibt noch zwischen ihnen, wenn sie sogar das verurteilt, und sei es nur einen Augenblick lang? Nichts als Bitterkeit und Bedauern.

Mitte November kommt er nach Berlin. Umsonst.

Zu ihrem Glück kam die Geschichte wieder in Bewegung und zog sie erneut in ihren Bann.

Nach dem Höhepunkt im Juni 1905 glätteten sich die revolutionären Wogen wieder. Mehrere Monate blieb es ruhig. Es war, als seien die Ereignisse vom Januar schon vergessen.

Der Zar schien wieder die Initiative zu ergreifen. Die Meuterei der Schwarzmeerflotte war abgewehrt. Am 25. August schloß Rußland mit Japan den Frieden von Portsmouth. Der Zar hatte nun den

Rücken frei und konnte die Zügel in seinem Reich wieder fest in die Hand nehmen.

Doch im Herbst 1905 ging die revolutionäre Bewegung wieder zum Angriff über. Die Streiks nahmen zu. Am 30. November versprach der Zar im Oktobermanifest eine Verfassung und eine neue Duma und kündigte eine Amnestie für politische Gefangene an.

Kaum zwei Wochen nach der Veröffentlichung des Manifestes wurde der Kriegszustand ausgerufen. Dennoch kehrten die meisten Exilanten zurück – Parvus, Trotzki ... – nur Plechanow nicht.

Am 23. November traf Leo Jogiches in Warschau ein und stieg unter dem Namen Otto Engelmann im Hotel Victoria am Zielony-Platz ab. Vom 28. bis zum 30. November fand in Warschau eine nationale Konferenz der SDKPiL statt, an der alle Genossen Rosas teilnahmen, darunter Dserschinski, Warszawski und Marchlewski.

Und sie weilte immer noch in Berlin. Sie machte sich Sorgen, brannte vor Ungeduld und hatte ein schlechtes Gewissen wegen Leo. Denn er, der doch ganz für die Revolution lebte, schien deprimiert zu sein, obwohl er in Warschau war. Und das lag sicherlich an ihr.

Am 25. November schrieb sie ihm ins Hotel Victoria: »Daß du Dich miserabel fühlst, bringt mich zur Verzweiflung. Wann hat das ein Ende? Wann hörst Du auf, über etwas zu grübeln, was keinen Zweck und keinen Sinn hat, und wirst nur für das leben, was ist?«

Und sie, die den »idiotischen Baaldienst« an der Politik verurteilt hatte, erinnerte ihn an ihre gemeinsame moralische Verantwortung. Sie hätten kein Recht zu zweifeln – nicht mehr. »Es schmerzt mich«, fuhr sie fort, »daß Du Dich dort so elend fühlst, weil ich mich entsinne, wie Du mich seinerzeit hingewiesen hast auf die ›armen Jungs, die von uns eine Orientierung, Beistand und moralische Stütze erwarten‹. Erinnerst Du Dich, welche Rolle das gespielt hat?«

Zudem überschlugen sich die Ereignisse. In St. Petersburg war der Generalstreik ausgerufen worden. Die Polizei hatte die Führer des Sowjets festgenommen. In Moskau stand ein bewaffneter Aufstand bevor. Vielleicht schon in ein paar Tagen. Auf jeden Fall noch im Dezember.

In Warschau bereitete man sich ebenfalls darauf vor, den russischen Truppen mit der Waffe in der Hand entgegenzutreten. Wie hätte Rosa unter diesen Umständen in Berlin bleiben können?

Die Revolution, *ihr* Polen, *ihr* Warschau, ihre Genossen und trotz allem und vor allem auch Leo Jogiches übten eine magische Anziehungskraft auf sie aus, die in dem Maße stärker wurde, wie die Ereignisse sich häuften und die Geschichte sich beschleunigte.

Es war ihre Vergangenheit, die sie anzog, aber auch ihre Zukunft. Denn sie war intellektuell und politisch davon überzeugt, daß das, was in Rußland – und also auch in Polen – geschah, weichenstellend war für die gesamte sozialistische Bewegung. Sie mußte vor Ort sein, um zu sehen, zu verstehen und zu handeln. Und auch, um eine größere Glaubwürdigkeit zu erlangen.

Niemand sollte ihr mehr nachsagen können, daß sie sich damit begnügt habe, im Schutz des Friedens in Deutschland Texte zu verfassen und Reden zu halten.

Die Vorwürfe sollten den Verleumdern im Halse steckenbleiben.

Sie war nicht irgendeine »Theoretikerin«, wie man ihr nachsagte, sie war eine revolutionäre Intellektuelle. Sie war also fest entschlossen, nach Warschau zu gehen.

Ihre polnischen Genossen rieten ihr davon ab. Sie sei zu bekannt, zu leicht zu erkennen – eine hinkende Frau. Das Risiko sei zu groß. Doch Rosa schlug alle Warnungen in den Wind. Außerdem hatte sie den Verdacht, daß Leo sie fernhalten wollte. Aber sie wollte mitmachen, ihretwegen und seinetwegen, ob ihm das paßte oder nicht. Sie wollte das gleiche Risiko eingehen, die gleiche Verantwortung tragen wie er. Ihre deutschen Freunde – allen voran Kautsky – konnten ihren Entschluß nicht begreifen. War sie nicht Deutsche geworden? War sie der revolutionären Bewegung nicht nützlicher, wenn sie Artikel schrieb?

Rosa ließ sich nicht umstimmen. Am 20. Dezember 1905 stand sie auf dem Bahnsteig des Bahnhofes Friedrichstraße, umringt von der gesamten Familie Kautsky. Ihr langer Aufenthalt in Deutschland – sieben arbeitsreiche und erfolgreiche Jahre – sollte nun zum erstenmal unterbrochen werden.

Rosa, erzählte Luise später, sei so fröhlich zur Arbeit aufgebrochen, als ob sie zum Tanzen gehe. Es sei ihnen ganz schwer ums Herz geworden.

Unterdessen hatten Streiks die direkte Zugverbindung nach Warschau lahmgelegt, und die Armee hatte im Land den Kriegszustand ausgerufen. Das Wetter war trist und kalt. Die Kautskys waren ergriffen und voller Bewunderung.

Luise schreibt weiter, daß jedes Familienmitglied Rosa noch ein Zeichen seiner Zuneigung mitgeben wollte. Luises Schwiegermutter schenkte ihr zum Abschied ihren blauen Lodenumhang, den sie immer so bewundert hatte. Karl gab ihr seine große, warme Decke, damit sie nicht zu frieren brauchte. Und Luise hängte ihr ihre Uhr um den Hals, weil Rosa darüber geklagt hatte, daß sie zur Russischen Revolution gehe und nicht einmal wisse, wie spät es sei. Die Uhr trug die Initialen L. R., nach Luise Ronsperger, dem Mädchennamen Luises. Rosa freute sich über diesen Zufall und stieg lachend in den Zug, der sich langsam in Bewegung setzte.

Er mußte einen weiten Umweg durch Ostpreußen machen.

Am folgenden Tag schrieb Rosa aus Illowo eine Postkarte an die Kautskys. Der Zug habe die ganze Nacht »durchgebummelt«. Sie sei »müde wie ein Hund«. Sie aß Schnitzel mit Kartoffeln, während sie auf einen Zug wartete, von dem sie nicht wußte, ob er auch wirklich kam. »Dafür«, so schrieb sie, »soll heute noch ein Zug nach Warschau abgehen – unter militärischer Bedeckung! Die Tragikomik der Situation im letzteren Falle könnt Ihr Euch selbst ausmalen. Der ganze Zug soll von Militär besetzt sein, und dazwischen – wahrscheinlich noch als einziger Fahrgast – ich.«

Sie fürchtete sogar einen Zusammenstoß mit streikenden Eisenbahnern. »Hoffentlich werde ich nicht in Warschau mit Brownings empfangen!«

Rosa war auf dem Weg zur Revolution – auf dem Weg zur Arbeit, wie sie sagte. Sie war glücklich und guten Mutes.

Sie trug falsche Papiere bei sich. Sie lauteten auf den Namen Anna Matschke, von Beruf Journalistin. Ein lächerlicher Schutz: Welcher Polizist oder welcher Revolutionär in Warschau würde sie nicht erkennen?

Außerdem wimmelte es in der Stadt von Agenten der zaristischen Geheimpolizei Ochrana.

Am Freitag, den 29. Dezember 1905, kommt Rosa spät in der Nacht in Warschau an, in der Stadt, die sie vor sechzehn Jahren verlassen hat.

Gleich am folgenden Tag schreibt sie den Kautskys hastig ein paar Zeilen:

> *Meine Liebsten!*
> *Gestern 9 Uhr abends bin ich glücklich angekommen in einem von Militär geführten, ungeheizten und unbeleuchteten Zug, der vor Furcht vor ›Überraschungen‹, im Tempo Granny ging. Die Stadt ist wie ausgestorben, Generalstreik, Soldaten auf Schritt und Tritt. Die Arbeit geht gut, heute beginne ich.*
>
> > *Viele herzliche Grüße*
> > *Eure Rosa*

10. »Wie herrlich ist die Zeit,
in der wir leben.«
(Januar – August 1906)

Sie hat also Papiere auf den Namen Anna Matschke
– der authentische Name einer jungen deutschen Journalistin –
und durchstreift »ihre« Stadt.

Es herrscht eisiges Wetter. Sie benutzt einen Schlitten. Sie erkennt
Orte wieder, die Farbe des Himmels. Sie lebt im Untergrund. Sie
trifft sich mit Leo Jogiches, der sie freudlos empfängt. Doch jetzt
ist nicht die Zeit zum Streiten. Sie müssen sich die Arbeit sinnvoll
einteilen, schreiben, Treffen mit Genossen organisieren, die Lage
analysieren und vorausdenken. Rosa wohnt in einer Pension, die
von einer Gräfin Walewska geführt wird. Schon am 2. Januar 1906
schreibt sie den Kautskys – »Meine Liebsten!« – und gibt ihnen
Anweisungen: »Den Artikel von Mehring schickt mir bitte sofort
per eingeschriebenen Brief an die Adresse Dr. J. Goldenberg,
Wierzbowa 9 (für mich im inneren Kuvert).« Sie weiß, was sie will.
Sie will verstehen, handeln, Einfluß nehmen, die »Massen« erziehen.

Ihre Anspannung ist spürbar. Eine Art geistige Erregung hat sich
ihrer bemächtigt, die noch dadurch verstärkt wird, daß sie in ständiger Gefahr schwebt, erkannt und verhaftet zu werden. Aber ist
das von Bedeutung?

»Hier ist die Zeit, in der wir leben, herrlich«, schreibt sie, »das heißt,
ich nenne herrlich eine Zeit, die massenhaft Probleme und gewaltige Probleme aufwirft, die Gedanken anspornt, ›Kritik, Ironie und
tiefere Bedeutung‹ anregt [sie zitiert den Titel eines Stückes von
Grabbe], Leidenschaften aufpeitscht und vor allem – eine fruchtbare, schwangere Zeit ist, die stündlich gebiert und aus jeder
Geburt noch schwangerer hervorgeht, dabei nicht tote Mäuse
gebiert oder gar krepierte Mücken, wie in Berlin, sondern lauter
Riesendinge allwie: Riesenverbrechen (vide Regierung), Riesen-

197

blamagen (vide Duma), Riesendummheiten (vide Plechanow & Co.) etc.«

Sie fühlt sich im Einklang mit einer Epoche, die ihrer Größe entspricht. Mit Abscheu und Verachtung denkt sie an die Querelen in Berlin, an ihre Reibereien mit sozialdemokratischen Journalisten und Abgeordneten. Allein der Gedanke an die täglichen Schreibarbeiten und Diskussionen erfüllt sie mit Grauen.

In der revolutionären Atmosphäre von Warschau fühlt sie sich wohl. Hier ist sie in ihrem Element.

Doch in der beißenden Kälte wird sie auch mit der Gewalt konfrontiert. »Jeden Tag werden zwei bis drei Personen in der Stadt von Soldaten erstochen, Verhaftungen kommen täglich vor.« Die politischen Gefangenen müssen mit ihrer Hinrichtung rechnen. Die Behörden haben den Belagerungszustand über die Stadt verhängt. Die Druckereien werden überwacht, Hausdurchsuchungen häufen sich. Doch man muß jeden Tag Artikel schreiben, die *Czerwony Szandar* (Rote Fahne) drucken und auf der Straße verkaufen, Aufrufe zu Demonstrationen, Streiks und Versammlungen in den Fabriken verteilen. Wenn die Drucker Widerstand leisten, muß man sie mit vorgehaltenem Revolver zur Arbeit zwingen. Rosa nennt das »eine Druckerei kapern«. Anschließend muß man fliehen, bevor die Polizei kommt und die Druckerei versiegelt. Doch die Begeisterung läßt die Angst vergessen. »Hier ist es sehr schön«, sagt Rosa. »Trotz alledem geht die Arbeit munter fort.«

Natürlich ist sie erschöpft. Schreiben, sich versteckt halten, eine Druckerei finden, die Druckfahnen korrigieren, an Versammlungen teilnehmen: »Persönlich geht es mir nicht ganz so, wie ich möchte«, gibt Rosa zu, »ich fühle mich physisch etwas matt.«

Doch wer hört schon auf seinen Körper, wenn er sich »mitten in dem Trubel« befindet? Rosa setzt sich voll ein und findet auch noch die Zeit, einmal die Woche ihre Geschwister zu besuchen. Und natürlich sind ihre Angehörigen gerührt. Sie merken nicht, unter welcher Anspannung Rosa steht. Sie leben weiter ihr bürgerliches Leben. Sie würden Rosa gerne jeden Tag sehen und verstehen nicht, wie unvorsichtig eigentlich schon dieser wöchentliche Besuch ist.

Sie machen sich keine Vorstellung, welche Arbeit Rosa vollbringt. Sie schreibt in einem Tempo, das ihr selbst neu ist, und überschreitet täglich aufs neue ihre eigenen Grenzen. Sie ist ständig eingespannt und setzt geistige und physische Energien frei, die sie selbst erstaunen.

Und doch hat sie schon wenige Stunden nach ihrer Ankunft erkannt, daß die Wogen der revolutionären Begeisterung sich bereits wieder glätten. Der Generalstreik ist an allen Fronten gescheitert, insbesondere in St. Petersburg.

»Die Stimmung«, sagt sie, »überall ist schwankend und abwartend.«

Doch sie ist fest entschlossen weiterzumachen. Sie glaubt, daß man jetzt zum bewaffneten Straßenkampf übergehen müsse, da nur die direkte Konfrontation eine Entscheidung bringen könne.

»Dazu muß aber der Augenblick noch mehr vorbereitet werden.« Einer der Genossen, Julian Marchlewski, trifft bereits Vorbereitungen für eine Reise nach Belgien, um dort Waffen zu kaufen. »Einerseits fühlt man allgemein«, meint Rosa, »daß die kommende Phase des Kampfes die der bewaffneten Rencontres sein wird.«

Sie vereinigt in sich die typischen Eigenschaften eines Revolutionärs: Urteilskraft und Pragmatismus, unerschütterlichen Optimismus und den Willen zum Handeln – Eigenschaften, die eines der Rätsel solcher Persönlichkeiten ausmachen.

In welchem Teil des Ich wurzeln diese außergewöhnlichen Charakterzüge, dieses Vertrauen, das auch durch Tatsachen nicht erschüttert wird?

In dem ständigen Bedürfnis, über sich selbst hinauszuwachsen? In der praktischen Erfahrung, daß Glück und Lebenslust nur dem Handeln entspringen können? Oder in der Weigerung zuzugeben, daß eine Welle unerbittlich wieder niedergeht?

Rosa ist, wie alle großen Umstürzler in der Geschichte, Prometheus und Sisyphus in einer Person. Sie bemerkt jedoch sehr wohl, daß die zaristische Macht überall zur Gegenoffensive übergeht.

Parvus und Trotzki werden in Rußland verhaftet. Lenin ist in Finnland. »Die Organisation«, notiert sie, »wächst allenthalben stark und liegt doch zugleich im argen, weil alles im Fluß ist ... Was jetzt in Petersburg wie bei uns den wunden Punkt der Bewegung macht, ist die kolossale Arbeitslosigkeit, die ein unbeschreibliches Elend verbreitet.« Wie soll man unter solchen Bedingungen die Arbeiter organisieren und schulen?

Gewiß, die »Massen« trotzen der nicht mehr steuerbaren Arbeitslosigkeit mit »stillem Heroismus«, wie Rosa sich ausdrückt. Vielerorts demonstrieren sie Solidarität. Die Arbeit wird so aufgeteilt, daß niemand entlassen wird. Es kommt zur »spontanen« Bildung von Arbeiterkomitees, »die über alle Arbeitsbedingungen, über Aufnahme und Entlassung von Arbeitern etc. entscheiden«. Noch herrscht Optimismus.

Doch die Zahl der Streikenden nimmt ab (1905 sind es 2 863 000, 1906 noch knapp 1 180 000). Aber Rosa läßt sich davon nicht entmutigen. Sie agitiert weiter in der Illegalität und setzt ihre Arbeit als Theoretikerin und politische Führerin fort.

Sie denkt über den Übergang vom Massenstreik zum bewaffneten Aufstand nach, denn die jüngsten Ereignisse haben in ihr die Überzeugung reifen lassen, »daß die sozialistischen Führer nicht anfangen, bei den Massen an Einfluß zu verlieren, sondern daß die Massen nur spontan die Führer nach höheren Zielen drängen, wie das an jedem Wendepunkt des Kampfes der Fall zu sein pflegt«.

Wieder einmal vertraut sie auf die Tugenden der Bewegung und die Kreativität der Massen, trotz alledem.

Und sie glaubt, daß sie dieses Vertrauen theoretisch begründen kann. Was aber, wenn es nur einem Glauben entspringt? Wenn sie nur deshalb so große Hoffnungen in die »Spontaneität« der Massen setzte, weil sie es ablehnt, auch nur daran zu denken, daß sie sich täuschen könnte, daß diese Revolution womöglich in eine Sackgasse führt?

Wie auch immer, jedenfalls fühlt sie sich durch ihre Erfahrungen in Polen in der Theorie bestätigt, die sie bereits auf dem Jenaer Parteitag vorgetragen hat: Die Bewegung muß wieder zur Aktion übergehen. Damit weicht sie klar von der Parteilinie der deutschen Sozialdemokraten ab. Erst kürzlich, am 16. Februar 1906, haben die Partei und die deutschen Gewerkschaften auf einer geheimen Konferenz beschlossen, auf den Massenstreik zu verzichten. Der Graben zwischen Rosa und der Mehrheit ihrer deutschen Genossen vertieft sich, auch wenn dies zur Stunde noch nicht deutlich ausgesprochen wird.

Doch Rosas harte Urteile über die Anfeindungen, denen sie in Deutschland ausgesetzt war, ihre Freude über die Revolution und die Arbeit im Untergrund, ihr Stolz, wieder in Warschau zu sein, in dieser lebendigen, unbeugsamen Stadt, die so ganz anders ist als das opportunistische, verschlafene Berlin – dies alles deutet darauf hin, daß sie ihre Haltung niemals aufgeben kann. Zu welchem Preis auch immer.

Sie kostet die verbotene Frucht. Und sie kann ausrufen: »Die Revolution ist großartig, alles andere ist Quark!« Ein Ausruf, der von Herzen kommt und der ausdrückt, was sie im Innersten empfindet. Und möglicherweise dienen ihre Argumente und ihre Theorie nur dem Zweck, einem elementaren Bedürfnis, das jeder Reflexion vorausgeht, einen rationalen Anstrich zu geben und auf diese Weise akzeptabel zu machen.

Dafür spricht auch, daß Rosa sich in ihrer Eigenschaft als politische Führerin nie zu sehr von ihrer persönlichen Leidenschaft mitreißen läßt.

Das Programm, das sie für die SDKPiL verfaßt, versteht sich als Kompromiß zwischen den gewalttätigen Aktionen der Massen – des Proletariats – und den demokratischen Prinzipien, die sie in Deutschland, Frankreich und der Schweiz kennengelernt hat.

Rosa bekennt sich zu den Sowjets – ein vom Proletariat geschaffenes Mittel –, gleichzeitig aber auch zu Gleichheit und Rechtsstaatlichkeit. Sie lehnt den Terror als Mittel der Politik ab und fordert auch keine Diktatur des Proletariats, sondern eine verfassungsgebende Versammlung, die nach gleichem Wahlrecht gewählt werden soll.

Was die politische Aktion angeht, so steht sie Lenin und den Bolschewiken nahe, doch in der Frage, wie die Macht gehandhabt werden soll, unterscheidet sie sich von ihnen. Ja, sie ist sogar der Meinung, daß das Proletariat nach dem Sturz der zaristischen Herrschaft die Macht an die republikanische Bourgeoisie abtreten müsse. In der auf diese Weise geschaffenen Demokratie wird sich ein Kapitalismus entfalten, der nach klassischer marxistischer Lehre dem Sozialismus vorausgehen muß. Rosa hält es für ausgeschlossen, daß eine Stufe übersprungen werden kann. Und auch wenn sie sich im April und Mai 1906 auf dem Vereinigungskongreß der Sozialdemokratischen Partei Rußlands in Stockholm darüber freut, daß ihre Partei, die SDKPiL, sich den endlich vereinten Bolschewiken und Menschewiken anschließt, so bleibt sie doch eine Gegnerin Lenins, ohne es deshalb aber mit den Menschewiken zu halten.

Kurz und gut, Rosa versucht, einen eigenen Weg zu finden.

Doch welche Widersprüche stecken in diesem theoretischen wie politischen Versuch, den Glauben an die Spontaneität der Massen, die Aufforderung zum bewaffneten Aufstand und die Berufung auf die Demokratie miteinander zu kombinieren!

Es ist, als habe der Glaube Rosa blind gemacht für die Logik der Ereignisse. Wenn die »Massen« – und ist es nicht eher eine Minderheit? – erst einmal auf die Straße gegangen sind und die Macht übernommen haben, wer ist dann noch in der Lage, den einmal in Gang gekommenen Mechanismus zu stoppen?

Der bewaffnete Kampf ist notwendig. Doch wenn eine Macht gestürzt ist, weichen die neuen Herren nicht im Namen der marxistischen Dialektik. Im Gegenteil, sie versuchen, ihre Stellung zu behaupten, und tun alles, um die Früchte ihres Siegs zu behalten und ihre Macht zu verteidigen, und zwar um jeden Preis, Demokratie hin oder her.

Rosa geht es nicht um die Macht, sondern um die Aktion und die daraus resultierende Befreiung, deshalb sieht sie nicht, daß der bewaffnete Kampf zum Terror führt und eine Massenbewegung nach ihrem Abebben durch die Herrschaft einer Minderheit ersetzt wird.

Die Revolutionäre sind tot oder verwandeln sich im Namen der Massen in Diktatoren.

Doch wie soll sich Rosa im Frühjahr 1906 selbst unter Aufbietung ihrer ganzen Phantasie auch vorstellen können, was tatsächlich geschehen wird, wenn die Revolutionäre an die Macht gelangt sein werden?

Die Revolutionäre sind zu dem Zeitpunkt noch eine kleine verfolgte Minderheit, für die es immer schwieriger wird, den Nachstellungen der Polizei, den Razzien der Armee und den Denunziationen Hunderter von Spitzeln zu entgehen, die in die Fabriken und revolutionären Organisationen eingeschleust worden sind und alles überwachen. Jeder lebt »unter diesem Damoklesschwert«, sagt Rosa.

Trotz dieser bedrückenden Lage schreibt Rosa weiter und meint mit einem gewissen jugendlichen Leichtsinn: »Sonst ist es aber sehr lustig.«

Auch das ist wichtig. Vorbei ist die Zeit der Langeweile, denn es gibt eine Menge zu tun. Vorbei ist die Zeit der privaten Dramen, denn die Aktion hat jetzt Vorrang. Das Private wird auf später verschoben.

Rosa kommt in diesen ersten Monaten des Jahres 1906 täglich mit Leo zusammen. Doch sie sprechen nicht mehr über die Vergangenheit. Sie leben jetzt ganz für ihre politische Leidenschaft. Leo begeht eine große Unvorsichtigkeit: Er verläßt das Hotel Victoria und bezieht in der Pension der Gräfin Walewska ein Zimmer neben Rosa. Beide geben sich der Illusion hin, sie hätten wieder ein gemeinsames Leben gefunden. Doch in Wahrheit handelt es sich nur um ein Trugbild, hervorgerufen durch ihre außergewöhnlichen Lebensumstände in dieser revolutionären Zeit.

Im übrigen reden sie nur wenig miteinander, nur das Notwendigste. Rosa, die sich mitteilen muß, in Leo aber keinen Gesprächspartner mehr findet, schüttet ihr übervolles Herz den Freunden in der Ferne aus.

Luise Kautsky, der sie lange zurückhaltend gegenübergestanden hat, wird so von Brief zu Brief immer mehr zu einer echten Freundin. Als sie krank wird – wie es heißt, leidet sie an gastritischem Fieber – und sich später einen dreifachen Beinbruch zuzieht, möchte Rosa aus Warschau, wo nach wie vor der Belagerungszustand herrscht, nach Berlin telegrafieren, um Näheres zu erfahren. Sie sagt, sie sei schrecklich aufgeregt und käme am liebsten nach Berlin, um an Luises Bett zu sitzen.

Karl Kautsky gegenüber zeigt sich Rosa reservierter. Ihre politischen Differenzen sind unterschwellig immer vorhanden. Doch auch er wird als Freund behandelt und geduzt. Rosa betraut die Familie Kautsky mit ihren Angelegenheiten in Berlin, insbesondere Luise. Sie soll sich um ihre Wohnung kümmern, die sie auf alle Fälle behalten will.

Rosa hat ihre Pflicht als Agitatorin erfüllt. Die Revolution in Warschau und Rußland flaut immer mehr ab, und die Polizei verstärkt ihren Druck. Da zudem in Hamburg ein Massenstreik ausgebrochen ist und Rosa ihre Angriffe gegen die deutschen Gewerkschaftsführer wiederaufnehmen muß, möchte sie im März 1906 nach Berlin zurückkehren.

Sie hat ein Visum beantragt. Sie erhält es und bereitet alles für ihre Abreise vor.

Doch dann – es ist ein frühlingshafter Tag, und der Schnee beginnt zu schmelzen – dringt die Polizei in die Pension Walewska ein.

»Am Sonntag, dem 4., abends hat mich das Schicksal ereilt«, schreibt Rosa.

Der folgende Tag, der 5. März 1906, ist ihr fünfunddreißigster Geburtstag. Sie wird ihn im Gefängnis feiern.

»Man fand mich in ziemlich unbequemer Lage«, berichtet Rosa über ihre Festnahme. Wahrscheinlich lag sie mit Leo Jogiches im Bett. Denn die Polizei verhaftet auch einen gewissen Otto Engelmann, der sich, wie seine Bettgenossin Anna Matschke, als deutscher Journalist ausgibt. Sie waren beide unvorsichtig. Aber zweifellos sind sie denunziert worden.

Die konservative deutsche Presse – vornehmlich *Die Post* – hat Artikel über die russischen Revolutionäre veröffentlicht, die nach Rußland und Polen zurückgekehrt sind, um Unruhe zu stiften, und dabei den Namen Rosa Luxemburg genannt. Die Polizei hat also keinerlei Schwierigkeiten, Rosas Identität zu ermitteln. Ihre ahnungslose Schwester Anna identifiziert sie bei einer Gegenüberstellung. Nach fünf Tagen Haft fliegt Anna Matschkes Tarnung auf, und Rosa pocht auf ihre Rechte als deutsche Staatsbürgerin.

Das Pseudonym von Leo Jogiches hält länger stand. Sein älterer Bruder leugnet, ihn zu kennen. Erst im Juni wird man ihn zweifelsfrei identifizieren. Doch seine Lage ist prekär, da man ihn 1889 wegen Desertion verurteilt hat. Als Fahnenflüchtiger wird er sich vor einem Militärtribunal verantworten müssen.

Im Gefängnis zeigt sich immer, wie stark jemand ist.

Und Rosa meistert ihre Lage mit Ruhe und einer Art ironischem Fatalismus. »Nun, es muß auch so gehen«, meint sie. Und fügt in Erinnerung an die Querelen mit den Berliner Sozialdemokraten hinzu: »Gewissermaßen ist es mir sogar lieber, hier zu sitzen, als ... mit Peus zu diskutieren.« Peus ist einer ihrer deutschen Widersacher.

Die Haftbedingungen sind jedoch sehr hart. Die Gefangenen werden mit einer Mischung aus Rücksichtslosigkeit und Gleichgültigkeit behandelt. Die Zellen sind überfüllt. Zunächst bringt man Rosa im Rathaus unter, dann überführt man sie ins Pawiak-Gefängnis und schließlich in den Pavillon X der Warschauer Zitadelle, vor den Toren der Stadt am Ufer der Weichsel. Und natürlich denkt sie an die Helden ihrer Jugend, die dort eingesperrt waren, an die politischen Gefangenen, an die Hingerichteten, an ihren guten Freund Kasprzak, der dort ein Jahr zuvor gehenkt worden ist.

Sie mußte die Enge ertragen: »Jetzt schlafen wir alle wie die Könige auf Bretterlagern, querüber, nebeneinander wie Heringe.« Sie sind zu vierzehnt in einer Einzelzelle. Und sie muß den Wahnsinn und die Aggressionen der Mitgefangenen ertragen. »Bei Tag, seit 4 Uhr morgens, ist hier im ganzen Haus und auf dem Hof ein Höllenspektakel: Die ›gemeinen‹ Kolleginnen zanken sich ewig und kreischen, und die ›myschuggenen‹ kriegen Wutanfälle, die natürlich bei dem schönen Geschlecht hauptsächlich in einer erstaunlichen Tätigkeit der Zunge Luft finden. NB: Ich habe mich hier, wie bereits im Rathaus, als eine äußerst wirksame Dompteuse des folles erwiesen und muß täglich auf dem Plan erscheinen, um eine rabiate Rednerin, die alle Welt zur Verzweiflung bringt, mit einigen leisen Worten zur Ruhe zu bringen.«

Rosa bleibt also ruhig und gefaßt. Sie versucht zu lesen, nachzudenken und sogar zu schreiben. Sie bittet die Kautskys, ihre finanziellen Verbindlichkeiten zu regeln, ihr diesen Artikel oder jene Zeitung zu schicken. Aber sie verbietet ihnen, sich hilfesuchend an Reichskanzler von Bülow zu wenden: »In keinem Fall möchte ich ihm irgend etwas verdanken.«

Sie ist verärgert über die Initiativen ihrer Familie. Ihr Bruder Joseph schlägt ihr vor, ein Gnadengesuch an den russischen Ministerpräsidenten Graf Witte zu richten oder wenigstens an den deutschen Konsul in Warschau zu schreiben. »Fällt mir nicht ein!« entrüstet sich Rosa. »Die Herren können lange warten, bis eine Sozialdemokratin sie um Schutz und Recht bittet.«

Die unnachgiebige Rosa akzeptiert schließlich nur die Maßnahmen der SPD und ihrer Genossen. Joseph Luxemburg fährt nach Berlin, um sich für Rosa einzusetzen und Geld für eine Kaution zu beschaffen.

Denn die Lage ist ernst. Rosa muß wegen staatsfeindlicher Verschwörung mit einer Verhandlung vor dem Kriegsgericht rechnen. Es geht also darum, die Angelegenheit »mit Geld zu forcieren«, wie es ihr Freund Warszawski ausdrückt. Er erklärt Kautsky, wie Rosa den Klauen der russischen Polizei entrissen werden soll. Und dazu ist Geld nötig: 2000 Rubel für den zuständigen Justizbeamten, damit er ihre Entlassung gegen eine Kaution von 3000 Rubel genehmigt. Und vielleicht auch eine gewisse Summe für die Ärzte, die Rosa untersuchen, damit sie für eine Haftentlassung aus Gesundheitsgründen plädieren.

Während die SPD das Geld für die Kaution sammelt – Bebel und Kautsky scheuen für Rosa keine Mühe –, kümmern sich ihre Brüder Joseph und Maximilian um die Bestechungsgelder.

Rosa wartet geduldig. Sie weiß, welches Risiko sie eingegangen ist, und sie bereut nichts. Sie bittet Karl Kautsky, den russischen Behörden zu bestätigen, daß der zusammen mit ihr verhaftete Otto Engelmann, wie er ja wisse, als Korrespondent der *Leipziger Volkszeitung* nach Warschau gegangen sei.

Ihr eigenes Schicksal läßt sie kalt: »Die Sache im Ganzen ist ernst, doch leben wir ja in bewegten Zeiten, wo ›alles, was besteht, wert ist, zugrunde zu gehen‹. Daher glaube ich überhaupt an keinen langfristigen Wechsel und Obligationen.« Und sie fügt hinzu: »Also seid guten Mutes und pfeift auf alles.«

Und doch weiß sie, daß sie mit ihrer Hinrichtung rechnen muß. Und diese Bedrohung ist real. Sie spricht von sich selbst bereits in der Vergangenheit, als sei ihr Leben ohne große Bedeutung, als habe sie sich schon längst damit abgefunden, es eines Tages zu verlieren. Es war der Mühe wert.

»Im ganzen ging die Sache bei uns bei meinen Lebzeiten vorzüglich. Ich bin stolz darauf; es war die einzige Oase in ganz Rußland, wo, trotz Sturm und Drang, die Arbeit und der Kampf so schneidig und lustig weiterging.«

Sie kann also sterben.

Doch wenn sie eingesperrt bleibt, droht sie durch Krankheit und nicht durch die Hand des Henkers zu sterben.

Die Ärzte – vielleicht hat man sie bestochen – stellen im Juni Blutarmut, hysterische und neurasthenische Erscheinungen und Magen- und Darmkatarrh mit Lebererweiterung fest. Rosa selbst räumt ein, daß sie »physisch sehr matt« sei und nach Auskunft anderer »sehr gelb« aussehe. Die Wochen fieberhafter Anspannung und Arbeit haben Spuren hinterlassen. Ihre Haare werden grau, ihre Wangen sind eingefallen.

Ihre Brüder verschaffen sich die Erlaubnis, sie in der Warschauer Zitadelle zu besuchen. Rosa wird ihnen in einem kleinen Käfig vorgeführt, der frei in einem zweiten, größeren steht. Sie hat gerade einen sechstägigen Hungerstreik hinter sich.

Sie sei an diesem Tag so schwach gewesen, erzählt sie später, »daß mich der Rittmeister (unser Festungskommandant) ins Sprechzimmer fast tragen mußte und ich mich im Käfig mit beiden Händen am Draht festhielt, was wohl den Eindruck eines wilden Tieres im Zoo verstärkte. Der Käfig stand in einem ziemlich dunklen Winkel des Zimmers, und mein Bruder drückte sein Gesicht dicht an den Draht. ›Wo bist Du?‹ frug er immer wieder und wischte sich vom Zwicker die Tränen, die ihn am Sehen hinderten.«

Am 8. Juli führen die Bemühungen ihrer Familie und der deutschen Sozialdemokraten endlich zum Erfolg: Rosa Luxemburg wird gegen eine Kaution von 3000 Rubel freigelassen. Entscheidend ist ihre deutsche Staatsbürgerschaft.

Kaum hat sie das Gefängnis verlassen, schreibt sie Karl und Luise Kautsky – »Meine Geliebten!« – einen kurzen Brief und teilt ihnen mit, daß sie »physisch etwas matt« sei. Auch in einem Brief an Emanuel Wurm spricht sie von ihrer Müdigkeit, fügt jedoch hinzu: »[Ich] fühle mich aber so frisch und arbeitslustig, daß ich alle ›Gelbheit‹ und Mattigkeit bald in der Arbeit zu vergessen hoffe. Die allgemeine Situation ist ausgezeichnet, die Verhältnisse verschärfen sich immer mehr und treiben gewaltig zu einer scharfen Lösung. Ich fand alles viel besser, als ich befürchtete, und das macht mich frisch und froh.«

Das Gefängnis hat Rosa nicht verändert. Im Gegenteil. Die Prüfung hat sie hart gemacht. Sie hat, ohne zu verzagen, dem Tod ins Auge gesehen. Die Tore der Zitadelle fallen hinter ihr zu, und sie kehrt mit ungebrochenem Optimismus und alter Freude auf ihren Posten zurück.

»Ich brenne vor Arbeits- resp. Schreiblust und werde u. a. auch in die Debatte über den Generalstreik mit Wonne eingreifen.« Sie brennt darauf, sich in den ideologischen Kampf zu stürzen, und aus den Erfahrungen, die sie in Warschau gemacht hat, Lehren zu ziehen.

Am 8. August erhielt sie aus Gesundheitsgründen die Erlaubnis, Warschau zu verlassen und nach Finnland zu reisen, wo sie sich bei der Polizei melden mußte.

Für Rosa war diese Lösung ideal, denn bei einer Rückkehr nach Deutschland drohte ihr die sofortige Verhaftung. Ihre Freunde, die

Kautskys, hatten sie gewarnt: Wegen aufwieglerischer Äußerungen auf dem Jenaer Parteitag im Jahr zuvor hatte die deutsche Justiz ein Verfahren gegen sie eingeleitet.

In Finnland hatten sich zu der Zeit auch die russischen Revolutionäre versammelt. Dies war eine gute Gelegenheit zu einem Gedankenaustausch. Außerdem wollte sie einen Monat lang intensiv schreiben und den deutschen Lesern ihre Analyse der Ereignisse vorlegen. Sie hatte schon einen Titel für ihr Manuskript: *Massenstreik, Partei und Gewerkschaften.*

Am 10. August traf sie in Kuokkala ein. Unterwegs hatte sie einen Abstecher nach St. Petersburg gemacht, sich mit Axelrod und Wera Sassulitsch, ihren alten Freunden aus Schweizer Tagen, getroffen und Parvus im Gefängnis besucht.

Gleich nach ihrer Ankunft bat sie ihre Genossen vom *Vorwärts,* ihr jede Ausgabe der Zeitung an folgende Adresse zu schicken: »Kuokkala, via Helsingfors, Finnland, Pestschanaja Doroga, Datscha Tschernigo Nr. 4, Felicia Budilowitsch (nichts mehr).«

Sie hatte Leo Jogiches im Warschauer Gefängnis zurückgelassen.

Sie dachte mit Beklemmung und Unruhe an ihn. Sie wußte aber auch, daß Leo für sie einer Vergangenheit angehörte, mit der sie gebrochen hatte.

11. »Ich lasse mich vom Vorstand nicht aushalten.«
(August – Dezember 1906)

Es war ein typischer nordischer Sommer, und Rosa verließ häufig die finnische Datscha und ging in der frischen Luft spazieren. Sie stapfte auf dem schwammigen Boden durch die Wälder, kehrte dann an ihre Arbeit zurück oder las die Zeitungen und Briefe aus Berlin oder Warschau, auf die sie ungeduldig gewartet hatte.

Sie mußte sich über den Stand der Debatte in der deutschen Sozialdemokratie unbedingt auf dem laufenden halten. Die Artikel im *Vorwärts,* so schrieb sie, verursachten ihr Übelkeit. Die Diskrepanz zu ihren jüngsten Erlebnissen war einfach zu groß: hier die Revolution, die Verhaftungen, die Todesgefahr und die Begeisterung der Genossen, dort die Äußerungen der trägen Parteibürokraten.

Und ihre Wut wurde noch größer, wenn sie an Leo Jogiches dachte, den man inzwischen identifiziert hatte und dem wie Parvus, der im Gefängnis von St. Petersburg saß, die Deportation in ein sibirisches Arbeitslager drohte.

Manchmal wäre sie am liebsten nach Warschau zurückgekehrt, um ihre Solidarität zu demonstrieren. Doch ihre Brüder schrieben ihr, daß die Polizei ihre Kontrollen verschärft hatte und sie wahrscheinlich schon beim Verlassen des Zuges verhaften würde. Außerdem hatte sie eine Aufgabe zu erfüllen: Sie mußte im Licht der Russischen Revolution die Beziehungen zwischen *Massenstreik, Partei und Gewerkschaften* analysieren.

In Finnland hatte sie günstige Bedingungen zum Schreiben. Gewiß, auch in Kuokkala wurde sie von »Bassermanischen Gestalten« überwacht, ja sie folgten ihr sogar zum Bahnhof, wenn sie gelegentlich nach St. Petersburg fuhr und Parvus besuchte, den sie beinahe zärtlich »den Dicken« nannte und der wie immer »frisch und unternehmend« war.

Doch in der Datscha hatte sie ihre Ruhe. Das Haus lag am Ende eines Sandweges und gehörte der Malerin und Parteigenossin Cavos-Sarudnij, die sich aus den politischen Diskussionen und Streitereien heraushielt.

Rosa konnte sich also »bis über die Ohren« in die Arbeit vergraben. Sie fühlte sich »geistig frisch und arbeitslustig wie nur je«.

Gleichzeitig war sie jedoch unruhig. Welches Schicksal stand Leo bevor? Und ihr selbst, wenn sie, wie geplant, nach Deutschland zurückkehrte? Immer wieder fragte sie Karl Kautsky: »Kann denn niemand einfach anfragen und erfahren, ob eine steckbriefliche Verfolgung vorliegt oder ob eine sofortige Festnahme zu erwarten ist?«

Sie berichtete Arthur Stadthagen, dem Rechtsberater des *Vorwärts* – ein Freund, der nach seinem Ausschluß aus dem Anwaltsstand in den Reichstag gewählt worden war und dem sie voll vertraute – von Gerüchten, die über sie im Umlauf waren: »Gravierend ist hier eine Warnung… daß man von Preußen aus auf diskretem Wege den Wunsch geäußert habe, ich solle an die preußische Grenze geliefert, und zwar vor Beginn der Reichstagssession hinexpediert werden.«

Was ihr Angst machte, war weniger das Gefängnis als vielmehr die Aussicht, nicht an dem Parteitag der Sozialdemokraten teilnehmen zu können, der für September in Mannheim anberaumt war. Sie wollte dort das Wort ergreifen, aufzeigen, welche Lehren aus der Russischen Revolution zu ziehen waren, und Einfluß auf ihre deutschen Genossen nehmen.

All dies – ihre Zukunft, Leos Lage, die Haltung der deutschen Partei – machte sie »kribblig und nervös – die ewige Unklarheit meiner Lage und anderes tragen dazu bei«.

Doch es gab noch einen tieferen Grund für ihre Unruhe: nämlich die Überzeugung, daß sie nicht mehr dieselbe war und ihre Rückkehr nach Deutschland enttäuschend verlaufen würde.

»Ich habe mich jetzt so an das revolutionäre Milieu gewöhnt«, schrieb sie Franz Mehring, »daß mir bange wird, wenn ich mich in die ruhige deutsche Tretmühle zurückdenken soll.«

Und sie fuhr fort: »Ich fürchte, ich werde es dort nicht lange aushalten... Sie machen dann vielleicht mit mir zusammen eine Spritztour nach Warschau, ja?« Aber sie wußte, daß dies unmöglich war.

Sie fuhr also mit der Arbeit fort, darauf hoffend, noch einmal die Begeisterung einer revolutionären Periode zu erleben.

Sie gehörte zu den Menschen, die erst dann richtig aufleben, wenn sie von den stürmischen Wogen der Geschichte getragen werden.

Jetzt, in Kuokkala, war sie noch ganz berauscht von der Revolution.

Die kleine finnische Stadt lag ganz in der Nähe von St. Petersburg. Die Ereignisse in Rußland fanden in Kuokkala ein starkes Echo, da sich die russischen Revolutionsführer hier einquartiert hatten. Die meisten schlichen jeden Tag heimlich nach St. Petersburg, kehrten am Abend wieder nach Finnland zurück und diskutierten nächtelang im Erdgeschoß der Datscha, in der Lenin Zuflucht gefunden hatte.

Man kommentierte das Attentat auf den russischen Ministerpräsidenten Piotr Stolypin, bei dem siebenundzwanzig Menschen umgekommen waren, darunter auch der Sohn und die Tochter Stolypins. Und man schmiedete Pläne.

An den Abenden bei Lenin traf Rosa Männer wie Kamenew, Sinowjew, Bogdanow und andere mehr.

Sie hörte zu, beobachtete und legte schwungvoll ihre Ansichten dar. An Luise Kautsky schrieb sie: »Mein Aufenthalt hier ist von großem Nutzen für mich; ich lerne im Verkehr mit den Leuten die Bewegung so kennen, wie man sie aus bloßen Druckschriften nie kennenlernen kann; im Verkehr läßt sich auch manches erreichen.«

Vor allem lernte sie dort Menschen kennen, denen sie sich trotz aller Divergenzen geistig verbunden fühlte – weniger aus ideologischen Gründen übrigens, obwohl ideologische Fragen natürlich im Mittelpunkt der Diskussionen und Analysen standen. Entscheidend war vielmehr, daß sie die gleiche Einstellung zur Geschichte hatten wie sie.

Sie diskutierte mit Männern, die ihr ähnlich waren. Auch sie waren leidenschaftlich bei der Sache, auch sie hatten sich mit Leib und Seele der Bewegung verschrieben und lebten nur für die Dynamik der Geschichte, die sie berauschte. Vor allem Lenin beeindruckte sie.

»Ich rede mit ihm gern, er ist gescheit und gebildet und hat eine gar so häßliche Fratze, die ich gern sehe.«

Bis dahin hatte sie ihn nur einmal getroffen, und zwar 1902 in München. Parvus hatte die Begegnung damals ermöglicht. Jetzt sprachen sie ausführlich miteinander, und Lenin hörte ihr aufmerksam zu. Diese intelligente Frau weckte sein Interesse. Sie war ebenso entschlossen wie er und hatte eine Vorliebe für die Theorie, ohne darüber aber jemals die Praxis zu vergessen.

»Sie war die erste Marxistin«, sagte Sinowjew, »die fähig war, die russische Revolution richtig und als Ganzes zu beurteilen.«

So entstand zwischen Lenin und Rosa ein Verhältnis der Sympathie, das durchaus auch Meinungsverschiedenheiten zuließ.

Rosa glaubte in der Tat, daß die Russische Revolution nur der Auftakt war. Das Wesentliche würde sich nicht im Zarenreich, sondern in Deutschland abspielen. Nirgendwo in Europa war die sozialistische Bewegung nämlich so stark, und die SPD nahm in der Internationale eine Schlüsselposition ein. So verschrieb sich Rosa einer Aufgabe, der sie entscheidende Bedeutung zumaß: Sie wollte in Deutschland die gleiche revolutionäre Stimmung entfachen, die sie bei den »Massen« in Polen und Rußland erlebt hatte.

Auch das war ein Grund, warum sie schrieb und warum sie so schnell wie möglich nach Berlin zurückkehren und wieder ihren Platz in der deutschen Partei einnehmen wollte.

Gleichzeitig aber hatten sie die Abende mit den russischen Revolutionären und davor die Wochen in Warschau den Verhältnissen in Deutschland noch mehr entfremdet. Es fiel ihr schwerer denn je, sie zu verstehen und sich mit den deutschen Parteiführern zu verständigen.

Wenn sie mit den Russen und Lenin so gut auskam, wie konnte sie da ihre Freundschaft zu Karl Kautsky, August Bebel oder den deutschen Gewerkschaftsführern aufrechterhalten?

Hier gärte ein Konflikt, der sich bereits abgezeichnet hatte, eines Tages in voller Schärfe zutage treten und unvermeidlich zur Trennung führen mußte.

Die Logik der Revolution entfaltete sich nicht nur im Bereich der Ideen, sondern auch in den zwischenmenschlichen Beziehungen.

Als Rosa am Samstag, dem 14. September 1906, Kuokkala verläßt, freut sie sich jedoch auf das Wiedersehen mit Luise und Karl Kautsky, die ihr seit ihrer Abreise aus Berlin am 28. Dezember 1905 stets ihre Freundschaft bekundet haben. Sie haben sich wie eine richtige Familie um Rosa gekümmert, ihre Wohnung in der Cranachstraße 58 in Ordnung gehalten, ihre Schulden bezahlt, ihr geschrieben und die 3000 Rubel für die Kaution aufgetrieben, der sie ihre Freiheit verdankt.

Und so wie die Kautskys sie am Tage ihrer Abreise nach Warschau zum Zug begleitet haben, so finden sie sich auch jetzt wieder am Bahnhof ein. Als Rosa aus dem Zug steigt, wird sie von ihnen wie eine Heldin begrüßt, wie eine verlorene Tochter, die endlich zurückgekehrt ist. Merken sie, daß Rosa sich verändert hat? Daß die Revolution zu einer wichtigen Erfahrung in ihrem Leben geworden ist, zum Ausgangspunkt für alles weitere? Man umarmt sich, tauscht Glückwünsche aus, weint vor Freude. Die beiden Kinder der Kautskys, Benedikt und Hans, sind ebenfalls anwesend.

Rosa und die Kautskys sind über das Wiedersehen zu gerührt, um zu spüren, daß da ein Graben ist, der sie trennt. Rosa hat die Revolution vor Ort erlebt. Die Kautskys haben sie nur aus der Ferne verfolgt. Sie haben die Ereignisse begrüßt, gewiß, doch sie sind nicht eingetaucht in das, was für Rosa zur Offenbarung ihrer selbst geworden ist.

Für den Augenblick ist ihr Verhältnis harmonisch und ungetrübt.

Rosa wird ein junger Mann vorgestellt. Er ist einundzwanzig Jahre alt, hat ein feingeschnittenes, sensibles Gesicht, eine hohe Stirn und graue Augen. Er steht schüchtern da, den Kopf gesenkt, die Hände auf dem Rücken. Es ist Konstantin Zetkin, einer der beiden

Söhne Claras. Rosa erkennt ihn kaum wieder. Dieser Mann soll Kostja sein, der schmächtige Junge, den sie früher gekannt hat? Luise Kautsky erklärt seine Anwesenheit: Sie hat ihn auf Claras Bitte hin in Rosas leerstehender Wohnung untergebracht, damit er Vorlesungen an der Berliner Universität besuchen kann.

Rosa hat nichts dagegen, im Gegenteil. Leos Zimmer ist frei, denn sie weiß, daß sie nie mehr mit ihm zusammenleben wird. Außerdem muß sie Berlin schon bald wieder verlassen, denn vom 23. bis 29. September 1906 findet in Mannheim der Parteitag der Sozialdemokraten statt.

Rosa nutzte die wenigen Tage in Berlin dazu, ihre Kontakte aufzufrischen. Bei den Kautskys fühlte sie sich wie zu Hause. Besonders Luise, die sie jetzt besser verstand, war sie sehr zugetan. Luise war eine stille, gefügige Frau, aber auch sehr empfindsam, was sie allerdings nicht zu zeigen wagte. Sie war ganz anders als Clara Zetkin, die mit ihrem zweiten Mann, dem achtzehn Jahre jüngeren Maler Georg Zundel, in ihrem prächtigen Haus im südlich von Stuttgart gelegenen Sillenbuch ein ungebundenes Leben führte.

In der ersten Zeit nach ihrer Rückkehr stand Rosa bei den Gesellschaften der Kautskys immer im Mittelpunkt.

Wenn sie sonntags bei ihnen zum Abendessen war, diskutierte sie mit Karl Kautsky und Bebel. Letzterem dankte sie bei der Gelegenheit für die Hilfe, die ihr die Partei mit der Bereitstellung der Kaution geleistet hatte.

Doch als Bebel ihr finanzielle Unterstützung anbot, um wieder Fuß zu fassen, da ihre Ersparnisse aufgebraucht waren, lehnte sie mit den Worten ab: »Ich lasse mich vom Vorstand nicht aushalten.«

Sie wollte nicht das Gefühl haben, der Partei etwas zu schulden. Sie wollte frei sein und die Position vertreten können, die sie für richtig hielt.

Schon bei diesen Diskussionen spürte sie, daß zwischen ihr und der Partei tiefe Meinungsverschiedenheiten bestanden.

Doch die Stimmung blieb herzlich. Fremde tauchten bei den Kautskys auf. Unter ihnen auch Trotzki. Er hatte das getan, was auch Parvus hätte tun sollen: Als man ihn zur Deportation nach Sibirien verurteilt hatte, war er geflohen. Rosa mochte diesen blitzgescheiten Mann nicht, obwohl er ihr ähnlich war mit seinem wachen Verstand, seinem Individualismus und seiner starken Persönlichkeit.

Rosa berichtete von ihren Erlebnissen, ging aber zwischendurch immer wieder in die Küche, um Luise zu helfen. Kostja Zetkin bewunderte sie und war fasziniert von ihr. Sie lachte, schaute in die unschuldigen Augen des schüchternen jungen Mannes, und er wendete sich errötend ab.

Doch jetzt war nicht der geeignete Zeitpunkt, sich Sentimentalitäten hinzugeben, zweideutige Herzlichkeiten auszutauschen und gar Freundschaften zu knüpfen. Rosa mußte sich innerlich auf den Mannheimer Parteitag einstimmen. Sie hatte zwar keine Angst, doch wußte sie, daß ihr ein schwerer Gang bevorstand.

Bereits bei ihrer Ankunft in Hamburg – sie war mit dem Schiff über Stockholm nach Deutschland zurückgekehrt – hatte sie erfahren, daß man den Text, den sie für den Parteitag verfaßt hatte und an die Delegierten verteilen lassen wollte, zwar gedruckt, dann aber wieder eingestampft hatte. Die Gewerkschaftsführer hatten ihre Analyse der Beziehungen zwischen Massenstreik, Partei und Gewerkschaften als zu radikal abgelehnt. Und die Führung der Partei hatte nachgegeben.

Ebenfalls in Hamburg erfuhr Rosa von einem Geheimtreffen zwischen Partei- und Gewerkschaftsführern, das am 16. Februar 1906 stattgefunden hatte.

Die Partei und die Gewerkschaften, die beiden Säulen der sozialistischen Bewegung in Deutschland, hatten an diesem Tag angeblich keine Abmachung getroffen, wie offiziell verlautete. Tatsächlich aber hatten sie den Massenstreik einhellig verurteilt. Und diese Übereinkunft fand in der Zensur von Rosas Broschüre ihren Niederschlag.

In gemäßigten Parteiblättern konnte Rosa lesen, daß es mit der »kurzen Maienblüte dieses Revolutionarismus«, der im Frühjahr Deutschland und insbesondere Hamburg bewegt habe, jetzt glücklicherweise vorbei sei. »Die Partei«, so hieß es weiter, »wird sich wieder mit ungeteiltem Herzen und voller Kraft der positiven Ausnutzung und Erweiterung ihrer parlamentarischen Macht hingeben.«

Als Rosa auf dem Parteitag die Rednertribüne erklomm, spürte sie die Lauheit, Zurückhaltung oder gar Feindseligkeit der Delegierten. Sie war angespannt. Sie setzte immer noch große Hoffnungen in die deutschen Sozialdemokraten. Sie berichtete von ihrer Erregung und versuchte, ihre Analysen und Ansichten zu vermitteln. Doch ihre Ausführungen wirkten übertrieben, ja beinahe deplaziert.

Die revolutionären Wogen hatten Deutschland kaum gestreift und sich auch in Rußland wieder geglättet. Die Tore, die einen Augenblick offengestanden hatten, schienen nun für immer verschlossen.

Ein Zwischenrufer unterbrach sie. Sie brauste auf und warf ihm vor, er sei »in den Begriffen der Kindlichkeit geblieben«. Dann griff sie Bebel an: »Ich wollte noch ein paar Worte zur Rede Bebels äußern, nur bin ich nicht sicher, ob ich sie richtig erfaßt habe, denn ich saß auf der linken Seite, und er hat heute immer nach rechts gesprochen.«

Und mit prophetischer Eingebung fuhr sie fort: »Soviel ich ihn verstanden habe, war der Sinn der, falls wir vor den Krieg gebracht werden, können wir nichts machen.« War das wirklich seine Meinung? Wenn ja, dann brachte er damit die französischen Sozialisten in größte Verlegenheit, denn die gaben im Augenblick die Parole aus: »Lieber einen Volksaufstand als den Krieg.«

Wieder einmal sah sie das Kommende voraus. Und da sie wußte, was die Alternativen waren – Internationalismus oder Krieg und Aussöhnung der Sozialisten mit ihren Regierungen im Fall eines Konflikts –, konnte sie sich auch nicht mit Kompromißanträgen und harmlosen Resolutionen zufriedengeben, die allenfalls dazu dienten, den Schein der Einmütigkeit unter den Delegierten zu wahren.

Was also war zu tun?

Zunächst einmal verteidigte sie das Recht auf eine freie Debatte. Als sie wieder das Wort ergriff, sagte sie: »Wenn Sie den Anarchismus bekämpfen wollen, so bleiben Sie dabei doch treu unserem altbewährten Prinzip: wegen Ansichten wird bei uns niemand ausgeschlossen.« Die Gewerkschaften, so forderte sie, sollten sich der Partei unterordnen, denn sie hoffte noch immer, die Parteiführung von ihrem Standpunkt überzeugen zu können. War Kautsky nicht auf ihrer Seite?

Doch sie war sich auch darüber im klaren, daß sie noch ein Stück weiter gehen mußte.

Eines Abends ergriff sie auf einer Versammlung, die am Rande des Mannheimer Parteitages stattfand, das Wort. Die Menge war begeistert und forderte sie dazu auf, über die Russische Revolution zu sprechen. Und wieder meinte sie, den Luftzug der Geschichte zu spüren. »Jahrhundertelang«, so rief sie, »hat das russische Volk geduldet. Die Leiden während der Revolution aber, sie sind nur gering gegen die schrecklichen Leiden, die das russische Volk vor der Revolution unter einer ruhigen Herrschaft über sich ergehen lassen mußte.« Niemand solle glauben, daß die Revolution tot sei. »Ich habe aus der russischen Revolution gelernt: wenn man sie tot glaubt, steht sie wieder auf.« Und unter lautem Beifall fügte sie hinzu: »Mein Vorredner hat mich am Schlusse seiner Ausführungen eine Märtyrerin und Dulderin der Russischen Revolution genannt ... Ich kann Sie ohne jede Übertreibung und in voller Ehrlichkeit versichern, daß jene Monate, die ich in Rußland zubrachte, die glücklichsten meines Lebens gewesen sind. Ich fühle mich tief betrübt, daß ich aus Rußland fort und herüber nach Deutschland mußte.«

Das war weder gelogen noch übertrieben. Sie spürte, daß man ihr aufmerksam zuhörte. Endlich. Sie mußte sich also an die »Massen« außerhalb der Partei wenden und sie auffordern, auf die Führung einzuwirken. Denn es bedurfte der »Entschlossenheit und Kühnheit ... die politischen Aufgaben so hoch zu stecken, wie es die geschichtliche Situation erfordert. Wenn wir etwas aus der russischen Revolution gewinnen, ist es nicht Pessimismus, sondern der höchste Optimismus«.

Sie glaubte daran. Doch dieser Glaube (der auch ihr Bedürfnis offenbarte, an die Möglichkeit und den Erfolg einer Massenbewegung zu glauben) und der Wunsch, das wiederzufinden, was sie mit Freude erfüllt hatte, machten sie blind für die Realität der deutschen Gesellschaft, die sich in den Gewerkschaften widerspiegelte.

Vor ihrer Abreise nach Warschau hatte sie mit ihrem Freund Arthur Stadthagen gesprochen und ihm gestanden: »Ich war bereits damals ganz kaputt, und erst im frischen Strudel habe ich mich allmählich erfrischt.«

Wie viele Deutsche zu Beginn des 20. Jahrhunderts verspürten ein ähnliches Bedürfnis? Konnte Rosa die Massen, die Partei und ihre Führer aufrütteln, die ganz natürlich an ihr alltägliches Leben dachten und Rosas Glauben in die Geschichte nicht teilten?

Als sie nach der Versammlung in Mannheim wieder in ihr Hotelzimmer zurückkehrte, wurde sie trotz ihrer optimistischen Erklärungen von Zweifeln erfaßt. Sie war allein. Keiner war da, der sie liebte. Sie war müde. Und im Dezember sollte sie sich wegen ihrer Äußerungen auf dem Jenaer Parteitag 1905 vor einem Weimarer Gericht verantworten. Obrigkeit und Justiz ließen sie nicht los. Man wollte sie vernichten und zum Schweigen bringen.

Sie mußte neue Kräfte schöpfen.

Ende November fuhr sie mit Luise Kautsky an den Gardasee und verbrachte mit ihr in einem Dorf namens Maderno ein paar Ferientage. Die beiden Frauen waren wirkliche Freundinnen geworden.

Sie unternahmen Spaziergänge am Ufer des Sees, und Rosa gab sich der spontanen Freude hin, die sie von jeher in der Natur empfand.

Sie wurde wieder unbeschwert und heiter, beinahe kindlich. So schrieb sie an Luises Sohn Benedikt einen lustigen Kartenbrief, bei dem sie ihren Text zwischen die Zeilen Luises setzte:

> *»Mein teurer Sohn!* Dein reizender Brief hat mir viel Freude *Lieber kleiner Affe! Mein Vater ist groß, aber meine Mutter ist* gemacht. Ich bin sehr unglücklich, daß Du nicht bei mir bist; der Himmel ist so blau *ins Ausland gegangen. Die Bluse Deiner lieben Mutter ist blau, aber die Post von Maderno ist sehr unregelmäßig . . .*

219

Eine Spielerei von Rosa, die mit den Worten endete: »Verzeih der verrückten Rosa, wenn man nichts lesen kann.«
Rosa und verrückt?
Sie war eine übersensible Frau voller Leidenschaft und Pflichtbewußtsein, eine intellektuelle und sinnliche Frau, deren Leben durchaus einen anderen Verlauf hätte nehmen können.
Als der bevorstehende Prozeß sie zwang, den Gardasee und Luise zu verlassen, schrieb sie ihrer Freundin aus dem Zug, in dem sie über den Brenner fuhr:

> »Ich schreibe Dir, um Dir den dringenden Rat zu geben, solange wie möglich in Maderno zu bleiben. Ich sehe erst jetzt, wie schwer es mir wird, nach dem Norden zurückzukehren... Nie war mir noch das Scheiden vom Süden so schwer. Sei Du also gescheit und genieße ihn, soviel Du irgend kannst. Du hast dort Sonne, Ruhe und Freiheit – die schönsten Dinge im Leben (ausgenommen Sonne, Sturm und Freiheit), also nimm sie in Dich auf, soviel Du kannst. Du wirst bei der Rückkehr über den Brenner daran denken. Sei tapfer und heiter!
>
> Deine liebe Rosa«

Sonne, Ruhe, Sturm, Freiheit.
Gehörte die Revolution in Rosas Augen also nicht zu den »schönsten Dingen im Leben«? War auch sie auf Abwege geraten?
Glaubte sie, die falsche Wahl getroffen zu haben? Ohne Zweifel stellte sie sich diese Frage. Und doch wußte sie, daß sie der Politik, diesem mörderischen Gott »Baal«, bereits zu viel geopfert hatte. Es gab kein Zurück mehr, selbst wenn sie sich getäuscht hatte – oder getäuscht worden war.
Sie mußte zurück in den Norden. Es war eine Frage der Überzeugung, der Ehre. Und der Verbundenheit mit ihren Genossen.
Am 12. Dezember 1906 wurde Rosa von einem Gericht in Weimar zu zwei Monaten Gefängnis verurteilt.

TEIL V

»Ich bin entschlossen,
noch mehr Strenge,
Klarheit und Keuschheit
in mein Leben zu bringen.«
(Januar 1907 – August 1914)

12. »Das Atmen in dieser unbeweglichen Stickluft wird mir schwer.«
(Januar 1907 – September 1909)

Rosa war wieder in ihre Wohnung in der Cranachstraße 58 zurückgekehrt. Sie wußte, daß sie die zweimonatige Gefängnisstrafe noch im Verlauf des soeben begonnenen Jahres 1907 antreten mußte, und sie spürte, daß ihr eine trostlose Zeit bevorstand, in der ihre Hoffnungen an allen Fronten einen Dämpfer erhalten würden.

Sie war besorgt.

Am 14. Januar begann vor einem Militärgericht in Warschau der Prozeß gegen Leo Jogiches, mit dem sie sich, auch wenn sie mit ihm gebrochen hatte, durch ihre Vergangenheit und ihre gemeinsamen politischen Ziele verbunden fühlte.

Jogiches wurden schwere Vergehen zur Last gelegt. Unter anderem beschuldigte man ihn, einer »Kampforganisation« anzugehören, die sich zum Ziel gesetzt habe, »die durch die Grundgesetze in Rußland festgelegte monarchische Regierungsform durch bewaffneten Aufstand zu stürzen und auf diese Weise die Autonomie Polens zu erzielen«. Ein Vorwurf, der insofern lächerlich war, als seine Partei, die SDKPiL, eine solche Forderung entschieden ablehnte. Doch was kümmerten den Ankläger des Militärgerichts die Unterschiede, die zwischen revolutionären Gruppen bestanden?

Rosa Luxemburg wurde zu seiner Komplizin erklärt. Wenig später erfuhr sie, daß Leo in den drei Verhandlungstagen hochmütig und verächtlich geschwiegen hatte.

Das Gericht hatte über den früheren Fahnenflüchtigen ein strenges Urteil gefällt: acht Jahre Zwangsarbeit in Sibirien und lebenslängliche Verbannung in diese unwirtliche Region.

Rosa lief ruhelos durch die Wohnung mit den beiden Schlaf- und Arbeitszimmern, von denen das eine rot, das andere grün tapeziert war. Aber Leo war nicht mehr da. Der stille, rücksichtsvolle und gutaussehende Kostja Zetkin hatte seinen Platz eingenommen. Rosa sagte zu ihm, daß ihnen schwierige Jahre bevorstünden.

Sie war müde und traurig und sehnte sich nach dem Süden. Sie vermißte die Sonne und die Beschaulichkeit der italienischen Seen, und sie empfand einen Widerwillen gegen dieses neblige, verschlafene Deutschland und seine feigen Sozialdemokraten. Ihre alten Antipathien und Vorurteile gegen dieses Land brachen wieder hervor.

Dennoch nahm sie – denn als beste Rednerin der Partei hatte sie die Pflicht, über die Revolution von 1905 zu sprechen – an der Kampagne für die bevorstehenden Reichstagswahlen teil.

Die Stimmung war schlecht. Die imperialistische Politik Wilhelms II. und die nationalistische Propaganda fanden weit über die Reihen der Konservativen hinaus Anklang, und die Ängste, die das Gespenst der Russischen Revolution in Deutschland heraufbeschworen hatte, vertieften die Kluft zwischen dem Kleinbürgertum und den Sozialdemokraten.

Rosa kämpfte gegen diese Entwicklung an. Sie verurteilte den Chauvinismus in Deutschland und sagte in Diskussionen zu gewissen Genossen: »In irgendeinem sibirischen Dorf spürt man mehr Menschlichkeit als in der deutschen Sozialdemokratie.«

Doch sie sprach mit unvermindertem Eifer, nahm Einladungen zu Versammlungen an und begeisterte das Publikum mit ihren einfachen Sätzen, ihren konkreten Beispielen und ihrem mitreißenden Elan. Solange sie auf dem Rednerpodium stand, war sie glücklich, doch hinterher, wenn sie dösend im Nachtzug saß und nach Berlin zurückfuhr, fühlte sie sich wie zerschlagen.

In solchen Momenten fragte sie sich, warum sie das alles eigentlich noch machte, wo es doch offenbar ganz gegen ihre Natur war. Zu Hause, in ihrer Wohnung, wurde sie bereits von Kostja erwartet. Sie mochte es, wenn er da war, denn sie schätzte seine Klugheit und Intelligenz. Ihm gestand sie: »Im übrigen ist mir, wie gewöhnlich, von der Berührung mit der Masse fremder Menschen schlecht.«

Sie besuchte weiterhin die Kautskys. Und gelegentlich, wenn es abends spät geworden war, begleitete sie Luise auf ihrem zehnminütigen Fußweg nach Hause. Wenn Rosa an solchen Abenden allein mit ihrer Freundin war, fand sie zu alter Lebenslust und Fröhlichkeit zurück und sang in der mitternächtlichen Stille aus vollem Hals Lieder, beispielsweise die Arie aus dem *Figaro* oder, um den Schutzmann des Viertels zu provozieren, die *Marseillaise* oder die *Internationale.*

Aber solche Augenblicke wurden immer seltener.

Die Essen bei den Kautskys begannen sie anzuöden. »Zeitungsschmökern bei Tisch«, schrieb sie verächtlich, »jüdische Witze von Bendel [Kautskys Sohn Benedikt] und Fresserei der beiden anderen.«

Karl Kautskys Verhalten empörte sie inzwischen. Sie, die sich ihre Freiheit als Frau erkämpft hatte, konnte es offenbar nicht mehr ertragen, wie er sich als Familienoberhaupt aufspielte. Er war in ihren Augen ein Haustyrann, der Luise unterdrückte und ihren, Rosas, Einfluß auf seine Frau argwöhnisch beobachtete.

Karl hatte den Eindruck, daß Luise seit ihrem Urlaub mit Rosa Ende 1906 nicht mehr so fügsam war wie zuvor.

»Karl«, kommentierte Rosa, »haßt meinen Einfluß auf Luise, da sie sich innerlich von ihm emanzipiert.«

Die Atmosphäre in dieser Familie, in der sie sich einst so wohl gefühlt hatte – die Kinder, die sie bei jedem Fest mit Geschenken überhäufte, hatten sie vergöttert, die Großmutter geliebt und geschätzt –, vermittelte ihr inzwischen das Gefühl einer bedrükkenden Leere.

Und mit der ganzen Unnachsichtigkeit und Strenge, deren sie fähig war, urteilte sie: »Karl Kautsky wird mir immer ungenießbarer. Er verschrumpft und vertrocknet innerlich immer mehr, nichts und niemand außer seiner Familie geht ihn menschlich an. Ich fühle mich unbehaglich mit ihnen.«

Tatsächlich konnte sie zwischen Freundschaft und politischem Urteil nicht trennen. Sie sah immer nur die ganze Person.

Eines Abends, als sie mit Clara Zetkin wieder einmal bei den Kautskys zum Abendessen eingeladen war, kam sie mit ihrer Freundin zu spät.

225

Bebel, der ebenfalls unter den Gästen weilte, sagte scherzhaft, er habe schon befürchtet, daß die beiden Frauen verlorengegangen seien.

»Ja«, antwortete Rosa, »Sie hätten unseren Grabspruch schreiben können: Hier ruhen die beiden letzten Männer der deutschen Sozialdemokratie.«

Die Bemerkung kam einer schallenden Ohrfeige gleich. Rosa machte aus ihrer Verachtung keinen Hehl.

Der Ausgang der Wahlen sollte ihre Unzufriedenheit im übrigen noch verstärken.

Erstmals mußten die Sozialdemokraten Stimmeneinbußen hinnehmen (29 gegenüber 31,7 Prozent). Und was noch schwerer wog: Die Zahl ihrer Reichstagsmandate sank von 81 im Jahr 1903 auf 43 im Jahr 1907. Eine schwere Niederlage und ein empfindlicher Dämpfer für die Partei.

Die »Gemäßigten« und Taktierer machten die »Radikalen«, also Genossen wie Rosa, für die Niederlage verantwortlich. Sie hätten die Wähler verschreckt und es versäumt, aus der nationalistischen Stimmung Kapital für die Partei zu schlagen.

Neue Männer erschienen an der Spitze der Partei: Ebert, Scheidemann und Noske, der Sprecher für Militärfragen. Auf dem Essener Parteitag im September 1907, bei dem Rosa nicht einmal als Delegierte vertreten war, festigten sie ihre Position. Ohne die Mitglieder zu brüskieren, gingen sie daran, die Partei straffer zu organisieren und die Funktionsfähigkeit des Apparats zu verbessern, indem sie die Büros mit Telefonen und Schreibmaschinen ausstatteten. Sie plädierten für einen gemäßigten, reformistischen Kurs.

In dieser Phase der Ernüchterung drückten sie der Partei ihren Stempel auf, während Reichskanzler von Bülow im Reichstag über eine stabile Mehrheit verfügte.

So brachte die Regierung, gestützt auf den sogenannten Bülowblock, unter anderem ein Vereinsgesetz durch, das Jugendlichen unter achtzehn Jahren die Teilnahme an politischen Demonstrationen verbot.

Die Sozialdemokratische Partei konnte auf absehbare Zeit also weder in die praktische Politik eingreifen, noch verfügte sie über eine revolutionäre Perspektive. Und obendrein bekam sie die Folgen der wirtschaftlichen Rezession zu spüren. Die Zahl der Arbeitslosen schnellte in die Höhe, und statt neue Anhänger zu gewinnen, verzeichnete die Partei sogar einen Mitgliederschwund.

Rosa litt unter den Folgen dieser Situation und ging mit dem Parteivorstand, dem sie »Zaghaftigkeit« vorwarf, streng ins Gericht.

Kostja vertraute sie an, wie allein sie sich in ihrem Protest gegen die sozialdemokratischen Führer fühlte, die sich, wie sie schrieb, beim ersten revolutionären Luftzug »in die Hosen gemacht haben«.

In einem Brief an ihre Genossin und Freundin Clara Zetkin wurde sie deutlicher: »Mir kommt die Zaghaftigkeit und Kleinlichkeit unseres ganzen Parteiwesens so schroff und schmerzlich zu Bewußtsein wie nie zuvor.«

Sie gab sich also keinen Illusionen hin. Im Gegenteil, sie hatte eingesehen, daß »wir einfach mit dem unvermeidlichen Widerstand dieser Leute rechnen [müssen], wenn wir die Massen weiter führen sollen«. Und sie war davon überzeugt, daß diese Leute versuchen würden, »alles auf den parlamentarischen Leisten zurückzuschrauben«. Und schon jetzt schwante ihr, wie gehässig und wütend sie über jeden herfallen würden, der sich ihrem Kurs widersetzte: »Sie werden also mit Grimm alle und jeden als Volksfeind bekämpfen, der darüber hinaus wird gehen wollen.«

Gleichwohl hielt sie an ihrer Absicht fest: »Unsere Aufgabe ist jetzt, einfach dem Einrosten dieser Autoritäten mit möglichst schroffem Protest entgegenzuwirken...«

Kurzum, es ging darum, die »Massen« zum Widerstand gegen die Parteiführung aufzurufen.

Was die »Massen« wirklich wollten, scheint sie sich freilich niemals gefragt zu haben.

Wer vertrat die »Massen« besser: Bebel oder sie, die polnische Jüdin, die leidenschaftliche Agitatorin, die so hohe Ansprüche stellte?

Ließ sie sich vom Beifall in den Versammlungen blenden? Verschloß sie die Augen vor der Realität, weil sie sonst die Angst überwältigt hätte?

Später sollte sie gestehen: »Ich werde mich nächstens wieder in einen Trubel stürzen, der mich und mein krankes Herz betäuben wird. Das ist wohl das einzige für mich.«

Kann ein Mensch, der sich von solchen Motiven leiten läßt, einen politischen Kurs verfolgen, der mit den Interessen der Massen im Einklang steht?

Aber zwischen Januar 1907 und Sommer 1909 bleibt der ersehnte »Trubel« aus. Die »Massen« sind zu sehr mit sich selbst beschäftigt. Und da nach Rosa nur der Druck und die spontane Erhebung der Massen »diese Dinge und diese Menschen« verändern können und ganz andere Voraussetzungen geschaffen werden müssen, damit die Parteiführung sich rührt, ihre Trägheit überwindet und ihren Widerstand aufgibt, verzichtet Rosa in diesen Jahren darauf, eine Hauptrolle in der Politik zu spielen.

Das bedeutet aber nicht, daß sie kapituliert. Sie gibt nicht auf, sie wartet nur ab. Und weil sie sich mangels Gelegenheit nicht »betäuben« kann, behält sie ihr »krankes Herz«.

Die Revolution hatte sie mit neuer Lebensfreude und frischem Tatendrang erfüllt, doch die Jahre zwischen 1907 und 1909 stehen ganz im Zeichen politischer Stagnation und Eintönigkeit. Und sie sind auch eine Zeit der inneren Unruhe und privaten Probleme.

Rosa geht auf die Vierzig zu.

Früher hat sie davon geträumt, eine Familie zu gründen und ein Kind zu haben. Damit ist es vorbei. Sie muß diese Hoffnung endgültig begraben.

Einige Männer, angezogen durch ihre Einsamkeit und ihren Intellekt, ihren Ruf und ihren Charme, bemühen sich um sie.

Da ist zunächst ihr alter Genosse Parvus, der sie so häufig besucht, wie es ihre »wechselnde Stimmung zuläßt«. Sie hält ihn auf Distanz, obwohl sie große Sympathie für ihn empfindet. »Ich beginne zu glauben«, sagt sie voller Zuneigung, »daß er verrückt ist.«

Außerdem sind da noch der Anwalt Kurt Rosenfeld, der Pianist

Faisst und der Arzt Gerlach. Sie alle machen ihr den Hof, führen sie in die Oper aus und bringen sie für ein paar Stunden auf andere Gedanken. Aber sie erhört keinen.

Rosa ist nicht die Frau, die sich auf Abenteuer einläßt.

»Ich bin entschlossen, noch mehr Strenge, Klarheit und Keuschheit in mein Leben zu bringen«, sagt sie und fügt mit bitterem Ton hinzu: »Deshalb glaube ich auch nie ein Wort niemandem.«

Sie trifft sich mit ihren Geschwistern. Jahrelang hat sie die Familie vernachlässigt, das will sie jetzt wiedergutmachen. Obwohl sie den Norden nicht mag, fährt sie in den Ferien mit ihrer älteren Schwester an die Ostsee. Sie nutzt die Gelegenheit, um in der Abgeschiedenheit des Park-Hotels in dem kleinen Seebad Kolberg einen Artikel über die »Nationale Frage und Autonomie« zu schreiben. Zum wiederholten Male legt sie darin ihre Position dar und erteilt dem Nationalismus eine Absage, ohne freilich zu bemerken, welche Anziehungskraft er auf die breite Masse ausübt.

Sie erfüllt ihre schwesterliche Pflicht, jedoch ohne große Freude. Die Ostsee ödet sie an, und Kolberg, so schreibt sie, »ist ein Drecknest«.

Aber wie kann sie in einer Zeit leben, in der nur ein laues politisches Lüftchen weht? Wie kann sie damit zufrieden sein, nur abzuwarten?

Man kann verstehen, warum sie ihren Blick mit jedem Tag etwas länger auf dem Gesicht Kostja Zetkins ruhen läßt. Sie ist gerührt vom jugendlichen Charme und von der Unschuld dieses Mannes, der kaum zweiundzwanzig Jahre alt ist. Und im Frühjahr 1907 beginnt sie, ihn zu lieben, weil er sie liebt. Natürlich ist seine Liebe frei von Absichten und Hintergedanken. Es ist keine berechnende Liebe, wie sie gestandene und lebenserfahrene Männer wie Parvus für Rosa empfinden können. Rosa ist seine erste Liebe.

Mit ihr, mit dieser vierzigjährigen Frau, wird er die Liebe entdekken. Und auch das fasziniert Rosa.

Sie wird seine Lehrerin, und nicht nur in Liebesdingen. Sie bringt ihm alles bei, was sie weiß. Sie gibt ihm alles. Sie unterrichtet ihn in der Kunst, in der Politik. Und so findet sie bei ihm jenes »Außergewöhnliche«, das sie in diesen tristen Jahren braucht. Später wird sie zu ihm sagen: »Indem Du mich liebtest, hast Du mich gezwungen, Dich zu lieben...«

Auf einem Foto sieht man sie Seite an Seite, sie kleiner als er, jünger geworden, er Charme und Glück ausstrahlend. Er hält schüchtern die Augen niedergeschlagen, sie blickt geradewegs in die Kamera.

Rosa hat keine Vorurteile und schämt sich ihres jungen Liebhabers nicht. Clara Zetkin, Kostjas Mutter, billigt die Liaison. Hat sie nicht selbst einen Mann geheiratet, der achtzehn Jahre jünger ist als sie? Und könnte sie Rosa in dieser Übergangszeit etwas Besseres wünschen? Schließlich bewundert sie Rosa als starke, integre, sensible und gelehrte Frau.

Für Rosa ist diese Liebe eine neue, unerwartete Erfahrung. Wurde sie von Leo Jogiches noch schikaniert, so findet sie in dieser neuen intimen Beziehung zu einem Mann endlich Gelegenheit, ihre starke und dominante Persönlichkeit auszuleben. Mit ihren vierzig Jahren schlüpft sie gleichzeitig auch in eine Mutterrolle, in die Rolle des besonnenen und verantwortungsbewußten Vormunds. Sie braucht sich nicht mehr zurückzunehmen, weil sie fürchten müßte, ihren Partner zu verärgern oder zu demütigen wie seinerzeit Leo Jogiches, der häufig gekränkt und dünnhäutig reagierte und ängstlich seine männlichen Vorrechte verteidigte – eine Haltung, die sie niemals akzeptieren konnte.

Vielleicht war eine solche Beziehung zu einem jüngeren Mann damals – nur damals? – die einzige, die einer Frau mit so außergewöhnlichen Fähigkeiten wie Rosa vergönnt war. Jahrelang hatte sie versucht, mit Leo eine auf Gleichberechtigung beruhende Partnerschaft aufzubauen: Es war ihr nicht gelungen.

Jetzt, mit Kostja, konnte Rosa sie selbst sein. Sie wollte ihm dabei helfen, seine Persönlichkeit zu entfalten, denn sie war zwar dominant, aber sie wollte ihn keineswegs beherrschen, nur führen.

Sie riet ihm davon ab, sich in die Politik zu stürzen: »Der Parteikampf ist nichts für eine Natur wie Du; es ist ein Leben unter ständigen Beleidigungen alles dessen, was im Menschen fein und nobel ist.« Damit gestand sie indirekt ein, welche Opfer sie gebracht hatte und wie sehr sie ihr Tun manchmal bereute.

Sie stellte Listen mit wichtigen Büchern zusammen, die er lesen sollte. Sie sprach ihm Mut zu und versicherte ihm, daß er mit seiner Sensibilität und Intelligenz die großen Werke besser verstehen könne als jeder andere, ja, daß er selbst das Zeug zum Schriftsteller habe, wenn er nur wolle. »Ich möchte, daß Du anfängst, die großen Romane zu schreiben«, ermunterte sie ihn. »Ich denke, Du *mußt* schreiben. Du würdest wundervoll schreiben.«

Sie war großzügig und versuchte, ihn anzuspornen, ihm weiterzuhelfen, aber sie verfolgte mit ihrem jungen Geliebten keine kleinlichen ehrgeizigen Pläne, sie wollte nur, daß er seine Möglichkeiten – oder das, was sie dafür hielt – voll und ganz ausschöpfte.

Er selbst war ein wenig hilflos angesichts der Perspektiven, die sie ihm eröffnete, stöhnte unter den großen Aufgaben, die er verwirklichen sollte, und hatte Angst davor, sie zu enttäuschen und als Schriftsteller zu versagen.

Sie merkte es und erzählte ihm von Leo Jogiches, diesem außergewöhnlichen Mann, der niemals eine brauchbare Zeile zu Papier brachte. »Sowie er seine Gedanken schriftlich niederlegen soll«, sagte sie, »ist er wie gelähmt. Das war der Fluch seines Daseins.« Und dennoch habe er sich nach Ausbruch der Revolution zum Führer der polnischen und russischen Bewegung aufgeschwungen. »Er schreibt nach wie vor von selbst keine Zeile«, fuhr sie fort, »aber er ist die Seele der Parteiliteratur.«

Je stärker ihr Interesse an Kostja wurde und je mehr sie ihn liebte, desto mehr versuchte sie, alles Unangenehme und Schwierige von ihm fernzuhalten.

Sie könne ja das Geld für seinen Lebensunterhalt verdienen, schlug sie ihm vor. Er brauche sich damit nicht zu belasten. Er könne Maler oder Bildhauer werden, ganz wie er wolle. Also begann sie, mit ihm zu malen, und auch auf diesem Gebiet bewies sie Einfühlungsvermögen und Talent.

Aber sie wollte ihn nicht an sich fesseln. »Sei heiter, Liebling«, sagte sie häufig zu ihm, »und fühle Dich frei wie ein Vöglein.«

Gleichzeitig aber konnte sie es sich nicht verkneifen, ihm zu sagen, daß er ihr »Sauerstoff« sei, ihre *raison d'être*, ihre »einzige Freude«. Ohne es zu wollen, setzte sie ihn unter Druck, allein durch ihre starke Persönlichkeit, durch die Erwartungen, die sie in ihn setzte. Und sobald sie merkte, daß sie ihn einschüchtern konnte, machte sie sich Vorwürfe. Sie versicherte ihm, daß er frei sei, und fügte hinzu: »Ein geliebter Freund bist Du und bleibst Du mir, solange Du es willst, solange ich lebe. Alles, was Dich angeht, ist mir wichtiger als die ganze übrige Welt.«

Rosa und Kostja führten eine zärtliche, liebevolle Beziehung, die freilich im Lauf der Monate komplizierter und problematischer wurde, und zwar nicht nur aufgrund der banalen Tatsache, daß die Zeit ihre Spuren hinterließ, sondern weil Rosa zu jenen außergewöhnlichen Menschen gehörte, die das, was sie aufgebaut haben, aus dem Gleichgewicht bringen müssen, weil nur so Veränderung möglich ist.

Und dann, nach einigen friedvollen Wochen, erschien Leo Jogiches wieder auf der Bildfläche und bedrohte ihre Zweisamkeit.

Seit seinem Prozeß im Januar 1907 hatte Leo im Warschauer Mokotow-Gefängnis auf seine Deportation in ein sibirisches Arbeitslager gewartet.

Er war inzwischen vierzig Jahre alt: ein Mann mit markanten Gesichtszügen und zurückgekämmtem Haar, dessen Ansatz über den Schläfen bereits deutlich zurückwich. Ein leicht ergrauter Bart bedeckte die untere Gesichtspartie und den Mund, was das beunruhigende Feuer in seinen klaren, tiefliegenden Augen noch stärker zur Geltung brachte. Sein Blick war oft starr und drückte fanatische Entschlossenheit aus.

Aus der Zelle heraus hatte er seine Flucht vorbereitet und einige Wärter bestochen. Ende Februar 1907 war er wieder auf freiem Fuß und tauchte in Warschau unter, während die Polizei nach ihm suchte. Eine junge polnische Genossin namens Irena Szer-Siemkowska gewährte ihm Unterschlupf. Leo wurde ihr Geliebter.

Ohne Zweifel schrieb er Rosa und kündigte seine baldige Ankunft in Berlin an, wo er, nachdem er ohne Zwischenfall die Grenze überquert hatte, auch tatsächlich im April 1907 eintraf.

Wie ein Racheengel baute er sich vor Rosa auf und erinnerte sie an die schlimmsten Momente in ihrem Privatleben. Leo wußte, daß Rosa mit ihm gebrochen hatte, aber er wollte sich nicht mit seiner Niederlage abfinden und bestand darauf, wieder seinen alten Platz in der Wohnung in der Cranachstraße einzunehmen. Rosa lehnte ab. Leos unbändige Wut verstörte und entrüstete sie.

Hatte er nicht schon genug zerstört? Er tobte, drohte ihr und steigerte sich in einen solchen Zorn hinein, daß Rosa es mit der Angst zu tun bekam. Sie kaufte sich einen Revolver, einmal zu ihrer Verteidigung, dann aber auch, um sich, falls ihr die psychische Anspannung unerträglich wurde, das Leben nehmen zu können.

Rosa und Leo waren an einem Tiefpunkt der Geschichte angelangt, an dem ihre privaten Probleme und Leidenschaften die Oberhand gewannen, weil keine Möglichkeit mehr bestand, ihr »krankes Herz« im Trubel der Revolution zu heilen.

Aber Rosa gab nicht nach, und Leo war gezwungen, unter dem Namen Krzysztalowicz im Steglitzer Schloßpark-Hotel abzusteigen. Er kam häufig wutschnaubend in die Cranachstraße, klopfte an die Wohnungstür, trat leise ein, denn er besaß immer noch die Schlüssel, ging in »sein« Zimmer oder stöberte in Rosas Papieren, verzehrt von Eifersucht und einer, wie Rosa es später nannte, »wilden, tödlichen Leidenschaft«.

Sie begriff, daß er sie unter Druck setzen und wieder an sich binden wollte. Offensichtlich ertrug er es nicht, daß sie sich seinem Einfluß entzogen hatte. Sie führte ein selbständiges, unabhängiges Leben, und das machte ihn verrückt. Zudem ahnte er, daß sie mit Kostja ein Verhältnis hatte.

Kostja hatte sich seit Leos Rückkehr zwar diskret aus der Wohnung zurückgezogen, doch Leo hatte einige Briefe gefunden. Sobald sich Rosa mit Kostja treffen konnte, warnte sie ihn: »Er will dich und sich töten.«

Auch deshalb hatte sie den Revolver gekauft: um ihren Geliebten zu verteidigen.

Als sie zum Kongreß der Sozialdemokratischen Arbeiterpartei Rußlands fuhr, der vom 13. Mai bis zum 1. Juni 1907 in London stattfand, hoffte sie auf ein paar ruhigere Tage. Doch daraus wurde nichts. Auch Leo war dort, als polnischer Delegierter. Bei den Sitzungen saßen sie ständig nebeneinander. Und da sie derselben Delegation angehörten, wohnten sie auch im selben Hotel.

So erlebten sie im friedlichen London wieder eine Zeit extremer innerer Anspannung, nur daß sie diesmal nicht als Revolutionäre im Untergrund kämpften, sondern einen privaten Streit austrugen, den sie vor den anderen Delegierten verheimlichen mußten.

Rosa griff zweimal in die Debatte ein. Sie sprach ruhig und legte in aller Deutlichkeit ihren Standpunkt dar.

Wer sie hörte und wer sie sah, elegant gekleidet und mit einem Hut auf dem Kopf, der konnte nicht ahnen, daß sie, kaum wieder auf ihrem Platz neben Jogiches, von diesem bedroht wurde und daß er ihr, wenn er sich mit ausdruckslosem Gesicht zu ihr hinüberbeugte und ihr etwas zuflüsterte, eine Eifersuchtsszene machte.

Doch Rosa zeigte keinerlei Regung. Besser gesagt, sie schien diese angespannte Situation zu genießen. »Man fühlt, daß man lebt und nicht vegetiert«, schrieb sie an Kostja, »und ich hasse so das Vegetieren, daß ich mich dagegen und gegen Friedenau [der Berliner Stadtteil, in dem sie wohnt] jeden Augenblick auflehne.«

Es war fast so, als habe die persönliche Krise, die sie bewältigen und überwinden mußte, Kräfte bei ihr freigesetzt, die sie in ihre Reden einfließen lassen konnte.

Denn ihre Auftritte waren bemerkenswert. Sie sprach gleichzeitig als Gastdelegierte der SPD und als Vertreterin Polens, skizzierte einen eigenständigen Weg zwischen den Fraktionen der Bolschewiken und Menschewiken und erhielt dafür viel Beifall, sowohl von Plechanow und Axelrod wie auch von Lenin und Stalin.

Letzterer, der als kaukasischer Delegierter hinten im Saal saß, machte sich eifrig Notizen, als die brillante Rednerin verkündete, daß die Bourgeoisie in den westlichen Ländern – insbesondere in Deutschland und Frankreich – ihre Führungsrolle verloren habe.

Die Zeit, so Rosa, sei reif für die Revolution, denn die Liberalen hätten nicht mehr die Kraft, sich an der Macht zu halten. Nun habe die Stunde des Proletariats geschlagen, wie die russischen Arbeiter gezeigt hätten. Die Bolschewiken applaudierten.

Als Rosa jedoch »über die Enge, die Intoleranz, über eine gewisse Mechanistik in den Auffassungen der... Bolschewiki« klagte, konnte Plechanow seine Zustimmung bekunden. Und die meisten Delegierten klatschten Beifall, als sie nüchtern die Situation der Partei analysierte: »Unbeugsamkeit ist die Form, die die sozialdemokratische Taktik auf dem einen Pol unweigerlich annimmt, wenn sie sich auf dem anderen Pol in eine formlose Gallerte verwandelt, die unter dem Druck der Ereignisse in alle Richtungen auseinandergeht.«

Rosa hatte als Autorität gesprochen, und die Logik ihrer Ausführungen schien zwingend. Doch wie die meisten Beobachter und Revolutionäre verkannte sie, daß das machtlose liberale Bürgertum – und machtlos war es in der Tat – durch andere Kräfte ersetzt werden konnte. Beispielsweise konnte die Reichswehr im Verein mit dem Kleinbürgertum zur Steigbügelhalterin einer autoritären Macht werden, die große Teile des Volkes hinter sich brachte und mit Unterstützung der Erben der Autokratie die Sozialdemokratie zerschlug.

Jaurès gehörte zu den ganz wenigen, die voraussahen, daß ein Krieg neue Voraussetzungen schaffen und, statt der Revolution den Weg zu ebnen, militaristische Kräfte an die Macht bringen könnte.

Etwa zur gleichen Zeit, als Rosa in London verkündete, daß die Revolution im Westen viel näher sei, als man gemeinhin annehme, erklärte Wilhelm II. im Kreis von Vertrauten, daß man die Sozialdemokraten zerschlagen, führerlos machen und daran hindern müsse, Schaden anzurichten, nötigenfalls auch mit einem Blutbad, erst dann könne man einen Krieg nach außen führen, aber nicht vorher.

Tatsächlich spielte der Krieg schon zwischen 1907 und 1909 in ihren Überlegungen eine wichtige Rolle.

235

Auf dem Balkan und in Marokko zeichneten sich Konflikte ab. Die rivalisierenden Mächte Österreich-Ungarn, Rußland, Deutschland und Frankreich brachten auf dem politischen Schachbrett ihre Bauern in Stellung.

Und Rosa spürte es, auch wenn sie nicht begriff, daß das Schicksal der Revolution mit dem Krieg verknüpft war. Im übrigen sollte sie schon im August 1907 in Stuttgart mit Vertretern der anderen sozialistischen Parteien über die Frage des Militarismus und die Haltung der Sozialisten diskutieren.

Aber bis August schien es noch lange hin.

Ihr Bruder Nathan wohnte in London, und da Rosa und Leo der Familie vorgemacht hatten, sie seien verheiratet, lud er die beiden in ein Luxusrestaurant in der britischen Hauptstadt ein und gab ihnen zu Ehren ein Abendessen.

Als Rosa mit Leo das Restaurant betrat, zwang sie sich zu einem Lächeln, während Leo ihr ins Ohr flüsterte, daß er sie niemals allein aus London abreisen lassen werde. Und dann sagte er ihr, daß er sie nach dem Essen umbringen werde.

Rosa, die das Gefängnis ertragen und auch der drohenden Todesstrafe ins Auge gesehen hatte, ließ sich von Leo Jogiches nicht einschüchtern. Sie hielt zwar die politischen Kontakte zu ihm aufrecht – immerhin leitete er die polnische Fraktion der Sozialdemokratischen Arbeiterpartei Rußlands –, doch lehnte sie es ab, wieder intime Beziehungen zu ihm aufzunehmen.

In dieser Hinsicht ließ sie keine Zweifel aufkommen. Sie liebte ihn nicht mehr. Und sie wollte ihm keinerlei Hoffnungen machen. Er sollte sie genauso »klar« sehen wie sie ihn. Was für Kostja galt, galt auch für Leo.

Sie kehrte also allein nach Berlin zurück. »Ich bin erst wieder ganz ich, seit ich von Leo frei bin...«, sagte sie.

Und dank dieser wiedergefundenen Selbstsicherheit kann sie ein nüchternes Urteil über Leo fällen, als habe sie nie das Geringste für ihn empfunden, als habe die alte Wunde, die er in all den Jahren immer wieder aufgerissen hatte, sie für immer gefühllos gemacht.

»Der Mensch«, sagte sie über Leo, »ist innerlich fertig, er ist abnorm und lebt nur noch mit dieser fixen Idee vor Augen ...«, nämlich sie und Kostja zu töten.

Sie mußte sich also schützen und Leo daran hindern, die Tat auszuführen, denn sie wußte, daß er dazu fähig war.

Sie schrieb ihm frostige Briefe, in denen nur von ihrer gemeinsamen politischen Arbeit die Rede war. Sie siezte ihn und hatte kein freundschaftliches Wort für ihn. Außerdem versuchte sie ihn mit allen Mitteln von der Wohnung fernzuhalten. Doch er bestand darauf, sich wenigstens nachmittags dort aufzuhalten – um zu arbeiten, wie er vorgab. In Wahrheit kontrollierte er Rosas Post. Er war wie besessen. Und er hatte noch nicht aufgegeben.

Leo war der Prototyp eines Revolutionärs, der seine ganze Energie in den Dienst einer einzigen Idee stellt: die Gesellschaft umzukrempeln und zu verändern. Und da er als Revolutionär zur Untätigkeit verdammt war, widmete er sich mit seiner ganzen Leidenschaft Rosa.

Rosa, die nie viel über ihr Privatleben sprach und nur gelegentlich etwas herausließ, schrieb an Luise Kautsky: »An Leo wende Dich nicht wegen der Schlüssel, überhaupt erwähne nie mich und nichts über mich gegen ihn (meine Ankunft und dergleichen), sonst kannst Du mir unbewußt Scherereien einbrocken.« Sie fürchtete um ihr Leben und um das Leben Kostjas, aber sie stemmte sich Leo mit aller Entschlossenheit entgegen und ließ ihn ihre Abneigung deutlich spüren. Sie stürmte aus der Wohnung, wenn sie ihn bei ihrer Rückkehr dort antraf. Und wenn er unangemeldet bei ihr hereinplatzte, sagte sie ihm ganz offen: »Ich kann dieses ständige Schulterreiben nicht ertragen.« Allmählich sah er ein, daß er verloren hatte und daß sie stärker war als er. Im Grunde wußte er das schon seit zwanzig Jahren, seit den ersten Monaten ihrer Bekanntschaft. Aber sein Stolz verbot ihm zu kapitulieren, und so kehrte er immer wieder in die Wohnung in der Cranachstraße zurück.

Rosa wollte das nicht. Sie konnte Leos Anblick und Gegenwart nicht mehr ertragen.

»Ich muß, ich weiß nicht zum wievielten Mal, bitten«, schrieb sie ihm in einem Brief, »daß man Geschäfte mit mir schriftlich erledigt, damit ich in meinem Winkel Ruhe habe.« Aus diesen Zeilen sprach nur noch Entschlossenheit, Zorn und Überdruß.

»... ich muß in meiner eigenen Wohnung leben können«, fährt sie fort, »und nicht wie in einem Hotel, in dem man ohne meine Zustimmung kommen und gehen kann. Ich habe keine Kraft mehr, dieses Hin und Her länger zu ertragen, ich habe schon so oft gebeten, daß das aufhört, und den ganzen Sommer über habe ich mich außerhalb des Hauses herumgetrieben, um von dieser Wirtschaft nichts zu sehen, und jetzt wieder dasselbe.«

Sie erklärte sich bereit, zusätzliche politische Aufgaben zu übernehmen – die Redaktion der polnischen Zeitschriften. Als Gegenleistung erwartete sie, daß Leo sie in ihrem »Winkel« in Ruhe ließ.

Sie drohte ihm. Und Leo Jogiches kannte sie gut genug, um zu wissen, daß sie ihre Drohungen auch wahr machte.

»Wenn ich das überhaupt nicht erreichen kann«, schrieb sie, »dann will ich lieber die ganze Wohnung nebst Dienstmädchen aufgeben und mir irgendwo ein möbliertes Zimmer nehmen, damit ich weiß, daß ich bei mir zu Hause bin und nicht im Hotel. Ich bitte um Antwort, ob das so weitergehen soll, damit ich weiß, was ich mit mir machen soll.«

Leo streckte die Waffen. Fortan verkehrte er nur noch schriftlich mit Rosa, obwohl er wie sie in Berlin wohnte.

Der Nervenkrieg hatte über zwei Jahre gedauert.

Trotz dieses Nervenkriegs – der viele andere Frauen voll in Anspruch genommen hätte – erfüllte Rosa weiterhin die Aufgaben, die sie sich vorgenommen hatte oder die ihr von außen auferlegt wurden.

Natürlich hielt sie sich ein wenig im Hintergrund, denn die Situation der Partei und Gesellschaft war denkbar ungünstig für eine entschlossene Initiative von ihrer Seite. Die Stimmung der Zeit forderte ihren Tribut.

Im Juni und Juli mußte sie zunächst einmal die Haftstrafe absitzen, die das Weimarer Gericht im Dezember 1906 gegen sie verhängt hatte.

Rosa Luxemburg zeigt sich während ihrer Rede auf dem Internationalen Sozialistenkongreß in Stuttgart kämpferisch, August 1907.
(Foto: Archiv für Kunst und Geschichte)

Nach ihrer Rückkehr aus London konnte sie es kaum erwarten, Kostja wiederzusehen, doch statt dessen mußte sie sich in eine Gefängniszelle sperren lassen. Das hatte weder den Reiz des Neuen, noch fühlte sie sich deswegen als Heldin.

Sie empfand nur quälende Langeweile. Die einzige Abwechslung waren die Briefe, die sie Kostja schrieb oder von ihm erhielt. Es war eine bedrückende Zeit. Der unbeugsame deutsche Staat ließ sie für Reden büßen, die sie 1905 gehalten hatte, als ob in den vorausgegangenen zwei Jahren auf der Welt nichts geschehen sei. Als Rosa nach zweimonatiger Haft wieder entlassen wurde, hegte sie einen tiefen Groll gegen dieses kleinkarierte, pedantische Deutschland.

Glücklicherweise begann am 18. August 1907 in Stuttgart ein Internationaler Sozialistenkongreß. Rosa nahm als Delegierte an ihm teil. Das milderte ihre Verbitterung ein wenig.

Nach der Enge des deutschen Gefängnisses war der Kongreß für Rosa wie ein offenes Fenster zur Welt, und der frische Wind, der dort wehte, war um so belebender, als ihr eine wichtige Rolle zufiel, denn sie war zugleich Delegierte der SPD und Repräsentantin der polnischen Partei, die seit 1906 mit der Sozialdemokratischen Arbeiterpartei Rußlands vereint war. Außerdem gab es ein Wiedersehen mit ihrer Freundin Clara Zetkin, Lenin und Martow sowie den Franzosen Jaurès und Guesde.

In der Gesellschaft dieser Genossen vergaß sie den Alltag in Deutschland, und was noch schwerer wog: In der Atmosphäre des Kongresses konnte sie sogar die Realität der internationalen Beziehungen und Kräfteverhältnisse vergessen und einfach so tun, als seien Anträge und Zusatzanträge ein wirksames Mittel gegen den heraufziehenden Krieg.

Sie führte lange und vertrauliche Gespräche mit Lenin, der seit Finnland und seit dem Londoner Kongreß eine hohe Meinung von ihr hatte. Obwohl sonst eher mißtrauisch, überließ er ihr vertrauensvoll sein Mandat in der Militarismus-Kommission, damit sie einen Zusatzantrag einbringen konnte.

Lenins Frau Krupskaja war erstaunt, daß diese Rosa Luxemburg mit ihrem Mann wie mit ihresgleichen diskutierte, und noch mehr wunderte sie sich darüber, daß er sie mit der Verteidigung seines Standpunkts betraute.

Einige Monate später, im Januar 1908, machten Lenin und Krupskaja auf dem Weg nach Paris und Genf in Berlin Zwischenstation. Sie verbrachten einen Abend bei Rosa und diskutierten mit ihr noch einmal über die internationale Lage, die man schon in Stuttgart beleuchtet hatte.

Rosa war es auf dem Kongreß nämlich gelungen, einen Zusatz zu der Resolution gegen Krieg und Militarismus durchzusetzen, die in ihrer ursprünglichen Fassung eher moderat gewesen war. Aber dazu mußte sie sich gegen ihre deutschen Genossen stellen und, wenn auch ganz undramatisch, mit Bebel und den anderen Parteiführern brechen. Sie trat als Verbündete Lenins auf und demonstrierte auf diese Weise, daß ein Riß durch die Zweite Internationale ging.

Zwar schlug sie sich nicht auf die Seite des Franzosen Gustave Hervé, der Männer wie Bebel der Feigheit bezichtigte und erklärte:

»Die deutschen Proletarier... sind alles gute, zufriedene und satte Spießbürger.« Doch insgeheim hatte sie von der deutschen Parteispitze die gleiche Meinung wie der Franzose.

Sie taktierte geschickt und sagte in ihrer Rede nur: »Hervé ist ein enfant, allerdings ein enfant terrible.« Doch gleichzeitig stellte sie klar, daß ihr Zusatzantrag weit über die Position der Franzosen Jaurès und Vaillant hinausging. So wollte sie »die Agitation im Kriegsfalle nicht bloß auf die Beendigung des Krieges gerichtet wissen..., sondern auch auf die Ausnutzung des Krieges zur Beschleunigung des Sturzes der Klassenherrschaft überhaupt«.

Rosa war zufrieden. Ihr Zusatzantrag wurde fast wörtlich in die Resolution übernommen. Beruhigt konnte sie sich dem Glauben hingeben, daß die Internationale, dieser Mythos, diese »abstrakte« Sammlungsbewegung aller, die guten Willens waren, tatsächlich ein Instrument darstellte, mit dem sie die politische Lage und die SPD-Spitze in ihrem Sinn beeinflussen konnte.

Lenin war abermals von ihr beeindruckt und forderte sie auf, für Parteiblätter der Bolschewiken zu schreiben: »Es ist schade«, sagte er ihr, »daß Sie so wenig auf russisch schreiben und die reiche deutsche Sozialdemokratie der armen Sozialdemokratie der Russen vorziehen...«

Und nach dem Kongreß? Rosa kehrte nach Berlin zurück. Sie ging Jogiches aus dem Weg. Der einzige Lichtblick in ihrem tristen Alltag war die Beziehung zu Kostja.

In Zeiten wie dieser, in der das politische Leben stagnierte, wurde sie wieder die gebildete Intellektuelle, besuchte Aufführungen von Mozart-Opern wie *Figaros Hochzeit* und beschäftigte sich mit Rembrandt.

Sie reiste in die Schweiz, nach Italien.

Sie mußte diese Leere füllen, Berlin und Jogiches den Rücken kehren. Sie schrieb, und nicht nur für die *Neue Zeit,* sondern auch an Manuskripten für eine *Geschichte Polens* und eine *Einführung in die Nationalökonomie.* Sie war wieder Wissenschaftlerin geworden und widmete den größten Teil ihrer Zeit der theoretischen Arbeit.

Als man sie am 1. Oktober 1907 auf Karl Kautskys Vorschlag hin bat, an der neuen Berliner Parteischule der SPD, an der führende Funktionäre geschult werden sollten, eine regelmäßige Lehrtätigkeit zu übernehmen, willigte sie deshalb erst nach einigem Zögern ein. Kautsky hatte sie als »einen der besten Köpfe in Deutschland« empfohlen.

Sie warf sich mit ganzer Kraft auf diese Aufgabe, die ihr ein festes Einkommen von 3600 Mark pro Kursus sicherte. Ein Kursus dauerte sechs Monate, und Rosa hatte täglich zwei Stunden Vorlesung zu halten. Sie mochte diese strebsamen Parteiaktivisten und versuchte, unter Mißachtung des traditionellen Vorlesungsstils, den Wissensstoff gemeinsam durch gezielte Fragen zu erarbeiten. Sie unterrichtete im Fach Nationalökonomie und galt schon bald als beste Dozentin an der Schule, zu deren Lehrkörper auch ihr Freund Franz Mehring gehörte.

Auf dem Nürnberger Parteitag im September 1908 verteidigte sie die Schule gegen die Angriffe der Gemäßigten, die argwöhnten, sie sei eine Brutstätte des Radikalismus.

Tatsächlich hielt sich Rosa streng an die reine Lehre, die sie – gemäß ihren Vorstellungen vom »wissenschaftlichen Sozialismus« – bereits in ihrer Zürcher Doktorarbeit angewandt hatte.

Der Unterricht vor einer aufmerksamen Klasse und die Zwänge des Stundenplans brachten mehr Ruhe in ihr Leben. Sie hatte einen geregelten Tagesablauf, der ihr zusagte, und sie konnte ihrer Neigung zu theoretischer Arbeit nachgehen.

Sie fühlte sich an der Parteischule so wohl, daß sie versuchte, Kostja Zetkin eine Dozentenstelle zu verschaffen.

Und da sie mit Leib und Seele Lehrerin war, entwarf sie für ihn einen Unterrichtsplan, der vierundzwanzig Vorlesungen von jeweils zwei Stunden umfaßte und die Geschichte des Sozialismus zum Gegenstand hatte – vom Urchristentum bis in die Gegenwart. Sie war der Meinung, daß er dieses Thema unterrichten sollte. »Literatur für all das können wir gut zusammenstellen... Aber Du siehst, wie furchtbar knapp alles behandelt werden muß.«

Und wie immer besorgt um ihren jungen Freund, den sie mütter-

1907 fand in Stuttgart die Konferenz der 2. Sozialistischen Internationalen statt. Einige der Delegierten: sitzend in der Mitte Rosa Luxemburg, vorn rechts: Julia Liebknecht (Ehefrau von Karl). Stehend erste von rechts Natalie Liebknecht daneben ihr Sohn Karl Liebknecht, vor ihm sitzend Leo Trotzki. (Foto: Bildarchiv Preußischer Kulturbesitz)

lich »mein kleiner Bub« nannte, fragte sie: »Nun, wie geht es Dir? Bist Du immer noch schwermütig? Der Gedanke daran tut mir unausgesetzt weh. Wie möchte ich Dich frei, fröhlich und glücklich wissen! Kleiner Freund, sei heiter. Meine Freunde, die Tierchen, lassen Dich herzlich grüßen.«

Rosas Vorschlag stieß auf wenig Gegenliebe. Man wußte nicht, in welcher Beziehung sie zu Kostja Zetkin stand.

Man vermutete, daß sie sich deshalb für ihn einsetzte, weil sie mit seiner Mutter befreundet war. Bebel reagierte empört: »Das Tollste, was jene verlangen konnten, war doch, der Clara Sohn zum Lehrer an der Parteischule zu machen. Er, den niemand kannte, der bisher nicht die geringste Probe seines Könnens abgelegt ... soll an eine erste Stelle treten in der Partei, mit all der Verantwortung, die diese

243

mit sich bringt.« Ein solches Verhalten, so Bebel weiter, ließe sich weder mit der »Affenliebe einer Mutter« noch mit der »blinden Voreingenommenheit einer Freundin« entschuldigen.

Der Zorn des Parteivorsitzenden war groß und berechtigt, doch so groß nun auch wieder nicht, denn schließlich lieferte ihm Rosas – und Claras – Fauxpas einen willkommenen Vorwand, diesen beiden Frauen, die ständig alles besser wußten und sich anmaßten, die politische Tugend und die Reinheit der Lehre zu verkörpern, eine Lektion zu erteilen.

Mit spürbarer Genugtuung, Selbstgefälligkeit und männlicher Arroganz verwies er sie auf den untergeordneten Platz, der ihnen als Frauen von Natur aus zustand. »Es ist mit den Frauen eine merkwürdige Sache«, schrieb er an Kautsky. »Kommen ihre Liebhabereien oder Leidenschaften oder Eitelkeiten irgendwo in Frage... dann ist auch die Klügste außer Rand und Band... eine regulierende Vernunft gibt es nicht.«

Bebel brachte hier zum Ausdruck, was er schon immer über Rosa gedacht, mit Rücksicht auf ihr politisches Bündnis aber eine Zeitlang verdrängt hatte.

Jetzt kamen die alten Vorurteile wieder hoch und dienten ihm als Erklärung für Rosas politisches Verhalten. Für Bebel war sie auch deshalb eine radikale Revolutionärin, weil ihr als Frau jede »regulierende Vernunft« abging.

An diesem kleinen Vorfall wird deutlich, wie es um die persönlichen Beziehungen zwischen Rosa und den deutschen Parteiführern inzwischen bestellt war.

Zu Karl Kautsky hatte Rosa auf den ersten Blick nach wie vor ein gutes Verhältnis. Über Ostern 1908 fuhr sie sogar allein mit ihm an den Genfer See. Waren sie nicht »gute Freunde«? Mußten sie nicht schreiben, miteinander diskutieren? Und jeden Morgen nötigte sie Kautsky gegen seinen Willen zu einem zwei- bis zweieinhalbstündigen Spaziergang.

Luise Kautsky im fernen Berlin mochte noch an einen Urlaub unter Freunden glauben, wenn Rosa von Karls Müdigkeit in den ersten Tagen berichtete und schrieb: »Im Moment geht es ihm gut, er ist

Blick in den 2. Kurs der Reichsparteischule der SPD im Jahr 1907. Rosa Luxemburg ist die vierte von links, links neben ihr steht August Bebel.
(Foto: Archiv für Kunst und Geschichte)

munter.« Doch in Wahrheit hatte diese Freundschaft bereits erste Risse bekommen. Und gleichzeitig sank Rosas Achtung vor Kautskys geistigen Fähigkeiten.

Sie, die intellektuelle Mittelmäßigkeit nicht ertragen konnte, gewann bei den täglichen Spaziergängen den Eindruck, daß er phantasielos war. Entsprechend hart war ihr Urteil: »Er faßt alles anders auf als ich. Kalt, pedantisch und doktrinär.«

Nach der Lektüre von Kautskys Broschüre *Nationalismus und Internationalismus* schrieb sie an Kostja: »Es war mir eine Qual, ein Ekel. Ich werde bald nichts mehr von K. K. lesen können. Mir ist, als lege sich ein ekliges Spinngewebe um mein Hirn.«

Sie verglich ihn mit Marx, den sie zu der Zeit noch einmal las. Doch während sie bei Marx immer »konkrete Tatsachen« fand, entdeckte sie bei Kautsky nur ein »langweiliges, ödes, abstraktes

Schema einer Geschichte in der Luft«. Und damit nicht genug. Kautsky kam ihr geistig verkümmert, mit einem Wort »alt« vor: »Ich hatte keine Ahnung, daß er schon so ruhebedürftig ist, ich hielt ihn für viel jünger.«

Auch Kautskys Gefühle für Rosa kühlten merklich ab. Dabei hatte er durchaus Lust gehabt, mit ihr in die Ferien zu fahren. So hatte Luise noch vor der Reise an eine Tante geschrieben: »Karl hat zum Alleinreisen gar keine Lust. Nun hat Rosa auch die Absicht, sich etwas zu erholen, und wahrscheinlich werden die beiden zusammen reisen, da Karl sie als Gesellschafterin sehr liebt, denn sie ist die heiterste, amüsanteste Kameradin, die man sich denken kann, und hat dabei Sinn für Naturschönheiten.«

Aber wie hätte Karl Kautsky die Meinung seiner Mutter Minna ignorieren können, die über das Vorhaben »sehr unglücklich« war, da sie für den »guten Ruf« ihres Sohnes fürchtete?

Die Werte der Familie Kautsky – und mit einem Mal wurde sich Rosa dessen bewußt – entsprachen den traditionellen Werten einer sittenstrengen, gutbürgerlichen Familie, die sehr auf Äußerlichkeiten bedacht war. Selbst die Großmutter, immerhin die Verfasserin populärer Romane, war über den Lebenswandel der ungebundenen Rosa schockiert.

Karl wiederum war besorgt, weil Luise zunehmend seine Autorität als Ehemann in Frage stellte, ein Verhalten, das er auf Rosas schlechten Einfluß zurückführte.

Er bemerkte, daß seine Frau eine Zuneigung zu seinem Bruder Hans Kautsky faßte. Hans war ein bekannter Maler und eine starke Persönlichkeit, und Karl argwöhnte, Luise habe Rosa ins Vertrauen gezogen und sei von ihr zu dieser Liaison ermutigt worden. Er war davon überzeugt, daß Rosa dieses Verhältnis – wenn auch vielleicht nur unbewußt – gefördert hatte, denn sie hatte Luise vorgemacht, wie eine Frau auch anders leben konnte.

Rosa selbst war über solche Anschuldigungen empört. »Karl Kautsky«, schrieb sie, »grollt mir innerlich, weil er glaubt, ich stecke irgendwie hinter den Beziehungen L's zu Hans. Das kränkt mich, aber ich bin zu stolz, um ein Wort zu reden. Auch ist mir peinlich

Rosa Luxemburg im Kreise der Familie Kautsky, 1902.
(Foto: Archiv der sozialen Demokratie der Friedrich-Ebert-Stiftung)

zu sehen, wie K ausschließlich und unaufhörlich mit der Sache präoccupiert ist.«

Es waren also nicht nur politische Differenzen, die Rosas enge Beziehungen zu einigen SPD-Führern trübten, sondern auch private Unstimmigkeiten.

Es war, als sei Rosa gestählt aus der revolutionären Phase hervorgegangen und sehe nun alles mit noch kritischeren Augen.

Sie hatte ihr Leben aufs Spiel gesetzt. Und sie hatte Freunde verloren: die einen durch den Strang, andere durch Deportation. Sie war noch durchdrungen von jener revolutionären Atmosphäre, die jeden zwang, sich von seiner besten oder schlechtesten Seite zu zeigen.

Seit langem beklagte sie die »allgemeine Misere, in die unsere ›Führerschaft‹ gesunken ist«. Und als sie merkte, wie spießig diese Leute im Privatleben waren, verlor sie vollends die Achtung vor ihnen.

Mit Kautsky hatte sie nun keine Nachsicht mehr. Sie ließ keine Entschuldigung mehr gelten. Aber noch übte sie keine öffentliche Kritik an ihm.

Sein neuestes Buch *Der Weg zur Macht* stieß beim Parteivorstand auf Kritik – und ohne Zweifel war das der Grund, warum Rosa schwieg.

Selbstverständlich konnte sie Kautskys Analyse nicht zustimmen, nach der man nur abzuwarten brauchte, bis das System an seiner Korruption zugrunde ging und eine straff organisierte sozialdemokratische Partei die Macht übernehmen konnte.

Rosa, die für eine Aktivierung der Massen eintrat, konnte sich in diesem »Attentismus« nicht wiedererkennen, auch wenn er sich einen revolutionären Anstrich gab.

Eines Tages, so prophezeite sie, werde es nötig sein, »den Massen Mut gegen ihre feigen Führer zu geben«.

Und in diesem Punkt machte sie schon 1908 offensichtlich keinen Unterschied mehr zwischen Kautsky und den anderen.

Was aber sollte sie tun?

Sie fühlte sich elend in diesem Deutschland, in dieser Partei, die »wie ein böser Traum, oder vielmehr wie ein traumloser, bleierner Schlaf« war. Und an Kostja Zetkin schrieb sie: »Das Atmen in dieser unbeweglichen Stickluft wird mir schwer.«

Also unternahm sie eine lange Reise in den Süden, fuhr ins sonnige Italien, besuchte die *Genova superba* und das idyllische Küstenstädtchen Levanto. Sie war entzückt und – als »naiver Indogermane aus dem Norden Europas«, wie sie schrieb – zugleich verwundert über die Gemächlichkeit, das häufige Zuspätkommen und die kleinen Gaunereien der Leute im Süden.

Sie berichtete von ihren Erfahrungen in »Kaufläden, wo sie mich stets anschwindeln im Preis und mir auch im Rest jedesmal ein paar ungültige Münzen einschmuggeln«, und von diversen anderen Überraschungen, die ein »gut disziplinierter reichsdeutscher Kulturmensch« erleben konnte. In ihren langen Briefen an Luise Kautsky und Kostja bediente sie sich sogar des Italienischen: »Ecco una breve macchietta meiner Eindrücke« – dies eine kurze Skizzierung meiner Eindrücke.

Sie verhielt sich bei ihrem langen Aufenthalt in Italien wie ein typischer Tourist aus dem Norden, der den Süden lediglich wie eine sonnige Kulisse wahrnimmt, in der sich ein buntes, amüsantes Völkchen tummelt.

Aber vor allen Dingen wollte sie vergessen und sich ausruhen. Und auch ein wenig arbeiten. Die Bücher, die sie dazu brauchte, ließ sie sich von Luise Kautsky schicken.

Sie wartete sehnsüchtig auf Kostjas Briefe. Sie plante, mit ihm zusammen eine Reise nach Korsika zu unternehmen.

Und dann fiel ihr auf, daß der Ton seiner Briefe sich veränderte. Kostja wirkte traurig, befangen. Sie fragte sich: »Hat er mich nicht mehr lieb?« Sie spürte eine Gefühlskälte.

Mitte August 1909 – sie weilte gerade in der Schweiz – erhielt sie einen Brief von ihm, in dem er ihr endlich zu sagen wagte, daß er seine Freiheit brauche.

Rosa unternahm keinen Versuch, ihn zurückzuhalten.

Ihr Stolz, ihr Alter – dessen sie sich schmerzlich bewußt war – und ihr Verstand verboten es ihr.

Sie schrieb Kostja einen langen heiteren Brief und versicherte ihm darin ein weiteres Mal, daß er ihr wichtiger sei »als die ganze übrige Welt«.

Eine Übertreibung? In diesem Augenblick meint sie es durchaus ehrlich, aber sie weiß auch, daß »die ganze übrige Welt« für sie erst dann wieder wichtig wird, wenn das Rad der Geschichte sich weiterdreht, wenn von neuem Bewegung in die Politik kommt.

Und im Spätsommer 1909 sieht es ganz danach aus.

Kanzler von Bülow hat Probleme im Reichstag. Sein Block bricht auseinander. Und die SPD erhält wieder Zulauf. Rosa spürt es, und obwohl sie weiß, daß sie Kostja weiterhin sehen und Briefe mit ihm austauschen wird, daß er ihr stets ein »zärtlicher Freund« bleiben wird, schlägt sie ganz ruhig die Seite einer Beziehung um, die länger als zwei Jahre gedauert hat, und schreibt ihm:

»Indem Du mich liebtest, hast Du mich gezwungen, Dich zu lieben, und als Deine Liebe aufgehört hat, hat auch meine Liebe aufgehört.«

13. »Meine Moral bedarf keiner Verteidigung.«
(September 1909 – Dezember 1911)

Sie ging auf die Vierzig zu. Sie hatte zugenommen und war fülliger geworden. Das Gesicht war runder, die Brust größer, die Taille breiter. Aber sie war immer noch elegant, mit Hut und weiter Bluse, und trotzte den Widrigkeiten des Älterwerdens ebenso entschlossen wie den Problemen in der Politik. Um ihre Gesundheit war es freilich nicht zum besten bestellt: Sie hatte einen empfindlichen Magen und litt unter Migräneanfällen. Doch in diesem Körper, der zuweilen rebellierte, steckte immer noch der alte Tatendrang, auch wenn sie ihn vorläufig zügelte.

Die Liebesbeziehung zu Kostja, die ihr Leben zwei Jahre lang bereichert hatte, war zwar zu Ende, doch blieb sie ihm in mütterlicher Zuneigung verbunden. Und im Oktober 1911 fuhr sie noch einmal mit ihm in die Ferien nach Korsika. Es war die Reise zweier Freunde, die einmal ein Liebespaar gewesen waren und es gelegentlich wieder wurden. Sie war wie verzaubert von der Schönheit der Landschaft, den würdevollen Gesichtern, den biblischen Szenen, an die sie sich erinnert fühlte, wenn auf einem Gebirgspfad eine korsische Familie an ihnen vorüberzog, der Mann langsam ausschreitend, die Frau, ganz in Schwarz gekleidet, stolz und unbeweglich auf dem Rücken eines Esels sitzend.

Sie korrespondierte weiter mit Leo Jogiches. Es waren kühle Briefe. Doch in den Jahren 1909 und 1910 wich die Feindseligkeit allmählich einer stillschweigenden Akzeptanz des anderen, fast wie unter Geschwistern.

Rosa wußte, daß sie auf Leo zählen konnte, und er stützte sich immer noch politisch auf sie, da sie als Vertreterin der SDKPiL einen Sitz im Internationalen Sozialistischen Büro hatte.

Tatsächlich hat sich das Verhältnis zwischen Rosa und Leo nach der heftigen Krise wieder beruhigt. Beide haben entdeckt, daß der andere unauflöslich mit seinem Leben verbunden ist.

Sie sind kein Liebespaar mehr. Sie lieben sich nicht mehr wie vor fünfzehn Jahren. Ihre Liebe ist tot. Was bleibt, ist das Band der Erinnerung und der Solidarität, und dieses Band ist stärker als jede Liebe.

Aber natürlich ist es eine merkwürdige, unkonventionelle Beziehung. Sie wohnen in derselben Stadt, aber sie sehen sich nicht, sondern tauschen nur Briefe aus. Im Jahr 1910 sind es neunzig, im Jahr darauf sechzig Briefe.

In diesen Briefen nennt keiner den anderen beim Namen: Rosa schreibt Seite um Seite ohne ein persönliches Wort, als sei der Adressat eine Art Abstraktion. Und selbst wenn sie ein Problem anspricht, das ausschließlich Leo betrifft, ein persönliches Problem also, vermeidet sie es, ihn anzureden.

So auch im Frühjahr 1910. Als sie erfährt, daß Leo in Geldnöten ist, weil seine Einkünfte aus dem Familienbesitz gesunken sind, wendet sie sich an ihren Bruder Maximilian und bittet ihn, Leos Bruder Geld zu leihen, damit er Leo größere Summen zukommen lassen kann. Das geht aus einem Brief vom 1. April 1910 hervor: »Ich schicke morgen das Geld des Bruders.« Oder, einige Wochen später, im Juli des gleichen Jahres: »Das Geld des Bruders, mea culpa, ist seit einer Woche da, aber ich konnte das nicht schneller mit der Bank regeln, weil ich das Bett hüten mußte. Ich habe das Geld bar bekommen und per Anweisung geschickt.«

Dieser feste Vorsatz, sich nicht aufzudrängen, nicht einmal auf dem Umweg über ganz harmlose Worte, ja, den Briefpartner nicht einmal anzureden, macht deutlich, daß Rosa um keinen Preis alte Wunden aufreißen will. Die Narben sind immer noch nicht ganz verheilt. Sie will kein Risiko mehr eingehen.

Rosas Selbstbeherrschung und die Besonnenheit, die sie in ihrer Beziehung zu Kostja und Leo walten läßt, zeigen, daß sie mit vierzig endlich die emotionale Reife erlangt hat, nach der sie so lange gestrebt hat.

Nach ihrer Trennung von Leo wollte sie »leben«. Und das tut sie auch. Sie hat Freunde. Da wäre an erster Stelle Hans Diefenbach zu nennen, ein sanftmütiger junger Arzt, der sie bewundert und zu ihr aufblickt. Ihn hat sie zu ihrem Vertrauten auserkoren. Mit ihm geht sie aus, mit ihm kann sie sich über Malerei und Musik unterhalten.

Außerdem bekommt sie häufig Besuch von dem Komponisten Hugo Faisst. »Am 5. März«, schreibt sie Clara Zetkin, »war Faisst bei mir und hat über zwei Stunden gesungen und gespielt, ganz herrlich! Er war ein Labsal, und das hat eigentlich meinen bescheidenen Geburtstag zum Festtag gemacht.« Kurzum, sie versucht, sich das Leben angenehm zu gestalten. Sie verbringt die Ferien am Genfer See in der Schweiz oder entdeckt neue Wissensgebiete, die einer Frau wie ihr, die ihr Leben ganz dem politischen Kampf gewidmet hat, die Tür zu neuen Welten eröffnen, die von einer Einmischung des Menschen verschont blieben.

Es ist, als wolle Rosa auf diese Weise dem »Allzumenschlichen« in Politik, Geschichte und Wirtschaft entfliehen.

Sie interessiert sich für die Botanik und ganz allgemein für die Naturwissenschaften: »Ich arbeite jetzt an der Geologie und habe viel Freude, der Horizont weitet sich einem ordentlich aus.«

Sie malt auch und legt ihre Bilder, darunter ein Selbstporträt, dem Maler Hans Kautsky, Karls Bruder, zur Begutachtung vor. Außerdem liest sie und kommentiert das Gelesene. Ihr kritischer Verstand ist immer aufnahmebereit.

»Am Sonntag waren wir mit Hannes [Hans Diefenbach] spazieren in Friedenauer Gefilden, lasen dann ein Buch Hafis-Gedichte (den Original-Hafis, an dem sich Goethe im ›Diwan‹ inspirierte), natürlich deutsch. Das Original ist diesmal schöner als die Nachahmung.«

Man spürt – und das ist es auch, was Rosa an der politischen Arbeit stört, auf die sie gleichwohl nicht verzichten kann –, daß sie sich für alle Dinge des Lebens begeistert, seien es nun Vögel oder Blumen, tektonische Bewegungen oder die Werke der Literatur. Sie, die vielseitig talentierte Intellektuelle und sensible Beobachterin, findet im Dialog mit der Realität so viele Denkanstöße, daß sie ihrem Leben jederzeit eine andere Richtung geben könnte als diejenige, die sie eingeschlagen und die sie in die Politik geführt hat.

Sie gerät zwar nie ernsthaft in Versuchung, ihrem Leben eine völlig andere Wendung zu geben, doch manchmal spürt man, daß sie sich dieser Möglichkeit durchaus bewußt ist.

Im September 1909 greift sie nicht in die parteiinternen Debatten ein, ja sie bleibt sogar dem SPD-Parteitag fern, der im gleichen Monat in Leipzig stattfindet. Noch ist alles zu festgefahren, noch kapselt sie sich von der Außenwelt ab.

»Ich lebe, zu Hause wie auf der Straße, so in mich gekehrt, daß ich mich beim Gehen erst daran erinnern muß, wo ich bin.«

Vielleicht hätte sie auch in einer Lehr- und Forschungstätigkeit Befriedigung finden können.

Wenn sie über ihre Arbeit als Dozentin an der Parteischule spricht, wird deutlich, daß diese Aufgabe sie begeistert und ausfüllt. Je älter sie wird, desto deutlicher stellt sie ihr beispielloses Talent unter Beweis. Sie stützt sich auf eine klassische Bildung und verfügt über Kenntnisse in Literatur und Musik, die weit über die Fächer, die sie unterrichtet, hinausreichen.

Sie bereitet sich auf ihre Vorlesungen, wie etwa über die Geschichte des internationalen Sozialismus, gewissenhaft vor: »...denn man will doch auch nicht bloß wiederholen, man will selbst für jeden neuen Kursus wieder frisches Material sammeln, ausbauen, ändern, bessern.«

Der Eifer, den sie entfaltet, ist enorm. Sie arbeitet gründlich die Literatur durch, wählt einige Originaltexte aus und bringt so viel an eigenen Gedanken ein, daß ihr die Kurse als Grundlage für eine Arbeit dienen, die sie schon seit längerem geplant hat und die sie im Frühjahr 1910 in Angriff nimmt: ihre *Einführung in die Nationalökonomie*. Sie macht eine Gliederung, legt den Umfang fest und kann Leo Jogiches sogar berichten, daß sie glücklich wäre, wenn sie von einem Verleger fünfzig Mark pro Druckseite erhielte.

Unter diesen Bedingungen sind die Ferien fast zu kurz, um die folgenden Kurse vorzubereiten und die erforderliche Literatur zu lesen: »Mir ist immer nach Schluß des schweren Kursus das freie Sommerhalbjahr eine direkte Erlösung...«

Aber sie ist nicht nur eine Lehrerin, nicht nur eine Intellektuelle. Und selbst wenn sie es sein wollte, es ginge nicht mehr. Seit sie denken kann, engagiert sie sich im politischen Kampf. Und mit vierzig kann man nicht mehr aus seiner Haut.

Und in der Tat, kaum gerät wieder Bewegung in die Politik, kaum tun sich neue Perspektiven auf, wirft sich Rosa wieder mit Begeisterung ins Kampfgetümmel, als sei ihr Teilrückzug, ihre intellektuelle und künstlerische Betätigung nur ein Mittel gewesen, Kraft zu schöpfen für neue Aufgaben.

Und im Herbst, dann im Winter 1909/10, ändert sich das politische Klima in Deutschland.

Die sozialen und politischen Konflikte im Reich spitzten sich zu. Der Grund waren die imperialistischen Bestrebungen Kaiser Wilhelms II.

Um seine ehrgeizige Rüstungspolitik zu finanzieren, mußte das Reich neue Steuern erheben. Doch die konservativen Junker, die preußischen Großgrundbesitzer, lehnten jede Besteuerung ihres Besitzes ab. Kanzler von Bülow mußte seinen Sessel räumen. Doch sein Nachfolger, Theobald von Bethmann Hollweg, stand vor dem gleichen Problem und legte deshalb einen Entwurf für eine Reform des undemokratischen preußischen Dreiklassenwahlrechts vor – ein Entwurf, der in Anbetracht der sozialen Stellung der Junker im kaiserlichen Deutschland freilich nur halbherzig ausfallen konnte.

Welche Haltung sollte die SPD in dieser Frage einnehmen?

Seit dem Zerfall der Bülow-Koalition hoffte sie darauf, unter den Liberalen und den Fortschrittlichen, die sich im Frühjahr 1910 neu formierten, Verbündete zu finden.

Also rief sie ihre Mitglieder dazu auf, Ruhe zu bewahren und auf Streiks und Demonstrationen zu verzichten. Sie suchte ihr Heil ausschließlich in einem Wahlsieg und fürchtete alles, was sie in Mißkredit bringen konnte. Aber Rosa war nicht die Frau, die sich mit dieser Politik des vorsichtigen Abwartens begnügen konnte.

»Wenn man glaubt, die Massen nur durch positive Trinkgelder erkaufen zu können«, sagte sie, »... kommt man zum Schluß um das Vertrauen der Masse und um die Achtung der politischen Gegner, man gewinnt nichts, man verliert alles.«

Rosa spürte instinktiv, daß ein Ruck durch die »Massen« ging. Die Delegierten beim preußischen Parteitag im Januar 1910 schlugen militante Töne an und riefen dazu auf, sich mit aller Kraft in den Kampf zu stürzen und einen »Wahlrechtssturm« zu entfesseln.

Im Februar und März kam es zu Demonstrationen, zunächst in Berlin, dann in Frankfurt. Dann folgten Streiks. Über 300 000 Arbeiter traten in den Ausstand. Bei Zusammenstößen mit Polizei und Militär gab es Verletzte.

Rosa verfolgte die Vorgänge mit gespannter Aufmerksamkeit, jederzeit zum Eingreifen bereit. Sie empfand diese Atmosphäre – wie schon 1905 und 1906 – als Aufforderung, persönlich in Aktion zu treten, wie eine Befreiung, die ungeahnte Energien in ihr freisetzte.

Als Intellektuelle und Politikerin glaubte sie in diesem Frühjahr 1910 in Deutschland die Vorzeichen eines revolutionären Erdbebens zu erkennen, die sie in ihrer Haltung bestätigten. Und Deutschland würde das Epizentrum dieses Erdbebens sein.

Doch zunächst mußten die Voraussetzungen dafür geschaffen werden. Sie mußte sich an die »Massen« wenden, sie »aufklären« und »erziehen« und darauf hinwirken, daß die Bewegung die gewerkschaftliche Forderung nach höheren Löhnen und die politische Forderung nach einem gleichen, allgemeinen und direkten Wahlrecht miteinander verknüpfte.

Von nun an behielt Rosa die SPD-Führer scharf im Auge. Sie hatte den Verdacht, daß sie die Bewegung der »Massen« unterdrücken, zumindest aber bremsen wollten, um die Chancen der Partei bei den Reichstagswahlen 1912 zu wahren.

Doch Rosa hielt wenig von »Trinkgeldern« für die Massen. Und so ergriff sie im Frühjahr 1910 die Initiative. Durch Reden und Zeitungsartikel versuchte sie, die entstehende Bewegung zu radikalisieren.

Das Gefühl, daß die deutschen Massen endlich aufhorchten und bereit waren, ihr zuzuhören, verdoppelte ihre Kräfte: »Aber ich verspreche mir jetzt im allgemeinen, viel mehr zu agitieren als in den letzten zwei Jahren«, sagte sie voller Entschlossenheit und Enthusiasmus. Sie wollte handeln, denn der Moment schien günstig.

Sie lockte viele Menschen in ihre Versammlungen, erntete für ihre klaren, verständlichen Ausführungen viel Beifall und harrte jedesmal zwei Stunden oder länger auf dem Podium aus. Und nach den Versammlungen war sie gleichermaßen erschöpft wie überzeugt, daß der »grandiose« Empfang, den man ihr bereitet hatte, ein Indiz für die Stimmung unter den Massen und die Lage im Land war.

Oft kritzelte sie ein paar Worte auf eine Postkarte und erstattete ihren Freunden Bericht: »Ich wartete in Hösel [Heiligenhaus] auf Anschluß«, schrieb sie einmal. »Die Versammlung war überfüllt (ich schätze auf 200), äußerst aufmerksam und stimmte mir sehr zu ... Ich mußte sehr populär reden und redete deshalb zweieinhalb Stunden! ... Die Leute waren sehr zufrieden. Amen. Grüße.«

Der Erfolg beflügelte sie und ließ sie ihre Erschöpfung vergessen. Zwischen dem 5. und 17. April 1910 fuhr sie von Breslau nach Kiel, von Dortmund nach Elberfeld, von Frankfurt nach Berlin, und wenn sie im Zug saß, schrieb sie Artikel. Sie gönnte sich nur dann etwas Ruhe, wenn eine Erkrankung sie zwang, das Bett zu hüten.

Und sie trat sogar in Gegenden auf, in denen ihre Gegner, die Revisionisten, in der Partei den Ton angaben. So reiste sie beispielsweise nach Baden. Die dortigen Parteiführer, die eine gemäßigte Linie vertraten, wollten erneut für das Landesbudget stimmen und verfolgten somit eine Politik, die Rosas Zielen völlig entgegengesetzt war.

Rosa forderte sie heraus, denn sie war fest davon überzeugt, daß sie durch die Verbreitung ihrer Ideen die revolutionären Massen über kurz oder lang dazu bringen konnte, sich zu erheben.

Und so vergaß sie über der Begeisterung in den Versammlungen die Realität der deutschen Gesellschaft. Sie hielt ein paar hundert Aktivisten für ein Spiegelbild der Bevölkerung, schloß von ihren

Reaktionen auf die Stimmung im Proletariat, verwechselte eine »Minderheit« mit der »Masse«. Die Zustimmung machte sie blind für die wahren Kräfteverhältnisse in dieser Partei, die sie als Hebel benutzen wollte.

Natürlich merkte Rosa, daß der Parteivorstand und die Zeitungen, die er kontrollierte, der Bewegung Steine in den Weg legten.

Sie war darüber empört, daß bei Abendversammlungen zum Thema Wahlrechtsreform nur Redner »der vierten und fünften Garnitur« aufgeboten wurden. »Außerdem«, so monierte sie, »war im voraus im *Vorwärts* verboten, etwa nach den Versammlungen Straßendemonstrationen zu machen.«

Doch dem ließ sich abhelfen. Sobald sie per Zufall erfuhr, daß ein Redner ausfiel, sprang sie in die Bresche. So auch am 12. März 1910. Später berichtete sie: »Ich hielt abends also eine Rede im IV. Wahlkreis. Die Versammlung war zum Umkommen voll (ca. eineinhalb Tausend), Stimmung glänzend. Ich zog natürlich gehörig vom Leder, und das fand stürmische Zustimmung.« Auch ihre Freunde Hannes Diefenbach und Kostja Zetkin waren da und beglückwünschten sie.

Aus ganz Deutschland erhielt sie telefonische Einladungen zu Versammlungen. »Ich überlege«, sagte sie, »ob ich nicht nächstens die Schule hinschmeiße und ins Land ziehe, um überall einzuheizen.«

Aber Reden halten allein hatte Rosa niemals genügt. Sie war eine Frau der Feder, ein Polemikerin, die stets versuchte, Ziele zu formulieren und den Parteivorstand an den Pranger zu stellen, wenn er in ihren Augen versuchte, die Diskussion zu unterbinden.

So schrieb sie einen Artikel, in dem sie, ausgehend von der augenblicklichen Protestbewegung im Land, die nächsten Etappen absteckte.

Was weiter? fragte sie in der Überschrift des Artikels.

Es sei nötig, so schrieb sie, die Streiks auszuweiten und die Massen »weiter zu radikalisieren«. Zu diesem Zweck müsse man ihnen ein politisches Ziel vorgeben und – warum auch nicht? – das Thema Republik aufs Tapet bringen.

Ein kühner Schritt! Eine Provokation sogar, und nicht nur für die Organe des kaiserlichen Staates, die Rosa bekämpfte, sondern auch für den SPD-Vorstand, der formell zwar stets die Republik gefordert, sie aber nie zum politischen Ziel erhoben hatte. Die Partei war am politischen Spiel in Deutschland beteiligt und respektierte die kaiserlichen Institutionen.

Aber genau das wollte Rosa ändern, denn ihrer Meinung nach spielte die Partei ein falsches und obendrein nutzloses Spiel. Sie wollte zwischen der Sozialdemokratie und der Staatsmacht ein Klima der Spannung erzeugen, das geeignet war, die »Massen« in die Offensive zu treiben.

Doch die Partei war strikt gegen eine solche Strategie. Am 2. März 1910 lehnte der *Vorwärts* die Veröffentlichung von Rosas Artikel ab. Aber so leicht gab sie nicht auf, wenn es galt, einen, wie sie meinte, richtigen Standpunkt und eine wirkungsvolle Taktik zu verteidigen.

Also bat sie ihren Freund Kautsky, den Text in der Zeitschrift *Neue Zeit* zu veröffentlichen.

Die freundschaftliche Beziehung zwischen den beiden war zu diesem Zeitpunkt nur noch eine Fassade, hinter der sich persönliche Irritationen und handfeste politische Differenzen verbargen.

Kautsky lehnte alle Passagen über die Republik ab und erteilte ihr, obwohl er den Rest des Artikels zunächst akzeptiert hatte, eine Abfuhr.

Es war, als breche ein Geschwür auf, als mache Rosa ihrem Herzen Luft und zeige zum ersten Mal ihre wahren Gefühle.

»Diesem Feigling«, wetterte sie gegen Karl Kautsky, »der nur Mut findet, anderen in den Rücken zu fallen, will ich's besorgen.«

Von einem Moment zum anderen schlug die alte Freundschaft – und zuerst auf Rosas Seite – in bitteren Groll und persönliche Polemik um.

Zunächst versuchte Rosa, den Artikel woanders unterzubringen. Sie schrieb ihn um und machte aus dem Teil über die Republik einen selbständigen Text. Als er hier und dort in einigen Zeitungen abgedruckt wurde, triumphierte Rosa: »Mit der ›Republik‹ ist dem K. K.

ein merkwürdiger Schwupper passiert: Jener ›Passus‹ über die Republik, den er nicht aufnehmen wollte, ist nun als selbständiger Artikel... in der Breslauer, Dortmunder und vielleicht in einem Dutzend Blättern erschienen! Und jetzt wirft mir K. vor, ich hätte ›selbst auf ihn verzichtet‹!«

Sie verabscheute derartige Winkelzüge und Lügen. Alles, was ihr, besonders seit ihrer Rückkehr aus Polen 1906, an Kautskys Charakter negativ aufgefallen war, schien sich nun zu bestätigen.

»Mit Kautsky«, schrieb sie, »habe ich einen regelrechten Skandal. Heute morgen hat er mir zum dritten Mal das Manuskript zurückgeschickt... Dazu noch schickte er mir das Manuskript mit der Post, ganz ohne Eile...« Und zynisch fügte sie hinzu: »Aber ich habe natürlich keine Möglichkeit, ihn zu zwingen. Er ist wütend wegen der Prügel, die er bezieht, also rächt er sich.«

Er war kleinkariert in ihren Augen. Er kuschte vor den »höheren Instanzen«. Er wich aus. Er log. Er hatte keinen Mut.

Spöttisch schrieb sie Clara Zetkin: »Nun bekam es mein Karl furchtbar mit der Angst und flehte mich vor allem an, den Passus über die Republik zu streichen.« Außerdem habe er sich Bebel gebeugt, der die Parole ausgegeben habe: kein Wort zum Thema Massenstreik! Wie konnte sie da noch Achtung vor ihm haben?

Sie selbst äußerte nicht nur offen ihre Meinung, sie bewies sogar physischen Mut.

So hatte sie am 6. März mit Kostja Zetkin und dem befreundeten Anwalt Kurt Rosenfeld an einer Demonstration teilgenommen: »Die Massen reißen zwar noch beim ersten Anblick der Polizeipferde und der blanken Säbel kopflos aus (wir mit Deinem Sohn und mit Rosenfeldchen blieben immer standhaft auf dem Platz, und die Kerle wagten uns natürlich nichts zu machen), aber auch das Nichtausreißen muß gelernt werden!«

Aber woher sollten die »Massen« den Mut nehmen, sich zu wehren, wenn schon Parteiführer wie Kautsky Feiglinge waren?

Man brauchte echte Führungspersönlichkeiten, denn »gebricht es der leitenden Partei im Moment an Entschlossenheit, der Masse die nötige Parole zu geben, dann bemächtigt sich ihrer unvermeidlich eine gewisse Enttäuschung, der Elan verschwindet, und die Aktion bricht in sich zusammen«.

Rosas Wut auf Karl Kautsky hatte also beileibe nicht nur persönliche Gründe – auch wenn die Beziehung zwischen den beiden der Polemik eine besondere Note gab.

In Wahrheit ging es um zwei unterschiedliche politische Optionen.

Kautsky hielt die Situation noch nicht reif für einen Massenstreik oder eine offensive Aktion. Als Antwort auf Rosa schrieb er einen Artikel mit dem Titel *Was nun?*, in dem er den Standpunkt vertrat, daß »die Erregung der Massen noch lange nicht ausreichend« sei.

Er selbst plädierte für eine »Ermattungsstrategie« im Stile des römischen Feldherrn Fabius Cunctator, der auf diese Weise Hannibal besiegt hatte.

Rosa lachte über solche Argumente und überschüttete Kautsky mit Spott, ja, sie ging sogar noch weiter: Sie zitierte aus Privatbriefen, die er ihr geschrieben hatte, und brachte ihn dadurch in eine peinliche Lage, da nun jeder sehen konnte, daß er in der Öffentlichkeit eine andere Meinung vertrat als privat. Voller Verachtung rief sie ihm zu: »Zum Bremsen, Genosse Kautsky, brauchen wir Sie nicht!«

Er war getroffen, verletzt, und Rosa, die sonst durchaus Rücksicht auf andere nahm und die Gefühle von Freunden respektierte, attackierte diesen Mann, der nun ihr politischer Gegner geworden war, mit einer Schonungslosigkeit, ja fast Unmenschlichkeit, als habe die politische Leidenschaft jede Rücksichtnahme hinweggefegt.

»Aus Berlin schreibt man mir«, vertraute sie Leo Jogiches an, »daß er [Kautsky] nicht mehr ganz bei Sinnen ist durch meinen Artikel, ›kriegt bei jedem Wort einen roten Kopf, schlägt mit der Faust auf den Tisch und hat jeden Rest von journalistischem Anstand und Menschenverstand verloren‹.«

Und mit perfider Arglosigkeit schrieb sie weiter Briefe an ihre »liebste Lulu«, Karl Kautskys Ehefrau, die nun ihre Komplizin gegen Karl wurde.

»Alles geht gut«, teilte sie ihr mit, »acht Versammlungen habe ich schon hinter mir... Der Artikel von Karl ruft Achselzucken hervor... Sag ihm, daß ich die Loyalität und Freundschaft dieser kleinen Mittelchen wohl zu taxieren weiß, daß er sich aber mit seinem tapferen Mir-in-den-Rücken-Fallen bös in die Nesseln gesetzt hat.« Und nachdem sie ihr das aufgetragen hatte, fuhr sie fort: »Wie geht es Euch? Was macht meine Mimi [Rosas Katze]?«

Ein andermal schrieb sie Luise:

> »Daß ich zu Dir stets gleich stehe, weißt Du... Du darfst, Du sollst nicht schwarzsehen. Nimm alles ruhig hin, bewahre Dir doch Deine Heiterkeit! Daß ich Dich diesmal nicht trösten und nicht heiter machen darf, ist mir das Schlimmste von allem.
> Leb wohl und sei fröhlich.
>
> Deine Rosa«

Es bedurfte schon der Kraft und der facettenreichen Persönlichkeit Rosas, um die Spannungen zu ertragen, die zwangsläufig entstanden, wenn sie zu der Ehefrau des Mannes, dem sie so übel zusetzte, weiterhin freundschaftliche Kontakte pflegte.

Luise litt, und Karl war am Boden zerstört. Dieser sanftmütige Mann, der zwischen den »fanatischen« Anhängern des Massenstreiks im Stile Rosas und den Ungeduldigen, die nur von einem Regierungsposten träumten, vermitteln wollte, fühlte sich verleumdet und unverstanden.

Im Juli 1910 schrieb er niedergeschlagen an seine Mutter: »Die Polemik mit der Rosa geht ja weiter... Das schwerste Geschütz wird jetzt aufgefahren. Die Polemik hat leider sehr rasch das Stadium überschritten, in dem sie, wenigstens für mich, interessant und anregend ist. Sie wird unerquicklich, tritt aus dem wissenschaftlichen Stadium des Strebens nach Wahrheit in das advokatorische rechthaberischer Rabulistik, worin Rosa Großes leistet...«

Einige Wochen später, im August 1910, fiel Kautsky in eine tiefe

Depression und mußte sich für mehrere Monate von der politischen Bühne zurückziehen.

»Einige Leute«, schrieb Rosa an Leo Jogiches, »haben mir zu verstehen gegeben, daß das meine Schuld sei.« Doch man hat nicht den Eindruck, daß ihr das naheging. Sobald es um den politischen Kampf oder um Grundsatzfragen ging, war sie eine unerbittliche, fast unmenschliche Gegnerin.

Aber was hielt sie selbst für »unmenschlich«? Nun, wenn man den »Massen« nicht die Gelegenheit gab, sich durch politische Aktionen zu befreien, und damit ihre Bewegung bremste. Ein solches Verhalten war unverzeihlich, zumal von einem Parteiführer.

Ebenso unverzeihlich war, wenn jemand seine Ideen nicht bis zum letzten verteidigte, und sollte es ihn auch das Leben kosten.

Zwischen Rosa und den führenden Sozialdemokraten tat sich ein Graben auf. Der SPD-Vorstand hielt sie für eine unnachgiebige und verantwortungslose Streberin, die, nur von persönlichem Ehrgeiz getrieben, Genossen attackierte und nicht einmal die Privatkorrespondenz respektierte.

Nicht einmal Lenin, der bei Kontroversen ähnlich scharfe Töne anschlug wie Rosa, billigte ihre Angriffe auf Kautsky, und Trotzki notierte: »Ich habe jedenfalls noch keinen einzigen Genossen gesehen – selbst aus der Mitte der Bolschewiks –, der sich mit Luxemburg zu solidarisieren wagte. Was meine Wenigkeit betrifft, so meine ich, daß das treibende ›taktische‹ Moment bei Luxemburg die noble Ungeduld ist. Das ist eine sehr schöne Eigenschaft, aber sie zum leitenden Prinzip für die Partei zu erheben wäre ein Unsinn. Das ist doch die alte echt-russische Methode . . .«

Wenn schon die russischen Revolutionäre so über Rosa dachten, kann man sich ausmalen, was die deutschen Sozialdemokraten von ihr hielten und wie isoliert sie in der Partei war. Der Österreicher Victor Adler brachte die Gefühle der Parteiführung in einem Brief an Bebel zum Ausdruck: »Ich habe ja genug Gemeinheit in mir, um einige Schadenfreude daran zu haben, was Karl jetzt an seiner Freundin erlebt – aber es ist wirklich arg – das giftige Luder wird noch sehr viel Schaden anrichten, um so größeren, weil sie blitzgescheit ist, während ihr jedes Gefühl für Verantwortung vollständig fehlt und ihr einziges Motiv eine geradezu perverse Rechthaberei ist. Stell Dir vor, Klara hätte ihr Mandat schon und säße mit Rosa im Reichstag! Da würdet Ihr erst was erleben...«

Rosa stand in diesem Jahr 1910 also fast völlig allein. Einige Freunde wie Clara Zetkin, Konrad Haenisch, ein Journalist aus dem Ruhrgebiet, und ihr alter polnischer Genosse Marchlewski unterstützten sie zwar, aber das waren nur wenige im Vergleich zu den vielen, mit denen sie gebrochen hatte, mit einigen, wie Mehring, nur vorübergehend, mit anderen für immer.

Und dennoch sprach sich Bebel, ihr erklärter Gegner, 1910 noch dagegen aus, sie zum Austritt aus der Partei zu zwingen. Er brauchte Rosa als Gegengewicht zu den »Opportunisten« in Süddeutschland, die zu einem Arrangement mit der Staatsmacht bereit waren. Und so antwortete er Adler: »›Trotz aller Giftmischerei möchte ich das Frauenzimmer in der Partei nicht missen.«

Bebel konnte sich nicht zuletzt auch deshalb so großmütig zeigen, weil ihr Einfluß in der Partei mittlerweile gleich Null war.

Auf dem Magdeburger Parteitag im September 1910 konnte sie nicht einmal mehr ihre Rede beenden, weil sie von den süddeutschen Delegierten ausgebuht wurde. Sie hatte darzulegen versucht, daß es nutzlos sei, den »Opportunismus« im Süden zu bekämpfen, wie Bebel vorgab, und gleichzeitig die Bewegung der Massen zu bremsen. Dies sei nur eine andere Form des Opportunismus, eine andere Form der Kapitulation. Sie mußte ihre Rede vorzeitig abbrechen und stieg als Verliererin vom Podium.

Beim Bernstein-Streit hatte sie noch auf ihre Freunde zählen können. Sie hatten ihr die *Neue Zeit* und die *Leipziger Volkszeitung* als Sprachrohr zur Verfügung gestellt. Doch nun hatte sie in der Parteiführung keinen Rückhalt mehr. Die Zeit der gemeinsamen Abendessen mit Kautsky und Bebel war endgültig vorbei.

Sie, der man übertriebenen persönlichen Ehrgeiz vorwarf, hatte sich von ihrer politischen Leidenschaft, ihren Ansichten, ihrem Glauben und ihrem Charakter mitreißen lassen und im Namen ihrer Prinzipien alle Brücken hinter sich abgebrochen.

Am 23. September 1910, am letzten Abend des Magdeburger Parteitags, schreibt sie einige Zeilen an Leo Jogiches. Und zum ersten Mal seit Monaten schildert sie ihm, wenn auch in nüchternen Worten, ihre Gefühle. »Ich fühle mich wie ein geprügelter Hund, und es scheint mir, daß ich eine eklatante Niederlage erlitten habe. All das hier beschreiben, kann ich nicht.« Und als sei ihr dieses Geständnis gegen ihren Willen entschlüpft, fügt sie mit trotzigem Stolz hinzu: »Aber eines muß ich von vornherein sagen: Ich bin physisch fertig. Innerhalb der nächsten 3–4 Tage kann von irgendeiner Arbeit nicht einmal die Rede sein, ich bin weder imstande zu denken noch zu schlafen oder zu essen... Dieser Parteitag hat mich Kraft und Gesundheit für zwei Monate gekostet.«

Als ob sie so lange untätig bleiben könnte!

Und sie weiß es, denn gleich darauf spricht sie davon, daß sie eine Woche später eine Rede halten muß: »Wie ich mich auf das wichtige Referat bei den Metallarbeitern am 1. vorbereiten soll, ist mir ein Geheimnis.«

In dieser Tatkraft, die sie immer wieder antreibt, liegt in der Tat das »Geheimnis« ihrer Persönlichkeit. Es scheint sogar, daß sie aus den Angriffen, die sich mehr gegen ihre Person als gegen die von ihr vertretenen Ideen richten, neue Kraft schöpft. Daß jede Beleidigung sie von der Richtigkeit und Notwendigkeit ihrer Sache überzeugt.

So wird die Einsamkeit für sie zu einem zusätzlichen Beweis, daß sie recht hat: Ich bin allein, man haßt mich, also habe ich recht. Zwischen ihr und diesem abstrakten Gebilde, das sie die Massen nennt, ist nichts, als stehe sie wie eine *Mystikerin* zwischen *Gott* (der Geschichte und ihrem Sinn) und den *Heiden* (den Massen), die es zu bekehren und zu begeistern gilt, als sei sie zu jedem Opfer bereit, da Gottes Zeugen den Tod nicht fürchten. Gott – die Geschichte und die Massen – wird die Seinen belohnen.

Auch wenn die vielseitige Persönlichkeit Rosas sich nicht auf diese Haltung reduzieren läßt, so erinnert ihr politisches Engagement, das sie als selbstverständliche Gabe begreift, doch in gewisser Hinsicht an die Haltung von »Gläubigen«, die zum Martyrium bereit

Rosa Luxemburg und Clara Zetkin auf dem Weg zum SPD-Parteitag in Magdeburg, September 1910. (Foto: Archiv für Kunst und Geschichte)

sind. Und die in den Prüfungen, von denen sie heimgesucht werden, einen zusätzlichen Grund finden, in ihrem Tun nicht nachzulassen.

Hat man diesen Weg erst einmal eingeschlagen und begonnen, den Kalvarienberg zu erklimmen, dann ist an eine Umkehr nicht mehr zu denken.

Rosa muß ihren Weg zu Ende gehen.

Und doch häufen sich die antisemitischen Beleidigungen, wie sie niederträchtiger nicht sein könnten.

In der Zeitung *Freies Denken,* die von dem Schriftsteller Andrzej Niemojewski geleitet wird, geißeln die polnischen Nationalisten »ihre semitische Hysterie und ihren ererbten Haß auf unser Mutterland«.

»Die Vorfahren dieser Dame«, so heißt es dort weiter, »haben das gemeine Volk mit Wodka versorgt. Rosa Luxemburg schenkt zwar keinen Schnaps mehr aus, aber was sie dem Volk in Gestalt von Artikeln und Broschüren zu trinken gibt, hat alle Eigenschaften von literarischem Branntwein...«

Was tun? Leo Jogiches veröffentlichte im Parteiorgan seiner SDKPiL eine Reihe von Artikeln, in denen sozialistische Führer von Jaurès bis Bebel den Antisemitismus verurteilten. Rosa selbst antwortete den polnischen Nationalisten zwar regelmäßig, vermied es aber stets, auf antisemitische Schmähungen einzugehen. Es war, als lehne sie es ab, sich zu einer derartigen Polemik herabzulassen, oder als distanziere sie sich von ihrer lästigen Herkunft, weil jede Kategorie, die nicht ideologischer Natur war und sich nicht auf den Klassencharakter der Gesellschaft bezog, als zu beschränkt verworfen werden mußte.

Jüdin, so schien sie zu sagen, war sie nur in den Augen der anderen. Sie selbst verstand sich nicht als Jüdin, sondern als eine Intellektuelle und Revolutionärin, die für die Befreiung aller Menschen kämpfte. Der »Jude« hatte in diesem Weltbild keinen höheren Stellenwert als diese oder jene andere Kategorie von Ausgebeuteten.

Aber wurde sie nicht auch als Frau angegriffen? Wurde ihr in gewissen Flugblättern nicht vorgeworfen, daß sie ein ausschweifendes Sexualleben führe? Und daß sie, als Sozialistin, für die wilde Ehe sei?

Einige Genossen beschworen sie, etwas zu unternehmen und die Verleumder zu verklagen. Doch sie entgegnete: »Ich werde mich hüten.« So etwas kam für sie aus Prinzip nicht in Frage.

Man durfte nicht zulassen, daß die politische Aktion und Polemik auf Fragen persönlicher Empfindlichkeiten beschränkt wurden.

Man durfte einen Mann angreifen, um die Ideen, die er vertrat, zu kritisieren, so wie es Rosa mit Karl Kautsky getan hatte. Aber wenn die Angriffe gegen die Person zielten, durfte man sich nicht etwa verteidigen, sondern mußte auf dem Feld der Ideen zurückschlagen.

An diese Regel hielt sich Rosa und verachtete jeden, der sie persönlich verunglimpfte.

Aber war sie wirklich so gelassen, wie sie vorgab, oder verbot es ihr einfach der Stolz zu reagieren, wenn man ihr Privatleben oder ihre Abstammung ins Spiel brachte?

Die Heftigkeit ihrer Reaktionen zeigt, daß sie sich zu dieser Zurückhaltung zwang, aber sie vergaß nichts. Alles, was sie erdulden mußte, bestärkte sie nur in ihrer Entschlossenheit zu politischem Handeln – und in ihrem Haß.

Sie war kein Mensch, der sich ohrfeigen ließ und dann die andere Backe hinhielt. Sie hielt es eher mit der Losung der Anarchisten jener Zeit: »Für ein Auge beide Augen, für einen Zahn das ganze Maul.« Und wehe, wenn sie jemand verhöhnte! Die leicht verletzbare Rosa ließ nichts durchgehen.

Das Jahr 1911, in dessen Verlauf sie heftigen Angriffen ausgesetzt ist, verändert ihr Leben.

Sie ist zur Zielscheibe geworden, zu einer Art Symbolfigur. Jeder kennt sie, die meisten hassen sie. An ihr entzünden sich die politischen Leidenschaften. Sie kann die schlimmsten Aggressionen gegen ihre Person hervorrufen.

Das Jahr 1911 steht ganz im Zeichen des erstarkenden Nationalismus und Chauvinismus und markiert somit den eigentlichen Beginn der Vorkriegszeit. Und in diesem politischen Klima hat sie, die polnische Jüdin, es gewagt, sich zur Vorkämpferin des Internationalismus aufzuschwingen und aus der Gemeinschaft der Deutschen, die sich vom Imperialismus zu einer aggressiven Politik verleiten läßt, auszuscheren.

Unter dem Vorwand, einem Hilferuf des Sultans von Marokko Folge zu leisten, marschieren französische Truppen in Fes ein, angeblich, um in der Stadt die Ordnung wiederherzustellen. Daraufhin beschließt Kaiser Wilhelm II. am 1. Juli 1911, zum Schutz der deutschen Interessen in der Region das Kanonenboot *Panther* nach Agadir zu entsenden. Mit dieser Drohgebärde will er deutlich machen, daß Deutschland Ansprüche auf die Bodenschätze im Süden Marokkos erhebt und, da Frankreich die Vereinbarungen von Algeciras aus dem Jahr 1906 verletzt hat, auf einer Wiederaufnahme der Verhandlungen besteht.

Ein Aufschrei ging durch die europäische Presse. »Die deutsche Intervention kommt wie ein Blitz aus heiterem Himmel«, kommentierte der *Observer*. Von einem bevorstehenden Krieg zwischen Frankreich und Deutschland war die Rede, und am 21. März 1911 meldete die Nachrichtenagentur Reuter sogar erste Kampfhandlungen.

In Anbetracht des drohenden Krieges sandte der Belgier Camille Huysmans, der Sekretär des Internationalen Sozialistischen Büros, ein Rundschreiben an die Parteien aller betroffenen Länder und fragte an, wie sie auf die Krise zu reagieren gedächten.

Molkenbuhr, der Vertreter der deutschen Sozialdemokratie, antwortete vorsichtig. Er wußte, daß die Partei mitten in den Vorbereitungen für die Reichstagswahlen im kommenden Jahr steckte. Er sah voraus, daß eine Welle des Nationalismus das Land erfassen würde, und wollte vermeiden, daß die chauvinistische Begeisterung, wie schon 1906, abermals zu Lasten der Partei ging. Also empfahl er, sich bedeckt zu halten, keine Position zu beziehen. Im übrigen, so argumentierte er, liege es gar nicht im Interesse der kapitalistischen Staaten, wegen Marokko einen Krieg zu beginnen. Und er fuhr fort: »Für uns ist es ein Lebensinteresse, die inneren Vorgänge: Steuerpolitik, Agrarprivilegien, Versicherungsordnung usw., nicht in der Diskussion zurückdrängen zu lassen. Das könnte aber geschehen, wenn wir selbst in jedem Dorf über die Marokkofrage reden und damit die Gegenströmung fördern würden.« Vorsicht also. Erst einmal abwarten.

Aber Rosa brannte vor Ungeduld. Sie erkannte den Ernst der internationalen Spannungen, und vor allem begriff sie, wohin die weitere Entwicklung führen würde: zu immer häufigeren Zusammenstößen der imperialistischen Staaten, zu einer Aufteilung der Welt und am Ende schließlich zu einem Krieg, in dem die Karten neu gemischt wurden.

Sie war empört über das Schweigen der Sozialdemokratie und ihre Weigerung, eine klare Parole auszugeben. Und als sie in ihrer Eigenschaft als Mitglied des Internationalen Sozialistischen Büros – sie vertrat dort die SDKPiL – Kopien von Huysmans Brief und von der Antwort des Deutschen Molkenbuhr erhielt, machte sie ihrer Empörung Luft.

Am 24. Juli 1911, auf dem Höhepunkt der zweiten Marokkokrise, als die konservative und nationalistische Presse in patriotische Begeisterung ausgebrochen war, veröffentlichte sie Molkenbuhrs Schreiben zusammen mit einer beißenden Kritik an der Haltung der Sozialdemokraten.

Rosa warf der Partei vor, ihrer großen Verantwortung und ihrer Rolle in der Sozialistischen Internationale nicht gerecht zu werden. Statt sich nur auf innenpolitische Themen zu beschränken, so forderte sie, sollte sie auch die deutsche Außenpolitik attackieren.

Durch diese Veröffentlichung vertiefte sie den Graben, der sie von der großen Mehrheit der deutschen Sozialdemokraten trennte, noch weiter. Vor die Wahl zwischen den »deutschen Interessen«, wie sie der Kaiser definierte, und dem sozialistischen Internationalismus gestellt, hatte sie sich »gegen« Deutschland entschieden.

Sie ging auf Agitationstour: »Sechs Versammlungen habe ich schon hinter mir, noch sieben vor mir«, schrieb sie. »Alle sind bombenvoll, und die Stimmung der Massen ist famos. Ich spreche überall gegen das Verhalten unserer Fraktion zur Marokkosache und finde überall stürmische Zustimmung. Ich bin selbst überrascht, wie klar und kritisch unsere Massen sind.« Sie verteidigte den Standpunkt des Massenstreiks und der militärischen Gehorsamsverweigerung. »Und überall stimmen die Massen geradezu demonstrativ, stürmisch zu.«

Wieder einmal fühlte sie sich bestätigt. Und wieder glaubte sie, daß die »Massen« – die Zuhörer in ihren Versammlungen – das Land und die deutsche Bevölkerung repräsentierten. »Das zeigt doch, daß die Massen viel besser sind als die parlamentarischen Kretins, die sich für ihre Führer halten.«

Und natürlich vergaß sie darüber ihre physischen Grenzen: »Müde bin ich allerdings, lasse mir aber nichts anmerken.«

Diesmal jedoch ging sie in den Augen der SPD-Führung zu weit. Rosas Strategie kompromittierte die Partei. Durch ihre Kritik an der deutschen Außenpolitik erweckte sie den Eindruck, als verfechte die SPD nicht die nationalen Interessen. In Anbetracht der patriotischen Stimmung im Land konnte das die Partei bei den Reichstagswahlen im Januar 1912 den Sieg kosten.

Rosa mußte isoliert und bloßgestellt werden, eine Aufgabe, die Bebel auf dem Jenaer Parteitag im September 1911 übernahm. Hatte sie, so fragte er, mit der Veröffentlichung des Molkenbuhr-Briefs nicht eine »ernste Indiskretion« begangen? Hatte sie damit nicht der Partei geschadet? Und die Delegierten als Zeugen benennend, rief er: »Dann wißt Ihr, was Ihr von der Kampfesweise der Genossin Luxemburg zu halten habt. Sie hat es im vorigen Jahr mit Kautsky ebenso gemacht...« Und wie immer brachte er geschickt die Lacher auf seine Seite: »Von dem Augenblick an habe ich mir vorgenommen, nicht etwa, du willst nicht mehr an die Genossin Luxemburg schreiben – das geht nicht – aber du willst ihr nichts schreiben, wovon sie möglicherweise Gebrauch machen könnte...«

Schließlich wandte er sich direkt an Rosa: »Das ist die Wirkung Ihres Auftretens, das haben Sie erreicht, und das stimmt genau überein mit der Ansicht, die das Internationale Büro von Ihnen hat.«

Rosa wies in ihrer Entgegnung vergeblich darauf hin, daß es in erster Linie um die Frage gehe, ob man »Protestaktionen gegen den Imperialismus« veranstalten wolle, und daß die Hauptverantwortung nicht bei den Franzosen oder Briten, sondern bei den Deutschen liege. Bebels Anschuldigungen hatten die Delegierten überzeugt.

Er hatte die politische Debatte auf eine persönliche Ebene verlagert. Und obwohl Parteiaktivisten aller Richtungen Rosas Argumente gegen Krieg und Imperialismus unterstützten und sie längst nicht so isoliert war wie noch bei ihrem Streit mit Kautsky über das Thema Massenstreik – auch Franz Mehring stimmte ihr zu –, so repräsentierte sie doch nur eine kleine Minderheit in der Partei.

Im Internationalen Sozialistischen Büro entging Rosa zwar einem Mißtrauensantrag wegen Indiskretion, doch das Büro unterstrich die Notwendigkeit der Geheimhaltung, und Rosa mußte einräumen, einen Fehler begangen zu haben. Lenin und Plechanow hatten gegen sie gestimmt.

Gewiß, sie war durch die Affäre noch bekannter geworden. Und sie hatte abermals den Samen der Rebellion in die ihr zujubelnden Massen gestreut. Aber konnte sie noch Vertrauen in eine Partei haben, die sie von Parteitag zu Parteitag immer weiter an den Rand drängte?

Sie war sich dieses Problems bewußt. Aber sie hatte beschlossen, in der Partei zu bleiben. Als ihre holländische Freundin Henriette Roland-Holst mit dem Gedanken spielte, der Sozialdemokratie ihres Landes den Rücken zu kehren, wurde sie von Rosa belehrt: »Das darfst Du nicht, das darf keiner von uns! Wir dürfen nicht außerhalb der Organisation, außer Kontakt mit den Massen stehen. Die schlechteste Arbeiterpartei ist besser wie keine.«

Mystifizierte sie die Partei? Diese Kirche der Gläubigen des Sozialismus?

Rosa gab ihrer Freundin zu bedenken, daß die Zeiten sich ändern könnten und eine Periode der Umwälzungen den »opportunistischen Mist« hinwegfegen würde.

Sie vertraute auf den Gang der Ereignisse, den Lauf der Geschichte.

271

Aber auf diesen Umschwung durfte man nicht außerhalb der Partei warten.

»Du bist fertig«, schloß sie ernst, »tot für die politische Bewegung, wenn Du abseits stehst. Tu das nicht. Du hast auch gegen die Internationale Verpflichtungen. Bleib in Reih' und Glied, das ist unsere Pflicht, wir sind alle Soldaten. Ich warne Dich vor dem falschen Schritt.«

Die »Soldatin« Rosa sprach von Pflichtgefühl, und an dieser Ermahnung läßt sich ermessen, wie schwer die politische Pflicht auf ihr lastete, dieser hohe moralische Anspruch, um den ihr ganzes Leben kreiste. Zwar wollte sie das Leben in seiner ganzen Vielfalt genießen, interessierte sich für die Kunst und die Naturwissenschaften, sehnte sich nach einer schöpferischen Betätigung – zum Beispiel malte sie immer häufiger, sobald es ihre Zeit erlaubte –, doch alle Facetten ihrer vielseitigen und widersprüchlichen Persönlichkeit waren auf einen Punkt ausgerichtet: die politische Pflicht, die bewußte Entscheidung, nicht abseits zu stehen, sondern in der Organisation zu bleiben. Es blieb ihr also nichts anderes übrig, als mit den Spannungen zu leben.

Und zu diesem Zweck regelte sie ihren Tagesablauf mit fast militärischer Strenge. »Ich stehe um 5 auf«, schrieb sie ihrer »liebsten Lulu« Kautsky, »nehme zweimal täglich kalte Bäder, fühle mich ganz frisch und arbeite, daß die Späne fliegen.«

Doch daneben fand sie auch die Zeit, ein Porträt von Hans Diefenbach zu malen, ihre Katze Mimi zu beobachten und in ihren Briefen ausführlich davon zu berichten oder ihren Bruder zu empfangen, der mit seiner Frau unangemeldet bei ihr hereinplatzte.

Schon seit längerem wollte sie aus ihrer Wohnung in der Cranachstraße Nr. 58 ausziehen, als wollte sie den Bruch mit Kautsky, der nur knapp zehn Minuten von ihr entfernt wohnte, durch eine räumliche Trennung besiegeln.

Außerdem war es noch dieselbe Wohnung, in der sie mit Leo Jogiches zusammengelebt hatte, in die er so oft unbefugt eingedrungen war, in der sie Kostja empfangen und beherbergt hatte. Zu viele Leute kannten diese Adresse in Friedenau.

Sie suchte nach einer Wohnung, die weiter draußen lag, am Rande der Stadt, wo sie vor Besuchern besser geschützt war. Ende 1911 zog sie in den damals noch ländlichen Berliner Vorort Südende.

In der Lindenstraße Nr. 2, so ihre neue Adresse, verfügte sie über fünf Zimmer und eine Küche. Die Wohnung war geräumig, komfortabel und hübsch eingerichtet. Rosa ließ sogar ein Telefon anschließen. Gertrud Zlottko, ihr Zimmermädchen, in das sie volles Vertrauen hatte, kümmerte sich um den Haushalt und versorgte ihre Katze Mimi.

Rosas Verhältnis zu dieser jungen Frau glich eher dem Verhältnis zwischen Lehrerin und Schülerin als dem zwischen Herrin und Dienerin. Sie unterstützte Gertrud nach Kräften mit Ratschlägen und drängte sie, ihre Talente zu entfalten, zu malen, Stenographie zu lernen.

Ein bezeichnendes Verhalten, an dem einerseits Rosas Wunsch deutlich wird, Gertruds Emanzipation als Frau zu fördern, das andererseits aber auch zeigt, daß Rosa Gehorsam erwartete, denn sie verfügte über das notwendige Wissen. Gertrud Zlottko durfte sich nicht so emanzipieren, wie es ihr beliebte. Rosa wußte, was Gertrud zu tun hatte!

Denn Rosa war eine kompromißlose Ratgeberin. Sie glaubte zu wissen, was sie zu tun hatte. Sie mußte »aufklären«. Es sei notwendig, sagte sie im Dezember 1911, daß man wisse, was in diesem Land hinter den Kulissen vorgehe.

Entlarven, Reden halten, belehren, führen: Das ist ihre Pflicht.

Aber wehe denen, die glauben, es gehe dabei um »persönliche« Fragen: Es geht um Politik. Wehe denen, die sie in bester Absicht verteidigen wollen, nur eben nicht mit politischen Argumenten.

Als ihr Anhänger Konrad Haenisch in seiner Zeitung die Anschuldigungen zurückweist, die im Zusammenhang mit der Marokko-Affäre gegen sie erhoben worden sind, wird er scharf gerügt.

»Sie wollten meine ›Moral‹ verteidigen und gaben dafür meine politische Position preis«, schreibt sie ihm. »Verkehrter konnte man nicht vorgehen. Meine ›Moral‹ bedarf keiner Verteidigung.«

Und sie fährt fort: »Sie müssen doch bemerkt haben, daß ich, seit ich in der deutschen Partei bin, seit 1898, unaufhörlich... in gemeinster Weise persönlich beschimpft werde und doch nie eine Zeile oder ein Wort darauf geantwortet habe.«

Sie begründet diese Haltung politisch: Wie man zuletzt wieder auf dem Parteitag in Jena gesehen habe, versuchten ihre Gegner, den Streit »auf das ›moralisch‹-persönliche hinüberzuspielen«.

Und sie nennt Haenischs Verteidigung verächtlich ein »tränenreiches und edelmütiges Plädoyer auf mildernde Umstände für eine zum Tode Verurteilte ...«

Die Ironie kann nicht verbergen, daß sie verletzt ist. Muß man sie verteidigen? Hat sie das nötig?

Wie nebenbei erwähnt sie, daß nicht nur politische Gründe eine Rolle spielen, sondern auch ihr »persönlicher Stolz«. Hier liegt, versteckt zwischen zwei Sätzen, der Schlüssel zu Rosas Persönlichkeit. Und als ob nichts geschehen sei, schließt sie mit den Worten:

> »Und nun alles Gute zu den Feiertagen und besten Gruß von Ihrer
>
> Rosa Luxemburg«

14. »Nieder mit der infamen Gesellschaftsordnung,
die solche Greuel gebärt.«
(Januar 1912 – Dezember 1913)

Am Ende des Jahres 1911 saß Rosa an den Festtagen in ihrer neuen Wohnung in Südende und griff, überwältigt von Empörung und Ekel, zur Feder.

Für gewöhnlich schrieb sie nur politische Texte, die zwar polemisch waren, aber immer ideologische oder taktische Fragen betrafen.

Diesmal aber warf sie für Clara Zetkins sozialdemokratische Frauenzeitschrift *Die Gleichheit* wütende Sätze aufs Papier, die von einem Jules Vallès hätten stammen können. Sie kommentierte eine Meldung aus dem Polizeibericht: Mehrere Insassen eines städtischen Obdachlosenasyls in Berlin waren an Lebensmittelvergiftung gestorben. An verdorbenem Bückling oder billigem Fusel. Eine Untersuchung wurde eingeleitet: Jemand hatte ihnen verdorbene Lebensmittel verkauft. Faule Bücklinge oder gepantschten Alkohol. Die Polizei verfolgte mehrere Spuren. Das Mitleid mit den Opfern war groß. »Ja selbst der Kaiser«, schrieb Rosa, »erkundigte sich angelegentlich nach dem Befinden der Vergifteten im städtischen Obdach. Und seine hohe Gattin ließ in echter Weiblichkeit... dem Oberbürgermeister Kirschner ihr Beileid ausdrücken.«

Am 1. Januar veröffentlicht *Die Gleichheit* eine bittere Chronik der Festtage, die Rosa zu einer politischen Streitschrift geraten ist: »Plötzlich wird unserer Gesellschaft durch ein grauenhaftes Gespenst des Elends die Maske der Wohlanständigkeit abgerissen, ihre Ehrbarkeit als die Schminke einer Dirne erwiesen.«

Die Polizeimeldung erhält unter ihrer Feder eine symbolische Bedeutung: »Das Asyl für Obdachlose und der Polizeigewahrsam sind ebenso Säulen der heutigen Gesellschaft wie das Reichskanzlerpalais und die Deutsche Bank. Und der vergiftete Bücklingsschmaus mit Fusel im städtischen Obdach ist die unsichtbare

Unterlage für den Kaviar und Champagner auf dem Tisch der Millionäre ... Der wirkliche Giftbazillus, an dem die Berliner Asylisten gestorben sind, heißt – kapitalistische Gesellschaftsordnung in Reinkultur.«

Man kann sich vorstellen, wie verstört der gemäßigte Leser auf diesen »geschmacklosen« Text reagiert, mit dem Rosa zum Kampf aufruft: »Gewöhnlich ist ein Leichnam ein stummes, unansehnliches Ding. Es gibt aber Leichen, die lauter reden als Posaunen und heller leuchten als Fackeln.« Und sie schließt mit der Parole: »Nieder mit der infamen Gesellschaftsordnung, die solche Greuel gebärt!«

In der konformistischen, von Ordnung und Wohlverhalten geprägten Atmosphäre des wilhelminischen Deutschland, das sich als Vorbild für andere Länder versteht, wirkt ein solcher Text wie ein schriller Mißklang. Gewisse Sozialdemokraten sind sich mit den Konservativen einig: Rosa ist eine unverbesserliche, verantwortungslose Extremistin, die mit der Gesellschaft auf Kriegsfuß steht. Man muß sie zum Schweigen bringen, politisch vernichten.

Die Heftigkeit von Rosas Anklage ist in gewisser Weise das Eingeständnis ihrer Unruhe und Angst. Sie sieht Gefahren heraufziehen und ahnt, daß erbitterte Konfrontationen bevorstehen.

Sie schlägt deshalb so scharfe Töne an, weil sie aufrütteln, entlarven und warnen will.

»Auf ständige Kämpfe und Reibungen müssen wir ja gefaßt sein ...«, schreibt sie Franz Mehring. »Sie werden sicher auch das Gefühl haben, daß wir immer mehr Zeiten entgegengehen, wo die Masse der Partei einer energischen, rücksichtslosen und großzügigen Führung bedarf, und daß unsere führenden Instanzen: Parteivorstand, Zentralorgan, Fraktion ... genau in demselben Verhältnis immer kleinlicher, feiger und parlamentarischkretinhafter werden.«

Im selben Maße, wie Rosa das Vertrauen in ihre Partei verliert, werden ihre Äußerungen extremer, denn die Situation in Deutschland und in der Welt erscheint ihr immer bedrohlicher.

Tatsächlich deutet seit der Marokkokrise, die am 4. November 1911 durch eine Kompromißlösung mit Frankreich beigelegt worden ist, vieles darauf hin, daß die internationalen Spannungen weiter zunehmen werden. Wie es scheint, sind Wilhelm II. und seine Kamarilla fest entschlossen, das Land in den Krieg zu führen.

Aber wie die SPD-Führer kennt natürlich auch Rosa nicht die Pläne Kaiser Wilhelms.

Wie sollte sie auch ahnen, daß der Kaiser und seine Regierung nur auf eine günstige Gelegenheit warten, einen Konflikt vom Zaun zu brechen? An Gelegenheiten mangelt es nicht: Zwischen 1912 und 1913 werden auf dem Balkan zwei Kriege ausbrechen: einer zwischen den Balkanstaaten und der Türkei, der andere zwischen Bulgarien und seinen ehemaligen Verbündeten.

Aus diesem Grund will die Regierung die Militärkredite erhöhen, den Etat für die Streitkräfte heraufsetzen (der Reichstag segnet ihn schon 1911 ab) und das Land auf den Krieg vorbereiten.

Generalstabschef von Moltke hält es für unerläßlich, daß das Volk geschlossen und begeistert zu den Waffen eilt. Und Kaiser Wilhelm II. liefert das Thema für die ideologische Mobilisierung: der Kampf der Germanen gegen die Slawen.

Ein regelrechtes System zur Manipulierung der öffentlichen Meinung wird errichtet, teils in gezielter Absicht, teils weil der Nationalismus in Anbetracht der Orientierungslosigkeit der europäischen Völker zu Beginn des 20. Jahrhunderts wie ein Ausweg erscheint, eine Art Flucht nach vorn.

Ein Mitglied der Nationalliberalen Partei in Deutschland gründet eine Zeitschrift mit dem Titel *Panther,* in Erinnerung an den »Panthersprung« nach Agadir. Die Junker und die Vertreter der Schwerindustrie bilden im Reichstag einen »Block«. Mit diesem Zusammenschluß wollen sie die Regierung dazu bewegen, ihre, wie sie meinen, zu konziliante Sozialpolitik zu ändern und den Willen zur nationalen Expansion stärker in den Vordergrund zu rücken. Es kommt zur Gründung patriotischer Vereine.

Für eine aufmerksame politische Beobachterin wie Rosa sind dies deutliche Anzeichen für einen Rechtsruck im Land. Ein neuer Stil setzt sich durch, der geprägt ist von Nationalismus, Chauvinismus und dem Willen, das Land auf den Krieg einzustimmen.

Rosa versucht deshalb mehr denn je, die Innenpolitik an die Außenpolitik zu koppeln – eine Forderung, die der Parteivorstand bereits während der Marokkokrise abgelehnt hat.

Zudem mehren sich die Hinweise auf eine Wirtschaftskrise. Die Löhne stagnieren, die Zahl der Arbeitslosen steigt. Gerüchte über einen bevorstehenden Krieg, die nationalistische Propaganda und wachsende Schwierigkeiten im Alltag haben die deutschen Massen verunsichert. Angst geht um in der Gesellschaft.

Bereits im August 1911 hat Rosa die imperialistische Politik als ein normales und notwendiges Ergebnis der kapitalistischen Entwicklung bezeichnet.

Und als sie im Januar 1912 im Stil einer Pamphletistin den Tod der Berliner Obdachlosen anprangert, will sie damit die Öffentlichkeit wachrütteln. Sie appelliert an die Massen, wenn sie schreibt: »Jetzt gilt es, die Leichen der vergifteten Obdachlosen in Berlin, die Fleisch von unserem Fleisch und Blut von unserem Blut sind, auf Millionen von Proletarierhänden emporzuheben und ins neue Jahr des Kampfes zu tragen ...«

Rosa ist also entschlossen, sich ganz diesem Kampf zu widmen, der nun, wie sie meint, in eine entscheidende Phase tritt.

Sie stecke bis über beide Ohren in der Arbeit, sagt sie. Und an einen rumänischen Genossen schreibt sie, daß man in Deutschland niemals zur Ruhe komme. Aber es sei nutzlos, sich darüber zu beklagen. Anscheinend sei dies das Entwicklungsgesetz dieses Landes.

Von Dezember 1911 bis Januar 1912 nimmt sie am Wahlkampf teil. Sie nutzt jede Versammlung, um ihre Analysen an den Mann zu bringen.

Sie gönnt sich nur wenig Ruhe: »Seit 1. Dezember und bis 12. Januar sind meine sämtlichen Abende – außer der Feiertagswoche – fest belegt seit Monaten.«

In den Augen der örtlichen Parteifunktionäre, die sie einladen, kommt es gar nicht so sehr darauf an, was sie sagt. Viel wichtiger ist, daß sie da ist und durch ihre bloße Anwesenheit um Stimmen für die Sozialdemokraten wirbt.

Die Kandidaten der Wahlbezirke sind Realisten: Sind die Stimmzettel erst einmal in der Urne und die Abgeordneten gewählt, wird man Rosas Reden vergessen, und die Politik wird wieder von ernsthaften und verantwortungsbewußten Männern gemacht.

Rosa durchschaut ihr Kalkül. Sie folgt einer anderen Logik. Jeder Gedanke, den sie unter die »Massen« trägt, so glaubt sie, wird Früchte tragen. Deshalb zieht sie für die Sozialdemokratische Partei in den Wahlkampf.

Die Wahlen im Januar 1912 enden mit einem Triumph für die SPD: Sie bekommt 4 250 000 Stimmen und erringt 110 Reichstagssitze gegenüber 43 bisher. Damit stellt sie im neuen Reichstag die stärkste Fraktion. Der Erfolg beunruhigt die Konservativen und erfüllt die SPD-Führer mit Genugtuung: Ihre Taktik ist aufgegangen. Sie sind, wie Kautsky geschrieben hat, auf dem *Weg zur Macht.*

Und um den Sieg bei der Stichwahl komplett zu machen, treffen sie mit den »Fortschrittlichen« vom rechten Zentrum eine Absprache für den zweiten Wahlgang. Ihr Ziel ist, die Kandidaten des konservativ-katholischen Blocks zu schlagen. Der Schuß geht nach hinten los: Wohl stimmen die sozialdemokratischen Wähler für die Fortschrittlichen, doch die Wähler des rechten Zentrums verweigern den Sozialdemokraten ihre Stimmen.

Der SPD-Vorstand hat sich mit seiner Strategie in eine Sackgasse manövriert. Scheidemann, bereits zum Vizepräsidenten des Reichstags gewählt wählt, ist gezwungen, den Posten wieder zu räumen, da ihm die nationalliberalen Zentrumsabgeordneten die Unterstützung entziehen.

Die Sozialdemokratische Partei war wie gelähmt und sah sich trotz ihres Sieges gedemütigt. Sie hatte sich in eine Strategie verstrickt, die sie zur Machtlosigkeit verurteilte oder von der Unterstützung der Rechtsparteien abhängig machte.

Gleichwohl waren die 110 Abgeordneten stolz auf ihr Mandat und zufrieden über ihre künftige Rolle. Im Gefühl, die wahre Macht innerhalb der SPD zu sein, verstärkten sie ihren Einfluß auf die Partei.

»Drollig«, spottet Rosa, »wie den guten Leuten das MdR [Mitglied des Reichstags] zu Kopfe steigt.«

Aber konnte sie verstehen, welche berauschende Wirkung von den Insignien der Macht und der Würde des Amtes ausging? Konnte sie sich vorstellen, daß die schlichte Tatsache, durch die Korridore des Reichstags zu wandeln, von den Parlamentsdienern mit Achtung behandelt zu werden und die kleinen Privilegien eines öffentlichen Funktionsträgers zu genießen, viele dieser Männer verändern sollte, aufrechte Aktivisten, die sich vom Geist der Institutionen anstecken ließen, in ihrer Kampfeslust erlahmten, Überzeugungen aufgaben und vom System am Ende schließlich geschluckt wurden?

Rosa war das genaue Gegenteil eines Menschen, der Geschmack an derlei Ehrungen fand. Sie war zu intelligent, um sich täuschen zu lassen, zu individualistisch, um sich einer Gruppe und ihren Regeln unterzuordnen, zu stolz und hellsichtig, um sich korrumpieren zu lassen. Sie hatte beschlossen, in der Partei zu bleiben, aber sie repräsentierte eine Minderheit. Ihre Ansichten und Analysen, ihre Intelligenz und ihr Temperament stempelten sie zur Außenseiterin.

Ein Bruch mit der Mehrheit der Partei, der Reichstagsfraktion, war deshalb unvermeidlich, und Rosa wußte, daß man sich – und das galt auch für ihren Genossen Franz Mehring – Angriffen aussetzte, »wenn man das Allerheiligste, den parlamentarischen Kretinismus so derb schüttelt«.

Sie kritisierte die fehlerhafte politische Taktik: Die Partei habe für die »Liberalen und Fortschrittler« die Kastanien aus dem Feuer geholt und dafür keinerlei Gegenleistung bekommen.

Im Gegenzug warf man ihr vor, sie sei realitätsfremd, eine Träumerin, die immer nur rede. Sie konterte mit sarkastischem Spott an dem fruchtlosen Wahlabkommen mit den Zentrumsparteien: »Ein praktisches Geschäft will zunächst rein praktisch beurteilt werden.« Es sei schwer, dieses Abkommen zu lesen, »ohne daß einem die Röte der Scham und des Zornes ... ins Gesicht steigt«.

Da der Parteivorstand durch diesen Fehler den Wahlsieg beim

ersten Urnengang zunichte gemacht hatte, wähnte sie sich in einer starken Position und las ihm wieder einmal die Leviten: »Etwas weniger Geschäftigkeit in der parlamentarischen Kulissenschieberei..., dafür mehr Berechnung auf weitere Distanz, auf große ausschlaggebende Faktoren des Klassenkampfes – das ist es, was uns nottut in der großen Zeit, in der wir leben.«

War es wirklich eine »große Zeit«? Sie hoffte es und bildete sich ein, daß nun endlich der »Trubel« begann.

Die Generalversammlung der Berliner Partei verabschiedete eine Resolution gegen das vom Vorstand beschlossene Wahlabkommen. Grund genug für Rosa, in Siegesrufe auszubrechen oder an Franz Mehring zu schreiben, »daß... die Massen hinter uns stehen und eine andere Führung haben wollen«.

Sie hoffte es, sie glaubte es. Gleichzeitig war sie als Intellektuelle und Theoretikerin davon überzeugt, daß die großen Fragen, von denen das Schicksal des Proletariats abhing, nicht im Parlament entschieden wurden. Nur eine Revolution des Volkes konnte ihres Erachtens zur Befreiung der werktätigen Massen führen.

Die Partei brauchte also eine neue Taktik. Sie müsse, wie Rosa immer wieder betonte, »ganz mächtig vorwärts treiben«. Und sie appellierte an ihre Freunde in der Partei, auf ihren Posten auszuharren: »Keinen Fußbreit nachgeben scheint mir die beste Parole«, sagte sie zu Mehring. »Die *Neue Zeit* darf nicht der Senilität und dem Offiziosentum ganz ausgeliefert werden... schreiben Sie darin weiter so, daß uns allen das Herz im Leibe lacht.«

Rosa war nie zimperlich, wenn es um politische Posten ging. Aber ließ sie sich nicht abermals von ihren Illusionen blenden? Entsprang ihre Hoffnung auf eine Massenbewegung nicht bloßem Wunschdenken?

Auf jeden Fall schrumpfte ihr Handlungsspielraum in der Partei, da sie in der Führung nun keinerlei Unterstützung mehr hatte.

Vor allem auch deshalb, weil die Partei sich veränderte. Die Reichstagsfraktion, mit ihren hundertundzehn Abgeordneten eine starke und zugleich konservative Kraft, nahm immer stärker Einfluß auf die Entscheidungen.

Der Tod einflußreicher Vorstandsmitglieder – im Frühjahr 1911 starb Paul Singer, einer der beiden SPD-Vorsitzenden, und am 13. August 1913 August Bebel – machte den Weg frei für Männer wie Ebert, Scheidemann und Noske, die nun Schlüsselpositionen in der Parteihierarchie besetzten.

Diese Männer waren nicht vom Schlage eines Bebel, der mit seinem feingeschnittenen Gesicht und seinem weißen Haar eine Art Arbeiteraristokratie verkörpert hatte und dessen Name für alte sozialdemokratische Tugenden stand wie Prinzipientreue – die bei ihm freilich oft mit einer gewissen Durchtriebenheit gepaart war –, Achtung vor den Mitmenschen und das Bemühen um eine offene Diskussion. Bei seiner Beerdigung in Zürich – er war im schweizerischen Passugg gestorben – zollte ihm Rosa Respekt: »Ich stand lange am Sarg Bebels, er sah wunderbar aus, noch viel schöner als im Leben.«

Seine Erben Ebert, Scheidemann, Noske und Braun sind Männer, die in der Partei »Karriere gemacht« haben.

Als ehemalige Arbeiter – Ebert ist von Beruf Sattler, Scheidemann Schriftsetzer und Noske Korbmacher – haben sie es dank der Partei und der Macht, die sie in ihr erlangt haben, weit gebracht.

Sie sind Männer der Macht und des Apparats. Ihnen geht es weniger darum, die Diskussion offen zu halten, als vielmehr die Ortsvereine, Zeitungen und Parteitage unter ihre Kontrolle zu bringen. Und sie tun es mit Erfolg: Rosa Luxemburg erhält für den Chemnitzer Parteitag im September 1912 nicht einmal ein Mandat. Die SPD-Statuten begünstigen diese Kontrolle durch den Apparat: Die kleinen Organisationen sind bei Parteitagen überrepräsentiert (ein Delegierter für 57 Mitglieder), die Wahlbezirke in den Industriestädten unterrepräsentiert (ein Delegierter für 6700 Mitglieder!).

Dazu kommt noch die starke Position der Reichstagsfraktion. Dies macht deutlich, wie schwierig es für Rosa gewesen sein muß, eine Gruppe um sich zu scharen, die gegen den Vorstand opponierte.

Aber war sie für eine solche Führungsrolle überhaupt geeignet? War sie in der Lage, verschiedene Meinungen unter einen Hut zu bringen, auf Empfindlichkeiten Rücksicht zu nehmen, Bündnisse zu schließen und zwischen unterschiedlichen Personen eine gemeinsame Handlungsbasis zu finden? Nein, dafür war sie zu unbeständig und zu leicht verletzbar.

Natürlich hat sie gute Kontakte zu Genossen, die ihren Standpunkt teilen. Da ist zum Beispiel Franz Mehring, den sie liebevoll, aber auch etwas herablassend »den Alten« nennt und mit Schmeicheleien zu beeinflussen sucht. »Mit dem Alten«, schreibt sie Leo Jogiches, »sind wir die besten Freunde.« Ein andermal klagt sie, daß sie wegen Mehring einen ganzen Abend verloren habe. Aber sie nimmt es mit Humor. Es hat eben sein müssen.

Ihr Zynismus und ihre Zielstrebigkeit wirken manchmal befremdend. Wen versucht sie eigentlich nicht zu benutzen und in ihrem Sinn zu beeinflussen?

Sieht man einmal von Leo Jogiches ab, der für sie nur noch die Rolle eines politischen Verbündeten spielt, handelt sie in ihren politischen und menschlichen Beziehungen wie eine Strategin, die zu völlig spontanen Regungen nicht mehr fähig ist. Nie vergißt sie, welchen Vorteil sie aus einer Situation oder Person ziehen kann.

Zum Beispiel erklärt sie Jogiches: »Heute war Mehring bei mir in der Schule, um sich über die Notiz zu beraten, die er neulich an den *Vorwärts* geschickt hat. Die Notiz ist kindisch (sie erklärt, daß er bei der Kontrollkommission Klage einreichen will), aber ich habe ihm nicht abgeraten, um ihn nicht zu decouragieren und außerdem kann mir jetzt ein kleiner Wirbel nichts schaden.«

Rosa ist berechnend, keine Frage. Eine Taktikerin, die im politischen Spiel niemals ihr Ziel aus den Augen verliert und intuitiv mehrere Züge voraussieht.

Aber hat sie unter diesen Umständen wirkliche Freunde? Oder hat sie begriffen, daß man in der Politik bestenfalls Genossen hat? Und daß sie deshalb nicht viele prominente Parteimitglieder auf ihre Linie einschwören kann?

Karl Liebknecht, der Sohn des Parteigründers Wilhelm Liebknecht – seit einer Verurteilung im Jahr 1906 gewissermaßen die Symbolfigur des antimilitaristischen Kampfs – ist ein mutiger Mann, aber auch er ist eher ein »Wortführer« als ein Organisator. Er ist ein

»impulsiver, leidenschaftlicher und selbstloser Mensch«, wie Trotzki später von ihm sagen wird, aber auch er verfügt nicht über die Eigenschaften, die Rosa abgehen.

Diese Schwäche der Opposition innerhalb der SPD zeichnet sich bereits in den Jahren 1912 und 1913 ab. Sie ist ein Indiz, daß es für den politischen Kurs, den Rosa verfolgt, in dieser Partei und diesem Land nicht viele potentielle Anhänger gibt.

Außerdem spaltet sich diese kleine Gruppe. Rosa ist nicht nur SPD-Mitglied, sondern sitzt zusammen mit Leo Jogiches auch im Hauptvorstand der polnischen SDKPiL und hat sich in dieser Funktion mit allen Angelegenheiten der Sozialdemokratischen Arbeiterpartei Rußlands zu befassen, also auch mit den ständigen Richtungskämpfen zwischen Bolschewiken und Menschewiken, zwischen Lenin und Plechanow. Sie steckt, ob sie will oder nicht, bis zum Hals in diesen »Affären« der Polen und Russen.

Und die mächtige, angesehene und wohlhabende SPD spielt die Rolle der großen Schwester.

Wenn es Geld an die Russen zu verteilen gibt – Geld, das beispielsweise ein verstorbenes Mitglied der Partei vermacht hat –, dann haben Kautsky, Mehring und Clara Zetkin darüber zu befinden, welcher Flügel der russischen und polnischen Sozialdemokratie bedacht werden soll. Bei solchen Gelegenheiten mischt sich Rosa ein, vorsichtig zwar, aber durchaus hartnäckig. Sie schreibt an Plechanow, und sie trifft 1912 in Berlin mehrfach mit Lenin zusammen.

»Gestern ist Lenin gekommen...«, berichtet sie. »Ich rede gern mit ihm, er ist gescheit und gebildet und hat eine gar so häßliche Fratze, die ich gern sehe. Die arme Mimi... hat dem Lenin mächtig imponiert, er sagte, er habe nur in Sibirien so stattliche Tiere gesehen, sie sei eine herrschaftliche Katze.«

Aber solche Freundlichkeiten sind nur Fassade. Dahinter wird mit harten Bandagen gekämpft.

Rosa beansprucht dreitausend Mark für die SDKPiL und übt geschickt Druck auf Clara Zetkin aus. Im Dezember 1913 nimmt sie in London an einem Kongreß teil, auf dem zum wiederholten Male

Karl Liebknecht (1871–1919). Auf dem Weg zum Reichstag 1918.
(Foto: H. Hoffmann/Bildarchiv Preußischer Kulturbesitz)

versucht wird, Einigkeit unter den Russen herzustellen. Wieder ohne Erfolg.

Rosa ist gegen Lenins »Ultrazentralismus« und Spaltungsabsichten. Sie will die Einheit wahren und in der sozialdemokratischen Bewegung bleiben.

Sie erklärt, Lenin sei nur der Führer einer »Fraktion«, die für die Spaltung der russischen Arbeiterpartei verantwortlich sei. Und sie kritisiert ihn um so heftiger, als er mit Leo Jogiches einen Streit vom Zaun gebrochen und dadurch die Spaltung der SDKPiL, ihrer und Leos Partei, provoziert hat. Lenin, so sagt sie gehässig, sei ein »Spezialist« für Spaltungen und unterstütze blind die »Liquidatoren«.

Deshalb gehört die »Lenin-Fraktion« an den Pranger.

Wie man sieht, bedient sich auch Rosa der rigiden Sprache von Funktionären, die um die Macht in ihrer Partei kämpfen und jeden, der gegen sie opponiert, als Verräter beschimpfen.

Sie schreibt Jogiches, daß man »Schlag auf Schlag« zurückgeben müsse. Und in dieser Hinsicht ist sie nicht zimperlich.

Das Warschauer Parteikomitee widersetzt sich dem Hauptvorstand. Also muß man »sofort mit der Bekanntmachung antworten, daß im Warschauer Komitee die Provokation herrscht, daß noch keine Personen genannt werden, aber daß der Hauptvorstand ihnen auf der Spur ist, daß er alle Parteimittel des Kampfes gegen diese Seuche ausgeschöpft hat...«

Rosa macht sich hier eine gefährliche Logik zu eigen, die rasch terroristische Züge annimmt und dazu führt, daß parteiinterne Gegner als »Provokateure« oder »Agenten« der russischen Geheimpolizei Ochrana verunglimpft werden.

Daran wird deutlich, daß es in einer vom unerbittlichen Kampf gegen die zaristische Autokratie geprägten Atmosphäre nicht damit getan ist, Lenins »Zentralismus« zu verurteilen, um gegen »totalitäres« Verhalten gefeit zu sein. Ein solches Verhalten ist kaum zu vermeiden, wenn man um jeden Preis eine politische Linie durchsetzen will, die man für die einzig richtige hält.

Und weil sie die »richtige« ist, können diejenigen, die sie ablehnen, nur Dummköpfe, Feiglinge oder Verräter sein.

Wohin eine solche Haltung führen und wie sie einen Menschen verblenden kann, zeigt Rosas Polemik gegen den jungen Karl Radek.

Radek – 1912 ist er siebenundzwanzig Jahre alt – ist 1911 aus der SDKPiL ausgetreten und folglich ein politischer Gegner Rosas und Leos. Und ein Anhänger Lenins.

Aber er ist auch SPD-Mitglied und steht den politischen Positionen Rosas so nahe, daß er ein wertvoller Verbündeter werden könnte.

Doch statt ihm beizustehen, verurteilt sie ihn, als der SPD-Vorstand ein Parteiverfahren gegen ihn einleitet und ihn des Diebstahls bezichtigt. Tatsächlich hat Radek die *Freie Volkszeitung* geleitet, ein linkes sozialdemokratisches Blatt.

Rosa fehlt die nötige Distanz. Die polnischen Angelegenheiten und Leos Machtinteressen liegen ihr zu sehr am Herzen, als daß sie Radek unterstützen könnte.

Im Gegenteil, sie verurteilt ihn: »Der Kerl steckt doch überall seine Nase hinein.« Was? Sein Blatt ist in Schwierigkeiten? »Ich würde es eingehen lassen.« Und an anderer Stelle fügt sie verächtlich hinzu: »Radek gehört zum Typus Dirne, wir können mit ihm noch manches erleben, es ist deshalb besser, sich ihn vom Leib zu halten.«

Harte Worte, die nicht dazu beitrugen, daß sich die Oppositionellen in der Partei um Rosa scharten.

Rosa und ihre Freunde sind in einer schwierigen Situation. Sie werden nach und nach mundtot gemacht. Wo sollen sie schreiben? Wie sollen sie sich Gehör verschaffen? Mehring hat der *Neuen Zeit* endgültig den Rücken gekehrt. Und Rosa selbst arbeitet nur noch mit der *Leipziger Volkszeitung* zusammen, erhält dort aber nicht mehr die gleiche Unterstützung wie früher.

Wenn der Chefredakteur Paul Lensch außer Haus ist, vertritt ihn Hans Block, ein Gegner Rosas. Block zögert die Veröffentlichung ihrer Artikel hinaus oder fügt den Texten, wie Rosa schreibt, »seinen redaktionellen Dreck« hinzu.

Später, als Hans Block – der »Schelm« und »Kretin«, wie Rosa ihn nennt – Lenschs Posten übernimmt, beendet er natürlich die Zusammenarbeit mit Rosa.

Und weil es leichter ist, ihren Charakter als ihre politischen Positionen in Frage zu stellen, beschuldigt man sie in der Partei, sie sei »streitsüchtig« und habe jedes Verantwortungsgefühl verloren.

In Wahrheit nimmt Rosa ihre Verantwortung noch ernster als vor Monaten. Sie ist unnachgiebig und unflexibel, ja ungerecht und zuweilen sogar unmenschlich, denn die Pflicht zwingt sie zum Handeln.

Denn wer im Parteisumpf versinkt und den Trugbildern des »Parlamentarismus« anhängt, fällt nicht nur dem »Kretinismus« anheim, sondern verletzt in gewisser Weise auch seine Pflicht. Und die besteht für Rosa darin, »aufzuklären« und, da sie eine Intellektuelle ist, über ökonomische und soziale Phänomene ihrer Epoche nachzudenken.

Es genügt ihr nicht, den Militarismus oder die Außenpolitik Wilhelms II. zu bekämpfen und den Marsch in den Krieg zu verdammen. Sie muß diese neue Entwicklung analysieren.

Rosa ist eine der wenigen Politikerinnen, die den Willen zum Handeln mit dem Willen, den historischen Moment theoretisch zu durchdringen, verbinden.

Im Frühjahr und Sommer 1912 arbeitet sie fieberhaft an einer neuen Schrift.

Sie muß, ausgehend von Marx, die Mechanismen aufzeigen, die dazu führen, daß der Kapitalismus imperialistisch wird, Länder und Märkte erobert und mit Waren beliefert, die ihm die Reproduktion des Kapitals und die Realisierung des »Mehrwerts« erlauben, der den Lebenssaft des Systems darstellt.

Sie stürzt sich mit Feuereifer auf diese Aufgabe, die keinen Aufschub mehr duldet: »Die Fragen des Militarismus und Imperialismus«, sagt sie, »stellen heute die Zentralachse des politischen Lebens dar ...«

Sie will die *Akkumulation des Kapitals* beschreiben. Und so lautet auch der Titel, den sie dem Manuskript gibt.

Während die ersten Bäume Blätter bekommen, beginnt sie in ihrer Wohnung in Südende mit der Arbeit und entgeht so auch dem tristen politischen Alltag, den ständigen Rivalitäten zwischen russischen und polnischen Sozialdemokraten, den Fallen, die ihr die deutschen Genossen stellen, den Versuchen, sie zu knebeln und mundtot zu machen.

Sie ist frei und kann tun, was sie will. Sie erfaßt die Epoche in ihrer Totalität. Zumindest glaubt sie das.

Ihre These ist einfach, und Rosa beweist sie mit Hilfe mathematischer Formeln und unter Berufung auf Marx, wobei sie die Gedanken des Philosophen nicht nur wiederholt, sondern weiterentwickelt.

»Die Zeit, als ich die ›Akkumulation‹ schrieb«, wird sie später, im Jahr 1917, berichten, »gehörte zu den glücklichsten meines Lebens. Ich lebte wirklich wie im Rausch, sah und hörte Tag und Nacht nichts als dieses eine Problem, das sich so schön vor mir entfaltete, und ich weiß nicht zu sagen, was mir höhere Freude gewährte: der Prozeß des Denkens, wenn ich eine verwickelte Frage im langsamen Hinundherwandeln durch das Zimmer wälzte, aufmerksam beobachtet von der Mimi, die auf dem Tisch mit der roten Plüschdecke mit untergeschlagenen Pfötlein lag und das kluge Köpfchen nach mir hin- und herwandte, oder das Gestalten, das literarische Formen mit der Feder in der Hand. Wissen Sie, daß ich damals die ganzen dreißig Druckbogen in einem Zug in vier Monaten – unerhörte Sache! – niedergeschrieben habe und, ohne das Brouillon auch nur einmal durchzulesen, direkt in den Druck gab?«

Sie ist erschöpft und gesteht Mehring: »Ich bin durch diese Arbeit, die mich ordentlich ermüdet hat, zu gar nichts anderem gekommen...«

Sie wirkt wie eine Frau, die gerade niedergekommen ist. Doch statt sich zu erholen, sucht sie bei einer anderen Arbeit Entspannung: »Ich erhole mich momentan nach dem Buch – an polnischen Arbeiten (gestern z. B. bis 12 nachts).« Ihre Kraftreserven sind schier unerschöpflich. Und sie ist geistig flexibel genug, um sich nach getaner wissenschaftlicher Arbeit gleich wieder dem Alltagsgeschäft zuzuwenden.

Nicht ohne Stolz sagt sie: »Übrigens ist das Buch für mich geistig schon erledigt, genau wie nach einem gemalten Bild: einige Tage Freude und dann Schluß; ich denke nicht mehr daran.«

Der Sinn steht ihr nach Veränderung: »Ich habe förmlichen Durst nach klassischer Literatur, offenbar als Reaktion nach der vielen Nationalökonomie, die ich schlucken mußte.«

In Wahrheit fiebert sie dem Erscheinen ihres Buches im Januar entgegen. Wie wird man es aufnehmen? Voller Ungeduld wartet sie auf Mehrings Reaktion. Sie hofft auf Rezensionen in der Presse, ja sie sehnt sie förmlich herbei. Schließlich ist das Buch auch als Instrument im politischen Kampf gedacht.

Nun, die Begeisterung über das Buch hält sich in Grenzen.

Ihre Freunde äußern sich vorsichtig, und ihre zahlreichen Feinde reagieren so, wie es von ihnen zu erwarten war.

Franz Mehring spricht nach einigem Zögern von dem »wichtigsten Buch«, das seit Marx und Engels zum Thema Sozialismus erschienen sei. Und Marchlewski, ebenfalls ein Freund, schreibt, daß die *Akkumulation des Kapitals* »zu dem Besten gehört, was die wissenschaftliche Parteiliteratur seit dem Tod von Engels hervorgebracht hat«. Doch sonst erscheinen nur ironische und hämische Artikel. Auch die SPD-Spitze distanziert sich.

Unverständnis und Böswilligkeit der Rezensenten verletzen Rosa. Als der Ökonom Miron Nachimson, Mitglied des sozialistischen jüdischen *Bundes* und Mitarbeiter der *Neuen Zeit,* ihr Buch kritisiert, schreibt sie: »Eine Verteidigung meines Buches gegen den räudigen Nachimson ist nur eine Bloßstellung!« Und sie fügt hinzu: »Daß Nachimson um seine Maulschelle kommt, ist schade, aber sie wäre am Ende vielleicht zu viel Ehre für den Strolch und Konfusionsrat.«

Aus solchen Äußerungen spricht die gekränkte Autorin, die ihr Werk verteidigt, aber auch die objektive Analytikerin: »Daß das Buch im allgemeinen zunächst auf Widerstand stoßen wird, war mir wohl bewußt; unser herrschender ›Marxismus‹ fürchtet leider jeden Gedankenluftzug wie ein alter Gichtonkel, und ich rechne damit, erst viel streiten zu müssen.«

Einem anderen Sozialdemokraten namens Anton Pannekoek – ein Radikaler wie sie – wirft sie »Borniertheit« vor. Und natürlich rechnet sie mit einer Kritik von Kautsky.

Sogar Lenin wird ihr vorwerfen, sie habe das klassenbewußte Handeln der Massen außer acht gelassen und die kapitalistische Akkumulation als einen mechanisch ablaufenden Prozeß dargestellt, in den die Menschen – vor allem die Sozialdemokraten – nicht eingreifen könnten. Aber Rosa ist nicht die Frau, die so leicht aufgibt. Sie überlegt, wie sie reagieren soll: »Soll ich nun gleich losfeuern, soll ich warten und in einem Aufwaschen das ganze Problem nachher nochmals – etwa in einer polemischen Broschüre – verteidigen?«

Sie hätte größte Lust dazu, doch in den folgenden Monaten fehlt ihr die Zeit für diese Aufgabe. Allerdings trägt sie sich mit dem Gedanken, eine »Antikritik« zu schreiben, die ihre Verleumder zum Schweigen bringen soll.

Die breite Ablehnung des Buches und das schwache positive Echo waren in Rosas Augen bezeichnend für die allgemeine Misere, in der die deutsche Gesellschaft und mithin auch die SPD 1913 steckte. Man trat auf der Stelle, man wartete ab.

Die Befürworter von Kaiser Wilhelms Außenpolitik mußten ihre Hoffnungen vorerst zurückstellen. Wie sollte man den entscheidenden Schritt tun und die Tür zum Krieg endgültig aufstoßen?

Auch die Sozialdemokraten waren, obwohl mit hundertzehn Abgeordneten im Reichstag vertreten, handlungsunfähig. Dies hatte zunächst institutionelle Gründe: Bei den Wahlen zum preußischen Landtag am 3. Juni hatten sie zwar 28 % der Stimmen errungen, wegen des geltenden Dreiklassenwahlrechts aber nur zehn Sitze erhalten.

Obwohl sie die geplante Heeresverstärkung verurteilten, stimmten sie am 30. Juni 1913 im Reichstag für die Einführung neuer Steuern, mit denen diese Politik finanziert werden sollte, freilich unter dem Vorwand, daß es sich um eine Vermögenszuwachssteuer handele.

Bernstein erklärte, es sei die Pflicht der Sozialdemokraten, darauf zu achten, daß die neuen Ausgaben nicht zu Lasten der Arbeiter gingen. Man müsse sich für das kleinere Übel entscheiden, wenn es unmöglich sei, beide zu vermeiden.

Eine kurzsichtige Politik, die nur dazu diente, das eigene Gewissen zu beruhigen. Rosa war empört.

Sahen die Genossen denn nicht, daß alles miteinander zusammenhing? Daß der Militarismus von der Steuerpolitik nicht zu trennen war? Daß man nicht das eine gutheißen und das andere bekämpfen konnte?

Rosa wurde krank – wie so oft, wenn die Realität sie deprimierte. Die Enttäuschung war einfach zu groß. »Was mich angeht«, schrieb sie Leo Jogiches, »so mach' ich das Dümmste, was man tun kann: Ich bin krank, habe Herzkrämpfe, die mich einfach nicht arbeiten lassen, was mich in dieser Zeit zur Raserei bringt. Gestern ließ ich den Doktor kommen und lag im Bett, er fand einen ›kleinen Fehler‹ und ordnete an, Eis aufzulegen, aber bei dieser Arbeitsflut habe ich keine Geduld und bin heute aufgestanden.«

Rosa konnte nicht lange untätig bleiben und sich einer depressiven Stimmung hingeben.

Wenn ihr Körper rebellierte, biß sie auf die Zähne und warf sich von neuem in die Schlacht. Die Kraft dazu schöpfte sie aus sich selbst.

Auf dem Jenaer Parteitag im September 1913 hält sie eine Rede. Sie versucht, die Delegierten aufzurütteln: »Wenn Sie sich nun auf den Boden des Mehrheitsbeschlusses unserer Fraktion stellen«, schreit sie fast, »dann kommen Sie in die Lage, wenn der Krieg ausbricht und wir an dieser Tatsache nichts mehr ändern können und wenn dann die Frage kommt, ob die Kosten durch indirekte oder direkte Steuern zu decken sind, daß Sie dann folgerichtig für die Bewilligung der Kriegskosten eintreten.« Doch sie findet kein Gehör. Das Votum der Reichstagsabgeordneten vom Juni 1913 wird gebilligt, der von Rosa vorgelegte Resolutionsentwurf aber mit großer Mehrheit abgelehnt.

Und doch rückt der Krieg immer näher. Rosa spürt es. Auf dem Balkan wird bereits gekämpft.

Im November 1912, auf dem Kongreß der Sozialistischen Internationale in Basel, haben die Delegierten auf Antrag ihrer Freundin Clara Zetkin erneut an die Arbeiter aller Länder appelliert, sich gegen den Krieg zu erheben.

Aber die »Glocken von Basel« finden nur ein schwaches Echo.

Rosa setzt unbeirrt ihren Weg fort und geißelt den Militarismus auf allen Versammlungen als eine große Bedrohung für die ganze Gesellschaft.

Am 26. September schlägt sie in Frankfurt-Bockenheim besonders scharfe Töne an. Am Ende ihrer zweistündigen Rede fragt sie: »Würden wir uns einen Krieg ungestraft gefallen lassen?« Und nach dem Zuruf des Publikums: »Niemals!« fährt sie fort: »Wenn uns zugemutet wird, die Mordwaffen gegen unsere französischen oder andern Brüder zu erheben, dann rufen wir: Das tun wir nicht!«

Mit im Saal saß ein Journalist namens Henrici. Er hörte aufmerksam zu und stenographierte eifrig mit, um die unpatriotische Luxemburg später in einem Artikel brandmarken zu können. Er wußte, daß ihre Äußerungen dem Staatsanwalt genug Material für eine Anklage lieferten.

Und nicht nur er. Auch Rosa wußte es.

Aber sie war nicht die Frau, die ihren Ton mäßigte, um einer Gefahr aus dem Weg zu gehen.

Sie mußte sagen, was sie für notwendig hielt. Nur darauf kam es an. Und wie ernst die Lage tatsächlich war, bestätigte sich jeden Tag aufs neue.

So fordert Anfang November 1913 in dem elsässischen Städtchen ein Leutnant des dort stationierten Regiments seine Rekruten auf, bei Zusammenstößen mit den Einwohnern von der Schußwaffe Gebrauch zu machen, und verspricht ihnen sogar für jeden toten Elsässer eine Prämie von zehn Mark. Der Regimentskommandeur stellt sich vor seinen Untergebenen, verhängt den Belagerungszustand über die Stadt und läßt zahlreiche Zivilisten, die dagegen protestieren, verhaften.

Der Reichstag bringt seine Erschütterung zum Ausdruck und mißbilligt mit großer Mehrheit die Haltung der Regierung, die die Vorgänge zu bagatellisieren versucht, aber das ändert nichts an der Allmacht des Militärs. Der Militarismus wurzelt im kaiserlichen System und wird durch die nationalistische Ideologie und die expansionistischen Bestrebungen des deutschen Imperialismus noch verstärkt.

Erneut ist Rosa empört.

Sie weiß, daß die Staatsanwaltschaft beschlossen hat, wegen ihrer Rede in Bockenheim Anklage gegen sie zu erheben. Und sie merkt, daß die militaristische Welle allmählich auch die Partei beunruhigt. Sie erhält zahlreiche Sympathiebekundungen. Nun, da die Kriegsgefahr immer deutlichere Formen annimmt, besinnt sich die deutsche Sozialdemokratie wieder auf ihre pazifistische Tradition.

Der Parlamentarismus, sagt Rosa, sei nur das Feigenblatt des militärischen Absolutismus.

Das dumpfe Unbehagen im Land wächst mit jedem Tag und treibt immer mehr Menschen in ihre Versammlungen.

»Nun unterliegt es keinem Zweifel«, konstatiert sie, »daß wir jetzt eine tiefgreifende Unzufriedenheit in den Reihen der organisierten Parteigenossen haben.«

Dem Journalisten Friedrich Westmeyer, einem der wenigen Sozialdemokraten, die ihr nahestehen, vertraut sie sogar an: »Ich finde Schlimmes auf allen Seiten.«

Doch einmal mehr betont sie die Notwendigkeit, in der Partei zu bleiben: »Wir müssen aber doch suchen, das Äußerste zu tun und die Karre aus dem Dreck zu ziehen. Eine Erklärung, wie Sie [sie] geben: Nun will ich nicht und mag ich nicht!, scheint mir die eines trotzigen Kindes zu sein.« Und mit dem gewohnten Hang, ihren Gesprächspartnern die Wahrheit zu sagen, fügt sie hinzu: »Sie sind ein Stimmungsmensch.«

Aber dies änderte nichts an ihrer Diagnose über den Zustand der Sozialdemokratie: Die Partei drohte dem »Marasmus zu verfallen«. Und für Rosa und ihre wenigen Getreuen war die Situation um so schwieriger, als sie immer seltener Gelegenheit bekamen, ihre Meinung kundzutun. Die sozialdemokratischen Zeitungen schickten kommentarlos die Artikel zurück, die Rosa zur Veröffentlichung vorschlug. Der Parteivorstand hielt die Zügel fest in der Hand.

Aus diesem Grund setzte sich Rosa Ende 1913 in ihrer Wohnung in Südende mit Franz Mehring und Marchlewski zusammen und gründete mit ihren beiden Genossen die *Sozialdemokratische Korrespondenz,* ein Mitteilungsblatt, das in der Folgezeit dreimal wöchentlich auf hektographierten Blättern erschien und an Parteizeitungen geschickt wurde, die Artikel daraus nachdrucken sollten.

Diese Initiative verdeutlicht Rosas Entschlossenheit, zeigt aber auch, wie sehr man sie bereits an den Rand gedrängt hatte. Die Zeiten, in denen sie noch für die *Neue Zeit* und für große sozialdemokratische Blätter wie den *Vorwärts* oder die *Leipziger Volkszeitung* geschrieben hatte, waren längst vorbei.

Sie war sich ebenso wie Mehring der Bedeutung dieser Initiative bewußt. Wenn dieser letzte Pfeil sein Ziel verfehle, sagte Mehring, müsse man warten, bis ein Sturm die bornierte und verkrustete Parteibürokratie hinwegfege.

Ein Sturm? Das bedeutet abwarten und auf das Unbekannte hoffen, mit all den damit verbundenen Ungewißheiten. Als hätten die Sozialdemokraten durch ihr jüngstes Verhalten nicht schon den Weg in die Zukunft gewiesen: durch ihr Ja zu der Steuervorlage, durch ihre Weigerung, dem Militarismus entschlossen den Kampf anzusagen.

Aber konnte Rosa die Dinge so pessimistisch sehen? Sie mußte daran glauben, daß ein Sturm alles hinwegfegen und einen »frischen Wind in das Parteileben« bringen würde.

Tatsächlich war sie nicht die einzige, die diesen Zustand des Abwartens registrierte. Kautsky, ihr Gegner, schrieb im Oktober 1913 in einem Brief an seinen österreichischen Genossen Victor Adler: »Es herrscht bei uns ein allgemeines Unbehagen, ein unsicheres Suchen und Tasten nach neuen Wegen, die Empfindung: es muß etwas geschehen. Das ist allgemein…«

Und er fuhr fort: »Die Rosaleute machen daraus natürlich den erbitterten Vorwurf: Es geschieht nichts, weil Ihr nichts tun wollt. Aber«, so erkannte er scharfsinnig, »auf die Frage, was geschehen soll, bleiben auch sie die Antwort schuldig.«

Wie anders als durch Eingebungen und ahnungsvolle Analysen konnte sie das Schlimmste vorhersehen, nämlich daß der barbarische »Sturm« des Krieges ungehindert über ganz Europa hinwegfegen und alle Völker und Parteien mitreißen würde?

Sie weigerte sich, ihre Ohnmacht einzugestehen und zu kapitulieren.

Ihr Glaube und ihre Energie – und somit in einem gewissen Sinn auch ihre Verblendung – waren zu groß, um den Kampf aufzugeben. Sie mußte weiter daran glauben, daß sie imstande war, eine selbstmörderische Eskalation, den Triumph dieses Militarismus, den sie mit bloßen Händen bekämpfte, zu verhindern. Außerdem war ihre Lebenslust zu groß.

Im August 1912 hatte sie die Beziehung zu Kostja Zetkin endgültig abgebrochen. Ohnehin hatte sie seit Jahren nur noch eine Art zärtlicher Freundschaft verbunden.

Aber selbst das hörte jetzt auf: Kostja hatte offenbar nicht den Wunsch, wie im Sommer 1911 noch einmal mit Rosa nach Korsika zu reisen. Der junge Mann hatte nun andere Leidenschaften. Zum Beispiel schöne Frauen.

Nun gut! Rosa akzeptierte seine Entscheidung und war ihm fortan nur noch eine aufmerksame Freundin, wie sie es bereits vorausgesehen hatte. Nur wurde sie es diesmal wirklich.

Aber da war ja noch der feinfühlige und gebildete Hans Diefenbach, der sie mit seinem Kunstsinn und seiner kultivierten Konversation gleichermaßen beruhigte wie verärgerte, denn ihm fehlte die Leidenschaft, die Rosa so liebte.

»Hannes [Diefenbach]«, schrieb sie Luise Kautsky, »hat sich mit einem langen Brief und drei Riesenmappen von Michelangelo gemeldet. Er ist in Stuttgart, schreibt auch von sich selbst im Fistelton (wo ihn der Schuh drückt, ob im Magen oder anderswo, weiß ich nicht), vorläufig erwähnt er nichts über seine nächsten Pläne.«

Aber sie blieb zu Hause, allein mit ihrer Katze Mimi und ihrem Hausmädchen Gertrud Zlottko, die sie zum Lesen und Malen animierte und der sie, wenn sie auf Reisen war, Blumen und seltene Pflanzenarten schickte, die Gertrud dann klassifizieren mußte. Denn Rosa widmete sich, und mit jedem Tag mehr, der Botanik, einem Wissensgebiet, das abseits der grausamen und enttäuschenden Geschichte lag.

»Die Feiertage«, schrieb sie im Januar 1913, »habe ich sehr ruhig mit Mimi und Gertrud zu Hause verbracht, las für mich ein wenig im Schweitzer (dessen Erläuterungen von Mehring sehr schön sind), im Sophokles und Calderon.«

Sie führt ein ruhiges, bürgerliches Leben: Ein wenig affektiert, aber auch mit aufrichtig empfundener Zärtlichkeit unterstreicht sie, welch wichtige Rolle Mimi in ihrem Leben spielt. Sie nennt sie »mein Kind«, und wenn sie unterwegs ist, versäumt sie es nie, sich bei Gertrud in Südende nach dem Befinden der Katze zu erkundigen.

»Hoffentlich«, so enden ihre Briefe, »geht es Ihnen und Mimi recht gut!«

Und manchmal schreibt sie Gertrud: »Ich habe mich sehr gefreut über Ihren und Mimis Brief.«

Hält man sich die Ernsthaftigkeit ihres Engagements vor Augen, den Scharfsinn und Zynismus, den sie in ihren Beziehungen zu Politikern, Freunden wie Gegnern, oft genug bewies, so erscheint ihre Liebe zu Mimi wie ein kindlicher Schutzraum, wie eine »Beziehung«, die nach politischen und taktischen Gesichtspunkten nutzlos war und um so wertvoller, als hier nur spontane Gefühle zählten.

Die sensible Rosa überschüttete Mimi mit all den überschüssigen Gefühlen, die sie in der unerbittlichen Welt der Politik nicht ausleben konnte.

Auch in der Natur kam sie zur Ruhe. Sie sammelte Pflanzen, Gräser und Blumen, begeisterte sich aber auch an der Landschaft, so etwa an der Naturkulisse von Chailly-sur-Clarens am Genfer See, wohin sie, wann immer es ihre Zeit erlaubte, zur Erholung fuhr.

»Hier ist es herrlich«, schrieb sie Gertrud Zlottko, »ich nehme den ganzen Tag Sonnenbäder... Nächstens schicke ich Ihnen und Mimi etwas Blumen und Gras...«

Sie ging spazieren, verweilte am Ufer des Sees und bewunderte das Panorama, die Île de Clarens und die Gipfel der Dents du Midi in der Ferne.

Beim Anblick dieser Wirklichkeit aus vormenschlicher Zeit

schöpfte sie neue Kraft – Kraft, die sie brauchte, um den Menschen zu trotzen und eine Gesellschaft aufzubauen, die ebenso »schön« war wie diese Natur.

Rosa empfand eine nie nachlassende Bewunderung für die Welt, für die Veränderungen des Himmels – »Heute ist hier ein prachtvoller Wintertag, alles verschneit, und die Sonne strahlt darauf« –, eine immer neue Begeisterung für ein Insekt, eine Blume, einen Berg.

Sie lebte im Einklang mit der Natur, auf die sie ihre ganzen poetischen Empfindungen übertrug, in der sie ihr Bedürfnis nach Schönheit stillte. Sie betrachtete die Natur mit einer gewissen romantischen Naivität, die sie sich in Politik und Geschichte nicht gestattete. Sie war zu sehr Realistin, zu sehr in die sozialen Kämpfe, die Intrigen und Rivalitäten zwischen Parteien verstrickt, um sich der geringsten Illusion hinzugeben.

Und dann war da noch die Kunst: die Literatur, die Malerei, die Musik, der Gesang. Sie liebte die Kunst, die ihr so viele Möglichkeiten der Betätigung bot. Und diese Liebe ließ sie sich von der Politik weder zerstören noch ersticken. Sie las, malte und hörte gern ergreifende und belebende Musik.

»Sonnabend«, schrieb sie an Luise Kautsky, »war ich im ›Don Juan‹ mit einem Gast aus Stockholm in der Titelrolle.«

Auch der Humor half ihr, das Leben zu ertragen, sich selbst zu ertragen, nach jeder Niederlage wieder aufzustehen und der Welt die Stirn zu bieten, trotz ihrer Unruhe und gelegentlichen Verzweiflung zu überleben – ein Humor, den sie möglicherweise von ihren Vorfahren geerbt hatte, den polnischen Juden, dieser verfolgten und mit einem unbezwingbaren Lebenswillen ausgestatteten Minderheit.

»Der Gast«, so ihr Urteil nach der Aufführung des *Don Juan,* »hatte wundervolle Beine im Trikot, sonst war es eine Enttäuschung (wie bei den Don Juans meist, nicht wahr?).«

Ein Augenzwinkern, ein Scherz, als wollte sie uns sagen: Ich weiß, man sollte alles ernst nehmen – und nicht etwa nichts.

15. »Und nun verurteilen Sie mich!«
(Januar – 4. August 1914)

Am 14. April 1914 trat Rosa Luxemburg vor die Schranken des Frankfurter Gerichts. Sie wußte, daß sie vom kaiserlichen Ankläger keine Milde zu erwarten hatte. Man wollte sie politisch vernichten.

Sie hatte Sand ins Getriebe der Obrigkeit gestreut, die im Reich eine Hurra-Stimmung für den Krieg erzeugen wollte.

Seit Jahren wuchs die Akte gegen sie. Obwohl zusehends an den Rand der SPD gedrängt, nährte sie als Sozialistin die antimilitaristische und internationalistische Flamme, die es zu ersticken galt, wenn sich das deutsche Volk – das Junkertum, die Beamtenschaft, der Mittelstand, aber auch und vor allem die Arbeiterschaft – geschlossen hinter den Kaiser und seinen Generalstab stellen sollte.

Man durfte nicht zulassen, daß Rosa Luxemburg in der Partei wieder an Einfluß gewann. Man mußte an ihr ein Exempel statuieren, zur Abschreckung für diejenigen, die ihr nacheiferten.

Und es war höchste Zeit, denn die Menge applaudierte ihr, und sie selbst war nicht bereit zu schweigen.

Die Akte des Staatsanwalts enthielt einen Artikel aus der *Frankfurter Warte*. Er stammte aus der Feder eines Journalisten namens Henrici und basierte auf Reden, die sie bei einer Versammlung in Bockenheim und einige Tage später in Fechenheim gehalten hatte.

Aber Henrici hatte es nicht dabei belassen, ihre Reden mitzuschreiben und die Behörden zu unterrichten, und Rosa wußte es. So schrieb sie im Januar 1914 an Mehring: »Er [hat] der Staatsanwaltschaft bürgerliche Zeugen aus Fechenheim und Bockenheim namhaft gemacht, die gegen mich aussagen sollten und auch ausgesagt haben.«

Die Anklage lautet auf Aufforderung zum Ungehorsam gegen die Gesetze und zu strafbaren Handlungen. Rosa droht eine schwere Gefängnisstrafe.

Der Ankläger wirft ihr vor, sie habe die Bevölkerung »maßlos aufgehetzt« und »die Soldaten dazu aufgefordert, im Kriegsfalle entgegen dem Befehl nicht auf den Feind zu schießen«. Rosa quittiert diese Anschuldigungen nur mit einem ironischen und verächtlichen Lächeln.

Auf ihre Weisung hin beschränken ihre beiden Anwälte Kurt Rosenfeld und Paul Levi die Verteidigung auf rein juristische Fragen. So erheben sie Einspruch gegen die Forderung des Staatsanwalts, Rosa mit einer Strafe zu belegen, die ihrer Bekanntheit und ihrer staatsfeindlichen Haltung angemessen sei. Hieß das etwa, daß sie als unbekannte Rednerin nicht verfolgt worden wäre? War das noch Gleichheit vor dem Gesetz?

Rosa selbst hält sich nicht mit solchen Details auf. Sie will sich mit politischen Argumenten verteidigen und in den wichtigen Punkten selbst antworten. Tatsächlich hat sie dem Prozeß mit Befriedigung entgegengesehen. »Ich kann Ihnen nicht sagen«, schreibt sie Mehring, »welche Freude mir die Sache macht.«

Der Prozeß ist eine günstige Gelegenheit, für ihren Standpunkt zu werben und die sozialdemokratische Presse zur Verbreitung ihrer Reden und Analysen zu zwingen. Noch gilt sie als isolierte Extremistin. Aber wenn sie es geschickt anstellt, wird sie zur Galionsfigur der sozialistischen Bewegung, die imstande ist, die Massen mitzureißen.

Solche Gedanken gehen ihr durch den Kopf, als sie sich erhebt, um auf das Plädoyer des Staatsanwalts zu antworten. Sie hält eine der besten Reden ihres Lebens.

Getragen von den besonderen Umständen wächst sie über sich hinaus und verkörpert die Tugenden des Sozialismus, berauscht von der Aufgabe, die sie sich gesetzt hat.

»Wir betreiben unsere antimilitärische Agitation nicht etwa im geheimen Dunkel«, sagt sie, »im Verborgenen, nein, im hellsten Licht der Öffentlichkeit.«

Rosa Luxemburg und Paul Levi, 1914.
(Foto: Archiv der sozialen Demokratie der Friedrich-Ebert-Stiftung)

Sie gerät in Fahrt. Der Staatsanwalt hat sie als »rote Rosa« bezeichnet: »Ja, er hat es gewagt, meine persönliche Ehre zu verdächtigen, indem er den Fluchtverdacht gegen mich aussprach... Herr Staatsanwalt, ich glaube Ihnen, Sie würden fliehen. Ein Sozialdemokrat flieht nicht. Er steht zu seinen Taten und lacht Ihrer Strafen.« Und mit stolz erhobenem Kinn ruft sie: »Und nun verurteilen Sie mich!«

Für Rosa ist es ein großer, ein überwältigender Augenblick, eine Art Apotheose. Der intellektuelle Erfolg – ihre glänzende Rede – und das Gefühl, ihrer Verantwortung gerecht zu werden, das Richtige zu tun und wahrhaftig in den Gang der Geschichte einzugreifen, lassen sie den Alltag und seine oft schmutzigen Realitäten vergessen. Und es erfüllt sie mit Freude, daß sie unter den Augen von Hunderttausenden, in deren Namen sie spricht, ihrer Rolle gerecht wird. Sie ist eine Märtyrerin, die Wahrheit und Gerechtigkeit verkörpert.

Das Urteil selbst kümmert sie wenig: Sie wird zu einem Jahr Gefängnis verurteilt; der Antrag des Staatsanwalts auf ihre sofortige Verhaftung wird abgelehnt.

Was allein zählt, ist das Echo auf ihre Verteidigungsrede, auf ihren Auftritt in diesem Theater, das immer ein Tribunal ist und in dem Rosa so meisterhaft die Rolle des anklagenden Opfers gespielt hat: eine Frau im Kampf gegen die Staatsmacht, eine heroische, unerschrockene Sozialistin.

Sie weiß, daß sie gesiegt hat.

Sie sieht es in den Augen ihres Verteidigers Paul Levi. Er, der Sohn eines jüdischen Bankiers, hat sich schon als junger Gymnasiast in Stuttgart für den Sozialismus begeistert und ist seit 1906 Mitglied der Sozialdemokratischen Partei.

Er hat in Berlin, Grenoble und Heidelberg Jura studiert und arbeitet als Anwalt in Frankfurt.

Er ist groß, elegant, gebildet und interessiert sich für Kunst und die Geschichte des Altertums. Und dieser verführerische Intellektuelle bewundert Rosa Luxemburg.

Er ist zwölf Jahre jünger als sie und hatte schon viele Affären mit schönen, eleganten Frauen, die sich von seiner Intelligenz und seinem distinguierten Charme angezogen fühlten.

Rosa hat andere Vorzüge: Durch ihr Prestige, ihre intellektuelle Ausstrahlung, ihre Rednergabe und ihre starke Persönlichkeit übt sie eine andere Art von Faszination auf ihn aus.

Unmittelbar nach dem Urteilsspruch zieht sie mit ihm und Kurt Rosenberg von Versammlung zu Versammlung. Das Gericht hat ihr die Freiheit gelassen. Das muß sie nutzen, um das Echo des Prozesses zu verstärken. Sie kann jederzeit verhaftet werden, sobald die Berufung, die sie eingelegt hat, abgelehnt wird. Aber das kümmert sie wenig.

Die Parteipresse hat ihre Verteidigungsrede veröffentlicht. Gegen den Widerstand des Vorstands hat sich Rosa wieder einen Platz in der Partei erobert.

Bereits am Sonntag, dem 22. Februar, spricht sie in Frankfurt-Hanau auf drei Versammlungen vor Tausenden von Zuhörern.

Zunächst berichten ihre Anwälte von dem Prozeß. Danach ergreift sie das Wort und erinnert an den Vorwurf des Staatsanwalts, sie habe einen Anschlag auf den »Lebensnerv des Staates« verübt.

Folglich sei der Lebensnerv des Staates der Militarismus, ruft sie. Und man werde dafür sorgen, daß dieser Lebensnerv so rasch wie möglich gezogen werde.

Am Schluß warnte sie in einem ernsten und entschiedenen Ton davor, daß früher oder später zwangsläufig ein Weltkrieg ausbrechen werde.

Paul Levi hört ihr zu und applaudiert mit dem Publikum.

Und in einer dieser Nächte, vermutlich im Anschluß an eine Versammlung, als die letzten Genossen verschwunden sind, wird er ihr Geliebter. Es ergibt sich ganz von selbst, denn sie will ihn. Das gehört zum Leben. Es ist die Konsequenz aus der Anziehung, die sie, jeder aus anderen Gründen, aufeinander ausüben.

Es ist eine ruhige, natürliche, fast banale Beziehung, aus der nach einigen Monaten, Ende 1914, eine von Solidarität geprägte Freundschaft wird und die somit wieder an ihren Ausgangspunkt zurückkehrt, ohne daß einer der beiden verletzt wäre. Paul Levi wird von dieser intimen Beziehung für immer geprägt. Für Rosa ist sie einfach eine Bereicherung. Sie schätzt die Intelligenz und Ernsthaftigkeit dieses Mannes. Und sie findet ihn attraktiv und elegant. Auch das ist ihr wichtig.

Die triumphale Agitationstour und die Liaison mit Paul Levi, der sie auf dem Podium unterstützt, geben ihr wieder ein Gefühl der Erfüllung, verschaffen ihr die Gewißheit, Geschichte zu machen.

Kaum eine deutsche Stadt, aus der sie keine Einladung bekommt. »Aus Berlin«, so berichtet sie Leo Jogiches, »läuft man bei mir geradezu Sturm wegen Versammlungen.«

Doch im selben Maße, wie die Sozialdemokraten sie mit Sympathien überschütten, wächst auch die Feindseligkeit in den konservativen und pangermanischen Kreisen.

Die Polizei verschärft die Überwachung der »Agitatorin Luxemburg« und verfaßt Bericht um Bericht über ihre Reden. Die Behörden sind empört. Selbst Reichskanzler Bethmann Hollweg wird auf dem laufenden gehalten.

Die Ortsgruppen der konservativen Parteien machen mobil. Aus dem württembergischen Lorch verlautet: »Es wird im deutschen Volke, soweit es nicht im sozialdemokratischen Fahrwasser segelt, nicht verstanden, daß man dem frechen Gebaren dieses Frauenzimmers nicht ein Ende macht.«

Rufe nach ihrer sofortigen Verhaftung werden laut, Berichte über die »schamlosen Umtriebe dieser Matrone« erscheinen.

Als sie sogar im Reichstag attackiert wird, verteidigt sie Karl Liebknecht. Die verurteilte Sünderin, so erklärt er, habe dem Militarismus schwere Wunden zugefügt. Durch ihre Verurteilung habe man eine Märtyrerin geschaffen.

In einer Rede, die Rosa am 7. März 1914 in Freiburg hält, geht sie noch weiter: Sie geißelt den Drill und die »Mißhandlungen« an Rekruten, die, wie sie behauptet, in der preußischen Armee an der Tagesordnung seien.

Unter Anspielung auf den Selbstmordversuch und Tod eines Soldaten in Metz sagt sie: »Was auch passiert ist, eines ist klar: Es ist sicher eins von den unzähligen Dramen, die in den deutschen Kasernen tagaus, tagein sich abspielen und wo nur selten das Stöhnen der Gepeinigten zu unseren Ohren dringt.«

Das geht der militärischen Führung zu weit. Der preußische Kriegsminister General von Falkenhayn fühlt sich »im Namen des gesamten Offiziers- und Unteroffizierskorps der deutschen Armee beleidigt«. Erneut wird Anklage gegen sie erhoben.

Für Rosa ist das nur eine neue Etappe in ihrem Kampf. Sie hält es für notwendig, in diesem März 1914 den Druck auf die Obrigkeit zu verstärken, um die Massen auf die Kriegsgefahr aufmerksam zu machen. Großbritannien hat soeben seinen Militäretat erhöht, und Rußland hat sein stehendes Heer von 460 000 auf 1 700 000 Mann aufgestockt.

Rosa glaubt also, daß sie den Hebel an der richtigen Stelle ansetzt. Und daß die SPD und ihre Presse gezwungen sind, ihr zu folgen, ist für sie ein großer politischer Sieg.

Einem jungen sozialdemokratischen Studenten namens Walter Stöcker, der sie nach ihrer Meinung fragt, antwortet sie: »Lieber junger Freund, ich versichere Sie, daß ich auch dann nicht fliehen würde, wenn mir der Galgen drohte, und zwar aus dem einfachen Grund, weil ich für durchaus notwendig halte, unsere Partei daran zu gewöhnen, daß Opfer zum Handwerk des Sozialisten gehören und eine Selbstverständlichkeit sind. Sie haben recht: ›Es lebe der Kampf!‹«

Ahnt sie bereits, daß der »Kampf« sich noch verschärfen wird? Daß ihr das Gefängnis droht, weil ein zweiter Prozeß gegen sie vorbereitet wird? Ahnt sie, daß sie neue Kräfte sammeln muß, weil sie für lange Zeit keine Ferien mehr wird machen können?

Wie auch immer, jedenfalls fährt sie im April 1914, möglicherweise mit Paul Levi, nach Chailly-sur-Clarens, steigt in der Pension Mary ab, streift durch die Wiesen und Weinberge am Genfer See, sammelt Pflanzen, hört in ihrem Zimmer dem »unverschämten Lärm« der Amseln zu, schützt sich mit ihrem »alten Strohhut« vor der brennenden Sonne und macht Urlaub wie eine normale Bürgerin. Und stets erkundigt sie sich bei Gertrud Zlottko nach dem Befinden ihrer Katze Mimi: »Sie hat schlimme Äuglein, nehmen Sie sich etwas in acht beim ›Großreinemachen‹, daß sie nicht in Zug kommt.«

Diese kurzen geruhsamen Tage zeigen, daß sie selbst im größten Kampfgetümmel die Fassung bewahrt und sich treu bleibt, und das, obwohl ihr das Gefängnis droht, im Reichskanzleramt über sie gesprochen wird und eine liberale Zeitung schreibt, daß die Staatsräson keinen Kanzler oder Minister zwinge, Frau Rosa Luxemburg wie eine neue Jungfrau von Orléans ins Rampenlicht zu rücken.

Doch Rosa geht in der Schweiz spazieren und schickt an Gertrud Zlottko eine Schachtel mit botanischen Funden!

Bewundernswert, dieser Gleichmut, diese Selbstbeherrschung!

Als sie nach Deutschland zurückkehrt, bringt sie mehrmals ihre Freude über den bevorstehenden zweiten Prozeß zum Ausdruck: »Wieder also ein Prozeß«, frohlockt sie, »in dem nicht etwa ein Lapsus linguae, eine Dummheit oder Ungeschicklichkeit des Redners zu Gericht steht, sondern elementare Wahrheiten, notwendige Bestandteile unserer politischen Aufklärung.«

Ihre Anwälte haben einen Aufruf veröffentlicht und jeden, der über Soldatenmißhandlungen berichten kann, aufgefordert, sich als Zeuge zu melden. Das Echo ist überwältigend: Aus allen Städten im Reich treffen Briefe ein. Das Berliner Landgericht, vor dem der Prozeß am 29. Juni beginnen soll, ist überlastet: Bald haben sich 1013 ehemalige Soldaten gemeldet, die unter ihren Offizieren gelitten haben und bereit sind, vor Gericht auszusagen.

»Morgen«, schreibt Rosa an Jogiches, »teile ich Ihnen sofort nach Schluß telefonisch das Urteil mit.«

Der Obrigkeit ist der Prozeß so peinlich, daß sie erwägt, ihn vor ein Kriegsgericht zu bringen, doch der Richter beschließt eine Vertagung.

Rosa hat gesiegt. Die Presse reagiert heftig: Die sozialdemokratischen Zeitungen stellen sich hinter sie, die konservativen verurteilen ihre Zersetzungsarbeit, und die Blätter der Pangermanisten klagen über die Ungeschicklichkeit der Behörden: »Wie es scheint«, schreiben sie, »bleibt uns kein Fehler, keine Torheit erspart...«

Rosa darf sich also dem Glauben hingeben, daß ihr Tun endlich Früchte trägt, daß ihre Analyse endlich die »Massen« erreicht und der Widerstand gegen den Militarismus erstarkt.

Der *Wahre Jacob*, eine satirische Zeitschrift, veröffentlicht eine

Karikatur: Rosa als Staatsanwältin, die einen Offizier anklagt; die Zeugen auf den Bankreihen sind Skelette in Uniformen.

Rosa sieht optimistisch in die Zukunft. Die Menge applaudiert ihr, und Sozialdemokraten wie Levi, Rosenfeld, Liebknecht und Marchlewski scharen sich um sie. Ist es ihr nicht gelungen, das Militär in die Defensive zu drängen?

»Wir betrachten es als unsere Pflicht«, schreibt sie, »in der folgenden Woche der roten Agitation diesen Prozeß auszunutzen bis aufs äußerste und zu beschleunigen den Schritt der historischen Entwicklung, die uns zum Siege führt.«

Ihr Prozeß beginnt am 29. Juni in Berlin. Am Tag zuvor, am 28. Juni, ist in Sarajewo der österreichische Thronfolger Erzherzog Franz Ferdinand ermordet worden.

Erfaßt Rosa die Tragweite dieses Ereignisses? Für viele ist das Attentat zunächst nur ein weiterer Mord in einer Region, die durch nationalistischen Haß entzweit ist.

Am 14. Juli 1914 liegt Berlin unter einer Hitzeglocke.

Im Stadtteil Südende herrscht eine ländliche Atmosphäre. Die Fenster von Rosas Wohnung sind weit geöffnet. Sie lauscht dem Gezwitscher der Vögel und streichelt ihre Mimi, die, als die Sonne untergeht, nach den Lichtstrahlen springt, die der Kristalleuchter an Decke und Wände wirft.

Rosa ist zuversichtlich, ja sogar glücklich. Der Empfang, den man ihr überall, vor allem aber in Berlin, bereitet hat, läßt sie die wahren Kräfteverhältnisse in Deutschland und in der SPD vergessen.

Sie begreift nicht, daß die Zuhörer, die ihr applaudieren, damit in erster Linie ihren Mut honorieren. Sie solidarisieren sich nicht deshalb mit ihr, weil sie ihre Ansichten teilen oder ihrem Vorschlag zustimmen, den Streik als Waffe gegen den Militarismus einzusetzen, sondern weil sie ihnen Achtung verschafft hat, weil sie »gemeinsam« einen Sieg über die Obrigkeit errungen haben.

Aber nach den Versammlungen kehren sie wieder in ihren Alltag zurück, der geprägt ist vom Respekt vor der herrschenden Ordnung und den Zwängen, die Unternehmer, Gewerkschaft und Staat ihnen setzen.

Durch ihre Ovationen für Rosa artikulieren sie sich als soziale Gruppe, die ein Recht darauf hat, geachtet zu werden. Aber sind sie bereit, mit dem Staat und seinen Gesetzen zu brechen? Oder im Fall einer Mobilisierung den Gehorsam zu verweigern?

Rosa ist zu sehr mit der Agitation beschäftigt, zu eigensinnig und auch zu sehr Voluntaristin, als daß sie den deutschen Alltag und die Zwänge, denen die »Massen«, dieser gefesselte Riese, unterworfen sind, so pessimistisch beurteilen könnte. So kann und will sie nicht denken.

Sie unterschätzt die Wirkung der staatlichen Propaganda, in der die Russen als Barbaren dargestellt werden, die das Reich überfallen und die sozialen Errungenschaften der Deutschen zerstören wollen. Ist Deutschland mit seinen Gewerkschaften und seiner Sozialdemokratie nicht ein fortschrittlicher Staat im Vergleich zum Zarenreich? Muß man es gegen die Kosaken nicht verteidigen? Wer durchschaut diese Lügenpropaganda?

Rosa kennt den Alltag des deutschen Volkes nicht gut genug, um zu begreifen, daß eine solche Propaganda greift, so wie sie im übrigen auch in Frankreich greift, wo man behauptet, daß die Republik gegen das rückständige Deutsche Reich verteidigt werden müsse. Das ist die Lage im Juli 1914: Die Völker geraten in den Sog eines Nationalismus und werden gegeneinander aufgehetzt.

Noch verschloß Rosa die Augen vor dieser Realität. Sie glaubte fest an die »Massen« und an die Resolutionen der Sozialistischen Internationale, in denen die Völker dazu aufgerufen wurden, sich gegen den Krieg zu erheben.

Sie glaubte, daß die Solidarität und die Zustimmung, die sie in der ersten Hälfte des Jahres 1914 bis zu diesem 3. Juli erfahren hatte, nur das erste Kräuseln einer revolutionären Welle seien.

So scharfblickend sie auch war, sie hatte sich in einen Widerspruch verstrickt: Einerseits hatte sie den Krieg mehrfach als »notwendige« Folge des Imperialismus bezeichnet, andererseits *glaubte* sie, daß das Proletariat in der Lage war, durch Aktionen das Eintreten dieser notwendigen Folge zu verhindern.

Als Rosa im Juli 1914 mit dem Zug nach Brüssel fährt, um dort an einer Sitzung des Internationalen Sozialistischen Büros teilzunehmen, hört sie nicht auf ihren Verstand, sondern nur auf ihren Glauben. Sie muß glauben, denn die Alternative ist Krieg, das Ende der Illusionen, denen sie ihr Leben gewidmet hat.

In Brüssel sitzen sie alle um einen großen Tisch: Jaurès, Victor Adler, Rosa Luxemburg, Hugo Haase, einer der SPD-Vorsitzenden, und die Vertreter aller anderen sozialistischen Parteien Europas. Der Belgier Camille Huysmans, Sekretär des Büros, macht sich Notizen.

Es gibt schlechte Neuigkeiten. Am 15. Juli hat der Präsident der französischen Republik, Raymond Poincaré, Rußland einen offiziellen Besuch abgestattet. Die Truppenbewegungen auf dem Balkan nehmen zu.

Aus Berlin treffen Nachrichten über eine bevorstehende Intervention der Russen im Konflikt zwischen Österreich und Serbien ein. Die Reichsregierung hat sie heimlich in Umlauf gebracht: Kaiser Wilhelm will sich »seinen« Sozialdemokraten als Herrscher präsentieren, der den Frieden bewahren will, aber auch entschlossen ist, die Freiheiten und Interessen seines Volkes gegen die slawischen »Barbaren« zu verteidigen. Und sein Kanzler und seine Minister finden bei prominenten Vertretern der SPD-Fraktion ein offenes Ohr. David, Scheidemann, Ebert, Noske und andere fühlen sich geschmeichelt, da die Obrigkeit sie konsultiert. Endlich erhalten die Sozialdemokraten von Kaiser und Regierung die Anerkennung, die ihnen gebührt. Endlich ist ein sozialdemokratischer Abgeordneter auch ein deutscher Abgeordneter und nicht mehr nur ein vaterlandsloser Geselle!

Gleichzeitig heizt die Presse die Spannung weiter an. In Wien und Berlin demonstriert das Volk für einen Kriegseintritt zur Verteidigung von Recht und Vaterland.

Unter den Sozialdemokraten geht die Angst um. Man darf sich den »Massen«, die von dieser patriotischen Stimmung mitgerissen werden, nicht entfremden.

In Brüssel begreift Rosa allmählich, was vor sich geht. Sie ist angespannt und erschöpft. Der Österreicher Victor Adler berichtet über die politische Lage und die nationalistische Stimmung in seinem

Land. Seiner Meinung nach kann man nichts mehr tun. Rosa ist darüber empört und erklärt, daß die Sitzung in einer solchen Atmosphäre nicht fortgesetzt werden könne. Der müde Jaurès hofft weiter auf ein Wunder.

Die Teilnehmer der Runde diskutieren, aber niemand schlägt konkrete Maßnahmen vor. Rosa ebensowenig wie die anderen. Niemand bemerkt, daß die Bombe bereits tickt.

Man beschließt, zwei Wochen später, am 9. August 1914, in Paris einen Kongreß der Internationale einzuberufen, und veranstaltet am Abend des 29. Juli im Cirque Royal von Brüssel ein großes Antikriegstreffen. Im gelblichen Licht der Gaslampen hält Jaurès eine flammende Rede. Er erhält großen Beifall.

Rosa hört ihm aufmerksam zu und ist begeistert.

Sie hat erfahren, daß der deutsche SPD-Parteivorstand am 25. Juli einen scharfen Aufruf veröffentlicht hat: »Das klassenbewußte Proletariat Deutschlands erhebt im Namen der Menschlichkeit und der Kultur flammenden Protest gegen das verbrecherische Treiben der Kriegshetzer... Kein Tropfen Blut eines deutschen Soldaten darf dem Machtkitzel der österreichischen Gewalthaber, den imperialistischen Profitinteressen geopfert werden.«

Sie selbst hätte es nicht besser sagen können. Zudem werden aus Berlin und anderen Städten des Reichs pazifistische Demonstrationen gemeldet. Warum also verzweifeln?

Und plötzlich, innerhalb weniger Stunden, während Rosa sich auf die Rückreise nach Berlin vorbereitet, schwindet die letzte Hoffnung auf ein Wunder. Österreich stellt Serbien das Ultimatum. Am 29. Juli ruft Rußland die Mobilmachung aus, und am 31. zieht Deutschland nach und stellt Rußland und Frankreich das Ultimatum.

Rosa sitzt in einem eleganten Brüsseler Restaurant und betrachtet gedankenverloren einen Strauß Gladiolen, der neben ihr auf dem Tisch steht. Es wird diskutiert. Aber sie, die sonst so lebhaft und aufmerksam ist, schweigt und greift nicht in das Gespräch ein.

Camille Huysmans, »dieser große Junge mit den dunklen Locken und dem typischen Vlamengesicht«, beobachtet sie eine Weile.

»Dann kam die Rede auf meine Abreise«, berichtet Rosa später über diesen Abend, »wodurch meine Hilflosigkeit in ›irdischen Dingen‹ zum Vorschein kam, mein ewiges Bedürfnis nach einem Vormund, der mir das Billett besorgt, mich in den richtigen Zug steckt, meine verlorenen Handtaschen einsammelt – kurz, meine ganze blamable Schwäche...«

Rosa hat sich mit Huysmans nie verstanden. »Zehn Jahre haßten wir einander«, sagt sie. Doch dann erlebt er sie in einem Moment der Schwäche, »und der zehnjährige Haß verwandelte sich in einer Stunde in glühende Freundschaft«.

Er nimmt sie mit zu sich nach Hause: Er »brachte mir eine kleine Katze, spielte und sang mir Mozart und Schubert vor... Besonders nett trug er die Schubertschen ›Grenzen der Menschheit‹ vor; den Schlußvers ›Und mit uns spielen Wolken und Winde‹ sang er ein paarmal...«

Er begleitet Rosa zum Bahnhof, bringt sie in ihr Abteil und springt erst im letzten Moment, als der Zug bereits rollt, auf den Bahnsteig und ruft noch: »Au revoir à Paris!« – beim Kongreß der Internationale am 9. August 1914.

Doch noch schreibt man den 31. Juli. Jaurès, der mit seiner Rede soeben noch das Brüsseler Publikum begeistert hat, wird wenige Stunden später, während Rosa in Richtung Berlin fährt, ermordet.

Eine Welt bricht zusammen, eine Welt, in der ein Sekretär der Sozialistischen Internationale Schubert-Lieder singt und sich dabei auf dem Klavier begleitet. Und Rosa ist ein Teil dieser Welt.

Die Zukunft gehört Ebert und Scheidemann, Noske und Lenin. Wenige Tage zuvor hat sie über die *Prawda,* die Zeitung von Lenins Bolschewiken, noch gesagt, sie verursache ihr Übelkeit.

Sie ist wieder in Berlin. Sie bemerkt, daß die Parteiführer Angst haben. Angst vor dem Belagerungszustand, der alles zerstören könnte, was sie aufgebaut haben: die Partei, die Gewerkschaften, ihre Karriere. Sie fürchten, in die Illegalität abgedrängt und verhaftet zu werden.

Am 30. Juli setzen sich Ebert und Otto Bauer mit der Parteikasse nach Zürich ab.

Rosa besucht die Genossen. Überall herrscht Bestürzung, Angst, ein Gefühl der Ohnmacht. Was kann die Partei schon tun? Die Regierung und das Militär geben den Ton an. Sie treffen von Minute zu Minute die Entscheidungen.

Gleichzeitig spürt Rosa, daß die SPD-Abgeordneten und der Vorstand stolz darauf sind, daß sie von Ministern konsultiert und von denen, die sie gestern noch verachtet haben, wie ihresgleichen behandelt werden.

Der Krieg war nicht mehr abzuwenden. War es da nicht an der Zeit, etwas dafür zu tun, daß die Rolle der Arbeiterklasse, der SPD und der Gewerkschaften im Staat anerkannt wurde? War man nicht am Ende eines Integrationsprozesses der Arbeiter in die Nation angelangt?

Die Minister versprachen, daß man die Stellung des Proletariats im Reich und seine Rechte nach dem Krieg berücksichtigen werde. Folglich mußte man nationale Einigkeit demonstrieren. Und für die Kriegskredite stimmen.

Was kann Rosa dagegen tun?

Am 1. August erklärt das Deutsche Reich Rußland den Krieg. Am 2. besetzt es Luxemburg, am 3. erklärt es Frankreich den Krieg.

Mit Beginn des Krieges wird die Demokratie außer Kraft gesetzt. Bereits am 1. August werden Demonstrationen und öffentliche Versammlungen verboten.

Rosa trifft sich mit ihren Freunden Mehring, Liebknecht und Paul Levi. Am 2. August will sie mit ihrer Meinung an die Öffentlichkeit gehen – aber wie? Sie hofft, daß wenigstens zwanzig Abgeordnete sich ihr anschließen werden.

Sie weiß, daß der Parteivorstand gespalten ist. Aber diejenigen, die für eine Bewilligung der Kriegskredite plädieren, erklären, daß sie sich über die Parteidisziplin hinwegsetzen werden.

Man müsse das Schlimmste befürchten, erklärt Rosa mit einer Mischung aus Verzweiflung und Empörung. Sie hat kein Vertrauen in die Abgeordneten. Die Fraktion werde die Partei verraten, sagt sie. Sie werde sich allenfalls der Stimme enthalten.

Und selbst das ist noch zu optimistisch. Sie kann nicht an eine

Kehrtwendung jener Männer glauben, die noch am 25. Juli, also knapp eine Woche zuvor, dagegen gewettert haben, daß auch nur »ein Tropfen Blut eines deutschen Soldaten« vergossen wird.

Aber die Angst, das Gefühl der Ohnmacht, die patriotischen Demonstrationen und auch persönliche Ambitionen führen einen Meinungsumschwung herbei.

Karl Liebknecht wird später berichten, daß er vor dem 4. August mit einigen Genossen alles Menschenmögliche getan habe, um die Fraktion dazu zu bringen, gegen die Kriegskredite zu stimmen. Doch vergebens.

»Am 3. August«, schreibt er, »fand die erste und entscheidende Sitzung der sozialdemokratischen Reichstagsfraktion statt... Bei dieser Gelegenheit stellte sich der Zusammenbruch des sogenannten radikalen Flügels der Partei heraus.«

Einige Sozialisten wie Konrad Haenisch – oder Gustave Hervé in Frankreich – verwandeln sich sogar in kriegslustige Patrioten. Aber die meisten sind ratlos. Was soll man tun? Sich den Gefahren des Kriegsrechts aussetzen?

Die Diskussion in der Fraktion ist kurz und lustlos. Nur der rechte Flügel weiß, was er will: die Kriegskredite bewilligen und die Freiheiten des deutschen Proletariats gegen die russische Autokratie verteidigen.

Und gleichzeitig erklären die französischen Sozialisten – deren Regierung sich mit der russischen Autokratie verbündet hat –, daß man die Freiheit in Frankreich gegen die deutsche Autokratie verteidigen müsse!

Der deutsche Abgeordnete David wiederholt im Namen des rechten Flügels, daß er sich nicht der Parteidisziplin unterwerfen werde, falls die Fraktion etwas anderes als die Bewilligung der Kriegskredite beschließe. Es kommt zur Abstimmung: Achtundsiebzig Abgeordnete votieren für die Bewilligung, vierzehn dagegen, darunter Liebknecht und Hugo Haase. Aber diese vierzehn beschließen, sich dem Fraktionszwang zu unterwerfen, und der Parteivorsitzende Haase wird im Reichstag sogar das Wort für die Fraktion ergreifen, obwohl er dagegen gestimmt hat.

313

Man müsse, so sagt er, die Nation verteidigen und ein zivilisiertes Volk gegen den zaristischen Despotismus schützen. Doch sobald die Sicherheit Deutschlands gewährleistet sei, müsse Frieden geschlossen werden ... Im übrigen seien die Sozialdemokraten für Internationalismus, Sozialismus und Frieden.

Alle konservativen Abgeordneten spenden ihm Beifall.

An diesem 4. August, an dem die sozialdemokratischen Reichstagsabgeordneten geschlossen für die Militärkredite der Regierung stimmen, wird in Paris Jaurès begraben.

Rosa ist am Boden zerstört. Nach der Begeisterung in den ersten Monaten des Jahres 1914, nach den Illusionen über einen möglichen »Sieg« liegt nun alles, woran sie geglaubt hat, in Trümmern. Die Internationale, die Massen, die deutsche Sozialdemokratie, alle haben sie versagt.

Und nur ein paar Genossen teilen mit ihr dieses Gefühl der Ohnmacht, Verzweiflung und Scham.

Schon am Abend des 4. August kommen sie in ihrer Wohnung in Südende zusammen, denn in solchen tragischen Momenten sucht man die Nähe von Freunden. Es sind nur sieben, darunter Mehring und Marchlewski.

Sie sind hin- und hergerissen zwischen dem Gefühl ihrer Isolation und der Gewißheit, daß etwas Schreckliches heraufzieht, daß der Krieg gleich einer Naturkatastrophe, einer Welle der Barbarei, die Welt erschüttern wird.

Können sie das zulassen, ohne etwas zu unternehmen?

Rosa ist mutlos und deprimiert, mehr noch als die anderen. Wozu hat sie gelebt? Wozu hat sie ihr ganzes Leben dem Kampf gewidmet? Die Massen untätig, die Führer ihren Grundsätzen untreu ...

Tief in ihrem Innern weiß sie: Die Stimme der Partei – die sie einst gewesen ist – hat zum ersten Mal nichts bewirkt.

Sie schweigt. Hat das alles noch einen Sinn?

»Am 4. August«, wird sie später gestehen, »wollte ich mir das Leben nehmen; meine Freunde haben mich daran gehindert.«

Sie lebt also weiter. Aber was kann sie anderes tun als das, was sie immer getan hat: nachdenken, handeln, glauben?

TEIL VI

*»Dann sieh, daß Du Mensch bleibst.
Mensch sein ist vor allem
die Hauptsache.«*
(4. August 1914 – 8. November 1918)

16. »Ich glaube, da ist unmöglich, zu schweigen.«
(4. August 1914 – 18. Februar 1915)

Würden sie alles hinnehmen? Waren sie so blind und unterwürfig, daß sie bereitwillig die Uniform wieder anzogen, um zu töten und um sich töten zu lassen, und das alles für nichts?

Rosa muß sich Anfang August diese Fragen stellen, wenn sie Zeitung liest und feststellt, daß das Land sich beugt und den Krieg akzeptiert, daß niemand protestiert, weder gegen die Reichsregierung noch gegen die Bewilligung der Kriegskredite, die zum Symbol für den Glaubensabfall der Sozialdemokraten geworden sind.

Was sind das doch für »Massen«, die, ohne sich zu wehren, das Schlimmste erleiden – den Verlust von Söhnen, Brüdern, Ehemännern? War es ein Irrtum, an sie zu glauben?

Manchmal wird Rosa von Verzweiflung gepackt. Die Freunde sind an der Front. Bald wird sie die Barbarei des Krieges kennenlernen.

»Von Hannes [Diefenbach] wie von Maxim [Zetkin – auch er ein Arzt] kamen heute hier Karten an«, schreibt sie Franz Mehring, »beide sind in Frankreich, Hannes hat eine große Schlacht mitgemacht, die ihn mit Grauen erfüllt hat.«

Und tröstend schreibt sie ihrem Hannes: »Bleiben Sie munter und frisch und schreiben Sie oft!«

Sie kann dem Schicksal der daheimgebliebenen, angstvollen Frauen nicht entrinnen.

»Die Stadt wird immer leerer, man sieht bald nur noch Greise, Kinder und uns schönes Geschlecht.«

Sie fährt nach Sillenbuch zu ihrer Genossin Clara Zetkin, die trotz der Vorzensur versucht, die Halbmonatsschrift *Die Gleichheit,* eine Zeitschrift für Arbeiterinnen herauszugeben. Clara ist noch verzweifelter als Rosa.

317

Und dennoch, weil das Leben eben so ist, schreibt Rosa: »Der Garten hier ist in voller Blüte und das Wetter prachtvoll.«

Sie ist hin- und hergerissen zwischen Anfällen von Pessimismus und Verzweiflung und der Auflehnung gegen das, was sie sieht und liest.

»Die Parteipresse reitet sich inzwischen immer weiter in den Sumpf«, stellt sie fest und verurteilt Aufforderungen zur Zeichnung der Kriegsanleihe, den chauvinistischen Ton und die dicken Lügen der Propaganda, wie etwa die »Dum-Dum«-Hetze der Franzosen.

Und sie schließt mit der Feststellung, »daß sich die Presse als Organ der Regierung immer besser bestätigt.«.

Trotz der »Not des Tages«, wie sie es nennt, ist sie nicht gewillt, sich zu fügen. Gegen alle Gebote der Vorsicht, und vielleicht auch gegen jede Logik, reagiert sie mit Tatkraft und instinktiver Rebellion: »Ich glaube, da ist es unmöglich, zu schweigen.«

Seit jenem Abend des 4. August, an dem selbst sie an Selbstmord dachte, hat sie mit einigen Freunden, die sich in ihrer Wohnung versammelt haben, annähernd dreihundert Telegramme an lokale SPD-Funktionäre geschickt, von denen sie annimmt, daß sie ihre Ansichten teilen. Rosa will, daß sie gegen die Bewilligung der Kriegskredite protestieren und nach Berlin kommen, um über Gegenmaßnahmen zu beraten.

Doch sie hat nur eine einzige Antwort erhalten, und zwar von Clara Zetkin, und selbst ihre Genossin Clara hat zahlreiche Einwände gegen ihre Absicht erhoben, Druck auf die Reichstagsfraktion auszuüben.

Dies war der Beweis dafür, daß selbst die entschlossensten Aktivisten isoliert waren, daß sie Angst hatten und sich der Partei unterordneten. Sie schwiegen, sie duckten sich, und viele waren für die Parteilinie, den Kaiser und den Krieg.

Rosa spielte in diesen ersten Augusttagen mit dem Gedanken, ein Manifest zu veröffentlichen, so wie man eine Flaschenpost ins Meer wirft. Doch ihre Freunde rieten ihr davon ab.

Was konnte ein Manifest schon bewirken? Jetzt kam es vor allem darauf an, sich neu zu organisieren und auf die wenigen Aktivisten zu stützen, die den Grundsätzen aus der Zeit vor dem 4. August treu geblieben waren.

In dieser Hinsicht war Leo Jogiches unersetzlich, zumal er in dieser schwierigen Situation zu alten konspirativen Tugenden zurückfand und wieder Geistesgegenwart, Mut, Willensstärke und organisatorisches Geschick unter Beweis stellte.

So verstärkte der Krieg die unauflöslichen freundschaftlichen Bande, die zwischen Rosa und ihm bestanden. In politischen Fragen hatten sie rückhaltloses Vertrauen ineinander.

Es war in der Tat notwendig, sich auf Untergrundarbeit vorzubereiten, da der Kriegszustand – die faktische und rechtliche Aufhebung aller demokratischen Rechte – Rosa kaum eine legale Betätigung erlaubte.

Rosa wurde mundtot gemacht, geknebelt. Die Parteiführung, die mit der Reichsmacht gemeinsame Sache machte und beinahe mit ihr verschmolz, versuchte, jede Diskussion bereits im Keim zu ersticken.

Schon am 5. August war beschlossen worden, den Parteitag für die gesamte Dauer des Krieges auszusetzen. Öffentliche Versammlungen wurden von den Militärbehörden untersagt, und die wenigen Zeitungen, die abweichende Meinungen vertraten, wurden, sofern nicht verboten, von der Parteiführung übernommen. Anpassung war gefordert.

Hat es unter diesen Bedingungen noch einen Sinn, so überlegt Rosa, die Herausgabe der *Sozialdemokratischen* Korrespondenz fortzusetzen, die sie zusammen mit Franz Mehring gegründet hatte? Es ist unmöglich, etwas anderes als Wirtschaftsartikel zu schreiben, und es besteht keinerlei Aussicht, daß die Zeitungen sie drucken. Ende 1914 wird Rosa das Mitteilungsblatt aufgeben.

Die konservativen Kreise nehmen die Wende der Sozialdemokratischen Partei mit Freude zur Kenntnis.

Warum sollte man diese Sozialdemokraten nicht unterstützen, denn schließlich sind sie an erster Stelle Deutsche und können sich – so die Auffassung der Rechten – durchaus in »Nationaldemokraten« verwandeln, in patriotische Sozialisten, die jeden Bezug zum Klassenkampf, zum Proletariat und zum Internationalismus aufgeben?

Man müsse Verständnis für sie zeigen und sie unterstützen, erklärt von Tirpitz. Wilhelm II. ist entzückt und meint, daß der »rote Lack« der Sozialdemokratie ab sei und darunter gute Deutsche zum Vorschein gekommen seien.

Rosa schluckt ihren Ärger hinunter. Sie geht durch Berlin. Bei der Lektüre der Zeitungen gerät sie in Wut. Sie telefoniert mit Freunden und trifft sich mit ihnen. Sie sucht nach einer Möglichkeit, etwas zu tun, und schwankt zwischen kurzzeitiger Mutlosigkeit und Entschlossenheit. Sie sucht sich zu beruhigen, indem sie klassische Autoren wie Cervantes liest.

Am liebsten würde sie die Leute, denen sie auf der Straße begegnet, an der Schulter fassen und dieses »Menschenpack«, dieses »geborene Kanonenfutter«, wachrütteln. Hin und wieder betritt sie eine Buchhandlung, aus der man alle Werke »feindlicher« Autoren entfernt hat, und fragt nach englischen, französischen oder russischen Büchern. »Als ich nach französischen Büchern frug«, erzählt sie, »zeigte mir das Fräulein barsch von weitem hin, als wenn sie mich ohrfeigen wollte.«

Der feste Wille zu handeln – und sogar zu provozieren –, hat bei Rosa also schnell wieder Oberhand gewonnen. Ihr ganzes Leben hat sie sich so verhalten. Selbst in der Not hat sie niemals aufgegeben. Sie ist es gewohnt und darin geübt, sich zu wehren, weil sie muß, einmal im Namen ihrer Überzeugungen, dann aber auch oder vielleicht hauptsächlich, weil sie zu jenen Menschen gehört, deren Charakter sie zwingt, sich zu wehren.

In Situationen, in denen die meisten anderen umfallen oder kapitulieren, kann sie, da sie die Kraft ihrer Überzeugung allein aus sich selbst und nicht aus der Gruppe schöpft, standhaft bleiben, notfalls auch allein.

Diejenigen, die ein Apparat geformt und gestützt hat und die in ihm leben, können oder wissen nichts ohne ihn. Sie sind von der Autorität abhängig, die eine Partei – eine Kirche – verkörpert. Sie sind *orthodox,* und wenn sich die Orthodoxie ändert, ändern sie sich mit ihr und bleiben, wie sie waren: diszipliniert, fügsam und unterwürfig.

Rosa, die Rebellin und Ketzerin, die seit ihrer Kindheit mit der »Gruppe« gebrochen und immer selbständig gedacht hat, bleibt sich treu und leistet Widerstand, selbst wenn ihre Partei kapituliert und ihre Ideale verleugnet, selbst wenn sie isoliert in einer Zelle sitzt. Charakter und Glaube bestärken sich bei ihr gegenseitig.

Sie war und bleibt Widerstandskämpferin, auch wenn sie, denn schließlich ist sie nicht blind, zuweilen in Pessimismus versinkt und von Verzweiflung gepackt wird. Doch sie gibt nicht auf.

Und da sie eine Intellektuelle ist, muß sie ihren Gefühlen eine theoretische Grundlage geben.

Sie reagiert nicht nur aus Instinkt – auch wenn er ohne Zweifel die Grundlage ihres Verhaltens darstellt –, und es genügt ihr nicht, an die Zukunft zu *glauben,* sie will die Situation denkend erfassen.

Wenn sie über Deutschlands Grenzen hinausschaut, findet sie überall das gleiche Trümmerfeld von Illusionen vor. Mit Ausnahme der russischen Sozialdemokratie (von den Bolschewiken bis zu den Menschewiken, von Lenin bis Trotzki) und der serbischen Sozialisten haben sich die Parteien der Sozialistischen Internationale genauso wie die SPD verhalten. Sie haben den Krieg akzeptiert und gutgeheißen. Am 27. August 1914 ist Jules Guesde, in den Rosa alle Hoffnung gesetzt hatte und den sie Jaurès vorzog, der Regierung beigetreten. Gustave Hervé, ein Extremist, der den Deutschen auf internationalen Sozialistenkongressen Botmäßigkeit vorgeworfen hatte, ist innerhalb weniger Stunden zum extremen Chauvinismus konvertiert. Was ist aus den Freunden geworden?

Einige billigen diese Haltung und begründen sie sogar theoretisch. So liest Rosa in der *Neuen Zeit* vom 27. November 1914 aus der Feder von Karl Kautsky, daß der Weltkrieg die Sozialdemokraten in verschiedene Lager und zwar vor allem in verschiedene nationale Lager spalte. Die Internationale stehe diesem Phänomen hilflos gegenüber: »Sie ist kein wirksames Mittel im Kriege, sie ist wesentlich ein Friedensinstrument.« Rosa ist empört und reagiert mit Hohn.

Welchen Sinn hätte eine Internationale, deren historische Mission nur im »Kampf für den Frieden und Klassenkampf im Frieden« bestünde?

Zu solch »senilen Gedanken« sind Karl Kautsky und der Parteivorstand also schließlich gelangt.

Als Intellektuelle fühlt sich Rosa durch ein solches Bekenntnis der eigenen Machtlosigkeit provoziert, ja beinahe beleidigt.

Man muß anders denken. Und dies heißt vor allem: arbeiten, schreiben, sich mit Genossen treffen, das Versammlungsverbot umgehen und »private« oder geheime Treffen organisieren.

»[Ich] halte fünf Versammlungen in einer Woche ab und arbeite für die künftige Organisation«, berichtet sie.

Sie findet nicht einmal mehr die Zeit, Hans Diefenbach zu schreiben, und entschuldigt sich bei ihm dafür. »Das lastet mir schon wie ein Stein auf dem Herzen. Aber ich habe so wenig Ruhe und Einsamkeit, trotzdem alles darniederliegt.«

Sie erduldet es. Doch sie lebt, denn sie wehrt sich. »Jetzt soll's besser werden«, versichert sie. Sie möchte die *Nationalökonomie,* die sie beiseite gelegt hat, fertigstellen und sich danach der *Akkumulation des Kapitals* widmen. »Außerdem will ich natürlich eine Studie über den Krieg schreiben, was – wie Sie sich denken können – eine dringende Notwendigkeit bald wird.«

Sie hat wieder Tritt gefaßt. Und da sie weiß, daß geistiges Arbeiten Selbstdisziplin und Ausdauer erfordert, schafft sie sich neue Regeln. »Ich habe wieder einmal vor, ›ein neues Leben‹ zu beginnen«, schreibt sie Diefenbach, »früh schlafen zu gehen, alle Besuche herauszuschmeißen und – zu arbeiten.«

Sie findet zu sich selbst zurück, sucht Abstand zu gewinnen und möchte sich selbst begreifen, um die Situation begreifen zu können.

»Also meine verzweifelte anfängliche Stimmung ist auch schon anders«, stellte sie mit ihrem Hang zu nüchterner Selbstbeobachtung fest, der sie niemals verläßt. »Nicht als ob ich die Lage rosiger beurteile oder Grund zur Heiterkeit hätte – durchaus nicht. Aber die Heftigkeit des ersten Schlages, den man empfangen, ist abgestumpft, nachdem die Schläge zum täglichen Brot geworden sind.«

Sie ist also gelassen und versucht, die ganze Tragweite dieser Wende in der Weltgeschichte zu erfassen. Die Zeit der Klagen ist vorüber, jetzt muß eine Diagnose gestellt werden. Und da sie wieder Spaß am Denken hat, findet sie auch zu alter Ruhe und Entschlossenheit zurück.

»Daß die Partei und die Internationale kaputt sind, gründlich kaputt, unterliegt keinem Zweifel«, schreibt sie Hans Diefenbach, »aber gerade die wachsenden Dimensionen dieses Unglücks machen es zu einem weltgeschichtlichen Drama, dem gegenüber wieder die objektive historische Beurteilung Platz greift und das persönliche Sichhaareausraufen deplaciert wirkt.«

Indem sie über die Gegenwart nachdenkt, löst sie sich von ihr. Sie betrachtet sich und die Welt, als sei sie ein Zeuge, der zuallererst ein Urteil fällen muß, und zwar ein objektives Urteil.

Man kann sich vorstellen, wie wichtig das Denken für sie im Kampf gegen die aufkommende Verzweiflung ist.

Gewiß, sie kann ihre Gefühle nicht vergessen. »Natürlich bleibt die manchmal kaum erträgliche Pein jeden Augenblick bei immer neuen Schurkereien und Erbärmlichkeiten der ehemaligen ›Freunde‹, bei der unerhörten Degradation der Presse.«

Doch sie lernt begreifen, was vor sich geht. Und sie kann aus persönlichen Quellen schöpfen: »Ein gutes Buch, ein Spaziergang im Südender Felde bei schönem Herbstwetter.«

Das ist viel, auch wenn ihr die Musik fehlt und die Freunde rar sind. Sogar Gertrud Zlottko ist fort!

Doch sie beruhigt Hans Diefenbach: »Seien Sie ruhig um mich, Hannesle, ich werde mich schon durchschlagen.«

Sie ist amüsiert, weil Diefenbach »so rührend den abwesenden Gatten zu vertreten« sucht und ihr finanziell unter die Arme greifen will. »Aber wenn Sie als ein bereicherter Conquistadore einen 100-Markschein monatlich hinwerfen wollen, sagen Sie, könnten

Sie das nicht opfern für einen jungen Kerl, der studieren will, höchst begabt ist und keine Mittel hat?«

Möglich, daß sie Kostja Zetkin damit meint. Rosa ist wieder ganz sie selbst.

Und sie ist wieder aktiv geworden. Sie versammelt ihre Freunde um sich und besucht Clara Zetkin. In dem Haus in Sillenbuch trifft sie weitere Genossen, so auch den treuen Paul Levi.

Ein Gedanke läßt sie nicht los: Wie kann sie sich Gehör verschaffen, wie am schnellsten die Mauern des Schweigens durchbrechen, die man um sie und ihre Freunde errichtet hat? Und wieder kommen ihre Hoffnung und ihr Glaube zum Tragen: Sie redet sich ein, daß ihre Stimme genügen würde, um die »Massen«, die sich willig zur Schlachtbank führen lassen, aus ihrer Lethargie zu reißen.

»Nach alledem«, erkennt sie, »ist unsere Lage hier innerhalb der Partei sehr traurig, und man muß täglich alle Kraft und allen Mut zusammennehmen, um diesen Morast weiter zu durchwaten.«

Alles ist in Auflösung begriffen. Die Genossen geben auf.

Dem Belgier Camille Huysmans schildert sie die Lage als äußerst schwierig. »Die Streber«, so schreibt sie, »machen sich die Gelegenheit des Belagerungszustands zunutze, um uns zu terrorisieren und die Massen zu demoralisieren.« Sie weiß, daß mit diesen »Freunden« von einst, die teilweise immer noch ihre Genossen sind, nichts mehr anzufangen ist. Sie spricht es auch offen aus und sagt denjenigen, »die eigentlich zum bürgerlichen Lager gehören und höchstens eine militärfromme proletarische Reformpartei mit starkem nationalistischen Anstrich bilden«, unmißverständlich den Kampf an.

Das »gegenseitige Mißtrauen und der gegenseitige Haß« lassen sich kaum noch verdecken. Aber nach dem Krieg wird die Rechnung aufgemacht. Und dann werden diejenigen am Pranger stehen, die sich in den Dienst des Militarismus gestellt haben und durch Europa gereist sind, um die Haltung Berlins zu rechtfertigen (wie Philipp Scheidemann in Holland oder Südekum in Italien).

Welche Gemeinsamkeiten kann es zwischen diesen Handelsreisenden des pangermanischen Imperialismus und Rosa noch geben?

Rosa sieht die Dinge, wie sie sind.

Doch Hoffnung und Glaube bleiben: »Ich bin überzeugt«, sagt sie, »daß die Arbeitermassen sich uns anschließen werden, sobald nur die Möglichkeit gegeben ist, ihnen die Frage darzulegen ... immerhin ändert sich die Geistesverfassung mehr und mehr.« Und da sie ahnt, daß der Krieg noch lange dauern wird, fragt sie sich: »Wie halten das die Nerven der Soldaten und der Offiziere aus?«

Dieses unerschütterliche Vertrauen in die Massen, die eines Tages verstehen, das Joch abwerfen und sich von ihren schlechten Hirten trennen werden, ist der zentrale Punkt in Rosas Glauben und wohl auch in den Überzeugungen aller Revolutionäre dieser Zeit. Sie warten darauf, daß die Arbeiterklasse erwacht, so wie religiöse Menschen auf das Kommen des Messias oder den Tag des Jüngsten Gerichts warten, an dem jeder vor seinen Gott treten muß, nur daß Rosas Gott im Urteil und Sinn der Geschichte besteht.

Bis es aber so weit ist, muß sie ihrem Glauben treu bleiben und handeln.

Rosa ist überall. Sie verschickt Telegramme und fordert verschiedene Genossen brieflich dazu auf, eine *Erklärung* für sozialistische Zeitungen im Ausland zu unterzeichnen (sie beginnt damit bereits am 13. September). Die Erklärung soll deutlich machen, daß es noch Sozialdemokraten gibt, die anderer Meinung sind als der Parteivorstand, der Vertreter ins neutrale Europa schickt, um die Position Berlins darzustellen.

»Der Belagerungszustand«, so heißt es am Schluß der Erklärung, »macht es uns vorläufig unmöglich, unsere Auffassung öffentlich zu vertreten.« Die Unterzeichner sind Karl Liebknecht, Dr. Franz Mehring, Dr. Rosa Luxemburg und Clara Zetkin.

Als die von Carl Moor geleitete *Berner Tagwacht* den Text veröffentlicht, jubelt Rosa. Und dank der Informationen, die Rosa und andere Genossen, wie etwa Karl Radek, dem Berner Blatt zukommen lassen, wird es binnen kurzer Zeit zum Sprachrohr der Oppositionellen. Dies hat zur Folge, daß die Zensur seine Verbreitung in Deutschland verbietet.

»In der jetzigen Zeit ist einem jeder Gruß und jedes Lebenszeichen von Gesinnungsgenossen aus dem Auslande doppelt teuer«, schreibt Rosa ihrem »lieben Karl«. »Wir fühlen uns ja hier von der Welt abgeschnitten, und zwar durch eine doppelte Mauer: den Belagerungszustand und das Parteioffiziösentum.«

Die *Erklärung* ist ein erstes Signal aus dem Dunkeln. Rosa und ihren Freunden ist es gelungen, sich zu erkennen zu geben. Einige Monate später, im Dezember 1914, meldet sich Rosa erneut zu Wort: Sie veröffentlicht im Londoner *Labour Leader* einen Artikel, der den Parteivorstand in Harnisch bringt und einmal mehr die Aufmerksamkeit der Behörden auf sie lenkt.

Sie äußert ihren tiefen Abscheu vor diesem Krieg, der Europas Boden mit Blut durchtränkt.

»Das furchtbare gegenseitige Gemetzel von Millionen Proletariern, dem wir jetzt mit Grausen beiwohnen, diese Orgien des mordenden Imperialismus, die unter den heuchlerischen Aushängeschildern des ›Vaterlandes‹, der ›Kultur‹, der ›Freiheit‹, des ›Völkerrechts‹ stattfinden, Länder und Städte verwüsten, die Kultur schänden, die Freiheit und das Völkerrecht zertreten, sie sind ein blanker Verrat am Sozialismus.«

Die Grausamkeit der Zeit schärfte auch ihre Feder. Und sie wußte, daß ihre Tage in Freiheit gezählt waren. Das Landgericht Frankfurt hatte sie zu einem Jahr Gefängnis verurteilt, und die Berufung, die sie eingelegt hatte, war am 20. Oktober 1914 zurückgewiesen worden. Sie mußte jeden Augenblick mit ihrer Verhaftung rechnen.

Sie fürchtete sich davor. »Vor einem halben Jahr freute ich mich darauf wie auf ein Fest«, vertraute sie Hans Diefenbach an, »heute fällt mir diese Ehre an die Brust wie Ihnen das eiserne Kreuz.« Unter Berufung auf gesundheitliche Gründe versuchte sie, einen Haftaufschub zu erwirken. Und sie mußte nicht einmal lügen.

Für sie und für viele andere Sozialdemokraten bedeutete der Krieg einen solchen Schock und eine solche Desillusionierung, daß sie nervlich am Ende waren.

Im Dezember 1914 muß Rosa wegen depressiver Anfälle ins Krankenhaus eingeliefert werden. Zeiten der Niedergeschlagenheit wechseln mit Zeiten des Hochgefühls.

Aber selbst im Krankenhaus – dem August-Viktoria Krankenhaus in Berlin-Schöneberg – setzt Rosa ihre Agitation fort.

Sie hat Haftaufschub bis zum 31. März 1915 erhalten. Bis dahin muß sie sich um die Verbreitung der kleinen Untergrundzeitungen kümmern, die nun zu erscheinen beginnen. Sie möchte ein umfangreiches Verteilungsnetz auf die Beine stellen. Außerdem plant sie, mit Hilfe von Leo Jogiches eine Zeitschrift mit dem Titel *Die Internationale* herauszubringen, wenn möglich legal, notfalls aber auch im Untergrund.

Obwohl in diesen Tagen die Angst regiert, ist es der unmittelbar vor ihrer Inhaftierung stehenden Rosa gelungen, Opferbereitschaft zu wecken.

Nicht nur ihre engen Freunde – Hans Diefenbach, Paul Levi, Kostja Zetkin, Luise Kautsky, Clara Zetkin, Franz Mehring und natürlich Leo Jogiches, der stets im Hintergrund agiert – halten ihr die Treue. Zudem bieten ihr auch zwei Frauen ihre Dienste an.

Die eine, die 41jährige Marta Rosenbaum, ist wohlhabend und mit einem Musiker verheiratet. Sie hat Rosa über ihren Cousin, den Rechtsanwalt Kurt Rosenfeld, kennengelernt. Als überzeugte Aktivistin stellt sie der Gruppe um Rosa ihr Haus zur Verfügung und finanziert die Zeitschrift *Die Internationale*. Sie ist Rosa ergeben, unterstützt sie, schreibt ihr und entlastet sie von kleinen Aufgaben des Alltags.

Die zweite, Mathilde Jacob, zwei Jahre jünger als Rosa, unterhält in Berlin ein Büro für Schreibmaschinen- und Vervielfältigungsaufgaben. Sie hat an der *Sozialdemokratischen Korrespondenz* mitgearbeitet und dabei Rosas Bekanntschaft gemacht. Sie erzählt später, wie Rosa Luxemburg ihr zum ersten Male einen Artikel diktiert hat: »Niemals vorher hat eine Frau einen so großen Eindruck auf mich gemacht. Ihre großen, leuchtenden Augen, die alles zu verstehen schienen, ihre Bescheidenheit und Güte, ihre fast kindliche Freude an allem Schönen ließen mein Herz für sie höher schlagen.«

Mathilde Jacob war, obwohl nur oberflächlich politisch interessiert, von Rosa fasziniert. Sie freundete sich sofort mit ihr an und war bereit, sich für sie aufzuopfern. Die Freundschaft, die in dieser schweren Zeit zwischen Rosa Luxemburg und diesen beiden Frauen entstand, die bereits jenseits der Vierzig und somit in einem Alter waren, in dem man mit seiner Zuneigung oft geizt, lassen erahnen, welche Ausstrahlung sie auf andere Menschen ausübte.

Sobald man ihr »Imperium«, ihre geistige Überlegenheit und die Ansprüche, die sie daraus ableitete, anerkannte, bedachte sie einen mit aufmerksamer Freundschaft, und man konnte nicht anders, als für sie da zu sein. Rosa war eine fesselnde und einnehmende Frau – eine Ausnahmeerscheinung.

Von nun an kümmert sich Mathilde Jacob um Mimi, und Rosa, die noch im Krankenhaus liegt, überhäuft sie mit mütterlichen Ratschlägen für die Katze: »Nun, wissen Sie, guter Geist, daß Mimi eine kleine Mimose, ein hypernervöses Prinzeßchen im Katzenfell ist… Also lassen wir Mimichen in der Wohnung.«

Wie könnte man dieser Frau nicht verbunden bleiben, die von ihren »Lieblingsblumen: den zarten Anemonen« schwärmt, von Zärtlichkeit für eine Katze überströmt und zugleich auf ihre Verhaftung wartet, einer Frau, die mit unvermindertem Engagement für ihre politischen Ziele kämpft, während viele andere kneifen, schwanken oder sich ihrer Aufgabe nicht gewachsen zeigen.

»Leider finde ich dafür wenig Mitwirkung«, schreibt Rosa, »Karl [Liebknecht] ist kaum zu fassen, weil er wie eine Wolke in der Luft herumkutschiert, Franz [Mehring] hat wenig Verständnis für Aktion, die nicht literarisch ist, die Mutter [Clara Zetkin] reagiert durch Tobsucht und schwarzen Pessimismus. Aber trotz alledem will ich versuchen, was sich durchsetzen läßt.«

Im Parteivorstand, in der Reichsregierung und im Generalstab, in Justiz- und Polizeikreisen ist dies bekannt. Rosa gilt als die Seele der Opposition.

Zur Symbolfigur und zum Wortführer der Opposition ist allerdings ein anderer geworden: der Reichstagsabgeordnete Karl Liebknecht.

Schon im September 1914 hat er in Belgien Camille Huysmans getroffen und die von der deutschen Armee verwüsteten Gebiete besucht. Die Zerstörungen waren beträchtlich, und Huysmans erzählt: »Als er mich verließ, drückte er mir die Hand und sagte: ›Jetzt weiß ich, was sich abgespielt hat, und ich werde meine Pflicht tun.‹«

Dieser Mann mit den hohlen Wangen und den leidenschaftlich funkelnden Augen empfindet eine besondere Verantwortung: Sein Vater, Wilhelm Liebknecht, war Mitbegründer der deutschen Sozialdemokratie.

Karl Liebknecht wird sich nach dieser Belgienreise mit aller Kraft für seine Ziele einsetzen und dabei kein Risiko scheuen.

Am 2. Dezember 1914 wird er als einziger aus seiner Fraktion gegen die Kriegskreditvorlage stimmen.

Es gehört viel Mut dazu, sich allein gegen ein ganzes Parlament zu stellen. Er hat lange gezögert und tatsächlich nur von Rosa Unterstützung bekommen. Seit diesem Tage verbindet die beiden ein Gefühl der politischen Solidarität, auch wenn sich Rosa wie immer vorbehält, selbständig ihre Entscheidungen und Urteile zu fällen.

Doch sie billigt sein Verhalten, hilft ihm und rät ihm zuweilen zur Vorsicht.

Und das ist nötig, denn Karl Liebknecht will unbedingt etwas unternehmen, trotz aller Widerstände. Einige Sozialdemokraten fordern seinen Parteiausschluß. Die schriftliche Begründung für sein Votum im Reichstag am 2. Dezember 1914 wird nicht einmal ins amtliche Protokoll aufgenommen! Deshalb läßt er sie als Flugblatt verbreiten. Radikale Genossen aus dem Berliner Wahlbezirk Niederbarnim, die Rosa nahestehen, vervielfältigen sie.

Rosa tritt an seiner Seite auf einer verbotenen Versammlung in Charlottenburg auf und verliest den Brief eines Soldaten, der über das Leben an der Front berichtet.

Der »Sozialchauvinist« David wird über diese Veranstaltung informiert und schreibt, Rosa Luxemburg habe für ihre Rede, ein Meisterwerk subtiler und wüster Demagogie, stürmischen Applaus erhalten. Und als David selbst eine Versammlung abhält, macht er unter den 1500 Zuhörern eine organisierte Gruppe fanatischer junger Leute aus – »Anhänger von Rosa Luxemburg« –, die unentwegt die Redner unterbrechen und versuchen, die Versammlung unter ihre Kontrolle zu bekommen.

Diese Versammlungen beunruhigen allmählich die Parteiführung und die Regierung.

Am 7. Februar 1915 wird Karl Liebknecht zum Landsturm einberufen. »Von heute ab haben Sie sich als Soldat zu betrachten«, teilt man ihm mit, wie Rosa berichtet. »Berlin dürfen Sie nicht verlassen, Uniform dürfen Sie nicht tragen, und jede politische Mitarbeit (außer im Parlament) ist Ihnen verboten.« Das also ist der eigentliche Zweck. Karl Liebknecht soll mundtot gemacht werden. Rosa fährt fort: »Gegen die Quertreiber, d. h. gegen uns alle, die wir den alten Boden und die glorreichen Traditionen der Partei verteidigen, geht eine heftige Hetze. Aber ich vertraue auf die Massen und scheue mich nicht vor dem Kampf. Ça ira – es wird schon gehen.«

Liebknecht und vor allem Rosa sind also gefürchtet.

»Ich stehe mit dem Lager der äußersten Linken in keiner Verbindung«, schreibt Kautsky. »Aber aus verschiedenen Indizien nehme ich an, daß Rosa fieberhaft daran arbeitet, die Partei zu spalten. Auch sie will lieber der erste im Dorf sein, als der zweite in Rom; kann sie die große Partei nicht dirigieren, will sie eine kleine haben, die auf sie schwört.«

In Wahrheit handelt Rosa nicht aus Eitelkeit oder Machtbedürfnis, auch wenn ihr Kautsky Ehrgeiz und niedere Beweggründe unterstellt, eine Vorstellung, die ihn zweifellos beruhigt.

Diese Worte eines Mannes, der einmal zu Rosas engen Freunden gezählt hat, lassen erahnen, daß ein tiefer Graben aus Unverständnis und sogar Haß die einstigen Genossen trennt und daß er mit jedem Tag tiefer wird. Was soll Rosa von einem Philipp Scheidemann halten, der in einer Botschaft vom 1. Januar 1915 die Soldaten dazu aufruft, durchzuhalten, da von ihnen die Zukunft des Landes und der Arbeiterklasse abhänge? Rosa sieht darin den schlimmsten Verrat.

Nun, da niemand mehr an einen kurzen Krieg glaubt, da die Soldaten in den Schützengräben liegen und die Marneschlacht verloren ist, bietet sich dem Beobachter ein Schauspiel des Schreckens: »Geschändet, entehrt, im Blute watend, von Schmutz triefend – so steht die bürgerliche Gesellschaft da, so ist sie«, schreibt Rosa. »Das im August, im September verladene und patriotisch angehauchte Kanonenfutter verwest in Belgien, in den Vogesen, in den Masuren in Totenäckern, auf denen der Profit mächtig in die Halme schießt.«

Was verbindet sie noch mit einem Scheidemann?

Sie können sich gegenseitig nur hassen: Sie ist das schlechte Gewissen, die Richterin, die den rächenden Arm erhebt, er der Verantwortliche für dieses Gemetzel.

Und natürlich werden diese »Genossen« danach trachten, sich gegenseitig zu vernichten, denn der Sieg des einen bedeutet das politische Ende des anderen. Und in Kriegszeiten erfolgt die politische Vernichtung des Gegners häufig durch seine physische Vernichtung.

Scheidemann steht auf der Seite derer – Regierung, Polizei und Armee –, die über die Macht verfügen, Störenfrieden das Wort zu verbieten und ihnen die Freiheit zu nehmen. Und Urteile zu sprechen und zu töten.

Rosa stehen keine Repressionsmittel zur Verfügung.

Diejenigen, die sie verhaften können, fürchten nicht nur sie, sondern auch die bereits Anfang 1915 sich abzeichnende Ernüchterung im Land, die ihnen kein günstiges Feld bietet.

Denn nicht genug damit, daß sich die Leichen auf den Schlachtfeldern häufen, auch das Leben der Zivilbevölkerung wird mit jedem Tag schwieriger. Am 1. Februar 1915 wird das Brot auf 225 g pro Tag rationiert.

Und was, wenn Rosa und Liebknecht doch noch Gehör finden sollten? Die »Linke« der Partei, warnt David, verfüge inzwischen über ein Netz, das ganz Deutschland überziehe.

Der Wortführer der Sozialchauvinisten übertreibt, doch seine Warnung verdeutlicht, welche Ängste Rosa hervorruft. Eine einzelne Frau, die gerade aus dem Krankenhaus kommt, sich um ihre Katze Mimi sorgt und Anemonen liebt.

331

Als Rosa am 10. Februar 1915 auf der Parteiversammlung in Charlottenburg das Wort ergreift, nimmt die Polizei dies zum Anlaß, den Zeitpunkt ihrer Inhaftierung vorzuverlegen.

Am 13. Februar ergeht aus Frankfurt der Befehl, sie festzunehmen.

Am 18. Februar 1915 wird sie in ihrer Wohnung in Südende von zwei Polizeiinspektoren verhaftet. Trotz der Proteste ihres Rechtsanwaltes Kurt Rosenfeld wird keine Rücksicht genommen. Man behandelt sie nicht als »Politische«, sondern steckt sie für den Transport zusammen »mit neun ›Kolleginnen‹ in einen Wagen«.

Sie sei daran gewöhnt, sagt Rosa mit etwas gezwungenem Lächeln. »Auch der Transport im ›grünen Wagen‹ hat mir keinen Schock verursacht, hab' ich doch schon genau die gleiche Fahrt in Warschau durchgemacht. Ach, es war so frappant ähnlich, daß ich auf verschiedene heitere Gedanken kam.«

Kann man ihr glauben?

Sie will nicht der Verzweiflung anheimfallen. Ihre Würde als Frau wird verletzt, als sie sich innerhalb eines Tages zweimal bis aufs Hemd ausziehen und betasten lassen muß.

Nur »mit knapper Not« habe sie die Tränen zurückhalten können, vertraut sie Mathilde Jacob an, aber nicht ohne hinzuzufügen: »Natürlich war ich innerlich wütend über mich ob solcher Schwachheit und bin es jetzt noch.«

Sie nimmt sich zusammen. Sie zwingt sich zu lächeln. Sie hat ihren Stolz.

»Vergessen Sie nie, daß das Leben, was auch kommen mag, mit Gemütsruhe und Heiterkeit zu nehmen ist. Diese besitze ich nun auch hier in dem nötigen Maße.«

Dies schreibt sie am 23. Februar 1915. Vor ihr liegt ein Jahr im Gefängnis.

17. »Ich fürchte mich eigentlich jetzt vor gar nichts mehr.«
(18. Februar 1915 – 18. Februar 1916)

Rosas Welt: das Frauengefängnis Barnimstraße.

Das Leben, die Freunde, die Arbeit, die sie sich vorgenommen hat, der Wahnsinn des Krieges, der unvermindert weitergeht, dies alles bleibt draußen. Am 4. Februar 1915 hat Deutschland den uneingeschränkten U-Boot-Krieg erklärt.

Draußen blühen die ersten Blumen, und in der Wohnung in Südende sucht Mimi, die verfrorene Katze, nach einem wärmenden Sonnenstrahl und rollt sich zusammen.

Drinnen Gefängnisgeräusche, zuschnappende Türschlösser, lärmende Schritte der Wärterinnen auf den Gängen, vor allem jedoch die Unruhe der eigenen Gedanken, die Sehnsucht nach dem Leben, dessen man sie beraubt hat. Rosa muß sich zusammenreißen, sie darf sich nicht gehenlassen.

Schnell organisiert sie ihr Leben hinter Mauern und stellt der Gefängnisordnung ihre eigene Ordnung entgegen.

Der Humor wird zu ihrem Schutzschild. Mit Spott kämpft sie gegen die Verzweiflung an.

»Auch entsetzte mich am ersten Abend nicht etwa die Gefängniszelle und mein so plötzliches Ausscheiden aus den Lebenden«, schreibt sie, »sondern – raten Sie! – die Tatsache, daß ich ohne mein Nachthemd, ohne mir das Haar gekämmt zu haben aufs Lager mußte.«

Natürlich spielt Rosa Theater. Sie braucht das, um den Mut nicht zu verlieren. Doch gleichzeitig entschlüpfen ihr auch andere Worte: Sie spricht davon, »von den Lebenden« getrennt zu sein, also wie tot, wenn man sie beim Wort nimmt. Und damit sie in diesem Grab überlebt, muß sie versuchen, sich über sich selbst lustig zu machen.

Das Leben in der Barnimstraße ist eine Tragödie. Also darf man selbst nicht traurig sein, wenn man durchhalten will.

Sie schreibt Briefe, aber nicht um sich gehen oder bemitleiden zu lassen, sondern um sich in Szene zu setzen und mitzuteilen, als sitze sie ihrem Gesprächspartner in ihrer Wohnung in Südende gegenüber.

Bei jedem Briefpartner (in einem Jahr im Gefängnis schreibt sie zweiundzwanzig Briefe an Mathilde Jacob, neun an Clara Zetkin, drei an Marta Rosenbaum, zwei an Luise Kautsky und weitere an Franz Mehring, Karl Liebknecht und sonstige Freunde und Genossen) ändert sie ihren Ton, wechselt sie gewissermaßen das Kostüm.

Es versteht sich von selbst, daß man die ehemalige Hausgehilfin Gertrud Zlottko nicht in der gleichen Aufmachung empfängt wie den »Alten«, den ehrenwerten Doktor Franz Mehring, oder ihre »geliebte Lulu« Kautsky!

In keinem Brief, an wen er auch gerichtet sein mag, verliert sie die Selbstbeherrschung. Sie sagt zwar, was sie denkt, doch sie sagt es mit einer gewissen Distanz zu sich selbst, und das nimmt ihren Worten den Ernst. So weist sie von vornherein jedes Mitleid zurück.

Eine Rosa Luxemburg läßt sich nicht bemitleiden. Ganz im Gegenteil. Sie ist es, die aus der Zelle heraus Ratschläge erteilt und sich bemüht, Optimismus zu versprühen.

Zuweilen läßt sich aus einem kurzen Satz herauslesen, was sie bedrückt: »Heute schreibe ich Dir wieder an einem kleinen Jubiläum«, teilt sie Luise Kautsky mit. »Es ist zwar kein Geburtstag, aber es sind genau sieben Monate um, seit ich brumme.« Die Wirkung dieser vertraulichen Mitteilung wird allerdings durch die ironische Wortwahl – Jubiläum, Geburtstag – abgeschwächt.

Und kaum ist das gesagt, ob die »geliebte Lulu« nun versteht oder nicht – Rosa drückt sich für diejenigen, die sie lieben und eine feine Wahrnehmungsgabe haben, deutlich genug aus, und die anderen scheinen ihr egal zu sein –, wechselt sie das Thema und wendet sich vergnügt Luise zu: »Dein Brief und Dein Bildchen«, schreibt sie, »waren mir die größte Freude in dieser Zeit. So frisch und warm und lebensprühend! So kenne ich meine Lulu, und so liebe ich sie. Also hast Du Dich wieder prächtig herausgemacht, wie bin ich froh!«

Luise steht im Mittelpunkt des Briefes, sie ist es, die gesundheitliche und psychische Probleme hat, und nicht die eingesperrte Rosa!

»Ich spüre aus Deinem Brief, daß Deine Nerven sehr leicht vibrieren«, schreibt Rosa einige Wochen später an Luise. »Mir sind solche Anfechtungen schon ganz fern; ich habe mich so trainiert in festem Gleichmut, daß ich alles mit der heitersten Miene schlucke, ohne mit der Wimper zu zucken. Könnte ich Dich ein wenig ruhig und ›gepanzert‹ machen, Du arme Liebste!«

Nicht Rosa ist zu bedauern, sondern ... Luise!

Nicht alles ist echt in den Briefen, die Rosa aus dem Gefängnis schreibt. Sie hat sich diese Haltung auferlegt, um durchzuhalten und ihre Würde zu bewahren.

Sie gehört zu jenen Menschen, die glauben, daß Äußerlichkeiten wie elegante Kleidung, Sauberkeit und Körperpflege wichtig sind für das seelische Wohlbefinden. Die kleinen Nachlässigkeiten im Alltag scheinen harmlos, doch in Wahrheit sind sie der erste Schritt zu Selbstverleugnung, Verwahrlosung und Selbstaufgabe.

Aus diesem Grund kämpft Rosa mit Hilfe ihres Rechtsanwalts – und Karl Liebknecht setzt sich wirkungsvoll für ihre Rechte ein – für ihre Anerkennung als politische Gefangene und damit für bessere Haftbedingungen.

Und mit Erfolg. Sie darf zahlreiche Besuche empfangen, einen umfangreichen Briefwechsel führen, sich Bücher schicken lassen und im Freien spazierengehen. Außerdem befreit sie die Gefängnisleitung von allen täglichen Arbeiten und teilt ihr später gewöhnliche Strafgefangene zu, die ihr bei der Reinigung der Zellen helfen. Schließlich darf Rosa sogar Lebensmittel von draußen beziehen.

Rosa nützte alle Vergünstigungen. Ihre Freunde – allen voran der vermögende Hans Diefenbach – sorgten dafür, daß es ihr im Gefängnis an nichts fehlte. Dies erforderte nicht nur große Geldsummen, sondern auch eine gehörige Portion Einfallsreichtum. Mathilde Jacob, die jeden Dienstag mit einem schwarzen Sack voller Lebensmittel ins Gefängnis kam, erwies sich in dieser Hinsicht als besonders tüchtig. Leo Jogiches stand ihr mit Rat und Tat zur Seite. Außerdem erhielt Rosa – möglicherweise von der SPD – die sechzig Mark, die Gefangene beanspruchen konnten, die einer persönlichen Beschäftigung nachgehen wollten.

Rosa kam sich also niemals verlassen vor – und handelte auch entsprechend. Geschickt verschaffte sie sich von jedem ihrer Freunde, was er ihr geben konnte. In ihren Briefen versäumte sie es nie, sich nach ihnen zu erkundigen. So verlor sie trotz der Haft nie ihre moralische Autorität und übte durch ihre Charakterstärke, ihren Scharfblick, ihre Intuition und ihr Einfühlungsvermögen weiter Einfluß auf sie aus. Ihre wichtigsten Trümpfe waren freilich ihre Intelligenz und ihre moralischen Qualitäten. Ihnen verdankte sie es, daß die Freunde an ihr hingen und bereit waren, Opfer für sie zu bringen.

Kaum ist sie eine Woche im Gefängnis, schreibt sie schon an Mathilde Jacob: »Übrigens besitze ich ›des Lebens kleine Zierden‹ in Gestalt von Nachthemden, Kämmen und Seifen alle hier – dank der engelhaften Güte und Geduld Karls [Liebknecht] –, und so kann das Leben nun seinen geregelten Lauf fließen.«.

Sie steht früh auf (um 5.40 Uhr). Sie wartet ungeduldig auf den ersten Sonnenstrahl. Sie geht im Hof spazieren. Sie lauscht dem Gesang der Vögel und beobachtet entzückt ihr Treiben. Sie liest und putzt, bevor sie eine Gefangene als Hilfe bekommt, ihre Zelle. »Am schönsten«, so schreibt sie, »ist die Krone des Tages: die zwei ruhigen Stunden abends von 7 bis 9 bei Licht, wo ich für mich denken und arbeiten kann.«

Um neun Uhr richtet sie ihr Bett – ein Bretterrost, den man herablassen kann und morgens wieder an der Wand befestigt – und hat dann viel Zeit zum Nachdenken. Sie will jede Ablenkung vermeiden. Sie zwingt sich, bei der Arbeit zu bleiben, die sie sich jeden Tag vornimmt.

Denn das Wesentliche ist vorhanden: Nach zwei Wochen hat sie der Gefängnisleitung die Erlaubnis abgetrotzt, Bücher zu haben und zu arbeiten. Und da sie nun schreiben kann, kommt sie sich nicht mehr eingesperrt vor, sondern hat das Gefühl, auf die Geschichte außerhalb der Gefängnismauern Einfluß zu nehmen.

In den Tagen vor ihrer Inhaftierung hatte sie sich darauf vorbereitet, in der Zelle die begonnene Arbeit fortzuführen.

Politische und geistige Aktivität ist der beste Schutz vor der Verzweiflung. Sie gibt den Tagen Struktur.

Rosa wartet auf die Bücher. Ihre Briefe enthalten häufig verschlüsselte Mitteilungen an Leo Jogiches oder Franz Mehring. Sie verwendet für die Genossen Pseudonyme und bezieht sich auf dieses oder jenes Buch – auf Romane von Tolstoi beispielsweise, die sie auf russisch liest. Dies erleichtert den Austausch von »Botschaften«. Oder sie schreibt mit Geheimtinte, die sie aus Natronlauge und vermischtem Zwiebel- und Zitronensaft herstellt, Nachrichten an den Rand des Blattes. Immer wieder bittet sie Mathilde Jacob um diese Zutaten. Zudem verbraucht sie große Mengen an Brennspiritus, vermutlich um Botschaften, die ebenfalls mit Geheimtinte geschrieben sind, über der Flamme sichtbar machen und lesen zu können.

Nichts von alledem wäre natürlich möglich gewesen, wenn man Rosa ständig überwacht und strengeren Haftbedingungen unterworfen hätte.

Doch seltsamerweise genoß Rosa in dieser Zeit, in der ein blutiger Krieg tobte, die Greuel an allen Fronten zunahmen und das Leben im kaiserlichen Deutschland zunehmend schwieriger wurde, Haftbedingungen, die aus einer anderen Zeit stammten. Es war, als sei eine kleine Insel vom Barbarismus des 20. Jahrhunderts verschont geblieben. Allerdings sollte dieser Zustand nicht von langer Dauer sein.

Frau Doktor Rosa Luxemburg war eine international bekannte Persönlichkeit. Deshalb konnte die Obrigkeit keine allzu brutalen Mittel gegen sie anwenden. Hinzu kam, daß die Sozialdemokratische Partei einen wichtigen Platz im politischen Gefüge einnahm und die nationale Geschlossenheit garantierte, die für die Kriegsführung unerläßlich war. Man konnte es nicht riskieren, ihre Mitglieder zu verärgern, indem man Rosa Luxemburg besonderen Schikanen aussetzte, zumal sie auch von ihrem Genossen, dem Abgeordneten Karl Liebknecht, juristisch vertreten wurde.

Karl Liebknecht hatte schon am Tag nach der Festnahme Rosas im Reichstag erklärt: »Dieser Vorgang enthüllt das Wesen des sogenannten Burgfriedens mit der Präzision eines physikalischen Experimentes... Ich weiß, daß meine Freundin Luxemburg genauso wie ich in dieser Vollstreckung im Gegenteil einen Ehrentitel erblickt.«

Im Umgang mit der »roten Primadonna«, wie ihre Feinde sie nannten, war also Vorsicht geboten.

Zudem war auch die Gefängnisleitung von Rosa beeindruckt und behandelte sie stets mit Wohlwollen. Dies erleichterte ihr das tägliche Leben: Besucher, Briefe und die verschiedenen Bücher- und Lebensmittelsendungen wurden nur oberflächlich kontrolliert.

Im Gefängnis Barnimstraße setzte sich eine Wärterin für Rosa ein. Ihr verdankte es Rosa, daß sie arbeiten und ihren Platz auf der politischen Bühne behalten konnte.

Zunächst sorgt Rosa von der Zelle aus dafür, daß die Zeitschrift *Die Internationale,* die sie zusammen mit Mehring und Jogiches geplant hat, wie vorgesehen erscheinen kann. Marta Rosenbaum stellt das nötige Geld zur Verfügung. Die Zeitschrift soll von einer sozialdemokratischen Zeitung in Frankfurt gedruckt und von gleichgesinnten Genossen verteilt werden.

Rosa hat im Gefängnis den Leitartikel verfaßt: *Der Wiederaufbau der Internationale.* Sie übt darin scharfe Kritik an denjenigen, die den Sozialismus in einen »Sozialimperialismus« verwandelt haben (einige werden auch von »Nationalsozialismus« sprechen...).

Hauptzielscheibe der Angriffe ist ihr ehemaliger Freund Karl Kautsky. Gegen ihn hegt sie immer noch einen Groll, der aus enttäuschter Wertschätzung herzurühren scheint, als nehme sie es ihm übel, daß sie ihm ihre Zeit und Freundschaft geschenkt hat, daß sie oft Kompromisse eingegangen und noch öfter sein Gast gewesen ist und in geheimem Einverständnis mit ihm gestanden hat.

Dieser Groll trägt zur Verschärfung ihrer politischen Differenzen bei und droht zu einem Hindernis für eine notwendige Verständigung in der Zukunft zu werden. Kautsky nimmt nämlich mit zunehmender Dauer des Krieges eine »zentristische« Position ein und distanziert sich vom rechten Flügel der Partei, der voll hinter der kaiserlichen Regierung steht.

In Rosas Augen ist Karl Kautsky jedoch nur ein »Theoretiker des Sumpfes«, der die Theorie zur »willfährigen Magd der offiziellen Praxis der Parteiinstanzen degradiert« hat. Sein Marxismus ist für sie nur eine pompöse Fassade, hinter deren anmaßendem Dogmatismus sich eine tiefe Unsicherheit und eine totale Handlungsunfähigkeit verbergen.

Selbst aus der Zelle heraus vertritt Rosa die Auffassung, daß der Gedanke das Handeln befruchten und sich an der Praxis bereichern muß. Kautsky ist für sie ein offizieller Marxist, der rechtfertigende Phrasen oder fromme Wünsche von sich gibt, der von Frieden spricht und gleichzeitig den Krieg rechtfertigt.

Die Trennung ist unwiderruflich und von Haß gefärbt. Rosa bevorzugt den Willen zur Tat und die Aktion. Und der Erfolg der *Internationale* scheint ihr Recht zu geben.

An einem einzigen Abend, dem 24. April 1915, werden fünftausend Exemplare verteilt. Die Zeitschrift findet in ganz Deutschland Verbreitung. Die Matern werden in die Schweiz geschickt, damit dort eine zweite Auflage erstellt werden kann. Der Zensur bleibt nichts anderes übrig, als sie zu verbieten, und der Parteiführung, sie zu verurteilen.

Rosa im Gefängnis ist glücklich: »Im ganzen bin ich sehr guter und zuversichtlicher Stimmung«, schreibt sie Marta Rosenbaum, »die Geschichte arbeitet uns wirklich in die Hände.«

Ihr Glaube wird bestätigt, und es stimmt, daß der Gang der Ereignisse die Bevölkerung mißmutig, unruhig und sogar rebellisch werden läßt.

Der Winter 1915/1916 ist gekennzeichnet von Rationierungen, Steckrüben und Brotmarken. Gleichzeitig überschreitet der Krieg neue Schwellen des Schreckens. Nach dem Scheitern einer französischen Offensive in der Champagne (im Februar 1915) wird im April 1915, dem Erscheinungsmonat der *Internationale,* erstmalig Giftgas eingesetzt.

Im April und im Mai demonstrieren über tausend Frauen vor dem Reichstag in Berlin. In mehreren deutschen Städten (Stuttgart, Leipzig, Berlin) kommt es zu Zusammenstößen zwischen der Polizei und Frauen, die gegen Lebensmittelknappheit und Preissteigerungen protestieren.

Im Mai 1915 geht Karl Liebknecht erneut ein großes Risiko ein. Er läßt ein Flugblatt verteilen, in dem ein Satz steht, der wie der Aufruf zu einem revolutionären Krieg klingt: »Der Hauptfeind steht im eigenen Land!«

Die Regierung, die das Land fest im Griff zu haben glaubt, ist darüber weniger beunruhigt als die Sozialdemokratische Partei.

Emanuel Wurm, dessen Frau mit Rosa Luxemburg befreundet ist, schreibt an Karl Kautsky: »Die über den Krieg, insbesondere die Lebensmittelteuerung grollenden Massen suchen etwas, an dem sie ihren Zorn auslassen können, und da sie an die Regierung nicht heran können, wird die Partei der Prügelknabe. Das ist die Aktion, nach der Rosa schreit!«

Und er fügt hinzu: »Tatsache ist, daß die ›I‹ [Internationale] in ganz Deutschland stark verbreitet wird, dank rühriger Arbeit der Rosisten.«

Diese »Rosisten«, wie ihre Feinde sie zuweilen nennen, tauchen überall auf, auch wenn der Parteivorstand ihre Stärke und ihren Einfluß überschätzt. Doch er will kein Risiko eingehen: Alle Versuche gewisser sozialdemokratischer Zeitungen, Unabhängigkeit zu demonstrieren, werden unterdrückt. Die Aktivisten werden verhaftet, und Mehring und Clara Zetkin werden – wie Rosa Luxemburg – wegen der Herausgabe der Zeitschrift *Die Internationale* gerichtlich verfolgt.

Diese spürbare Änderung des politischen Klimas hilft Rosa, das monotone Gefängnisleben zu ertragen. Außerdem erhält sie jetzt mehr Briefe und bekommt häufiger Besuch.

Darin besteht ihre Arbeit: Sie hält die politischen Kontakte aufrecht, erteilt unauffällig Ratschläge und schmuggelt Artikel nach draußen.

Das Schreiben ist für sie eine Therapie, eine Methode, sich zu kontrollieren und die Überfülle der Gedanken und Worte, die von den Zellenwänden zurückprallen und das Denken beeinträchtigen könnten, zu kanalisieren und zu äußern.

Ihr Körper rebelliert bereits: »Mein Magen denkt nicht daran, sich zu bessern«, schreibt Rosa, »so will ich endlich die Ölkur beginnen.« Wenn der Geist nachgäbe, wäre dies das Ende des tätigen Willens.

Sie schreibt, wie andere ein Fenster öffnen, um besser atmen zu können. Außerdem erspart ihr dieser »nützliche« Luxus die Gefängnisarbeit.

Zuweilen schlägt ihre Stimmung um. »Um Gottes Willen, nennen Sie mich nicht ›liebe gute‹«, weist sie Mathilde Jacob zurecht, »das haben Sie von der Clara gelernt, ich kann aber diesen Gevatterinton nicht ausstehen.«

Diese Rüge bleibt jedoch die Ausnahme und gilt zudem Mathilde Jacob, die schließlich nur eine »Sekretärin«, eine Untergebene, ist.

Rosa hat Sinn für Hierarchie. Wenn sie Gertrud Zlottko antwortet, die ihr selbstgemalte Bilder ins Gefängnis schickt, so tut sie dies in der Manier der Älteren, die Anregungen gibt, der »Chefin«, der man nicht widerspricht: »Also nochmals, Gertrud: Kopf hoch und nicht den Mut verlieren...« Und als rede sie sich selbst ins Gewissen, fährt sie fort: »Man soll arbeiten und tun, was man kann, im übrigen aber alles leicht und mit gutem Humor nehmen. Mit innerer Säure wird das Leben gewiß nicht besser.«

Rosa neigt dazu, anderen Moralpredigten zu halten. Sie verfällt gern in einen selbstsicheren Ton, der irritieren und sogar verärgern kann, sobald man vergißt, daß diese Frau im Gefängnis sitzt, nicht bei bester Gesundheit ist und in einem »Käfig« lebt, getrennt von den »Lebenden«, und dennoch darum kämpft, etwas zu tun, als sei sie frei.

Sie wehrt sich dagegen, daß ihre Gedanken in den Mauern gefangen bleiben. Nichts wird ihren Willen brechen, nichts wird sie mundtot machen. Und deshalb muß sie anderen manchmal Moral predigen, denn sie muß sich selbst Moral predigen. Indem sie anderen hilft, hilft sie sich selbst.

Aber natürlich ist sie auch eine energische, ja sogar autoritäre Frau, die sich ihres Wertes bewußt ist und anderen ihre Überlegenheit zeigt, die dazu neigt, anderen ihre Sichtweise aufzudrängen, und sich nichts weismachen läßt.

»Ich bin heilfroh, daß Sie sich erholen«, schreibt sie Mathilde Jacob, »Sie hatten es nötig! Mir geht es sehr gut.«

Dieser letzte Satz klingt wie ein etwas zu schrilles Hornsignal. Derselbe Ton, der ungezwungen und selbstsicher wirken soll, findet sich häufig in ihren Briefen. So zum Beispiel, wenn sie Mathilde Jacob schreibt: »Und ich bleibe dabei, daß der Charakter einer Frau sich zeigt nicht, wo die Liebe beginnt, sondern wo sie endet.« Und einige Wochen später, nachdem ihr Mathilde einen Gedichtband von Ricarda Huch geschickt hat, meint sie: »Ich habe natürlich die Gedichte sogleich fleißig gelesen, aber ich muß gestehen: Weibliche Erotik en public ist mir seit jeher peinlich. Wie unser Auer einmal sagte: ›So was tut man, so was sagt man nicht.‹«

Aus ihrem Mund klingt das wie eine Tatsache, die man ohne Diskussion zu akzeptieren hat. Rosa macht nicht viel Federlesens.

Was aber – und ihr Verhalten scheint darauf hinzudeuten –, wenn sich Rosa hinter diesen Behauptungen, die keine Widerrede dulden, nur versteckt? Wenn diese etwas prüde Moralpredigerin in Wirklichkeit ein ängstlicher Mensch ist, der seine innersten Gefühle hinter markigen Worten verbirgt?

Und vielleicht sagt Rosa nur, was ihre Gesprächspartner hören wollen, weil sie intuitiv und scharfsinnig errät, was jeder einzelne von ihr erwartet. Vielleicht schreibt sie nur »auf Bestellung« und meint es gar nicht so ernst, wie man glaubt. Vielleicht macht sie den anderen etwas vor und gibt gar nicht so viel über sich preis.

Es sind doch nur private Briefe, mag sie vielleicht denken, und was wirklich zählt, sind politische und öffentliche Aussagen und Taten.

Und wer könnte Rosa in diesem für sie so grundlegenden Punkt bei einem Fehler ertappen?

Gewiß, die Briefe aus dem Gefängnis sind für die Gefangene wichtig. Aber letztlich sind sie wie alles andere nur literarische Variationen, ein Spiel mit den verschiedenen Facetten ihres Charakters und ein Mittel, Freundschaften zu erhalten.

Der immer noch beunruhigten und von Selbstzweifeln geplagten Luise Kautsky schreibt Rosa im Stil einer älteren Schwester, die ihre kleine Schwester braucht: »Und damit bin ich absolut nicht einverstanden, daß Du mir resigniert schreibst, Du ›dürftest mir nichts sein‹. Doch, du bist und sollst mir – der Hafen sein (entschuldigen Sie!), zu dem ich von Zeit zu Zeit laufen kann, wenn mich im geheimen der Teufel holt, damit wir zusammen plaudern und lachen können und uns von Hans [Kautsky] den *Figaro* vorspielen lassen.«

Ist das dieselbe Rosa, die zu Mathilde Jacob oder Gertrud Zlottko spricht?

Welche ist die wahre Rosa?

Und ist es dieselbe, die Franz Mehring anvertraut: »Sie wissen gar nicht, wie sehr mich gerade das Beispiel Ihrer wunderbaren Arbeitskraft, der Gedanke an ihre geistige Elastizität und auch die leise Hoffnung auf Ihren Beifall beschämen und anspornen, wenn ich wieder einmal im Begriff bin – Sie kennen nur zuwenig meine schändlichen Schwächen –, mich zu verträumen oder aus dem Joch der Pflicht vor Ungeduld Reißaus zu nehmen.«

Als ob sie den »Alten« – von dem sie oft genug despektierlich gesprochen hat – nötig hätte, um die Arbeit anzupacken!

Und doch sind all diese Rosa Luxemburgs einen Moment lang die wahre Rosa, nämlich solange sie den Brief schreibt und sagt, was nötig ist, um dem Empfänger zu gefallen oder ihm ins Gewissen zu reden – weil er das von Rosa erwartet. Mit einem Wort, solange sie für die anderen das ist, was sie von ihr erwarten, die schmeichelnde Schülerin bei Franz Mehring oder ganz Frau bei Luise Kautsky. So etwa, wenn sie über Luises Kinder spricht, die langsam erwachsen werden: »Es sind eben diese frechen Dachse, die man noch vor wenigen Jahren mit hinten fliegendem Hemdzipfel sah und die plötzlich auch erwachsen sein wollen, was unsereinen undelikat mahnt, daß man selbst alt wird. Aber wir machen uns ja nichts daraus und bleiben allem zum Trotz jung, nicht wahr?«

Vor allem jedoch muß sie Luise Kautsky beschwichtigen und ihr ein Gesicht zeigen, das ihr ähnelt und sie nicht beunruhigt.

So klagt sie ein andermal darüber, daß man sie für eine »ernste Person« halte und deshalb »immer etwas Gescheites« von ihr erwarte. Und während sie so etwas schreibt, glaubt sie es auch, denn auch das entspricht ihrer vielschichtigen, komplexen Persönlichkeit. Sie lügt also nicht. Das Kaleidoskop dreht sich weiter, das ist alles. Luise muß ihr glauben. Sie ist die einzige, die ihr glauben kann.

»Aber ich muß doch jemanden haben, der mir glaubt, daß ich nur aus Versehen im Strudel der Weltgeschichte herumkreisle, eigentlich aber zum Gänsehüten geboren bin«, schreibt ihr Rosa, »also Du sollst es glauben, hörst Du?«

Ob sich Rosa bei der Niederschrift dieser Worte daran erinnert, daß sie mehrmals gesagt hat, der »Strudel der Weltgeschichte« sei für sie ein Verjüngungsbad und sie fühle sich wie neu geboren, wenn die Weltbühne in Flammen stehe?

Dennoch ist sie ganz sie selbst, wenn sie den Brief schreibt. Und man glaubt ihr, denn sie ist aufrichtig, wenn sie mit Luise spricht, wenn sie, wie sie selbst es ausdrückt, wie »zwei gescheite Frauen plappern«.

Zwischen der Starrheit, Strenge und Monomanie der meisten Politiker oder Revolutionäre und der Haltung Rosas liegen Welten.

Sie ist geistig beweglich und sogar fähig, von ihren Leidenschaften Abstand zu nehmen – wie eine Gläubige, der dies um so leichter fällt, je tiefer ihr Glaube verwurzelt ist, eine Gläubige, die weiß, daß sie ihren Glauben niemals verlieren wird, und folglich auch gefahrlos mit dem Gedanken spielen kann, ihm abzuschwören, denn sie wird es niemals wirklich tun.

Rosa widersetzt sich dem steinernen Komtur, weil sie den Teufel nicht fürchtet.

Und es fällt ihr nicht schwer, denn sie kennt sich – der Hang zur

Selbstanalyse ist ein weiterer Zug, der sie von den traditionellen Politikern unterscheidet und im wahrsten Sinne des Wortes zu einer Intellektuellen macht, die über hervorragende literarische Qualitäten verfügt – die Lektüre ihrer Briefe genügt, um sich davon zu überzeugen.

Sie spricht mit Luise Kautsky über ihre geistige Freiheit und bekräftigt ihre Beziehung zur Politik: »So muß ich immer etwas haben, was mich mit Haut und Haar verschlingt.« Und immer wieder spricht sie mit einer fast kindlichen Begeisterung davon, daß sie sich nach getaner Arbeit ihrer »Leidenschaft«, dem Botanisieren, widme.

»Ich weiß nicht«, schreibt sie Mathilde Jacob, »ob ich Ihnen meine Botanisierhefte schon gezeigt habe, in denen ich vom Mai 1913 ab etwa 250 Pflanzen eingetragen habe – alle prächtig erhalten.«

Sie liest auch die »geologische Geschichte Deutschlands«. Sie ist fasziniert, als sie von Millionen Jahre alten Tonplatten liest, in denen man die Abdrücke von Tropfen eines kurzen Platzregens gefunden hat. »Wie auf mich dieser ferne Gruß der Urzeiten magisch wirkt, ich kann Ihnen nicht sagen. Nichts lese ich mit solcher Spannung wie Geologie.«

Wieder ist Rosa aufrichtig, auch wenn hier ein Hauch von Stolz mitschwingt: Sie möchte Erstaunen wecken, und sie überrascht sich selbst.

Ein weiterer Zug ihrer Persönlichkeit ist der jugendliche Elan, mit dem sie sich in neue Wissensgebiete vertieft. Sie hat einen unstillbaren Wissensdurst.

Natürlich versucht sie mit derselben Leidenschaft und Intelligenz, die historische Situation zu verstehen. Und sie ist dabei stets um Objektivität bemüht. Es ist, als strebe die Leserin wissenschaftlicher Werke über die großen erdgeschichtlichen Zeitalter danach, mit derselben Strenge die Gegenwart zu beobachten.

Auch darin unterscheidet sie sich von den gewöhnlichen Politikern, die sie die »Männer des Sumpfes« nennt.

Wie zuvor schon Kostja Zetkin, so erklärt sie jetzt auch Franz Mehring: »Die Katastrophe hat solche Dimensionen angenommen, daß die gewöhnlichen Maßstäbe von menschlicher Schuld und menschlichem Schmerz versagen; elementare Verheerungen haben ja etwas Beruhigendes gerade in ihrer Größe und Blindheit.«

Sie gehört nicht zu denen, die nervös werden oder wie Clara Zetkin die Beherrschung verlieren. »Im ersten Moment, damals am 4. August, war ich entsetzt, fast gebrochen«, gesteht sie, »seitdem bin ich ganz ruhig geworden.«

Sie ist – verstandesmäßig – vorsichtig in ihrer Analyse. »Alles ist noch in der Verschiebung begriffen«, fährt sie selbstsicher fort, »der große Bergrutsch scheint gar kein Ende zu nehmen, und auf einem solchen zerwühlten und schwankenden Felde die Strategie zu bestimmen und die Schlacht zu ordnen ist eine verteufelt schwierige Sache. Ich fürchte mich eigentlich jetzt vor gar nichts mehr.«

Sie empfindet jedoch »die Qual und die Unbehaglichkeit des Übergangszustands« und beklagt »die Jämmerlichkeit unserer schwankenden Freunde«.

Überall finde man nur noch »morschen Zunder« und »die Frucht von der allgemeinen Korruption, an der die Baracke, die im Frieden so stolz glänzte, zusammengekracht ist«. Die Worte sprudeln nur so aus ihr hervor.

Doch sie bewahrt in dieser »Misere« ihre »Seelenruhe«. Da sie weiß, was sie will, und viel gelernt hat, kann sie für den am 22. Dezember 1915 verstorbenen französischen Sozialisten Vaillant – der ebenfalls eine politische Kehrtwendung vollzogen hat – ihre Bewunderung bewahren, ohne daß dies ihrer Überzeugung Abbruch tut.

»Wir haben viel zu vieles ruhig hingenommen«, schreibt sie Franz Mehring. »Aber ich schwöre, ich will mich bessern. Ich fühle mich schon ganz wie ein Stachelschwein und brenne darauf, mang die Filister zu laufen.«

Da haben wir sie wieder in der Rüstung der unerbittlichen Kriegerin, die den anderen das gleiche abverlangt wie sich selbst.

Sie zählt vor allem auf Leo Jogiches, den sie in ihren Briefen Onkel Leo oder zuweilen auch Gross nennt.

Leo arbeitet nämlich im Untergrund. Er hat das Hotel-Restaurant

Schloßpark in Steglitz verlassen und wohnt jetzt als Untermieter bei einer jungen Deutschen, einer Kriegerwitwe. Verführer, der er geblieben ist, wird er ihr Liebhaber werden. Er arbeitet für die sozialistische Linke. Er organisiert die Verteilung der Publikationen und trifft sich regelmäßig mit Mathilde Jacob. Über sie hält er Kontakt zu Rosa. Er und Rosa sind sich im Krieg wieder nähergekommen, auch wenn sie sich nicht mehr sehen.

Was die Politik angeht, so hat Rosa vollstes Vertrauen zu ihm, doch sie läßt ihm nichts durch.

»Daß Gross seine Arbeit vernachlässigt, ist sträflich«, schreibt sie Mathilde Jacob, »aber ich kann ihm ja nicht mal direkt die Leviten lesen, Sie müssen es schon tun, auch ließ ich darum den Alten [Franz Mehring] bitten. Die kostbare Zeit vergeht, und der Mensch bummelt! Ich finde es haarsträubend.«

Sie sitzt im Gefängnis Barnimstraße, liest geologische Bücher, beobachtet Vögel und lauscht gerührt ihrem Gesang, aber gleichzeitig hält sie alle Fäden der politischen Agitation in der Hand und überwacht die Genossen.

Als Clara Zetkin verhaftet wird, ist sie erschüttert und sorgt sich um die Gesundheit der Genossin. Auch um Franz Mehring ist sie besorgt: »Er gehört zu jenen großen Bäumen, die von der geringsten Krankheit wie ein kleines Kind gleich umfallen, sich aber ebenso rasch wieder aufrichten.« Als Clara im Oktober 1915 wieder frei kommt, schreibt sie ihr: »Deine Befreiung ist jetzt die Hauptfreude und der Trost meines hiesigen Daseins.«

Sie verfolgt auch Karl Liebknechts politische Aktivitäten und mahnt ihn zur Vorsicht. Karl ist zur bevorzugten Zielscheibe geworden. Im September 1915 hat er eine Botschaft an die im schweizerischen Zimmerwald tagende Konferenz geschickt, bei der sich alle sozialistischen Kriegsgegner Europas versammelt haben. Am 21. Dezember 1915 hat er zwanzig SPD-Abgeordnete dazu gebracht, im Reichstag gegen die Kriegskredite zu stimmen, und Anfang Januar 1916 hat er in seiner Berliner Anwaltskanzlei sogar eine Reichskonferenz der deutschen Linken veranstaltet. Er wird beleidigt, als halbverrückter Krakeeler beschimpft, bedroht und schließlich am 12. Januar 1916 aus der sozialdemokratischen Reichstagsfraktion ausgeschlossen.

Doch obwohl er überwacht wird, gibt er nicht auf. Am 27. Januar erscheint erstmalig eine mit *Spartakus* unterzeichnete Schrift. Liebknecht, inzwischen zu allem Überfluß auch noch einberufen, verteilt die politischen Texte von der Front aus.

»Ich finde es höchst gefährlich«, schreibt Rosa der Sozialdemokratin Fanny Jezierska, einer Freundin von Mathilde Jacob, »daß Karl diese Schriftstellertätigkeit auf Entfernung entwickelt, und Sie würden wohl ein gutes Werk tun, wenn Sie ihn davon in passender Form gleich abmahnen würden.«

Rosa paßt auf, bremst die einen, spornt die anderen an. Sie fühlt sich verantwortlich für diese Opposition, die sie und Karl Liebknecht verkörpern. Sie weiß, daß sie die fähigere Politikerin ist. Sie hält sich, und das geht aus allen ihren Äußerungen hervor, für die Intelligenteste von allen, für die Initiatorin, die alle anderen inspiriert.

Die Reichskonferenz der deutschen Linken stützt sich auf *Leitsätze,* die Rosa ausgearbeitet hat. In Briefen, die aus dem Gefängnis geschmuggelt worden sind, hat sie mit Liebknecht ausführlich jeden Punkt dieses echten Oppositionsprogrammes diskutiert.

Sie beweist, daß sie hart bleiben kann – so lehnt sie den von Lenin in Zimmerwald gemachten Vorschlag ab, eine neue Internationale zu gründen, und verwirft auch seine Theorie über die Notwendigkeit, den Krieg in einen revolutionären Bürgerkrieg zu verwandeln –, doch sie verliert nie ihre Kompromißbereitschaft.

Sie würdigt Karl Liebknecht als Symbolfigur im politischen Kampf und lobt seine Leistungen.

Wer glaubt, daß Rosa nur darauf bedacht gewesen sei, ihre Autorität zu behaupten, wird durch ihre Haltung zu Liebknecht eines Besseren belehrt.

»Daß wir in allem zusammenstehen werden«, schreibt sie ihm, »halte ich für selbstverständlich und unbedingt notwendig. Gibt es manchmal kleine Divergenzen, so nur in dem Sinne, wie jeder Politiker in komplizierten Lagen mit sich selbst in Widerstreit geraten kann. Daß die Thesen als unsere gemeinsame Plattform ausgehen, war mein dringender Wunsch von Anfang an.«

Aus diesen Worten spricht keinerlei Autorenstolz. Die politische Effizienz geht vor. Aber ist das noch dieselbe Rosa, die Luise Kautsky geschrieben hat, sie sei zum »Gänsehüten geboren«?

Ja, es ist dieselbe Rosa, die, aufrichtig und geschickt wie immer, einem Menschen ihre Aufmerksamkeit schenkt, weil sie weiß, daß es nötig ist.

»Sie scheinen heute etwas gedrückt zu sein«, schreibt sie am Ende ihres Briefes an Karl Liebknecht. »Das tat mir weh. Bleiben Sie unbeirrt bei Ihrem sonnigen Optimismus. Nur Mut, es wird schon schiefgehen. Herzlichst Ihre Rosa Luxemburg.«

Was sie in den Leitsätzen geschrieben hat, drückt ihre Überzeugungen, ihren *Glauben* aus: »Der heutige Weltkrieg bedeutet … bei jeder Niederlage und bei jedem Sieg eine Niederlage des Sozialismus und der Demokratie. Er treibt bei jedem Ausgang – ausgenommen die revolutionären Interventionen des internationalen Proletariats – zur Stärkung des Militarismus, der internationalen Gegensätze, der weltwirtschaftlichen Rivalitäten … Der heutige Weltkrieg entwickelt so zugleich alle Voraussetzungen neuer Kriege.«

Rosa sieht im Krieg den Triumph der Barbarei und keinesfalls die Bedingung für eine siegreiche sozialistische Revolution. Als humanistisch gebildete und sensible Frau steht sie in diesem Punkt Jaurès näher als Lenin.

Die Schrecken dieses Krieges prangert sie in dem Text *Die Krise der Sozialdemokratie* an. Sie schreibt ihn im Gefängnis und läßt ihn unter dem Titel *Junius-Broschüre* illegal verbreiten. *Junius* war der Deckname eines Polemikers, der im England des 18. Jahrhunderts (1769–1772) die Korruption und Machenschaften der Regierung unter Georg III. angriff.

Es ist ein leidenschaftlicher Text, in dem sie kaum Lösungen anbietet, jedoch in schonungsloser Deutlichkeit diesen Krieg schildert, der längst zu einem riesigen Massaker geworden ist. »Vorbei ist der Rausch. Die Reservistenzüge werden nicht mehr vom lauten Jubel der nachstürzenden Jungfrauen begleitet... In der nüchternen Atmosphäre des bleichen Tages tönt ein anderer Chorus: der heisere Schrei der Geier und Hyänen des Schlachtfeldes... Geschändet, entehrt, im Blute watend, von Schmutz triefend – so steht die bürgerliche Gesellschaft da, so ist sie... Mitten in diesem Hexensabbat vollzog sich eine weltgeschichtliche Katastrophe: die Kapitulation der internationalen Sozialdemokratie.«

Zornig läßt Rosa die Feder übers Papier fliegen: »Das heutige Wüten der imperialistischen Bestialität in den Fluren Europas hat noch eine Wirkung, für welche die ›Kulturwelt‹ kein entsetztes Auge, kein zuckendes Herz hat: das ist der Massenuntergang des europäischen Proletariats.« Ein »Wahnwitz« und »blutiger Spuk der Hölle«. »Die Dividenden steigen und die Proletarier fallen.«

Diese anklagenden Sätze, die aus einer Gefängniszelle in der Barnimstraße nach draußen dringen, werden von allen Deutschen, die über diesen Krieg empört sind – und es werden allmählich mehr – gierig verschlungen.

Die *Junius-Broschüre* ist in Zürich gedruckt worden – Leo Jogiches hat sich darum gekümmert –, doch sie hat schnell die Grenzen überschritten. Bald ist sie in ganz Europa bekannt. Und Rosa möchte, daß sie sofort ins Französische übersetzt wird.

Rosa hat in diesem Februar 1916, nach einem Jahr Gefängnis, nichts von ihrem »tätigen Willen« verloren.

Sie weiß, daß sie freikommen wird. Und sie malt sich die Umstände ihrer Rückkehr nach Südende aus. Hier wird eine andere Seite Rosas sichtbar: »Alle machen mir schon gruselig vor den Wirtschaftszuständen, die ich vorfinden werde«, schreibt sie am 7. Februar an Gertrud Zlottko.

Am 18. Februar 1916 teilt man ihr mit, sie dürfe das Gefängnis Barnimstraße verlassen.

Wie lange kann die Staatsmacht eine Frau wie sie auf freiem Fuß lassen?

18. »Ich bin hier doch nur die Holzstange,
an die sie die Fahne ihrer allgemeinen
Kampfbegeisterung gehängt haben.«
(18. Februar – 10. Juli 1916)

Karl Liebknecht und Mathilde Jacob waren die ersten, die Rosa nach ihrer Entlassung sah. Sie kamen lächelnd auf sie zu. Karl war noch magerer geworden, seine Brille saß tief in den Augenhöhlen. Mathilde wirkte fast schüchtern. Als Rosa die beiden umarmte, wurde ihr erst richtig bewußt, daß sie frei war und – für wie lange? – dem preußischen Innenminister und dem Berliner Polizeipräsidenten von Jagow entronnen war.

Letzterer war über die Freilassung beunruhigt. In einem Schreiben an den Innenminister hatte er dargelegt, daß Rosa eine Gefahr für die öffentliche Sicherheit sei. Würde sie nicht den »Extremisten« helfen? Unterschätzte man nicht die Wirkung ihrer Reden und Schriften? Zwar habe sie ihre Strafe verbüßt, aber könne man sie nicht unter Berufung auf den Belagerungszustand in Schutzhaft nehmen?

Nachdem man von Jagow versichert hatte, daß Rosa Luxemburgs Freilassung keine Antikriegsdemonstrationen zur Folge haben würde, fügte er sich schließlich.

Am 18. Februar 1916, drei Tage bevor massierte deutsche Truppenverbände Verdun angriffen, hörte Rosa Luxemburg die Tore des Gefängnisses Barnimstraße hinter sich zuschlagen.

Ihr Teint war gelblich, die Gesichtszüge eingefallen, die Haare stumpf, und sie hinkte stark. Als Mathilde Jacob die kränkliche Gestalt sah, erschrak sie. Die einjährige Haft hatte deutliche Spuren hinterlassen. Während sie in das wartende Auto stiegen, erkundigte sie sich zunächst nach Rosas Gesundheit und riet ihr, sich auszuruhen.

Aber Rosas Augen leuchteten vor Freude und Tatendrang, und sie sagte: »Ich nehme keine Notiz von den Schmerzen. Ich tue so, als ob sie mich nichts angingen, und kann dann sehr gut arbeiten.«

Plötzlich, als der Wagen anfuhr, hörten sie Schreie. Rosa blickte aus dem Wagen. Frauen liefen hinter ihnen her und warfen Blumen, sprangen auf das Trittbrett und riefen immer wieder: »Es lebe Rosa, es lebe der Frieden!«

»Über tausend Personen – meist Frauen – waren am Gefängnis«, wird Rosa später berichten.

Es war keine politische Demonstration im eigentlichen Sinne, aber doch eine bedeutsame Aktion: Die »Berliner Genossen«, wie Rosa sie nannte, waren auf die Nachricht von ihrer Freilassung hin spontan aus den Arbeitervierteln in die Barnimstraße geeilt. In der düsteren Kriegsstimmung hatte dieses Wiedersehen einen symbolischen Charakter. Es war eine Geste der Solidarität, die alle Beteiligten – es waren hauptsächlich Frauen – für notwendig gehalten hatten.

Natürlich dachte nur eine Minderheit so, und die Anwohner fragten sich, was diese Ansammlung von Frauen zu bedeuten hatte, die nachmittags um drei von einem Gefängnistor zum anderen rannten, dann hinter einem Auto herliefen und mit Blumen warfen.

Die Journalistin Käthe Duncker berichtete, daß in dem Viertel widersprüchliche Gerüchte kursierten. Die einen vermuteten, daß eine Lieferung Butter angekommen sei, andere behaupteten, die Großherzogin von Luxemburg sei soeben vorbeigefahren!

Rosa ist gerührt und auch erschöpft von der Ungewißheit und Anspannung der letzten Tage, in denen sie auf ihre Freilassung gewartet hat.

Eine Woche später schreibt sie den sozialdemokratischen Genossen in Mariendorf und bedankt sich bei ihnen für die Begrüßung in der Barnimstraße.

»Ich fühle mich bei alledem sehr beschämt«, schreibt sie, »da ich nicht im Traume an einen solchen Empfang dachte, erscheint mir doch das Gefängnis als ganz selbstverständliche Zugabe zu unserem Berufe der proletarischen Freiheitskämpfer, und bin ich von Rußland aus gewöhnt, das Ein- und Ausgehen in diesen Mauern als die nüchternste Angelegenheit zu betrachten.«

Sie versucht, gegen die Rührung anzukämpfen, doch es schnürt ihr die Kehle zu. Nach einem Jahr der Einsamkeit erschüttert sie dieses stürmische Eintauchen in eine Menge, die sich mit ihr solidarisch erklärt.

Und das ist erst der Anfang.

Kaum ist sie mit Karl Liebknecht und Mathilde Jacob in ihrer Wohnung in Südende angekommen, taucht auch schon Marta Rosenbaum auf und fällt ihr um den Hals. Und dann, so erzählt Käthe Duncker, geht plötzlich die Tür und, angeführt von Mathilde Wurm, drängen sechzig oder siebzig Frauen ins Zimmer. Es entsteht ein heilloses Durcheinander, und die vielen Blumen und Geschenke drohen zerdrückt zu werden. Rosa hält eine kurze Ansprache und führt die Frauen dann wieder hinaus.

Sie ist offensichtlich am Ende ihrer Kräfte. Doch sie hält durch.

»Meine Wohnung«, schreibt sie einige Tage später Clara Zetkin, »war und ist noch vollgestopft mit ihren Geschenken, Blumenkästen, Kuchen, Stollen, feinste Gemüse – wie in einem Delikatessenladen, alles von diesen armen und herzlichen Frauen selbst gebakken, selbst eingemacht, selbst gebracht. Du wirst wissen, was ich empfinde, wenn ich das sehe. Ich möchte heulen vor Beschämung und tröste mich nur mit dem Gedanken, daß ich hier doch nur die Holzstange bin, an die sie die Fahne ihrer allgemeinen Kampfbegeisterung gehängt haben.«

Einige Tage später bereiten ihr die Mariendorfer Sozialdemokraten einen offiziellen Empfang. Wieder ist Rosa gerührt. Der Vorsitzende der Versammlung erklärt, die Frauen hätten ganz spontan gehandelt. Sie hätten diejenige begrüßen wollen, die »uns gefehlt hat, weil sie gerade den Parteiführern ein scharfes Wort sagt, weil sie die ist, die man oben in der Partei lieber ins Gefängnis ein- als aus ihm ausgehen sieht«.

Die vielen Solidaritätsbekundungen innerhalb weniger Tage geben Rosa das Gefühl, daß es in einem Jahr »einen gewaltigen Schritt vorwärts in der Klärung, der Erstarkung und Differenzierung der Geister« gegeben habe.

Wenn sie zum Sprechen in der Lage ist – oft ist sie nämlich wie »versteinert«, wie sie sagt, denn in der Einsamkeit der Zelle hat sie nur schriftlich kommunizieren können und das Sprechen verlernt –, dann sagt sie immer wieder: »Ich bin aus dem Gefängnis mit der freudigsten und ungeduldigsten Kampf- und Arbeitslust herausgekommen.«

Und mit ungebrochenem Glauben versichert sie, sie »vertraue da am meisten auf die objektive Logik der Geschichte, die ihr Werk der Aufklärung und Differenzierung unermüdlich vollzieht«.

Tatsächlich kostet es sie große Anstrengung, nicht zusammenzubrechen. Oft bleibt sie mit eingezogenem Kopf, wie ein verängstigter Vogel, in ihrem Sessel sitzen, hört ihrem Gegenüber zu und gibt kurze Antworten. »Ich bin in strenger ärztlicher Behandlung«, berichtet sie, »und wenn ich auch nur die Hälfte von den verordneten Maßregeln einhalte, so biete ich doch noch ein zu unerfreuliches Bild, als daß ich mich gern meinen Freunden so präsentieren möchte.«

Und während sie ihr Vertrauen in die Geschichte und ihre Befriedigung über die Entwicklungen im letzten Jahr bekräftigt, sagt sie mit leiser Stimme, daß sie »mehr als ein Jammerbild bieten« wolle.

Das sind keine leeren Worte.

Nach der Isolation im Gefängnis sind die vielen Besuche ihrer Freunde zu viel für sie. Die Veränderung kommt zu plötzlich.

»Ich kann Ihnen gar nicht sagen«, wird sie später gestehen, »wie jammervoll ich mich in den ersten Tagen meiner ›Freiheit‹... fühlte.«

Hier scheint ihr wahres Ich durch: ihre nervöse Empfindlichkeit, ihre Sensibilität. Sie ist von Natur aus keine gefühlskalte Frau. Doch dank ihrer Willenskraft und Intelligenz kann sie, selbst wenn sie von ihren Gefühlen überwältigt wird, den Eindruck eines Menschen erwecken, der auch in Extremsituationen gelassen bleibt.

Gelegentlich spricht sie sogar von diesem Kampf mit sich selbst, denn sie weiß, daß jeder, dem sie durch dieses Geständnis ihr Vertrauen beweist, sie dafür um so mehr lieben wird!

Wohlberechnete Aufrichtigkeit, falsche Offenheit: Rosa ist kein einfacher Mensch.

»Meine Nerven«, wird sie später sagen, »die ich die ganze Zeit in der Barnimstraße vollkommen in der Hand hatte, hielten dem ersten Ansturm der Eindrücke nicht stand, und ich wurde von einem solchen Katzenjammer befallen, daß ich mir jedes Wort abringen mußte und kaum wußte, was um mich vorgeht.«

Doch sie kommt wieder auf die Beine. Sie reißt sich zusammen und gewinnt das verlorene Terrain Meter für Meter zurück. »Nun«, sagt sie, »ich habe mich seitdem schon wieder gesammelt.«

Ob eine der Frauen, die an jenem Nachmittag des 18. Februar die Wohnung in Südende betraten, wußte, was Rosa empfand? Zu Luise Kautsky meint sie, es sei sehr anstrengend gewesen, achtzig Personen in der Wohnung zu empfangen und mit jeder ein paar Worte zu wechseln. Rosa hat ihnen etwas vorgespielt.

Sie macht sich Sorgen wegen ihrer Gesundheit, doch sie schiebt sie beiseite. Sie hat nur ein Ziel: Sie will etwas tun. »Ich bin mit großer Arbeitslust in die Freiheit zurückgekehrt«, schreibt sie.

Zunächst kommt sie mit Freunden zusammen, die wie sie gegen den Krieg sind und die Position der SPD-Mehrheit kritisieren.

Am 27. Februar, neun Tage nach ihrer Freilassung, trifft sich die kleine Gruppe bei Franz Mehring. Der »Alte« feiert seinen siebzigsten Geburtstag.

Die Bande gegenseitiger Hochachtung zwischen ihm und Rosa sind noch stärker geworden, auch wenn Rosa in ihrer kleinen Rede an diesem feierlichen Abend etwas übertreibt.

Mehring ist ein alter Publizist, dem man schmeicheln muß: »Sie sind der Vertreter der echten geistigen Kultur in all ihrem Glanz und Schimmer. Wenn nach Marx und Engels das deutsche Proletariat der historische Erbe der klassischen deutschen Philosophie ist, so sind Sie der Vollstrecker dieses Vermächtnisses gewesen.«

Rosa geht zweifellos über das hinaus, was sie tatsächlich denkt. Aber sie schätzt an Mehring, daß er bei dem »furchtbaren Zusammenbruch im Weltkriege«, in der Stunde der Wahrheit, standhaft geblieben ist und es nicht den sogenannten »Erben der klassischen Philosophie« nachgetan hat, die nun »wie elende Bettler« ausse-

355

hen, »die von Ungeziefer gefressen werden«. Im Gegensatz zu ihnen hat er seinen Posten nicht verlassen. Er hat weiterhin gelehrt, »daß der Sozialismus nicht eine Messer-und-Gabel-Frage, sondern eine Kulturbewegung, eine große und stolze Weltanschauung sei«.

Diese wenigen Worte, die Rosa bei einer Geburtstagsfeier im Freundeskreis spricht, machen deutlich, daß sie in diesem Jahr 1916 – in Übereinstimmung mit ihren Freunden – den SPD-Vorstand, der die Kriegspolitik unterstützt, nicht nur politisch, sondern vor allem auch moralisch verurteilt. Der Vorstand hat kapituliert. Und die Intellektuellen, die sich ihm angeschlossen haben, sind noch schlimmer. »Heute, wo uns Intelligenzen bürgerlicher Herkunft rudelweis verraten und verlassen, um zu den Fleischtöpfen der Herrschenden zurückzukehren, können wir ihnen mit verächtlichem Lächeln nachblicken: Geht nur!«

Diese Mischung aus Verbitterung, Verachtung und Stolz gibt Rosa und ihren Freunden – die man von nun an *Internationalisten* oder *Spartakisten* nennt – die Gewißheit, moralisch im Recht zu sein. Eine solche Gewißheit macht oft blind für die Wirklichkeit und erschwert jeden Kompromiß.

Kann man ein taktisches Bündnis mit jemandem eingehen, den man verachtet? Kann man sich mit jemandem an einen Tisch setzen, den man moralisch verurteilt hat? So werden Haß und Verachtung zu Faktoren der Politik.

Als David, der Wortführer der sozialdemokratischen Mehrheit, über Karl Liebknecht sagt, ein Hund, der laut belle, beiße nicht, antwortet Rosa mit einem Flugblatt. Sie schreibt es kurz nach ihrer Entlassung aus dem Gefängnis. Der Ton, den sie anschlägt, zeugt von ihrer Erregung: »Ein Hund ist, wer im Maulkorb des Belagerungszustandes fröhlich schweifwedelt und den Herren der Militärdiktatur, leise um Gnade winselnd, in die Augen blickt … Ein Hund ist, wer die ganze Vergangenheit seiner Partei, wer alles, was ihr ein Menschenalter heilig war, auf Kommando der Regierung abschwört, begeifert, in den Kot tritt. Hunde sind und bleiben dennoch die David, Landsberg und Genossen. Und sie werden sicher von der deutschen Arbeiterklasse, wenn der Tag der Abrechnung kommt, den wohlverdienten Fußtritt bekommen.«

Man zeigt also die Zähne. Man gehört der gleichen Partei an, und doch liegen Welten zwischen den Mehrheitssozialdemokraten und denen, die gegen sie opponieren.

Die Unzufriedenheit unter den Arbeitern und unter den Aktivisten an der Parteibasis nimmt zu. Das deutsche Heer erleidet an der Westfront schwere Verluste. Obwohl Hunderttausende von Soldaten aufgeboten werden, gerät von Falkenhayns Offensive vor Verdun nach anfänglichen Erfolgen – der Einnahme französischer Forts – ins Stocken. Diese Entwicklung bewegt eine Gruppe von Abgeordneten – die man *Zentristen* oder *Unabhängige* nennen wird – und führenden Sozialdemokraten, sich allmählich von der Mehrheit zu distanzieren. Unter ihnen sind so unterschiedliche Männer wie Hugo Haase, der frühere Führer der Reichstagsfraktion, Karl Kautsky und sogar Bernstein, einst Rosas Gegner im Revisionismusstreit.

Sie übernehmen zwar nicht die Position des »Spartakisten« Karl Liebknecht, unterstützen aber auch nicht mehr die Kriegspolitik, wie es David, Noske, Scheidemann und Ebert tun.

Die SPD spaltet sich 1916 somit in drei Hauptgruppen: die *Mehrheitssozialdemokraten,* die den rechten Flügel der Partei repräsentieren, die *Zentristen* oder *Unabhängigen* sowie die *Spartakisten* oder *Linksextremisten.*

Die Mehrheitssozialdemokraten behalten in der Partei allerdings die Zügel in der Hand. Sie wissen, daß es um ihr politisches Überleben und ihre Macht geht. Und sie sind entschlossen, dafür zu kämpfen – mit der Unterstützung der Regierung.

Als am 24. März 1916 Hugo Haase – der sich als Rechtsanwalt für die Achtung der Menschenrechte und der demokratischen Grundsätze einsetzt – im Reichstag eine scharfe Rede gegen den Belagerungszustand hält und eine Minderheit sozialdemokratischer Abgeordneter mit ihm gegen den Notetat stimmt, werden sie aus der Reichstagsfraktion ausgeschlossen.

Da einige Tage zuvor, am 19. März, eine Reichskonferenz der Spartakisten stattgefunden hat, kommt es tatsächlich zu einer Spaltung der SPD-Reichstagsfraktion. Dreiunddreißig Abgeordnete bilden eine *Sozialdemokratische Arbeitsgemeinschaft*, aus der später eine unabhängige sozialdemokratische Partei hervorgehen wird.

Rosa stürzt sich in diesen Kampf zwischen den verschiedenen Strömungen. Aber sie tut es nicht gern. Sie liebt den offenen Ideenstreit, nicht diese Grabenkriege zwischen Genossen derselben Partei. Sie findet, daß solche Konflikte in den Massen ausgetragen werden müssen und nicht in den Parteigremien. Sie schreibt also Flugblätter und Artikel für die *Spartakusbriefe*. Sie nimmt an Versammlungen teil, trifft Paul Levi, Clara Zetkin, Karl Liebknecht und Leo Jogiches. Letzterer wird mehr und mehr zum alleinigen Organisator der Spartakusgruppe. Er beschafft Geldmittel, macht Drucker und Aktivisten ausfindig, die bereit sind, die *Spartakusbriefe* zu verteilen.

Rosa kann freilich nicht umhin, zu den internen Kämpfen der SPD Stellung zu beziehen. Es sei ein »Froschmäusekrieg«, schreibt sie Clara Zetkin, »und doch kann ich nicht auf die Seite gehen und mich frei machen, denn die Proletarier würden mir das sehr verargen – sie selbst überschätzen ja diese Instanzenbalgerei sehr stark.«

Tatsächlich ist Rosas Grundeinstellung einfach: Sie will die SPD nicht verlassen. Und das sagt sie auch auf allen Versammlungen, an denen sie teilnimmt. Sie wiederholt ihre alte Forderung, daß die Partei von der Basis her erobert werden muß.

Und jedes Mal, wenn ein Genosse erstaunt darauf hinweist, daß es doch unmöglich sei, auf diese Partei Einfluß zu nehmen, da sie fest in den Händen der Mehrheit sei, reagiert Rosa ungehalten. So schreibt sie über die Duisburger Sozialdemokraten: »Sie wollen partout den allgemeinen Austritt aus der Partei proklamieren. Ich habe dem scharf widersprochen und will nächstens öffentlich dagegen auftreten.«

Eine Illusion? Utopischer Glaube an eine Massenbewegung, die die »Partei« von Grund auf umkrempeln soll? Unterschätzt Rosa die Strukturprobleme, die Machtmechanismen, die Aufgaben des

»Apparates« und der Bürokraten in einer sozialdemokratischen Partei? Oder, schlimmer noch, verkennt sie den starken Einfluß, den die Mehrheit im Verein mit den Gewerkschaften auf die »Massen« und die Partei ausübt?

Alle diese Faktoren spielen eine Rolle. Und Rosas Verblendung wird durch ihre Taktik noch verstärkt. Nicht genug damit, daß sie hart gegen diese »Hunde«, die Mehrheitssozialdemokraten, vorgehen will, obendrein beschuldigt sie auch noch die *Zentristen* von Haase bis Kautsky, nicht radikal zu sein und sich mit der Mehrheit zu verbünden.

Folgt man Rosas – und Karl Liebknechts – Vorstellungen, so muß man in der SPD bleiben und die Parteiführer so lange bekämpfen, bis die Massen sie von ihren Posten vertreiben und den Spartakisten die Leitung der Partei antragen.

Eine Illusion. Denn die Mehrheitssozialdemokraten stehen nicht allein. Sie finden Anklang und genießen zudem die Unterstützung der konservativen Kreise.

Rosa vertritt eine Minderheit, und durch ihr ungestümes Vorgehen gegen Kautsky und die Unabhängigen isoliert sie sich noch mehr.

Dieser extreme Standpunkt, die Weigerung, Kompromisse einzugehen, die damit gerechtfertigt wird, daß man die Spartakisten zum Mittelpunkt machen will, um den sich alle Gegner der Mehrheit zu gruppieren haben, dazu die gefährliche Taktik, alle Hoffnungen auf das künftige Votum der Massen zu setzen, dies alles verschafft, psychologisch gesehen, Befriedigung. Man ist unter sich: Mehring, Liebknecht, Jogiches, Clara Zetkin, Paul Levi und Rosa.

Rosa trifft bei ihren Reisen durch Westdeutschland und auf den Versammlungen, die sie in Berlin abhält, kleine homogene Gruppen, die ihre Auffassung teilen und sich gegenseitig in ihren Analysen bestätigen.

Diese Leute sind einander sehr ähnlich: Sie glauben an ihre Sache, sind engagiert, mutig bis zur Aufopferung und überzeugt, im Recht zu sein.

»Wer zwischen kämpfenden Heeren herumirrt«, so Karl Liebknecht, »wird im Kreuzfeuer zusammengeschossen, wenn er sich nicht in der letzten Not zu denen hüben oder zu denen drüben rettet, wo er freilich nicht als ein Held, sondern als ein Flüchtling anlangt.«

Alle unterstützen seine Parole: »Zurückeroberung der Partei von unten durch die Rebellion der Massen ... nicht durch Worte, sondern durch Taten der Rebellion.«

In diesen Monaten des Jahres 1916 führt Rosa zum letzten Mal ein annähernd normales Leben. Sie wohnt in ihrer Wohnung in Südende und kommt Hans Diefenbach so nah, daß im Freundeskreis sogar über eine baldige Heirat gemunkelt wird. Und sie ist vollkommen solidarisch mit Karl Liebknecht, den sie mit einer gewissen Zärtlichkeit beobachtet, die sie selbst irritiert.

Dieser Mann mit den leuchtenden Augen, den eingefallenen Wangen und dem straff zurückgekämmten Haar ist nämlich überall, entwickelt fieberhafte Aktivitäten und bombardiert die Regierung im Reichstag unermüdlich mit kleinen Anfragen. Er geht dabei bis an die Grenzen seiner Rechte als Abgeordneter und erregt jedesmal wütende Proteste: »Landesverrat! Das ist unerhört! Das ist kein Deutscher! Irrenhaus! Unsinn!« Aber Karl bietet ihnen die Stirn.

Rosa kann ihn dazu überreden, daß er ein wenig ausspannt. Sie geht mit ihm und seiner jungen Frau Sonja Ryss spazieren. Sonja ist eine Jüdin russischer Herkunft. Bei ihrer Heirat war Karl einundvierzig, sie erst achtundzwanzig. Aufopferungsvoll hat sie sich der drei Kinder Karls angenommen, der kurz zuvor seine erste Frau verloren hatte.

Rosa ist Sonja zugetan. Sie ist eine gebildete, couragierte Frau, und bald entsteht zwischen den beiden eine tiefe freundschaftliche Beziehung, die ganz nach Rosas Geschmack ist: Sie erteilt Ratschläge und spart nicht mit Ermutigungen und Belehrungen. Sie ist Sonja eine Freundin, aber auch ältere Schwester, Mutter und Lehrerin.

Sie zwingt den »armen Teufel« Karl im Frühjahr 1916 dazu, mit ihr und Sonja im Botanischen Garten oder draußen vor der Stadt spazieren zu gehen.

»Sie wissen vielleicht, wie er seit langen Jahren lebte«, berichtet Rosa, »nur noch im Parlament, Sitzungen, Kommissionen, Besprechungen, in Hatz und Drang, stets auf dem Sprung von der Stadtbahn auf die Elektrische und von der Elektrischen ins Auto, alle Taschen vollgepfropft mit Notizenblocks, alle Arme voll frisch gekaufter Zeitungen, die er doch unmöglich Zeit hatte, alle zu lesen, Leib und Seele mit Straßenstaub bedeckt, und doch immer mit dem liebenswürdigen jungen Lächeln im Gesicht.«

Rosa hält ein solches Leben, das ganz der Politik gewidmet ist und nicht einmal Zeit für einen Spaziergang läßt, selbst 1916, mitten im Krieg, für Wahnsinn.

Um das »Glück« eines Mannes besorgt, der für sie mehr als nur ein Politiker ist, packt sie also Karl und Sonja am Arm und führt sie über die Felder bei Marienfeld.

Es ist April, »ein lauer Wind jagte graue Wolken am Himmel stoßweise hin und her, und die Felder strahlten bald im hellen Sonnenschein, bald verdunkelten sie sich smaragdgrün im Schatten – ein herrliches Spiel, bei dem wir schweigend marschierten. Plötzlich blieb Karl stehen und fing an, seltsame Sprünge auszuführen, dazu noch mit ernstem Gesicht. Ich sah ihm erstaunt zu und erschrak sogar ein wenig. ›Was haben Sie?‹ ›Ich bin so selig‹, antwortete er bloß, worauf wir natürlich wie toll lachen mußten.«

Eine kurze Atempause bei einem Frühlingsspaziergang.

Die Arbeitsbelastung ist nämlich erdrückend: Man muß schreiben, Reden halten, Versammlungen organisieren, nachdenken, Entscheidungen treffen. Und die Stimmung im Land wird immer schlechter: Es fehlt an allem, dazu die enormen Verluste vor Verdun, wo immer noch gekämpft wird, obwohl kaum noch Aussicht besteht, daß die französische Front durchbrochen werden kann. Die Franzosen halten stand, der Name Douaumont, das eroberte, dann verlorene und wieder zurückeroberte Fort, wird zum Symbol des schrecklichen, unmenschlichen Gemetzels, des rationalisierten Wahnsinns, den dieser Krieg darstellt.

Die Polizei ist aktiv, nimmt Verhaftungen vor und beschlagnahmt die *Junius-Broschüre*. Sie versucht herauszufinden, wo die *Spar-*

takusbriefe gedruckt und über welche Kanäle sie verteilt werden. Leo Jogiches taucht unter und trifft sich ein oder zwei Mal unter tausend Vorsichtsmaßnahmen mit Rosa.

Unterdessen formiert sich Widerstand gegen den Krieg.

Am 24. April 1916 beginnt im schweizerischen Kienthal eine internationale Konferenz, mit der man an die Konferenz von Zimmerwald anknüpfen will. Die unabhängigen Sozialdemokraten nehmen an ihr teil. Rosa kann darüber nur lachen. Kein leeres Gerede, sondern Taten sind gefordert. Diese »Unabhängigen« wollen nur ihr Gewissen beschwichtigen.

Rosas Kritik hat einen Grund: Die Unabhängigen haben es abgelehnt, an der Vorbereitung einer Demonstration am 1. Mai 1916 in Berlin mitzuwirken. Als Begründung haben sie angeführt, daß es keine Anzeichen für eine revolutionäre Stimmung in den Massen gebe und daß eine solche Veranstaltung Wahnsinn sei.

Aber Rosa hält zu Liebknecht, der die Demonstration initiiert hat. Die Vorbereitungen werden in aller Heimlichkeit getroffen, denn natürlich ist eine solche Demonstration verboten.

Liebknecht schreibt den Handzettel mit dem Demonstrationsaufruf, und junge Berliner Aktivisten drucken ihn. Natürlich bekommt die Polizei Wind von der Sache und umstellt am 1. Mai den Potsdamerplatz, auf dem sich ein paar hundert Demonstranten eingefunden haben, unter ihnen, kaum zu übersehen, Rosa Luxemburg und Karl Liebknecht.

Zunächst schlendern sie nur herum, dann ruft Karl Liebknecht mit vibrierender Stimme: »Nieder mit dem Krieg! Nieder mit der Regierung!«

Die Polizisten stürzen sich auf ihn, verhaften ihn und nehmen den sich Wehrenden mit. Rosa klammert sich an Karl fest: »Ich suchte ihn ja mit aller Kraft meiner Hände zu befreien und zerrte an ihm und den Schutzleuten bis in die Wache, wo man mich unsanft auswies.«

Die Verhaftung bedeutet nicht das Ende der Demonstration, ganz im Gegenteil. Kleine Gruppen demonstrieren noch mehrere Stunden, obwohl sie von der Polizei verfolgt werden.

Rosa sieht in diesem 1. Mai einen symbolischen Sieg. »Die Demonstration am 1. 5. war sehr gelungen und übertraf alle unsere Erwartungen, zumal wir sie ganz allein mit wenigen Kräften und in kürzester Zeit vorbereitet haben.«

Um so größer ist ihr Zorn – oder gar Haß – auf die »Unabhängigen«, die an diesem 1. Mai gekniffen haben. Feiglinge, denkt Rosa.

Sie urteilt nämlich auch nach Kriterien wie Mut und Feigheit. Aber eine solche moralische Betrachtungsweise trübt das politische Urteilsvermögen.

Die Festnahme Karl Liebknechts vertieft den Graben zwischen den beiden sozialdemokratischen Lagern noch mehr. Die Spartakisten – und ein Teil der Unabhängigen – sehen in den Mehrheitssozialdemokraten Komplizen von Polizei und Justiz, die Karl später zu vier Jahren und einem Monat Zuchthaus verurteilen wird, verbunden mit einer Aberkennung der bürgerlichen Ehrenrechte auf sechs Jahre.

Damit Liebknecht verurteilt werden kann, muß der Reichstag jedoch zuvor seine Immunität aufheben. Die sozialdemokratische Mehrheitsfraktion stimmt zwar gegen die Aufhebung der Immunität, allerdings mit der rufschädigenden Begründung, daß Liebknecht, wie Landsberg im Reichstag vorbrachte, an »krankhafter Nervosität« leide.

Rosa ist empört und widmet sich ganz der Verteidigung Karl Liebknechts. Um ihr eigenes Schicksal kümmert sie sich wenig, obwohl sie weiß, daß sie von der Polizei überwacht wird, und obwohl ihr klar ist, daß eine Regierung, die nicht davor zurückschreckt, einen Abgeordneten, dessen klangvoller Name eng mit der Geschichte der deutschen Sozialdemokratie verbunden ist, ins Zuchthaus zu bringen, kaum Rücksicht auf eine polnische Jüdin nehmen wird.

Doch sie zögert nicht. »Von dem Augenblick an, wo Karl verhaftet wurde ... hatte ich natürlich keinen freien Moment, da es galt zu erfahren, wo man ihn hingebracht hatte, und zu ihm vorzudringen«, schreibt Rosa. »Die Krise geht weiter, ein Ende ist nicht abzusehen, und es ›regnet‹ Sitzungen in der Früh und spät in der Nacht.«

Da sie auch den Kritikern antworten möchte, die – es scheint lange her, doch Rosa hat ein gutes Gedächtnis – ihre *Akkumulation des Kapitals* angegriffen haben, und sie die Niederschrift ihrer bereits in groben Zügen vorliegenden *Antikritik* plant, klagt sie: »Ich komme leider vor all diesem Trubel zu keiner ruhigen Arbeit und zu keiner freien Minute.«

So verbringt sie die letzten Momente ihres »normalen« Lebens in den Straßen der Stadt und auf Rednertribünen. Sie hält auf der Generalversammlung der SPD Groß-Berlins eine »überaus geschickte Rede«, wie Hugo Haase berichtet, die »stark gewirkt« hat, oder sie schreibt Flugblätter und Artikel. Sie greift die Erklärung auf, die Karl Liebknecht dem Königlichen Kommandanturgericht Berlin zugestellt hat.

»Ich habe mich nicht zu verteidigen«, hat Karl darin gesagt, »ich bekenne mich schlechthin zum internationalen Sozialismus, zu der Politik, die ich Jahre hindurch vor der ganzen Öffentlichkeit geführt habe, zu jedem Buchstaben des Flugblatts, zu den Rufen ›Nieder mit der Regierung! Nieder mit dem Krieg!‹«

Auch sie steht zu jedem Wort. Sie findet bei Karl Liebknecht die gleiche Energie, die auch sie besitzt. Vielleicht ist er etwas zu blind für das übrige Leben, aber als Politiker ist er ganz nach ihrem Geschmack.

Rosa nimmt auch an den Vorbereitungen zu einem eintägigen Streik teil: Am 28. Juni protestieren fast 55 000 Arbeiter gegen die Verurteilung Liebknechts.

Die Stimmung in diesen letzten Junitagen ist ernst und spannungsgeladen. Diese ersten Demonstrationen machen deutlich, daß der Protest gegen den Krieg zwar von einer Minderheit getragen wird, aber zusehends an Umfang gewinnt.

Zur gleichen Zeit sind die Russen an der Ostfront zur Offensive übergegangen, um die Westalliierten zu unterstützen. In der Bukowina verbuchen sie erste Erfolge. Und was die Westfront betrifft, so ist die Offensive bei Verdun endgültig gescheitert. Von Hindenburg hat von Falkenhayn abgelöst. Im Westen wie im Osten watet man im Blut.

Seit Liebknechts Verhaftung steht Rosa beinahe allein an der Spitze der Opposition. Der tüchtige und beharrliche Leo Jogiches hält mit gewohnter Unauffälligkeit die kleine Organisation am Leben, die sie für die Herausgabe der *Spartakusbriefe* brauchen.

Daß diese Frau und dieser Mann, die seit nunmehr fast zwanzig Jahren gemeinsam ihren Weg gehen, im Frühsommer 1916 Seite an Seite zu finden sind, zeugt von ihrer Treue zu den Idealen ihrer Jugend, aber auch von der Schwäche der extremen Linken in Deutschland.

Rosa und Leo, unerschütterlich in ihren Überzeugungen, sind immer präsent und engagiert, und doch ist es ihnen nicht gelungen, mehr als eine Handvoll Männer und Frauen um sich zu scharen.

Was bliebe von der Opposition übrig, wenn nach Karl Liebknecht auch noch Rosa Luxemburg eingesperrt würde?

Die Machthaber sind der Meinung, daß diese Bewegung, die zwar immer mehr Zulauf erhält, für das im Krieg befindliche Land aber keine wirkliche Bedrohung darstellt, durch Rosas Festnahme ihres Kopfes beraubt werden könnte.

Rosa weiß sehr gut, daß sie der Willkür der Regierung preisgegeben ist. Aber kann sie deshalb aufgeben?

Am 8. Juli 1916 fuhr Rosa nach Leipzig. Der Berliner Polizeipräsident von Jagow hatte die Leipziger Polizei alarmiert und vor dieser »Agitatorin« gewarnt, die er als eine der aktivsten und gefährlichsten des extremen revolutionären Flügels der Sozialdemokratie bezeichnete.

Die Behörden hatten sie – zu Recht – im Verdacht, das Flugblatt geschrieben zu haben, in dem Liebknecht verteidigt wurde und in dem es hieß: »Ein Hund ist, wer einen Abwesenden, einen Gefesselten, heiser anbellt und dabei den augenblicklichen Machthabern Apportdienste leistet.«

Dies reichte freilich nicht aus, um Anklage gegen sie zu erheben, doch der Belagerungszustand machte es möglich, sie in Schutzhaft zu nehmen, da sie eine Gefahr für die öffentliche Ordnung darstellte.

Als Rosa am Sonntag, dem 9. Juli 1916, von Leipzig nach Hause zurückkehrte, empfing sie Mathilde Jacob mit der Nachricht, »daß zwei sehr verdächtig aussehende Männer Rosa wegen irgendwelcher Flugblätter hatten sprechen wollen«. Sie wollten am folgenden Tag, Montag, dem 10. Juli, wiederkommen.

Am nächsten Morgen bei Tagesanbruch waren sie tatsächlich wieder da. Rosa antwortete nicht einmal, als sie sich als Geheimpolizisten auswiesen und sagten, sie hätten den Auftrag, sie ins Frauengefängnis Barnimstraße zu bringen.

Wie hatte Rosa fünf Monate zuvor gesagt: »Ich bin von Rußland aus gewöhnt, das Ein- und Ausgehen in diesen Mauern als die nüchternste Angelegenheit zu betrachten.«

Doch jetzt schnürte ihr die Angst die Kehle zu, auch wenn sie sich nichts anmerken ließ: Es wurde keine Haftzeit festgesetzt. Sie war vom Wohlwollen der Behörden abhängig, und somit von der Dauer des Krieges. Und wer konnte voraussehen, wie lange er noch dauern würde?

Als Rosa die Tür ihrer Wohnung in Südende hinter sich schloß, mochte sie daran gedacht haben, daß sie eines Tages dorthin zurückkehren würde, um ein ruhiges Leben zu führen und sich ihren vielfältigen Interessen zu widmen.

Aber möglicherweise ging ihr auch der Gedanke durch den Kopf, daß dieses Leben nun zu Ende sei.

Auf jeden Fall mußte sie dem Schicksal trotzen und ihre Würde bewahren.

19. »Ich bin in der Tat ein wenig wie
ein Mensch ohne Haut geworden.«
(10. Juli 1916 – März 1917)

Sie war also ins Frauengefängnis Barnimstraße zurückgekehrt. Wieder die vertrauten Gerüche, Geräusche und Gefängniskorridore. Wieder war sie gezwungen, sich in sich selbst zurückzuziehen, um der Verzweiflung zu entgehen. Doch sie entging ihr nicht. Denn sie wußte nicht, wie lange sie in Haft bleiben würde.

Als Schutzhäftling konnte ihre Haft alle drei Monate verlängert werden. Und so schwankte sie zwischen der Hoffnung auf Freilassung und der Überzeugung, daß man sie allenfalls unter dem Druck der äußeren Ereignisse freilassen würde.

Andererseits war ihr das Gefängnis Barnimstraße nicht mehr fremd, so daß die Eingewöhnung leichter fiel. Dieser psychologische Vorteil wurde jedoch dadurch zunichte gemacht, daß nun alles wieder von vorne begann, daß sie nach fünf Monaten politischer Agitation wieder ihrer Freiheit beraubt war.

Als Schutzhäftling genoß sie einen Sonderstatus. Sie hatte das Recht, Lebensmittel, Bücher, Briefe und natürlich auch Besucher zu empfangen. Und wieder organisierte Rosa ihr Leben so, daß sie mit der Außenwelt, deren Pulsieren sie durch die Wände ihrer Zelle spürte, in Kontakt blieb.

Sie stellte ein Arbeitsprogramm auf und suchte nach Wegen, Artikel nach draußen zu schmuggeln. In dieser Hinsicht konnte sie sich ganz auf ihre Freundinnen Mathilde Jacob und Marta Rosenbaum verlassen. Und diesmal kam noch ein weiterer Gast ins Sprechzimmer: Sonja Liebknecht, deren Mann selbst im Gefängnis saß.

Manchmal tauschte sie mit der einen oder anderen Freundin vor den Augen des Wärters die Handtaschen aus. Rosas Tasche enthielt die Briefe, die sie hinausschmuggeln wollte, die der Besucherin Nachrichten von draußen, die für sie bestimmt waren.

367

Ihre Freunde – darunter Paul Levi, der einen Teil dieser Zeit in der Schweiz verbrachte – schickten ihr Zeitungen. Auch darauf hatte sie Anspruch. Und auch diesmal profitierte sie vom Wohlwollen einiger Vollzugsbeamter.

Vor allem aber arbeitete sie. Rosa hielt ein festes Arbeitsprogramm für die beste Medizin gegen Anfälle von Schwermut und aufkommende Depressionen.

Man muß sich vor Augen führen, welche psychische Anstrengung es sie gekostet haben muß, gleich nach der Inhaftierung ihr Leben selbst in die Hand zu nehmen. Und welche Energie und welche Fähigkeiten nötig waren, um den Widrigkeiten im Gefängnis zu trotzen!

Sie ist kaum zwei Wochen in Haft, als sie – am 28. Juli 1916 – dem »sehr geehrten Genossen Dietz«, einem Reichstagsabgeordneten der SPD, der auch den sozialdemokratischen Parteiverlag leitet, einen Brief schreibt.

Sie fragt an, ob er bereit sei, Texte von ihr zu veröffentlichen. Voller Ironie meint sie: »Da ich jetzt – wie Ihnen wohl schon bekannt – wieder viel ›unfreiwillige Muße‹ habe, so bin ich in der Lage, mehrere angefangene oder fast fertige schriftliche Arbeiten zum Abschluß zu bringen und in Druck zu geben.«

Drei Texte möchte sie gerne veröffentlichen, ihre *Antikritik,* ihre *Einführung in die Nationalökonomie* und die Autobiographie eines Russen: »Endlich ... bin ich dabei, ein russisches Buch von Korolenko *Die Geschichte meines Zeitgenossen* ins Deutsche zu übertragen ... Ich bin überzeugt, daß dieses Buch in Deutschland in weiten Kreisen lebhaft interessieren und gefallen wird.«

Sie beschreibt die Werke in aller Ruhe, als sitze sie in ihrem Büro und habe eine Bibliothek zu ihrer Verfügung. Der Brief beeindruckt durch Rosas Gleichmut, Entschlossenheit und ihren Willen, geistig aktiv zu bleiben und, da sie in die politischen Kämpfe nun nicht mehr eingreifen kann, denkend zu handeln.

Dietz gehört jedoch zu den Mehrheitssozialdemokraten und weist alle ihre Vorschläge zurück. Doch Rosa gibt nicht auf. Sie beauftragt Luise Kautsky und Mathilde Jacob, nach anderen Verlegern zu suchen. Schließlich erklärt sich Paul Cassirer bereit, Korolenkos Buch herauszugeben.

Aus der Zelle heraus führt Rosa über ihre Kontaktleute, allen voran Luise Kautsky, die üblichen, etwas kleinlichen Verhandlungen zwischen Autor und Verleger.

Rosa ist sich durchaus bewußt, was sie zu dieser Arbeit antreibt. Die ernsthafte wissenschaftliche Arbeit ist das einzige, was ihr geblieben ist, und sie wird sofort unruhig und nervös, wenn man ihr in dieser Hinsicht Steine in den Weg legt. So empfindet sie es als bedrohlich, daß die Bücher, die sie geschickt bekommt, von der Berliner Kommandantur kontrolliert werden müssen – auch nach ihrer späteren Verlegung in die Festung Wronke in Posen. Ebenso lebenswichtig wie die Bücher sind für sie die Besuche und die Möglichkeit, relativ ungehindert mit ihren Freundinnen zu sprechen.

Wenn ein kleinlicher oder aggressiver Kriminalbeamter sie während der Besuchsstunde unterbrechen will, obwohl sie der Meinung ist, ihr stehe eine längere Sprechzeit zu, wird sie wütend. Daß sie zuweilen die Nerven verliert, macht deutlich, wie sehr ihr das Gefängnis zusetzt und wie empfindlich sie geworden ist, auch wenn sie es zu verbergen sucht.

Ein solcher Fall ereignete sich im August 1916, als Rosa bereits seit zwei Monaten im Gefängnis Barnimstraße saß. Einer der Kriminalbeamten, die sie im Juli verhaftet hatten, kam während ihrer Besuchszeit ins Sprechzimmer, löste seinen Kollegen bei der Überwachung ab und machte wiederholt unverschämte Bemerkungen.

In einem Anfall von Wut warf Rosa ihm eine Tafel Schokolade ins Gesicht, die Mathilde Jacob ihr mitgebracht hatte, und schrie ihn an: »Sie sind ein ganz ordinärer Spitzel und Schweinehund! Machen Sie, daß Sie hinauskommen!« Dieser Wutausbruch (und Beweis ihrer Schwäche) sollte Rosa teuer zu stehen kommen. Mitten in der Nacht wurde sie geweckt und ins Polizeipräsidium am Alexanderplatz verlegt.

Es war die Hölle für Rosa. Totale Isolation. Sie war eingesperrt in einer »11 cbm großen Zelle, morgens und abends ohne Licht, eingeklemmt zwischen C (aber ohne W) und die eiserne Pritsche«. Sie

369

konnte also unmöglich arbeiten, lesen oder schreiben oder wie in der Barnimstraße Insekten beobachten und dem Gesang der Vögel lauschen. Sie war allein.

»Der anderthalbmonatige Aufenthalt dort hat auf meinem Kopf graue Haare und in meinen Nerven Risse zurückgelassen, die nie mehr verschwinden werden.«

In dieser Situation erlebt sie Momente der Schwäche. »Wenn ich dann zu Besuch kam«, erzählte Mathilde Jacob, »setzte Rosa sich auf meinen Schoß, lehnte den Kopf an meine Schulter, ließ sich Zärtlichkeiten gern gefallen, während sie diese sonst nicht duldete. Sie war krank und hilflos.«

Vielleicht dachte man, man habe ihr das Rückgrat gebrochen und sie genug bestraft. Jedenfalls wurde Rosa Ende Oktober in die Festung Wronke verlegt.

Es war ein altes, alleinstehendes Gebäude, fernab der Hauptstadt, was Besuche erschwerte. Innerhalb von wenigen Tagen gelang es Rosa, sich dort eine Welt zu schaffen, die ihre Haft erleichterte.

Allerdings hatte sie Geldprobleme: »Es stellt sich aber plötzlich heraus, daß ich ganz blank ohne Geld bin (die Reise nebst zwei Begleitern ging nämlich auf meine Kosten und hat ca. 40 M ausgemacht).« Sie hat Zeitungen abonniert. Sie muß Lebensmittel kaufen.

»Überweisen Sie bitte gleich Geld her«, schreibt sie Mathilde Jacob und bittet sie außerdem um Bücher, Saccharin, ihre Halb- und Samtschuhe sowie um ihre Blumenvase und Seife. Nachdem sie hundert Mark erhalten hat, bittet sie um noch mehr Geld.

Tatsächlich sind die Haftbedingungen in Wronke höchst ungewöhnlich, und Rosa ist sich dessen bewußt – schließlich kommt sie direkt aus der »Spelunke« am Alexanderplatz.

Die Oberaufseherin Eva Schrick findet Rosa sympathisch, plaudert gern mit ihr und drückt ein Auge zu, was Besuche und Briefe angeht. Sie erlaubt Rosa, ihre beiden Zellenräume hübsch einzurichten. Einer wird ihr Büro. Sie hängt sogar Vorhänge auf!

Außerdem läßt Frau Schrick für Rosa ein Stück Garten herrichten, der durch einen Zaun vom übrigen Gefängnisgelände abgetrennt ist. Rosa kann dort nach Belieben Vögel füttern, beobachten und ihre Flüge mit Träumen begleiten. Sie darf auf den Festungswällen spazierengehen, ja sie erhält sogar die Erlaubnis, in Marta Rosenbaums Begleitung die Festung zu verlassen und durch die benachbarten Felder zu streifen. Man kann sich vorstellen, welche Freude das für die naturverbundene Rosa war.

Eva Schrick handelt mit Einverständnis des Generalstaatsanwalts Dr. Dossmann. Auch er ist Rosas Charme erlegen und unterhält sich oft mit ihr. Er genießt diese Gespräche mit einer Intellektuellen, deren Intelligenz ihn beeindruckt.

Gleichwohl bleibt Rosa eine Gefangene und weiß, daß sie ihre Privilegien jederzeit wieder verlieren kann.

Dann wird Eva Schrick nach Metz versetzt, und die Haftbedingungen werden strenger. Doch auch in den folgenden Monaten – bis zum Mai 1917 – bleibt es Rosa erspart, den ganzen Tag eingesperrt zwischen den Mauern ihrer Zelle zu verbringen.

Vor allem kann sie eine umfangreiche Korrespondenz unterhalten. Schon bei ihrem ersten Aufenthalt in der Barnimstraße hat sie gemerkt, daß das Briefeschreiben sehr wichtig für ihr psychisches Gleichgewicht ist.

Sie steht unter ständiger Anspannung. Es ist, als ob das Gefängnis alle Gefühle verstärke und alle Eigenschaften ans Licht bringe, die guten wie die schlechten, Stärken wie Schwächen.

Zu Weihnachten 1916 bekommt sie von Sonja Liebknecht, Luise Kautsky und der Oberaufseherin einen geschmückten Weihnachtsbaum geschenkt, den sie in ihrer Zelle – oder ihrem »Zimmer«, wie sie selbst sagt – aufstellen darf. Und sie ruft aus: »Mir lacht wirklich das Herz, wenn ich diese Pracht anschaue. Aber ich bin natürlich erdrückt von diesem wahnwitzigen Luxus, den Sie mit mir treiben. Das ist einfach unerhört.«

Sie berichtet auch vom Entzücken der »armen Gefangenen«, die bei ihr aufräumt und beim Anblick des festlichen Baumes sagt: »Wenn man das sieht, lacht einem das Herz im Leibe.«

Doch ihre Stimmung kann jederzeit umschlagen. Vor ihren engsten Freunden Hans Diefenbach und Luise Kautsky wagt sie es, von ihren Schwächen zu sprechen. Und sie will es auch: Sie behält einen klaren Kopf, und sie schreibt nur, was sie auch wirklich schreiben will. Sie gibt keinen spontanen Regungen oder Sentimentalitäten nach.

Sie hält die Isolation im Gefängnis nämlich nur aus, weil sie ihren ganzen Willen zusammennimmt. Ein »grauer Tag, statt Sonne« oder ein »kalter Ostwind« genügt, um alle Anstrengung zunichte zu machen.

»Mitten in meinem mühsam aufgebauten schönen Gleichgewicht«, schreibt sie Hans Diefenbach, »packte mich gestern vor dem Einschlafen wieder eine Verzweiflung, die viel schwärzer war als die Nacht. Und heute ... Ich fühle mich wie eine erfrorene Hummel ... Wenn mich Arme doch die Sonne auch schon aus meiner Todeskälte erwecken wollte!«

Nur selten spricht sie so von sich. Hans Diefenbach ist ihr intimer Vertrauter, mit dem sie Brief für Brief eine etwas spröde Liebesbeziehung führt. Doch dieses galante Geplauder wird aus einer Festung heraus geführt, und das verleiht ihm einen ergreifenden, melancholischen Ernst.

Auch wenn Rosa offensichtlich übertreibt, was Hans Diefenbachs Rolle in ihrem Leben angeht, so wird doch klar, daß diese Übertreibung in ihrem Leben als Gefangene eine wichtige Funktion hat.

Mit Hans spricht sie über die Liebe, in den Briefen an ihn kann sie die Rolle der geliebten und liebenden Frau spielen. Dies ist einerseits eine Stilübung, entspringt andererseits aber auch einem echten Bedürfnis: Sie möchte eine Frau bleiben, die geliebt wird.

Auch im Gefängnis verzichtet sie auf nichts. So sagt sie zu Hans: »Ihr Hauptberuf bleibt nach wie vor, in mein Erdendasein den Glanz und den Schimmer zu bringen oder, wie Sie das in Ihrem letzten (erhaltenen) Brief galant nennen: mein Hofnarr zu sein.«

Es ist, als inszenierten die beiden ein Stück, wenn sie ihn an die »schönen Abende in Südende« erinnert, an denen sie Tee tranken, er Goethe vorlas und sie sich auf dem Sofa glücklich der Faulheit ergab.

Oder sie sprechen darüber, wie die Liebe sein müßte. Als Rosa berichtet, daß Clara Zetkin ihrem jüngeren Ehemann die Scheidung verweigert, weicht ihr sanfter Ton plötzlich offener Entrüstung: »Aber öffentlich große Worte für ›Freiheit des Individuums‹ donnern und im Privatleben eine Menschenseele aus wahnsinniger Leidenschaft versklaven – ich begreife das nicht und verzeihe es nicht.«

Rosa stellt hohe Anforderungen an ihre Freunde und erwartet von Frauen – und somit auch von Clara – die beiden »Grundelemente der weiblichen Natur«, nämlich Güte und Stolz.

Sie selbst, sagt sie, sei niemals so unnachgiebig: »Herr Gott, wenn ich nur von Ferne ahne, daß mich jemand nicht mag, dann flüchtet schon mein Gedanke seine Kreise wie ein verscheuchter Vogel.«

Sie spricht von Leidenschaft, von Würde und Moral, und fährt dann fort: »Und wenn mich Ihr semmelblondes Temperament und Ihre ewig kühlen Hände oft irritieren, so sage ich doch: Gesegnet sei die Temperamentlosigkeit« – denn sie ist der Garant dafür, daß man keine »Gemeinheit« begeht.

Sie selbst habe genug Temperament, »um eine Prärie in Brand zu stecken, und doch ist mir der Friede und der einfache Wunsch jedes anderen Menschen ein Heiligtum, vor dem ich lieber zusammenbreche, als es roh anzutasten«.

Kurzum, Clara Zetkins Verhalten ist also eine »traurige Sache«. Doch zurück zur galanten Plauderei: »Ach, ich habe Sie im Verdacht, Sie überlassen das Siegen über die Franzosen anderen und begnügen sich mit stilleren Siegen über die Französinnen ... aber ich verbitte mir alle ›Annexionen‹, hören Sie?«

Das etwas angestrengte Lächeln ist nötig, um einen Satz lang die Festungsmauern zu vergessen. Sie ist so schwach, daß sie keinerlei »Härte« verträgt, »weder von Menschen noch von der Natur«. »Ich fühle und leide mit jeglicher Kreatur, eine Wespe, die mir ins Tintenfaß rutscht, spüle ich dreimal im lauwarmen Wasser und trockne sie auf dem Balkon in der Sonne.« Etwas List ist schon nötig, damit man nicht der Schwermut anheimfällt – »Herrgott, wann werde ich wieder den April dort verleben«, nämlich am Genfer See –, sondern weiterhin ausrufen kann: »Herrgott, wie schön ist die Welt und das Leben!«

Hans Diefenbach ist also für Sehnsucht, Intimes und amouröses Geplänkel zuständig. Als er seinen Besuch in der Festung Wronke ankündigt, erteilt ihm Rosa klare Anweisungen: »Seien Sie hier ganz natürlich, wie wenn wir zu Hause wären, auch auf den üblichen Wiedersehenskuß verzichte ich nicht; sonst, wenn Sie steif und befangen sind, werde ich's noch mehr unwillkürlich, und dann haben wir beide nichts davon.«

Sie hat viele Briefpartner, aber sie kann wohl ohne große Übertreibung zu Hans sagen, daß seine Briefe ihr »einziger Trost« seien. Denn er ist der einzige, der mit ihr die Minne zwischen einem Ritter und seiner holden Dame praktiziert oder eine geistreich-erotische Konversation im Stil des 18. Jahrhunderts pflegt.

Rosa, die sich isoliert wie Robinson auf seiner Insel vorkommt, möchte am Leben bleiben. Und deswegen muß sie reden.

»Einstweilen fechte ich wider die Teufel in meinem Innern wie Luther – mit dem Tintenfaß. Und deshalb müssen Sie als Opfer einem Sperrfeuer von Briefen standhalten.«

Und sie läßt Hans und Luise Kautsky wissen: »Ich habe neben dem ›Allgemeinen‹ für das Persönliche immer noch Platz in der Seele.« Hans, der ihr seine Liebe, und Luise, die ihr ihre Freundschaft schenkt, sind für diesen Bereich zuständig.

Selbst in diesen Dingen ist Rosa methodisch.

Sie ist eine Gefangene, die schreibt, die Geheimnisse hat, die ihrem Schicksal trotzt und kalkulierte Vertraulichkeiten gewissermaßen als Therapie benutzt. Denn wenn sie nicht spricht, dann schreit sie.

Wie bei ihrem ersten Aufenthalt in der Barnimstraße entwickelt sie im Laufe der Monate ihrer Gefangenschaft eine Fähigkeit zur Selbstbeobachtung, die durch die Einsamkeit noch verstärkt und durch das Briefeschreiben vertieft wird. Und der therapeutische Nutzen ist groß. Wie Rosa selbst gesagt hat: Das Tintenfaß ermöglicht ihr die Selbstkontrolle – wie bei Luther ...

Beim Schreiben sieht sie sich, geht auf Distanz zu sich und bekommt sich wieder in den Griff. Sie weiß nämlich um ihre momentane »starke Sensibilität«.

Zu Luise Kautsky sagt sie: »Ich bin in der Tat ein wenig wie ein Mensch ohne Haut geworden.«

Sie leidet unter den Folgen des langen Gefängnisaufenthalts. Sie bekommt Angst: Wird sie noch imstande sein, von einer Rednertribüne zu sprechen? Wird sie auch nur ein Wort herausbringen? Ein Alptraum verfolgt sie: »Ich habe das Gefühl, daß ich plötzlich ausreißen werde!« Sie hat den »Horror pleni«, das »Grauen vor der Fülle«, vor vollen Sälen.

Außerdem ist sie körperlich geschwächt. Die Magenbeschwerden nehmen zu. Sie glaubt, daß sie psychisch bedingt sind: »Meine Nerven sind einfach... aufs äußerste abgespannt.« Sie wird, so fürchtet sie, auf Jahre hinaus ein zurückgezogenes Leben führen und sich mit Schreiben begnügen können. Es geht ihr also schlecht.

Als Mathilde Jacob zu Besuch kommt, vertraut Rosa ihr an, sie leide zuweilen unter so heftigen Seelenqualen, daß sie es mit der Angst zu tun bekomme.

Mathilde Jacob ist tief beunruhigt über Rosas Geständnis und auch über ihr Aussehen: Sie ist blaß und abgemagert, da sie wegen ihres empfindlichen Magens oft nichts essen kann.

Aber diese kranke und übersensible Frau mit einer fast pathologisch erhöhten Erregbarkeit arbeitet weiter und begeistert sich für die Natur und das Schicksal der Welt.

Täglich unternimmt sie einen Spaziergang auf ihrer »ewigen Mauer«. Ungeduldig wartet sie auf den Frühling, dann aber atmet sie auf und beruhigt sich mit dem Gedanken: »Auch hier heißt es: abwarten und die Naturgesetze ihre Arbeit verrichten lassen.«

Diese Einsicht durchdringt sie allmählich, weil einem Häftling nichts anderes übrig bleibt, als sich in Geduld zu üben. Und weil es in der Geschichte der Welt und der Menschheit nun mal so ist.

Sie betrachtet die Weltbühne wie ein Schauspieler, der sich nicht beirren und entmutigen läßt.

»Heute müssen wir mit der Geschichte Geduld haben«, schreibt sie Marta Rosenbaum, »ich meine nicht die untätige, bequeme, fatalistische Geduld, ich meine eine solche, die bei höchster Aufbietung der Tatkraft nicht verzagt, wenn sie vorläufig auf Granit zu beißen scheint, und nie vergißt, daß der brave Maulwurf Geschichte rastlos Tag und Nacht wühlt, bis er sich ans Licht hervorgewühlt hat.«

Aus den Briefen und verschlüsselten Botschaften, die sie erhält, aus den Unterhaltungen mit ihren Besuchern und aus den Zeitungen, die sie liest, weiß sie, daß dem »Maulwurf« noch viel Arbeit bevorsteht.

Die Verurteilung Karl Liebknechts hat zwar vorübergehend Streiks ausgelöst, aber sie hat die Deutschen ebensowenig aufgerüttelt wie die spätere Inhaftierung Rosas. Beide sind in breiten Schichten des Volkes gar nicht bekannt.

Zwar kommt es hin und wieder zu Protesten gegen die Teuerung und die schwierige Versorgungslage. Doch obwohl das Leben mit jedem Tag immer schwieriger wird, der Schwarzmarkt blüht und schwere Verluste von der Front gemeldet werden, hält sich die Bevölkerung an die Durchhalteparolen der Regierung.

Und die Mehrheitssozialdemokraten verteidigen diese Position.

Da sie die Partei fest im Griff haben, können sie es sogar wagen, vom 21. bis zum 23. September 1916 eine Reichskonferenz der SPD abzuhalten, auf der alle Strömungen vertreten sind, von den Spartakisten bis zu den Unabhängigen.

Der Vertreter der Spartakisten moniert das Vorgehen bei der Auswahl der Delegierten und weist darauf hin, daß unter den Bedingungen des Belagerungszustands und der Zensur eine freie Debatte nicht möglich sei. »Unter diesen Umständen ist es klar«, betont er, »daß die von der Konferenz zu fassenden Beschlüsse auch nicht die mindeste politische noch moralische Bedeutung haben können.« Sein Protest ändert nichts daran, daß die Mehrheitssozialdemokraten sich in allen Punkten durchsetzen.

Unmittelbar nach der Konferenz verstärken sie ihren Druck, drängen die Anhänger der Opposition aus der Partei und übernehmen (am 17. Oktober 1916) den *Vorwärts,* der bis dahin eine unabhängige Richtung verfolgt hat.

Als die Oppositionellen – Spartakisten und Zentristen – am 7. Janu-

376

ar 1917 eine eigene Konferenz abhalten, ergreifen sie nochmals die Initiative. Sie verurteilen dieses Treffen als »offenen Bruch« und beschließen, alle Konferenzteilnehmer aus der Partei auszuschließen, darunter immerhin Männer wie Kautsky, Bernstein, Hugo Haase und Mehring, also namhafte SPD-Führer.

Vor diesem Schritt haben sie die Kräfteverhältnisse analysiert: In der Partei, deren Apparat sie kontrollieren, wie auch im Land stehen die Dinge zu ihren Gunsten.

Außerdem stützen sie sich auf die Regierung und die staatlichen Institutionen und profitieren vom Klima der Unterdrückung, das unter den Bedingungen des Belagerungszustands entstanden ist. Und was hat die sozialistische Opposition vorzuweisen?

Rosa hat in der Festung Wronke den ganzen Tag Zeit, über die Situation nachzudenken. Sie macht sich keine Illusionen über die momentane Schwäche ihrer Freunde. Die Spartakusbewegung besteht praktisch nur aus Leo. Unter dem Pseudonym W. Kraft gibt er nun auch die *Spartakusbriefe* heraus. Er bringt das Kunststück fertig, sie weiterhin drucken und verteilen zu lassen.

Neben der Flut der konservativen Publikationen oder der Presse der Mehrheitssozialdemokraten bleibt ihr Einfluß jedoch verschwindend klein.

Rosa weiß es. Und das ist auch einer der Gründe, warum sie bis zum Schluß davon abrät, aus der SPD auszutreten. Der Parteivorstand selbst ist es, der seine Gegner ausschließt und sie zwingt, als das zu erscheinen, was sie sind: gespalten. Denn es ist ein seltsames Haus, das Bernstein, Rosa Luxemburg, Liebknecht und Kautsky unter einem Dach vereint!

Es sieht also nicht gut aus. Rosa, die weiterhin gehässige Artikel schreibt und sie über Mathilde Jacob oder Marta Rosenbaum an Leo Jogiches weiterleitet, bringt zwiespältige Gefühle zum Ausdruck.

Sie hält zwar an ihrem Optimismus fest und vertraut darauf, daß die Massen eines Tages den Sinn der Geschichte begreifen werden. Doch zuweilen klingen auch Verbitterung und Resignation aus ihren Worten. Was tun die Massen?

377

Rosa füttert die Kohlmeisen und Elstern in ihrem kleinen Gärtchen in Wronke und sagt ironisch: »Den letzteren – mein einziges Auditorium hier – bringe ich die weltstürzendsten Ideen und Losungen bei und lasse sie dann wieder losflattern!... Aber zum Teufel, auch sie werden sicher schließlich zu Scheidemann umschwenken, ich ahne es schon: Der Naturtrieb ist doch stärker als alle angelernte Weisheit.«

Als sie Hans Diefenbach von einem Roman erzählt, kommt sie beiläufig auf das Unverständnis zwischen dem Prediger und der Menge zu sprechen. Sie beklagt »die Tragik des Menschen, der der Menge predigt und fühlt, wie jedes Wort in demselben Augenblick, wo es seinen Mund verläßt, vergröbert und erstarrt und in den Hirnen der Hörer zum Zerrbild wird; und auf dieses Zerrbild seiner selbst wird nun der Prediger festgenagelt«.

Diese bittere Einsicht und dieser Pessimismus ändern jedoch nichts an ihrer Einstellung. Im Gegenteil. Sie bäumt sich auf wie eine Gläubige, die von Zweifeln gepackt wird. Wie eine Gläubige, die weiß, daß der Glaube nur dann von Wert ist, wenn er von Zweifeln befallen wird, und daß diese Zweifel vertrieben werden müssen. Oft zitiert sie Luther: »Hier steh' ich, ich kann nicht anders, Gott helf mir.«

Sie verurteilt die Mehrheitssozialdemokraten, die Zentristen und alle anderen Parteimitglieder, die in der »sozialdemokratischen Kirche« eine »schamlose Orgie wie in einem öffentlichen Haus« entfesselt hätten. Die deutsche Sozialdemokratie, so schimpft sie, habe die Massen dem Kapitalismus ausgeliefert. Sie sei nichts weiter als ein »Haufen organisierter Verwesung«.

Die Heftigkeit dieser Worte, die an die Verwünschungen eines Savonarola oder eines ... Luther erinnert, offenbart die politische Isolierung Rosas und der Spartakisten. Und auch ihre Widersprüche: Sie wollten in einer korrupten Partei bleiben und werden vertrieben. Sie zählen auf die Massen, doch die folgen lieber der Mehrheit und ziehen die »Orgie« und das »öffentliche Haus« dem Gebet vor!

Da bleibt einem nichts anderes übrig, als sich auf »geschichtliche Entwicklungsgesetze« zu besinnen: »Und diese versagen nie, wenn sie auch manchmal nicht just nach Schema F gehen, das wir uns zurechtgelegt haben.«

Und auf die einfachsten, elementarsten Glaubenssätze: »Ich weiß . . ., daß gerade dann, wenn äußerlich sich alles glänzend ausweglos und jämmerlich ausnimmt, schon ein völliger Umschwung sich vorbereitet, der dann allerdings um so heftiger ist.«

Aus diesem Glauben zieht Rosa eine Verhaltensregel: »Also, auf jeden Fall: Kopf hoch und den Mut nicht sinken lassen.«

Dieser Widerspruch zwischen der Realität und der aus ihr resultierenden Enttäuschung auf der einen und dem Glauben auf der anderen Seite zwingt zu einer starren, etwas herablassenden Haltung.

Der unverstandene Prediger, den die Menge zurückweist, stößt bald Verwünschungen aus. Er fühlt sich – er muß seine Widersprüchlichkeit ausleben – als Auserwählter und ist zum Martyrium bereit. Schließlich ist er von lauter Feiglingen umgeben.

Mit religiöser Verbissenheit beschimpft Rosa ihr Freundin Mathilde Wurm, kritisiert ihren Mann, einen Zentristen, und wettert gegen ihr »Milieu«, das sie eine »sumpfige Froschgesellschaft« nennt.

»Ihr seid überhaupt eine andere zoologische Gattung als ich«, schreibt sie, »und nie war mir Euer griesgrämiges, sauertöpfisches, feiges und halbes Wesen so fremd, so verhaßt wie jetzt.«

Aus diesen Worten spricht Haß, und dieser Haß hat seinen Grund nicht nur in politischen, sondern auch in charakterlichen, moralischen und philosophischen Gegensätzen. Rosa spricht von »zwei zoologischen Gattungen«. Sind unter solchen Bedingungen noch politische Kompromisse möglich?

»Ach, Ihr elende Kleinkrämerseelen, die Ihr bereit wäret, auch ein bißchen ›Heldentum‹ feilzubieten«, fährt Rosa fort. »Und das einfache Wort des ehrlichen, geraden Menschen: ›Hier steh' ich, ich kann nicht anders, Gott helf mir‹, ist für Euch nicht gesprochen. Ein Glück, daß die bisherige Weltgeschichte nicht von Euresgleichen gemacht war, sonst hätten wir keine Reformation und säßen wohl noch im Ancien régime.«

Dies zielt weniger auf Männer wie Noske, Scheidemann, Ebert und David als vielmehr auf diejenigen, die Rosa eigentlich zu ihren Verbündeten machen sollte, da sie nun in der Opposition sind wie etwa »der süße Haase... der schwankende Hirte Kautsky«.

Sie spricht mit einer fanatischen Logik und einer politischen Blindheit, die ihr das Gefühl geben, die Wahrheit zu kennen und nicht verstanden zu werden, den erlösenden Glauben zu besitzen, aber nicht in der Lage zu sein, ihn zu vermitteln. Lieber sitzt sie im Gefängnis, als sich mit dieser »Froschgesellschaft« einzulassen. »Dann schon lieber Graf Westarp – und nicht deshalb, weil er von meinen ›mandelförmigen Samtaugen‹ im Reichstag redet, sondern weil er ein *Mann* ist.«

Damit ist alles gesagt über Rosas Vorliebe für das Extreme, über ihre Unfähigkeit, mit denen, die ihr nahestehen, zu einer Verständigung zu kommen, auch wenn sie sich dessen nicht bewußt ist. Hier zeigt sich die Wurzel ihres revolutionären Verhaltens. Ab einem bestimmten Zeitpunkt ist es ihr »physisch« und existentiell nicht mehr möglich, eine Versöhnung anzustreben oder Geduld zu üben. Im Gegenteil, sie wählt den Bruch, denn im Namen ihres eigenen Opfers »haßt« sie diejenigen, die eine andere Wahl treffen. Diese Wahl mag besonnen und durchaus diskutabel sein, aber in Rosas Augen bedeutet sie die Exkommunikation. Kautsky, Haase und Emanuel Wurm sind symbolisch gesprochen *Hingerichtete,* die aus der menschlichen Gattung verbannt werden: »Ich sage Dir«, sagt Rosa, »sobald ich wieder die Nase hinausstecken kann, werde ich Eure Froschgesellschaft jagen und hetzen mit Trompetenschall, Peitschengeknall und Bluthunden.«

Gewiß, man spürt hier den – literarischen – Willen, kräftig hinzulangen, das Bemühen, der Empörung Ausdruck zu verleihen, und das Vergnügen an einem übertriebenen, pamphletistischen Stil, doch darf man sich davon nicht täuschen lassen. Rosa selbst sieht sich übrigens als Penthesilea, Königin der Amazonen und Hauptfigur eines Trauerspiels von Heinrich von Kleist.

Rosa hat das theatralische Bedürfnis, zu schockieren und Mathilde Wurm an der Schulter zu packen und zu schütteln. Und ihre Worte sind durchaus auch freundschaftlich gemeint: Sie sagt denen, die sie liebt, die Meinung.

Und noch etwas wird an diesem Brief deutlich: eine Radikalisierung ihres Charakters und Denkens und somit auch ihrer Politik.

Rosa ist sich dessen bewußt: »Was mich anbelangt, so bin ich in der letzten Zeit, wenn ich schon nie weich war, hart geworden wie geschliffener Stahl und werde nunmehr weder politisch noch im persönlichen Umgang auch die geringste Konzession machen.«

Was aber bleibt außer dem Mißerfolg, der Ohnmacht oder dem Versuch, anderen seine Wahrheit gewaltsam aufzuzwingen, wenn man einer Minderheit angehört? Rosa und die Spartakisten können, wie möglicherweise alle Revolutionäre, diesem Dilemma nicht entgehen.

Rosa entscheidet sich auf ihre Weise. Wichtig ist vor allem Entschlossenheit.

Zu Mathilde Wurm, die ihr zu antworten versucht und sogar den Fehdehandschuh hinwirft, sagt sie herablassend: »Mädchen, ich sitze fest im Sattel, mich hat noch keiner in den Sand gestreckt.«

Ihr Selbstvertrauen ist unerschütterlich. Gewiß, zuweilen wird sie von Verzweiflung gepackt, und ihre Nerven versagen, doch ist sie fest davon überzeugt, daß sie die Beste ist. Sie sagt – und glaubt es auch –, daß sie über das »unbeirrbarste Urteil« verfügt: »... fallen doch bei mir all die störenden Nebenmomente weg: Ängstlichkeit, Routine, parlamentarischer Kretinismus, die das Urteil des anderen trüben.«

Sie *weiß* es also.

Und dann sind da noch die »Massen«, wie sie Mathilde, ihr »kleines Mädchen«, in der Manier eines erfahrenen, unerschütterlichen Menschen belehrt. Von den Massen, sagt sie, lasse man sich nicht enttäuschen, das sei sinnlos. Und dann kommt sie doch noch einmal auf das Thema Enttäuschung zurück: »Ein Führer großen Stils richtet seine Taktik nicht nach der momentanen Stimmung der Massen, sondern nach ehernen Gesetzen der Entwicklung.«

Das Problem ist gelöst. Die Geschichte, deren Gesetzmäßigkeiten mit sicherem, wissenschaftlichen Urteil erkannt sind, wird die

Lösung bringen. Alles andere ist eine Frage des Mutes und der Moral.

»Vor allem muß man jederzeit als voller Mensch leben.« Hier spricht wieder die Kämpferin in der Rüstung, die sich in der Geschichte auf eine Stufe mit der gesamten Menschheit stellt. Und die nicht daran denkt, dem einen oder anderen ein besonderes Schicksal zuzubilligen.

Als Mathilde Wurm von den »speziellen Judenschmerzen« spricht, zuckt Rosa, die Jüdin, nur mit den Schultern. Sie spricht von den Tragödien der Kolonisation und von ausgerotteten Völkern. »O diese ›erhabene Stille der Unendlichkeit‹, in der so viele Schreie ungehört verhallen, sie klingt in mir so stark, daß ich keinen Sonderwinkel im Herzen für das Ghetto habe: Ich fühle mich in der ganzen Welt zu Hause, wo es Wolken und Vögel und Menschentränen gibt.«

Für die Welt offen zu sein und sie in ihrer natürlichen Ganzheit wahrzunehmen, darin liegt eine andere Möglichkeit, mit dem Widerspruch zwischen der Härte von »geschliffenem Stahl« – einer erbarmungslosen Rosa – und der Sensibilität, Empfindsamkeit und Humanität fertig zu werden, die gleichfalls ein wesentlicher Bestandteil ihrer Persönlichkeit sind.

»Dann sieh, daß Du *Mensch* bleibst«, sagt sie zu Mathilde Wurm. »Mensch sein ist vor allem die Hauptsache. Und das heißt: fest und klar und heiter sein, ja, heiter trotz alledem, denn das Heulen ist Geschäft der Schwäche. Mensch sein, heißt sein ganzes Leben ›auf des Schicksals große Waage‹ freudig hinwerfen, wenn's sein muß, sich zugleich aber an jedem hellen Tag und jeder schönen Wolke freuen ...

Für diese Rosa ist die Welt »so schön bei allem Graus und wäre noch schöner, wenn es keine Schwächlinge und Feiglinge auf ihr gäbe«.

In der Rüstung steckt eine Rosa, für die in zwischenmenschlichen Beziehungen Güte wichtiger ist als Strenge und die danach strebt, alles zu lieben und zu verstehen. Sie versucht, sich an das »Grundgebot« zu halten, das sie sich »fürs Leben gemacht« hat: »Gut sein ist die Hauptsache! Einfach und schlicht gut sein, das löst und bindet alles und ist besser als Klugheit und Rechthaberei.«

Und sie fügt hinzu, daß innere Freiheit der wahre Reichtum sei. Man dürfe das Natürliche nicht unterdrücken und müsse ihm stets erlauben, sich von der Leidenschaft mitreißen zu lassen, ohne daß man sich selber untreu werde.

Ist Rosa unaufrichtig? So zeigt sie sich Hans Diefenbach, dem sensiblen, auserwählten Ritter, während sie dem Feind wie ein unnachsichtiger Scharfrichter entgegentritt.

Rosa steht zwischen ihren persönlichen Neigungen und den Widersprüchlichkeiten ihrer Lage.

Als Realistin kennt sie das politische Leben von seiner unerbittlichsten Seite – Krieg, Revolution und Gefängnis – und denkt in Begriffen wie Kampf und Macht. Da sie fest davon überzeugt ist, im Besitz der geschichtlichen »Wahrheit« zu sein, kann sie keine Zugeständnisse machen. Würde ein Wissenschaftler seine Entdeckung verleugnen, nur um einem Freund zu gefallen?

Sie glaubt, daß die Geschichte ihr Recht geben wird und daß die Massen eines Tages ihren Standpunkt einnehmen werden. Daher besteht kein Grund, Kompromisse einzugehen.

Sie empört sich mit einer Ästhetik und Moral des Mutes und der Stärke, aber auch mit einer religiösen Faszination für die Selbstaufopferung.

Sie liebt allerdings auch die Welt, die Menschen, ihre liebe Sonitschka – Sonja Liebknecht – und die Schönheit (»Als ob schöne Frauen nicht schon deshalb ein Geschenk des Himmels wären, weil sie unsere Augen erfreuen!«).

Sie war fast auf die Knie gefallen, als eine korsische Familie an ihr vorbeizog, die aussah wie die »Heilige Familie«.

Sie wünscht sich, daß man die beiden Silben »zwi-zwi« auf ihren Grabstein schreibt. »Das ist nämlich der Ruf der Kohlmeisen, den ich so gut nachmache, daß sie sofort herlaufen.«

Sie leidet ständig unter einer »schrecklichen Sehnsucht«. Sie bemüht sich, nichts von sich aufzugeben. »Nun, ich pflege mich ja nie über Unerreichbares lange zu grämen und hänge mit ganzer Seele an der Gegenwart und dem Schönen, was sie bietet.«

Wieder übertreibt sie: Lebt sie mit ihrem Glauben an die Geschichte nicht vorzugsweise in der und für die Zukunft?

Und doch möchte sie jeden Tag voll auskosten. Und vor allem nicht verzweifeln. Also begeistert sie sich an einem Sonnenstrahl und an einer Kohlmeise.

Im Frühjahr 1917 scheint plötzlich die Zukunft anzubrechen und alle Erwartungen und Hoffnungen Rosas zu bestätigen. Die russischen Revolutionäre, die sie gut kennt, haben mit Hilfe der nun endlich in Bewegung geratenen Massen den Zarismus gestürzt. Der dunkle Horizont scheint aufzuklaren, und ein Licht erhellt die »Weltbühne«.

Alles ändert sich für Rosa. »Wie mich Rußland innerlich in Aufruhr gebracht hat, können sie sich ja denken«, schreibt sie ihrem »lieben Hans« Diefenbach.

Ihre Freunde, eben noch eingekerkert, spazieren jetzt durch die Straßen von Moskau, Riga, Orel und St. Petersburg.

Und natürlich hofft sie, daß ein ähnliches Ereignis die Tore der Festung Wronke öffnen wird!

Die russischen Genossen sind frei. »Wie mir das mein Sitzen hier erleichtert«, ruft sie aus.

20. »Aber das Stöhnen ist nun einmal
nicht mein Fall.«
(März 1917 – 8. November 1918)

Sie liegt auf der Lauer. Es wird Frühling. Sie merkt es an tausend Zeichen in ihrem kleinen Garten in der Festung Wronke.

Rosa hat das Gefühl, als pulsiere ihr Blut schneller und als kehre endlich ihr Enthusiasmus zurück, den der kalte Winter, der Pessimismus und die lange Haft verschüttet haben. Endlich wieder Sonnenstrahlen, milde Luft!

Ende März und Anfang April 1917 spürt Rosa, daß alles in Bewegung gerät. »Hänschen, eine Wespe«, schreibt sie Hans Diefenbach. »Wirklich, die erste junge schlanke Wespe, heute früh ausgeschlüpft, summt eben bei mir im Zimmer!... Ach, wie schön und anheimelnd klingt dieses eigensinnige dumpfe Summen! Es mahnt so an Sommer, an Hitze...«

Das Erwachen der Natur ist wie eine Entsprechung zum Erwachen der Geschichte, denn die Russen haben soeben einen unmöglich scheinenden Sieg errungen.

»Hänschen, seien Sie doch fröhlich, das Leben ist so schön«, beendet Rosa ihren Brief. »Die Wespe hat es wieder gesagt, und die weiß Bescheid.«

Für Rosa sind der Frühling und der Aufstand der russischen Massen eine Bestätigung für alles, woran sie *glaubt*. Hoffnung ist der Antrieb des Lebens. Der Frühling kommt wieder. Die Revolution ist so *natürlich* wie die Rückkehr einer Wespe.

Als Luise Kautsky von ihrer Niedergeschlagenheit berichtet, antwortet ihr Rosa voller Entrüstung: »Sag mal, wie kannst du bloß wie eine traurige Zikade Dein Liedlein der Trübsal weitersingen, während aus Rußland ein solch heller Lerchenchor herübertönt?! Begreifst Du denn nicht, daß dies unsere eigene Sache ist, die dort siegt und triumphiert, daß es die Weltgeschichte in Person ist, die dort ihre Schlachten schlägt und freudetrunken die Carmagnole tanzt?«

Allerdings ist Rosa eingesperrt und kann nicht an den Ort eilen, an dem sich, wie sie meint, »ihre« Revolution abspielt. Ist sie nicht Polin und somit Untertanin des russischen Reiches? Und sind das nicht »ihre« Genossen, die an der Spitze der Bewegung stehen?

Obwohl sie nur Zuschauerin sein kann, meint sie: »Nun, und die herrlichen Dinge in Rußland wirken auf mich auch wie Lebenselixir.« Und sie wiederholt: »Die Nachrichten aus Rußland und der Frühling sind auch ganz dazu angetan, einen frisch und munter zu machen.«

Für Rosa bricht mit der Februarrevolution eine neue Epoche an. Sie betont es in jedem Brief, denn sie fürchtet, daß Clara Zetkin oder Luise Kautsky nicht begreifen, was in Rußland geschieht: »Die russischen Ereignisse sind von unberechenbarer, gewaltiger Tragweite… Die Dinge müssen dort ins Grandiose gehen, das liegt in der Natur der Sache.«

Sie glaubt, daß der Krieg nicht mehr lange dauern kann, ja sie ist felsenfest davon überzeugt: »Das muß, das wird auf die ganze Welt erlösend wirken, das muß ausstrahlen auf ganz Europa.«

Die Welt wird »gerettet« werden. Einmal mehr offenbart sich hier ihr *mystisches Geschichtsbild,* und die Februarrevolution scheint es zu bestätigen. »Sie sehen«, schreibt sie Marta Rosenbaum, »die Geschichte weiß sich Rat zu geben, wo es am ratlosesten aussieht.«

Rosa verfolgt gespannt die Ereignisse. Jede Nachricht aus Rußland ist »wie ein elektrischer Schlag«, der ihr »bis in die Fingerspitzen fährt«. Nur die Haft hindert sie daran, »die Funken zu sammeln, die dort stieben«. Nun gut. Sie ist darüber nicht traurig. Sie bedauert es nur. Aber das kommt fast einem Vergnügen gleich. Sie ist keine Fatalistin. »Nein, nein, ich bin allzeit auf dem Posten und werde bei der nächsten Möglichkeit wieder dem Weltklavier mit allen zehn Fingern in die Tasten fallen, daß es dröhnt.«

Sie sagt aber auch – und bemerkt nicht den Widerspruch, der darin steckt: »Siehst Du, ich habe gerade aus der Geschichte der letzten

Jahre und von da rückschauend aus der ganzen Geschichte gelernt, daß man das Wirken des Einzelnen nicht überschätzen soll. Im Grunde genommen wirken und entscheiden die großen, unsichtbaren, plutonischen Kräfte der Tiefe, und alles rückt sich schließlich zurecht, sozusagen ›von selbst‹.«

Was bedeutet das anderes, als daß das individuelle Handeln einer moralischen Verpflichtung, einer philosophischen Forderung und Notwendigkeit entspringt, wenn einem die *Gnade* zuteil wurde, die *frohe Botschaft* verbreiten zu können, die darin besteht, daß *die Geschichte einen Sinn hat* und *die Welt errettet werden wird*. Ansonsten aber entscheiden die spontanen, tellurischen Bewegungen.

Rosa bestreitet, daß sie fatalistisch sei. Sie hat immer gehandelt und träumt davon, erneut zu handeln. Doch je mehr sie darüber spricht, um so deutlicher spürt man, daß ihrem Willen zum Handeln ethische Motive zugrundeliegen. Sie möchte mitwirken. Sie sagt, man könne nichts erzwingen. Die Gottheit *Geschichte* lege den Zeitpunkt fest. Die Geschichte »weiß sich Rat zu geben, wo es am ratlosesten aussieht«.

Rosas Geschichtsauffassung ändert sich auch nicht, als die Begeisterung über die Februarrevolution im Sommer 1917 wieder abflaut und sie erkennen muß, daß es wieder Herbst wird und sie noch immer im Gefängnis sitzt. In ihre Betrachtungen mischt sich etwas Bitterkeit, aber auch Weisheit, denn schließlich muß man sich mit der Situation abfinden.

Hier liegt der Kern von Rosas Philosophie: eine Kombination aus Fatalismus und »handelndem Willen«, unerschütterlichem Optimismus und einem Pessimismus, der immer wieder zwischen den hoffnungsvollen Äußerungen durchscheint. Im Grunde handelt es sich um eine religiöse Weltanschauung. Die Welt wird so akzeptiert, wie sie ist. Denn »gegen eine ganze Menschheit wüten und sich empören ist schließlich sinnlos«. Aber diese Akzeptanz der Wirklichkeit ist nur möglich, wenn man an die Möglichkeit einer grundlegenden Veränderung glaubt.

»Ich habe das Gefühl, daß dieser ganze moralische Schlamm, durch den wir waten, dieses große Irrenhaus, in dem wir leben, auf einmal, so von heute auf morgen wie durch einen Zauberstab ins Gegenteil umschlagen, in ungeheuer Großes und Heldenhaftes umschlagen kann und – wenn der Krieg noch ein paar Jahre dauern wird – umschlagen muß.«

Je größer das Leiden war, um so tiefer wird der *Fall* sein und um so überwältigender und strahlender die *Himmelfahrt.* »Alles Heutige wird weggewischt und vertilgt und vergessen sein, wie wenn es nie gewesen wäre... und der heutige Auswurf der Menschheit soll morgen mit gehobenem Haupt, womöglich mit frischen Lorbeeren gekrönt, auf den Höhen der Menschheit wandeln und die höchsten Ideale verwirklichen helfen? Aber so *ist* die Geschichte.«

Es schmerzt sie, daß die Feiglinge gerettet werden, daß die Mörder niemals bestraft und die Menschenschlächter der »Rothäute« niemals verurteilt werden können. »Ich weiß ganz genau, daß die Abrechnung nach ›Gerechtigkeit‹ niemals stattfindet«, sagt sie, »und ich balle die Fäuste vor Verzweiflung, nicht nur, daß solches möglich, sondern daß das alles nicht gerächt, bestraft, vergolten worden ist... und so werden auch die heutigen Sünden wider den Heiligen Geist und all die Niedertracht sich in dem Wust historischer unbeglichener Rechnungen verlieren...«

Dies sind die bitteren Gedanken einer Gefangenen, die damit rechnet, daß ihre Peiniger und die Feiglinge (Ebert, Scheidemann) sich morgen vielleicht bejubeln lassen und sie selbst vielleicht tot sein wird. Aber so ist es nun mal. »Übrigens war es von Anfang der Welt wohl nicht anders.«

Und dann sagt sie wieder voller Weisheit: »Man muß alles im gesellschaftlichen Geschehen wie im Privatleben nehmen: ruhig, großzügig und mit einem milden Lächeln.« Sie hätte gerne die »Ruhe eines Naturforschers« und sagt sich immer wieder, »daß gerade dann, wenn äußerlich sich alles gänzlich ausweglos und jämmerlich ausnimmt, schon ein völliger Umschwung sich vorbereitet, der dann allerdings um so heftiger ist«. Also gilt trotz alledem: »Kopf hoch und den Mut nicht sinken lassen.«

Rosas geschichtliche Betrachtungen münden letztlich immer in diesen individuellen Imperativ, der in ihrem Charakter wurzelt. Sie stellt hohe Ansprüche an sich selbst. Es gilt, seine Würde und seinen Stolz zu bewahren. Und sich zu wehren.

Rosa bleibt die aufmerksame und leidenschaftliche Beobachterin der geschichtlichen Entwicklung. Sie schmuggelt weiterhin ihre Artikel aus der Festung Wronke, die dann in den *Spartakusbriefen* erscheinen. Leo Jogiches gelingt es noch immer, sie drucken und verteilen zu lassen.

Sie billigt es, daß ihre Freunde sich auf dem Parteitag vom 6. bis 8. April in Gotha mit den sozialdemokratischen Zentristen zu einer neuen Partei zusammenschließen, der *Unabhängigen Sozialdemokratischen Partei Deutschlands* (USPD). Damit gehört sie erneut derselben Partei an wie Kautsky und Hugo Haase, die sie unablässig angegriffen hat. Dieser Zusammenschluß – gegen die SPD von Ebert, Scheidemann und Noske – ist offensichtlich problematisch. Welche Gemeinsamkeiten gibt es denn zwischen Kautsky, Haase und Bernstein auf der einen und Rosa Luxemburg, Karl Liebknecht und Paul Levi auf der anderen Seite?

Aber so ist es nun einmal. Die Geschichte wird schon einen Ausweg finden. Außerdem muß sich Rosa mit den Realitäten der Revolution abfinden.

Zu ihrer Empörung erfährt sie, daß ihr alter »Freund« Parvus – den sie den »Dicken« nannte und der ihr mit der Zeit etwas »verrückt« vorkam – mit Scheidemann und dem deutschen Außenminister verhandelt und für den in der Schweiz sich aufhaltenden Lenin das Recht erwirkt hat, das Reichsgebiet zu durchqueren. Lenin reist in einem plombierten Waggon nach Petrograd, stellt sich an die Spitze der Revolution und verfaßt die *Aprilthesen*. Und Rosa zweifelt nicht daran, daß die Bolschewiken – dank Parvus – auch finanzielle Unterstützung von der Regierung in Berlin erhalten haben.

Wo bleibt die Moral bei diesen zynischen Machenschaften, bei denen jeder der Beteiligten auf seine Rechnung kommt: Lenin erhält Unterstützung, und die Deutschen werden an der Ostfront entlastet – durch Unruhen in Rußland und einen baldigen Austritt des Landes aus dem Bündnis der Entente-Mächte?

Rosa verurteilt nicht, was sie nicht genau kennt, im Frühjahr und Sommer 1917 aber bereits vermutet. »Der deutsche Imperialismus«, schreibt sie im April, »möchte sich die proletarische Tendenz der Revolution dienstbar machen, um sich der drohenden militärischen Niederlage zu entziehen.«

Nach Rosas Ansicht kann die Russische Revolution nur siegen, wenn sich auch die anderen Völker erheben. Allen voran das deutsche Volk. Ohne eine Revolution in Deutschland gibt es keine Rettung für die Russische Revolution.

Im Frühjahr 1917, als Rosa solche Überlegungen anstellt, nehmen in Deutschland, hauptsächlich in Berlin und Leipzig, die Streiks zu. Die schlechte Versorgungslage – die wöchentliche Brotration wird am 15. April 1917 von 1350 Gramm auf 450 gesenkt – verschärft die Unzufriedenheit.

Vor allem in der Metallindustrie treten »revolutionäre Obleute« auf den Plan. Die Abgeordneten der USPD nehmen an den Versammlungen in den Fabriken teil.

Der Gegensatz zwischen den offiziellen Gewerkschaften (die auf der Seite der SPD und der Mehrheitssozialdemokraten stehen und erklären: »Arbeitseinstellungen müssen vermieden werden ... nur eine Erhöhung der Widerstandskraft Deutschlands [kann] uns einen baldigen Frieden bringen.«) und den militärischen Kreisen (General Groener: »Ein Hundsfott, wer streikt, solange unsere Heere vor dem Feinde stehen!«) auf der einen und dem entschlossensten Teil der Arbeiterschaft und der sozialistischen Linken (USPD und Spartakisten) auf der anderen Seite wird immer deutlicher.

Rosa interveniert, wo sie nur kann, mit Ratschlägen, Artikeln und Briefen. Aber sie spürt auch, daß der Einfluß der Spartakisten auf die Bewegung zusehends schwindet, je weiter das Jahr voranschreitet. Karl Liebknecht ist wie sie im Gefängnis. Jogiches, die Schlüsselfigur des Spartakismus, arbeitet im Untergrund.

In dieser Phase tun sich junge Arbeiter und revolutionäre Obleute hervor, die Rosa nicht kennt. Und je mächtiger und spontaner die von ihr so herbeigesehnte »Massenbewegung« wird, desto weniger können die Spartakisten, deren Anführer im Gefängnis sitzen, tun.

390

Ihnen bleibt nichts anderes übrig, als die Bewegung zu kommentieren und sich ihr anzuschließen, statt sie zu führen.

Aber entspricht das nicht auch Rosas Philosophie? Man begleitet mehr, als daß man organisiert? Die »Massen« finden – wie die Geschichte – selbst ihren Weg.

Und doch gibt diese Situation Rosa ein unangenehmes Gefühl der Ohnmacht. Während sich draußen ein Sturm erhebt, sitzt sie hinter Gittern. Sie zwingt sich zur Vernunft, und sie rät auch Luise Kautsky und Sonja Liebknecht zur Vernunft – auch um sich selbst zu überzeugen. Sie betont, daß man unter allen Umständen »einfach, ohne zu viel Schlauheit und Kopfzerbrechen, so leben soll, wie man es für recht hält«. Man finde »stets Ursache, um heiter zu sein«, und schließlich komme alles »irgendwie in der großen allgemeinen Rechnung zur Geltung«.

Und sie, die selbst so engagiert ist und ihre Gegner zuweilen mit einem an Zynismus grenzenden Scharfblick attackiert hat, kann, wenn sie über den Sinn des Lebens nachdenkt, wahrhaftig an Luise Kautsky schreiben: »Aber für mich machen einen Menschen wie ein Buch nicht Ansichten, sondern der Grundstoff, aus dem Mensch und Buch bestehen.«

Das Gefängnis zwingt Rosa, sich täglich dieses Menschseins bewußt zu werden. Sie hat, ohne selbstgefällig oder narzißtisch zu sein, ihre eigene Zerbrechlichkeit, ihr eigenes Menschsein, entdeckt: »Mein Herz, das schon seit Tagen friert und zittert wie ein junger Hund, wurde noch zaghafter und scheuer.«

Sie weiß, daß sie nachts von Hans Diefenbachs Mund träumen kann. Es ist ein »wunderschöner, sehr lebhafter Traum«, und sie berührt mit den Fingern seine Lippen und ruft: »Dieser Mund gehört doch mir!«

Sonja gesteht sie, daß sie »in die Liebe verliebt« gewesen sei, »weil sie ermöglicht, im Rausch, in Ekstase zu leben«.

Ist die Liebe wie die Revolution? Weil beides Leidenschaften sind? Das ist der Grund, warum man sein Leben ohne Einschränkung auskosten muß.

Rosa, die so eindringlich von den »Massen« und der »Geschichte«

spricht und darüber zuweilen das Individuum zu vergessen scheint, sagt, wenn sie ihr Herz ausschüttet, voller Überzeugung: »Ich weiß, für jeden Menschen, jede Kreatur ist eigenes Leben das einzige, einmalige Gut, das man hat, und mit jedem kleinen Flieglein, das man achtlos zerdrückt, geht die ganze Welt jedesmal unter, für das brechende Auge des Fliegleins ist alles so gut wie aus, als wenn der Weltuntergang alles Leben vernichtete.«

Das individuelle Leben – das einzige Gut – darf nicht vergeudet werden. Wiederholt sagt sie zu Sonja, Clara Zetkin und Luise Kautsky, man müsse etwas menschlicher mit sich umgehen. Man dürfe nicht schon jetzt auf die Liebe verzichten und – wie Clara – der verrückten Gewohnheit nachgeben, ununterbrochen zu arbeiten.

Rosa führt sich selbst als Beispiel ein: Sie spaziert in ihrem Gefängnisgärtchen, beobachtet ihre »erste Hummel« oder »einen strahlend frischen Zitronenfalter«.

Kleinigkeiten? Gewiß, aber Rosa muß sich an sie klammern, denn wie sollte sie sonst ohne Freiheit leben. Wie sollte sie ruhig bleiben können und ihren Enthusiasmus bewahren, während draußen, jenseits der Festungsmauern, Tag um Tag vergeht?

Rosas Freunde haben mehrmals versucht, ihre Freilassung zu erwirken. Zunächst aus gesundheitlichen Gründen. Sie leidet noch immer an Magenbeschwerden. Sie ist nervlich angeschlagen. Sie hofft auf Erfolg, und dann fällt der negative Bescheid der Behörden wie ein Fallbeil.

Manche – wie Leo Jogiches – meinen, sie könnte im Rahmen der neuen Beziehungen zwischen Deutschland und dem revolutionären Rußland als »Russin« gegen deutsche Kriegsgefangene ausgetauscht werden. Doch auch daraus wird nichts.

Und damit nicht genug. Seit dem Weggang der Oberaufseherin Eva Schrick nach Metz wurden die Haftbedingungen verschärft. In den Besuchszeiten wird Rosa jetzt von zwei Aufseherinnen überwacht statt nur von einer wie bisher. Rosa findet es unerträglich.

»Ich war Freitag (und werde wohl auch heute) so vertattert«, schreibt sie, »und der Kopf geht mir so 'rum, daß ich gar nicht ruhig und offen mit Ihnen plaudern kann. Das liegt an der doppelten Aufsicht und ist nichts zu machen.«

Es kommt noch schlimmer. Im Juli 1917 wird Rosa mitgeteilt, daß sie von der Festung Wronke ins Gefängnis von Breslau verlegt wird. Ein Schock. In Wronke hatte sie einen Garten, zwei eingerichtete Zellen und Bücher.

Am Morgen des 26. Juli 1917, einem Montag, kommt sie »halbtot vor Müdigkeit« in Breslau an. »Der Sprung nach Wronke ist gar zu groß.« Sie ist beunruhigt und niedergeschlagen. »Ich kann doch bei meiner schweren Magenkrankheit keine Gefängniskost einnehmen!«

Wo sind ihre Bücher? Sie führt, wie sie Hans Diefenbach schreibt, »das regelrechte Dasein einer Strafgefangenen«. Für Spaziergänge steht ihr nur noch ein Gefängnishof zur Verfügung. Sie will nicht klagen, aber man spürt, daß sie angespannt und überempfindlich ist. Sie berichtet von Mitgefangenen, deren Züge »unter dem Stempel der tiefsten menschlichen Degradation verwischt sind, die aber gerade durch einen schmerzlichen Magnetismus immer wieder meine Blicke anziehen«.

Sie leidet, aber die Beklemmung läßt allmählich nach.

Auf dem Bahnsteig in Breslau ist sie von Mathilde Jacob begrüßt worden. Mathilde ist in der Stadt geblieben und hat die Frau eines Sozialdemokraten namens Selma Schlich gefunden, die bereit ist, jeden Tag für Rosa Mahlzeiten zuzubereiten.

Rosa bekommt im Gefängnis zwei Räume zugeteilt, und selbst wenn sie unter Schwierigkeiten von dem einen in den anderen gelangen kann, so hat sie sich doch ein Stück »Freiheit« erobert. Außerdem erhält sie ihre Bücherkisten. Auch das ist ein Erfolg.

Sie versucht, ihre Freunde zu beruhigen. Zunächst die empfindlichsten, für die sie sich als die Ältere verantwortlich fühlt. So schreibt sie ihrer »liebsten Sonitschka«, Sonja Liebknecht: »Ich nehme, wie Sie wissen, alle Wendungen des Schicksals mit dem nötigen heiteren Gleichmut hin.« Doch die Verlegung hat sie getroffen, und sie zieht sich noch mehr in sich selbst zurück.

Bei einem »Ausflug« zur Kommandantur stellt sie fest: »Ich bin ja derart vom menschlichen Verkehr abgewöhnt, daß mich der Straßentrubel nach wenigen Minuten betäubt.« Diese Erfahrung betrübt sie. Sie kommt »ziemlich erschlagen« zurück.

Dann trifft sie ein weiterer Schlag: Sie kommt dahinter, daß Mathilde Jacob ihr Mimis Tod verschwiegen hat. Rosa ist erschüttert. Die Katze war ein Teil ihres Lebens. Sie ist verletzt, weil man ihr etwas verheimlicht hat. »Ich frage«, entrüstet sie sich, »wo ist einfach der Respekt vor mir, um mich nicht wie ein unmündiges Kind, ein ›Objekt‹ zu behandeln?«

Sie findet es unerträglich. Auch wenn sie das traurige Kapitel abschließt, die Wunde bleibt offen. Wahre Barmherzigkeit besteht in Rosas Augen nicht darin, jemandem aus Rücksichtnahme die Wahrheit zu verschweigen, sondern, im Gegenteil, sie ihm zu sagen.

Die Veränderungen, die man ihr aufzwingt, die erneuten Freiheitsbeschränkungen und die Tatsache, daß man ihr Dinge verheimlicht, nehmen sie stark mit.

Aber natürlich gibt es ab und zu auch einen Lichtblick. Marta Rosenbaum erhält vom Gefängnisdirektor die Erlaubnis, mit Rosa in einem wunderschönen Wald außerhalb des Gefängnisses spazierenzugehen. Doch Rosa spürt, daß man sie wie eine Kranke behandelt. Was sie auch ist. Marta berichtet, sie habe Rosa schon lange nicht mehr so fröhlich und glücklich gesehen. So spricht man von einer »Unmündigen« oder einer »Behinderten«.

Die Kommandantur befindet ihre Korrespondenz für zu umfangreich und schränkt sie ein. Die Gefängnisleitung beschließt, einen Tisch zwischen Rosa und ihre Besucher zu stellen und wieder zwei Aufseherinnen zur Überwachung einzusetzen. Vermutlich will sie damit verhindern, das Briefe hinaus- oder hineingeschmuggelt werden.

Rosa ist darüber so aufgebracht, daß sie in der ersten Erregung den Entschluß faßt, keine Besucher mehr zu empfangen.

Luise Kautsky spricht bei dem Gefängnisdirektor vor, einem Mann von »vornehmer, vorurteilsfreier und ritterlicher Denkungsart«, wie sie sagt. Er rät ihr abzuwarten, bis Rosa sich wieder beruhigt habe. Er räumt ein, daß »wahrscheinlich bloß das neue Überwachungssystem, das dem Übereifer einer denunziationslustigen und spionenriecherischen Aufsichtsbeamtin zu verdanken war, Rosa verstimmt und gereizt habe«.

Schließlich, so Luise Kautsky weiter, sei sie geblieben und habe noch einige »schöne und freundliche Stunden« mit Rosa verbracht.

Die Schikanen, auch wenn sie wieder nachlassen, die Abhängigkeit und vor allem die Dauer der Haft und die eigene Ohnmacht bedrücken Rosa sehr. Hinzu kommen die gesundheitlichen Probleme.

Sie gibt nicht auf, doch sie ist in ihrem Innersten erschüttert. Ihre Überempfindlichkeit und Erregbarkeit nehmen noch zu. Es kostet sie immer mehr Anstrengung, die Selbstbeherrschung nicht zu verlieren.

Mit einem extremen Voluntarismus und einer unerbittlichen Sprache versucht sie, gegen die Momente der Schwäche und die körperliche Erschöpfung anzukämpfen.

Und natürlich wirkt sich die Spannung zwischen diesen beiden entgegengesetzten Polen auch auf ihr politisches Urteil aus. Rosa neigt weniger denn je zu gemäßigten Analysen und Kompromissen. Im Gegenteil. Sie muß einen Ausweg finden, weil die Spannung auf Dauer unerträglich wird.

Diese innere Dialektik braucht einen revolutionären Bruch, nur so lassen sich ihr psychischer Zustand und die historische Situation miteinander in Einklang bringen.

Rosa beschreibt diese Dualität ihrer Person und die Spannung, die sie empfindet. Und sie schildert, wie dieser innere Konflikt überwunden werden kann.

»Ich habe manchmal das Gefühl«, schreibt sie Sonja, »ich bin gar kein richtiger Mensch, sondern auch irgendein Vogel oder ein anderes Tier in mißlungener Menschengestalt; innerlich fühle ich mich in so einem Stückchen Garten wie hier oder im Feld unter Hummeln und Gras viel mehr in meiner Heimat als – auf einem Parteitag. Ihnen kann ich ja das alles ruhig sagen: Sie werden nicht gleich Verrat am Sozialismus wittern. Sie wissen, ich werde trotzdem hoffentlich auf dem Posten sterben: in einer Straßenschlacht oder im Zuchthaus. Aber mein innerstes Ich gehört mehr meinen Kohlmeisen als meinen Genossen.«

Dieser tödliche Ausgang ist mehr als nur eine Möglichkeit. Vermutlich entspringt er einer Art Todessehnsucht – worauf im übrigen die Wortwahl (»hoffentlich«) hinweist. Allerdings stellt sich Rosa niemals die Frage, ob sie ihrer Sache damit *dienen* wird. Diese Sehnsucht ist Ausdruck einer Persönlichkeit, die zu lange innerlich zerrissen war.

Rosa erinnert sich auch daran, daß sie im September 1900, als ihr Vater schwer erkrankte, ihre politischen Aufgaben für wichtiger hielt. Sie fuhr zum internationalen Kongreß nach Paris, statt der Liebespflicht zu gehorchen und ans Bett des »alten Herrn« zu eilen. Danach war es zu spät. Der Vater war tot.

Als Hans Diefenbachs Vater erkrankt, gibt sie ihrem Hannes den Rat, zu ihm zu gehen und bei ihm zu wachen, denn »jetzt wäre ich natürlich klüger, aber man wird ja meist klüger, wenn's zu spät ist«.

Rosa wird im Breslauer Gefängnis auch von Reue und Sehnsucht verzehrt. Und diese Gefühle werden um so stärker, je mehr sie unter der Haft, der Krankheit, der Ohnmacht und Abhängigkeit zu leiden hat.

Und eines Tages, am 10. November 1917, schreibt sie ein paar Zeilen an ihre »liebste Lulu«:

> »Ich erhalte soeben die Nachricht, daß Hannes gefallen ist. Ich bin momentan nicht imstande, mehr zu schreiben.
>
> Herzl. Deine Rosa«

Hans Diefenbach war in der Nacht vom 24. auf den 25. Oktober 1917 an der Westfront gefallen. Die Nachricht von seinem Tod traf Rosa mitten ins Herz.

Er hatte in ihrem Leben einen besonderen Platz eingenommen. Er verkörperte ihre Neigung, die Liebe um ihrer selbst willen zu lieben, eine Neigung, die sie sich unbedingt bewahren wollte. Sie wußte, daß sie in dieser Hinsicht von nun an alleine war, verstümmelt und geschwächt. Hans Diefenbach war ein Opfer dieses wahnsinnigen Krieges geworden, und vielleicht hatte man ihn sogar, weil er mit ihr in Verbindung stand, einer besonders gefährdeten Einheit zugeteilt.

Sie konnte sich einfach nicht an Hans' Verschwinden gewöhnen: »Mir ist jetzt, als müßte ich irgendwo in der Welt noch lebendige Spuren seines Daseins suchen und sammeln«, schreibt sie an die Schwester Diefenbachs. Sie litt um so mehr, als sie in ihm stets ein »Kind« gesehen hatte, »das für das Reale im Leben, für den Kampf und all seine unvermeidliche Brutalität nicht ausgerüstet war«.

Sie ist verzweifelt: »Ich habe zugleich den teuersten Freund verloren, der wie keiner jede meiner Stimmungen, jede Empfindung verstand und mitempfand.«

Doch in ihren Worten schwingt auch Empörung gegen diesen Krieg mit, der einen Mann aus dem Leben reißt, der »alle Menschen, die ich kenne, an innerer Noblesse, Reinheit und Güte« übertrifft. Es ist ungerecht und grausam.

Einige Zeit später schreibt sie den sozialdemokratischen Eltern eines Soldaten, der ebenfalls gefallen ist: »Wir alle stehen unter dem blinden Schicksal.« Dieser Satz ist auch ein Eingeständnis der eigenen Machtlosigkeit.

»Ich weiß, daß das Leben weitergeht, daß man weiter fest und mutig und sogar heiter bleiben muß, ich weiß alles – ich werde schon allein mit allem fertig werden, nur reden mag ich nicht darüber.«

Sie, die sonst so ausführlich über die unterschiedlichsten Themen schreibt, die alles über ihre Einstellung zum Leben und zur Geschichte zu sagen scheint, sich selbst beobachtet und alles über sich preiszugeben scheint, sie verstummt und verkriecht sich in ein Schneckenhaus, wenn ein »schwerer Schlag« sie trifft. Sie bittet nicht um Hilfe und verläßt sich stolz nur auf sich selbst.

Noch sind die Qualen nicht ausgestanden: Die beiden letzten Briefe, die sie an Hans Diefenbach geschrieben hat, werden ihr zurückgeschickt. Ein Satz – an Luise Kautsky – genügt, um deutlich zu machen, was sie empfindet: »Mit Dir kann ich ja jetzt fast von nichts als von *Dem* sprechen, aber gerade hier ist nichts zu sagen. Ich kann wenigstens keine Worte machen. Ich darf auch nicht daran denken, ich könnte es sonst nicht ertragen.«

Ihr Überlebenswille ist ungebrochen. Sie vertieft sich in ihre Geologiebücher. Auf diese Weise entflieht sie dem »Irrenhaus« der Geschichte des *Homo sapiens*.

Doch Hans bleibt stets gegenwärtig. Er hat Rosa 50 000 Mark hinterlassen, »mit dem ausdrücklichen Verbot, bis zu meinem seligen Ende über die Summe zu verfügen (vor Besorgnis, wie er schrieb, ich möchte das Geld sofort für Parteizwecke ausgeben)«. Er war also realistischer, als Rosa angenommen hatte, da er sie in dieser finanziellen Frage unter Vormundschaft gestellt hat. Seine Schwester verwaltet das Geld. Aber das ist natürlich nicht so wichtig.

Zuweilen hat Rosa das Gefühl, daß sie von Hans jetzt nicht weniger getrennt ist als vor seinem Tod. Sie sahen einander so selten. Gewiß, sie unterhielten einen intensiven Briefwechsel. Und vielleicht hätten sie sogar geheiratet, wie ihre Freunde hofften. Aber dies alles war nur Spekulation gewesen, denn sie war auf unbestimmte Zeit eingesperrt.

Auf gewisse Weise setzt sie ihre Beziehung zu Hans fort. »Ich fühle mich so wohl, trotz des Schmerzes um Hans«, schreibt sie Sonja Liebknecht. »Ich lebe nämlich in einer Traumwelt, in der er gar nicht gestorben ist. Für mich lebt er weiter, und ich lächle ihm oft zu, wenn ich an ihn denke.«

Im November 1917 reißt sie ein unerwartetes Ereignis aus diesem Unglück, das nur der Traum lindern kann: die bolschewistische Revolution. Nicht daß die Erinnerung an Hans jetzt verblassen und ihre Überempfindlichkeit nachlassen würde. Aber sie werden durch die aktuellen Ereignisse, die in Rosa neue Kräfte wecken, kompensiert.

»Seit einer Woche etwa sind natürlich all meine Gedanken in Petersburg«, schreibt sie Marta Rosenbaum, »und ich greife mit ungeduldiger Hand jeden Morgen und Abend zu frischen Zeitungen.«

»Freust Du Dich über die Russen?« fragt sie Luise Kautsky. »Es ist eine weltgeschichtliche Tat, deren Spur in Äonen nicht untergehen wird.«

Wieder einmal fließt wie selbstverständlich religiöses Vokabular aus Rosas Feder. Sie kommt gar nicht auf den Gedanken, daß die Oktoberrevolution von 1917 nur ein historisches Ereignis wie manches andere sein könnte, das zwar wichtig ist, mit der Zeit aber verblassen und nur noch ein Datum neben anderen großen Daten der Geschichte sein wird, das spätere Generationen, je nachdem, welche Konsequenzen es für sie hat, neu bewerten und ersetzen werden.

Für Rosa kommt das Ereignis erwartet, auch wenn die »spontane« Februarrevolution in ihren Augen eher aus den Tiefen der Geschichte hervorzubrechen schien als der bewußte Akt der Bolschewiken.

Schon bald äußert sie sich skeptisch zu den Erfolgsaussichten der Revolution. Aber sie hält daran fest, daß es sich um ein Ereignis von außerordentlicher Bedeutung handele.

»Natürlich werden sie sich in diesem Hexensabbath nicht halten können«, meint sie. »Auf dauernden Erfolg ist ja dort nicht zu rechnen.«

Die Legitimität der bolschewistischen Aktion stellt sie freilich nicht in Frage. »Auf jeden Fall ist schon der Anlauf selbst zur Machtergreifung dort ein Faustschlag ins Gesicht der hiesigen Sozialdemokratie und der ganzen schlummernden Internationale.« Selbst wenn die Russen geschlagen werden: »Ein solcher Untergang ist besser als ›leben bleiben für das Vaterland‹.«

Sie bemißt die Legitimität der Revolution also nicht an ihren Erfolgschancen. Was zählt, ist ihr beispielhafter Charakter, die »moralische« Haltung, die in ihr zum Ausdruck kommt.

Selbst vom Scheitern verspricht sie sich eine erzieherische Wirkung. Und dann ist da noch ihr *Glaube* in die Geschichte, die »nicht nach Kautskys theoretischen Rezepten« abläuft.

Rosa verfolgt im Breslauer Gefängnis mit Spannung die Ereignisse. »Ich erwarte noch viel Großes in den nächsten Jahren, nur möchte ich die Weltgeschichte nicht bloß durch das Gitter bewundern...«, seufzt sie.

Sie möchte eingreifen, doch alles, was sie tun kann, ist schreiben. Sie schreibt hauptsächlich für die *Spartakusbriefe* und veröffentlicht zahlreiche Artikel zur Russischen Revolution.

Immer wieder betont sie die Notwendigkeit, daß es auch in anderen Ländern zu Revolutionen kommt, insbesondere in Deutschland.

Rosa zuckt wütend und verächtlich mit den Schultern. Sie beklagt, daß »die Sozialdemokratie in dem hochentwickelten Westen aus hundsjämmerlichen Feiglingen besteht und die Russen, ruhig zusehend, sich werden verbluten lassen«.

Dies schreibt sie an Luise Kautsky. Und in einem späteren Brief an Clara Zetkin attackiert sie nicht nur die Parteiführer, sondern wettert mit bitterer Ironie auch gegen die »edlen deutschen Proletarier«, die »genauso wie die Franzosen und Engländer vorläufig die Russen ruhig sich werden verbluten lassen«.

Zieht sie daraus den Schluß, daß man einen anderen Weg als den der Revolution einschlagen muß? Daß der Standpunkt der »edlen Proletarier« letztlich nichts anderes ist als der Standpunkt der »Massen«, auf die sie sich immer beruft?

Ihr Glaube ist zu absolut, zu »blind« auch, um solche Gedanken zuzulassen.

»Ich habe das sichere Gefühl«, sagt sie, »die Entwicklung geht jetzt zu entscheidenden Wendungen.«

Doch trotz dieses »blinden« Glaubens an das »Ziel« und den Wandel der Geschichte bleibt Rosa eine scharfe, polemische und kritische Beobachterin der Ereignisse.

Sie ist engagiert und solidarisch, aber auch kompromißlos.

Sie fällt ein hartes Urteil über Deutschland: »Eher kann ich mir – in Deutschland noch Judenpogrome vorstellen... Jedenfalls herrscht die dazu passende Atmosphäre der Niedertracht, Feigheit, Reaktion und des Stumpfsinns.« Gleichzeitig erwartet sie von diesem Deutschland die Revolution – ein Widerspruch, den sie nicht löst. »Ja, die Bolschewiks!« ruft sie aus. Lenins Absicht, mit Deutschland Frieden zu schließen, lehnt sie ab.

»Natürlich machen sie mir's auch nicht recht in ihrem Friedensfanatismus. Aber schließlich – sie sind nicht schuld. Sie sind in einer Zwangslage, haben nur die Wahl zwischen zwei Tracht Prügeln und wählen die kleinere.«

Als jedoch am 22. Dezember 1917 in Brest-Litowsk die Friedensverhandlungen aufgenommen werden, reagiert sie ungehalten und vergißt die Entschuldigungen, die sie wenige Wochen zuvor für die Bolschewiken hat gelten lassen: »Der Brester Frieden war in Wirklichkeit nichts anderes als eine Kapitulation des russischen revolutionären Proletariats vor dem deutschen Imperialismus.«

In Erinnerung an Lenins Rückkehr nach Rußland, die Parvus durch seine Vermittlung ermöglicht hat, schreibt sie: »Mit der grotesken Paarung zwischen Lenin und Hindenburg wäre die moralische Lichtquelle im Osten verlöscht.«

Rosa legt also auch ethische Maßstäbe an.

Sie besitzt nicht den Zynismus – und Realismus – eines Lenin, der sich auch mit dem Teufel verbündet, wenn es ihm zum Sieg verhilft. Eine Revolution ist nur dann sinnvoll, wenn sie eine moralische Basis hat und sich in der Praxis an humanistische Werte hält.

Ende 1917 hat sich Rosas erste Begeisterung gelegt. Sie versucht, Haltung zu bewahren. So berichtet sie ihrem »Vögelchen« Sonitschka Liebknecht von ihrem »freudigen Rausch«, doch die Sätze, die diese Worte umgeben, lassen jeden Leser erschauern:

»So liege ich z. B. hier in der dunklen Zelle auf einer steinharten Matratze, um mich im Hause herrscht die übliche Friedhofsstille, man kommt sich vor wie im Grabe; vom Fenster her zeichnet sich auf der Decke der Reflex der Laterne, die vor dem Gefängnis die ganze Nacht brennt.«

Doch dann fährt sie fort: »Da liege ich still, allein gewickelt in diese vielfachen schwarzen Tücher der Finsternis, Langeweile, Unfreiheit, des Winters – und dabei klopft mein Herz von einer unbegreiflichen, unbekannten inneren Freude.«

Das »dritte Weihnachten im Kittchen« ist schwer zu ertragen. Auch ihre Fähigkeit, in einer Welt von lauter »Helligkeit und Glück« zu wandeln, und zwar aus keinem anderen Grund als dem »Leben selbst«, ist Ausdruck einer fast schon pathologischen Exaltiertheit, die sie aus dem »Rausch« in unendliche Verzweiflung stürzt.

In den Dezembertagen des Jahres 1917 bemerkt sie im Gefängnishof mehrere Karren. Sie sind mit blutbefleckten Uniformen beladen, die von den Gefangenen gewaschen und geflickt werden sollen. Die Karren werden von rumänischen Büffeln gezogen, die gewöhnt sind, in Freiheit zu leben. Rosa sieht, wie ein Soldat auf einen der Büffel so lange einschlägt, bis er blutet. »Mit uns Menschen hat auch niemand Mitleid«, sagt der Soldat und schlägt noch kräftiger auf das Tier ein.

Rosa schaut zu. »Ich stand davor, und das Tier blickte mich an, mir rannen die Tränen herunter – es waren seine Tränen . . . Oh, mein armer Büffel, mein armer, geliebter Bruder, wir stehen hier beide ohnmächtig und stumm und sind nur eins in Schmerz, in Ohnmacht, in Sehnsucht . . . Der Soldat aber steckte beide Hände in die Hosentaschen, spazierte mit großen Schritten über den Hof, lächelte und pfiff leise einen Gassenhauer. Und der ganze herrliche Krieg zog an mir vorbei.«

Hier kommen ihre wahren Gefühle zum Vorschein: Sie ist stark, sie kann alles ertragen und Tag für Tag ihren Mut unter Beweis stellen, doch *sie ist* dieser Büffel, dessen Haut »zerrissen« ist. Trauer und Verbitterung, Verzweiflung und Pessimismus gelten ihr selbst.

Wie um ihren Pessimismus zu bestätigen, wird am 24. März 1918 Leo Jogiches festgenommen und ins Berliner Gefängnis Moabit gebracht. Rosa weiß zwar, daß er das Gefängnis ertragen kann und in der Lage ist, seine Richter und Wärter zu täuschen. Aber ebenso weiß sie, daß die Spartakusgruppe durch seine Verhaftung weiter geschwächt wird. Von nun an haben sie noch weniger Einfluß auf die Ereignisse, die sie kommentieren.

Schreiben und nachdenken – was anderes bleibt der Gefangenen von Breslau? Und dabei weiß sie nicht einmal, ob ihre Texte gedruckt werden können.

Und dennoch: In Deutschland gärt es. Bereits im August 1917

kommt es in Kiel zu einer Meuterei. Wie einflußreich die revolutionären Obleute inzwischen geworden sind, zeigt sich jedoch vor allem in der großen Streikwelle, die im Januar 1918 die meisten Industriezentren erfaßt.

Die Spartakusgruppe und erst recht Rosa haben allerdings keinen Einfluß auf die Ereignisse. Sie unterstützen den Widerstand zwar, sind aber organisatorisch nicht beteiligt.

Jeder Tag bringt etwas Neues. Die Entwicklung schreitet immer schneller voran.

Mit Truppen, die nach dem Frieden von Brest-Litowsk mit der neuen bolschewistischen Regierung von der Ostfront abgezogen worden sind, startet Deutschland im Frühjahr 1918 an der Westfront eine Großoffensive. Nach anfänglichen Erfolgen bleibt der Vorstoß an der Marne stecken. Durch amerikanische Truppen verstärkt, treten die Alliierten unter General Foch zu einer Gegenoffensive an. Die Deutschen werden zurückgedrängt.

Der 8. August 1918 ist ein schwarzer Tag für das deutsche Heer. Zum ersten Mal beurteilen der Chef der Obersten Heeresleitung, Generalfeldmarschall von Hindenburg, und Generalquartiermeister Ludendorff die militärische Lage als hoffnungslos. Deutschland, so sagen sie, brauche schleunigst den Frieden, um die Armee und das Land vor der Auflösung zu bewahren.

Die Konservativen erklären den Frieden zu ihrem politischen Ziel. Sie sehen in ihm ein Mittel, Deutschland vor einem ähnlichen Schicksal wie Rußland zu bewahren.

Rosa liest in ihrem Gefängnis die Meldungen und versucht zu verstehen. »Ich verfolge einstweilen die Vorgänge«, schreibt sie, »und hoffe stark, auch nochmal was zu erleben...«

Doch was nützt es, sich selbst zu bemitleiden und das ungerechte Schicksal zu beklagen, das sie von dem politischen Sturm fernhält, nach dem sie sich so gesehnt und für den sie so viel geopfert hat? »Aber das Stöhnen ist nun mal nicht mein Fall«, sagt sie zu Luise Kautsky.

Sie spricht höchstens in Andeutungen von ihrer Freilassung, als habe sie Angst, das Thema anzuschneiden. Sie sagt nur, sie sei »mit allen Konventikeln ein für allemal fertig«, wenn sie wieder in Freiheit sein werde. »Wo es große Dinge gibt, wo der Wind um die Ohren braust, da will ich mitten im dicksten stehen, aber die tägliche Tretmühle habe ich satt...«

Sie möchte keine »Ameise« mehr sein. War sie es denn je? In Zeiten wie diesen, sagt sie, interessiere sie sich nur noch für die großen Urkräfte.

Im Sommer 1918 konzentriert sie ihre ganze Kraft und ihr ganzes Können darauf, einen Aufsatz über die Russische Revolution zu schreiben. Ihr Verstand ist hellwach, ihre Sinne sind aufs äußerste angespannt. Sie arbeitet wie besessen. Psychisch angeschlagen, wie sie ist, machen sie die Nachrichten aus Rußland nur noch betroffener.

Und sie scheint sich für ihre Betroffenheit sogar zu entschuldigen. »Ich habe zu allem Mut, was mich selbst trifft. Anderer Leid ertragen..., dazu fehlt mir der Mut«, erklärt sie Luise Kautsky am 25. Juli 1918. Und sie schreibt weiter: »Man leidet von Zeit zu Zeit an Zwangsvorstellungen, man erwacht plötzlich mitten in der Nacht in der Grabesstille des vergitterten Hauses mit der felsenfesten Überzeugung, bei dem und dem von den liebsten Menschen sei ein Unglück passiert.«

Nach dieser vorsichtigen Einleitung kommt sie endlich auf das zu sprechen, was sie eigentlich beschäftigt: »Es kam mir plötzlich in den Sinn, daß ich mich selbst bewußt irreführe, mich in den Gedanken hineinwiege, als lebe ich noch ein normales Menschenleben, während um mich herum eigentlich eine Weltuntergangsatmosphäre herrscht. Vielleicht sind es speziell die 200 ›Sühne-Hinrichtungen‹ in Moskau, von denen ich gestern in der Zeitung las, die es mir angetan haben.«

Die Bolschewiken hatten nach einem Putschversuch am 7. und 8. Juli 1918 in Moskau 200 linke Sozialrevolutionäre – ihre Gegner – hingerichtet.

Das Unbehagen und die Erschütterung, die Rosa in diesem privaten Brief zum Ausdruck bringt, rationalisiert sie in der Broschüre, die sie im Sommer 1918 verfaßt.

Die Vorwürfe, die sie den Bolschewiken macht, schlagen sich in einer allgemeinen Konzeption der Revolution nieder.

Nach Rosa machen die Massen die Revolution, und zwar wann sie wollen: Aus diesem Grund ist die von den Massen getragene Februarrevolution in ihren Augen auch das bedeutendere Ereignis. Die Oktoberrevolution ist zwar wichtig, aber genau besehen nur eine heroische Herausforderung von seiten der Bolschewiken.

Nun aber befinden sie sich in einer Situation, in der sie nur zwischen schlechten Möglichkeiten wählen können. »Es ist eben die falsche Logik der objektiven Situation: *jede* sozialistische Partei, die heute in Rußland zur Macht gelangt, *muß* eine falsche Taktik befolgen, solange sie als ein Teil der internationalen proletarischen Armee vom Gros dieser Armee im Stiche gelassen wird.« Für Rosa gibt es keine siegreiche Revolution in einem einzigen Land.

Allerdings ging sie in ihrer Kritik an der Russischen Revolution so weit, daß sie sogar von spartakistischen Genossen kritisiert wurde. Als sie auf ihrem Standpunkt beharrte, reiste Paul Levi eigens nach Breslau, um sie von einer Veröffentlichung des Textes abzubringen.

Man muß sich die lange Diskussion im Gefängnis vorstellen: Auf der einen Seite Rosa, die sich ihrer Diagnose sicher war und sie hinausschreien wollte, auf der anderen Seite Levi, der engagiert, da frei, im politischen Leben stand und versuchte, sie davon zu überzeugen, daß der politische Gegner ihre schonungslose Analyse ausschlachten und gegen die revolutionäre Bewegung verwenden würde.

Schließlich gab Rosa, die sich niemals zum Schweigen hatte bringen lassen, nach.

Levi hatte sie überredet, von einer Veröffentlichung abzusehen. Dennoch schickte sie ihm den Text mit den Worten: »Ich schreibe diese Broschüre für Sie, und wenn ich nur Sie damit überzeugt haben werde, so habe ich diese Arbeit nicht vergeblich geleistet.«

Rosas Broschüre über die Russische Revolution (die erst 1922 dank der Bemühungen Paul Levis erscheinen wird) ist ein kurzer, in ein Schulheft geschriebener Text: siebenunddreißig mit Bleistift und einundsiebzig mit Tinte beschriebene Seiten.

Hinter dem bescheidenen Äußeren verbirgt sich allerdings ein hochexplosiver Stoff.

Natürlich würdigt sie den Mut und die Tatkraft der Revolutionäre: »Lenin und Trotzki mit ihren Freunden [waren] die ersten, die dem Weltproletariat mit dem Beispiel vorangegangen sind ... Sie sind bis jetzt immer noch die einzigen, die ... ausrufen können: Ich hab's gewagt!«

Doch dann übt sie heftige Kritik, von der kaum etwas verschont bleibt. Lenins Umgestaltung der Agrarverhältnisse (die sofortige Besitzergreifung des Grund und Bodens durch die Bauern) ist ein Fehler: »Die leninsche Agrarreform hat dem Sozialismus auf dem Lande eine neue mächtige Volksschicht von Feinden geschaffen.« Und in seiner Politik, den nationalen Gruppen das Selbstbestimmungsrecht anzubieten – Rosa hatte bekanntlich wenig Verständnis für den Begriff der »Nation« –, sieht sie »gegenwärtig die größte Gefahr für den internationalen Sozialismus«. Das Selbstbestimmungsrecht der Völker sei nichts als eine »hohle Phraseologie« und »Humbug«.

Rosa verkennt, daß die Forderung nach Unabhängigkeit für die Völker gelebte Realität ist. Und das ist nicht verwunderlich. Sie hält weiter am Internationalismus fest – wie damals, als sie die polnischen Sozialisten bekämpfte.

In diesem Punkt ist Rosas Geschichtsbild abstrakt und theoretisch. Wie viele Marxisten unterschätzt sie die Kraft des Nationalgefühls, obwohl sie dessen gefährliche Auswüchse im Krieg ganz richtig beurteilt. Die Nation ist für sie ein »schwarzes Loch«.

Sie ist eine kosmopolitisch – dies Wort hat keinerlei negative Konnotation – und internationalistisch denkende Intellektuelle, die nicht sieht, daß die Individuen in einer Kultur, einer Geschichte, einer Sprache, kurz: in einer Nation verwurzelt sind.

Am schärfsten aber warnt Rosa vor den undemokratischen Tendenzen im revolutionären Rußland. An ihrer Haltung zur Demo-

kratie hat sich nichts geändert. Sie ist für den »freien Meinungskampf« und die ideologische Auseinandersetzung. Sie glaubt an
die Macht der Analysen und des Verstandes, an die »Aufklärung
der Massen«. Die bolschewistische Revolution ist erst wenige
Monate alt, und schon zeigt sie beunruhigende Züge. So haben die
Bolschewiken die von ihnen selbst einberufene Konstituierende
Versammlung aufgelöst, da sie ihnen feindlich gesinnt war. Und
sie haben das Stimmrecht bestimmter Gruppen eingeschränkt.

Rosa hat in Ländern gelebt, in denen das allgemeine Wahlrecht
funktioniert hat. Sie liebt die Freiheit und glaubt, daß ihr eine entscheidende Rolle zukommt.

»Freiheit nur für die Anhänger der Regierung«, schreibt sie, »nur
für Mitglieder einer Partei – mögen sie noch so zahlreich sein – ist
keine Freiheit. *Freiheit ist immer nur Freiheit des anders Denkenden.«* Und sie fährt fort: »Lenin ... vergreift ... sich völlig im Mittel.
Dekret, diktatorische Gewalt der Fabrikaufseher, drakonische
Strafen, Schreckensherrschaft, das sind alles Palliative. Der einzige Weg zur Wiedergeburt ist die Schule des öffentlichen Lebens
selbst, uneingeschränkteste breiteste Demokratie, öffentliche Meinung. Gerade die Schreckensherrschaft demoralisiert.«

Sie geht sogar noch weiter und zeigt, wie ohne diese Freiheit »auch
das Leben in den Sowjets immer mehr erlahmen« muß. »Ohne allgemeine Wahlen, ungehemmte Presse- und Versammlungsfrei-
heit, freien Meinungskampf erstirbt das Leben in jeder öffentlichen Institution, wird zum Scheinleben, in dem die Bürokratie
allein das tätige Element bleibt.«

Am Ende dieses Prozesses werde es nur noch Beifall auf Kommando und einhellige Zustimmung geben, »im Grunde also eine Cli-
quenwirtschaft – eine Diktatur allerdings, aber nicht die Diktatur
des Proletariats, sondern die Diktatur einer Handvoll Politiker, d. h.
Diktatur im bürgerlichen Sinne ... Ja noch weiter: solche Zustände
müssen eine Verwilderung des öffentlichen Lebens zeitigen«.

Damit war alles gesagt: über die Bürokratie, über die Diktatur, über
die »demoralisierende Schreckensherrschaft« – und das bereits im
Sommer 1918!

Daß Rosa im Gefängnis von Breslau zu solchen Einsichten gelangte, war nur möglich, weil sie über außergewöhnliche politische Kenntnisse verfügte, hohe moralische Ansprüche stellte und ganz einfach eine mutige Frau war.

Ihre Leidenschaft, ihr Glaube und ihre Solidarität mit den Bolschewiken, die es »gewagt« hatten und deren Stärke sie respektierte, trübten ihren Blick also keineswegs.

Sie sah weit voraus. Und vielleicht hatten Gefühle ihren Blick geschärft: die Empörung über die Brutalität der Revolution, über die Hinrichtung der zweihundert Geiseln an jenem Julitag in Moskau.

Unterdessen jagte ein Ereignis das andere, und Rosa wurde in ihrem Breslauer Gefängnis langsam ungeduldig. Mußte sie in Haft bleiben, während es in Deutschland drunter und drüber ging?

Sie war niedergeschlagen wie noch nie. Sie wußte, daß die Oberste Heeresleitung die Regierung am 28. September 1918 zur sofortigen Absendung eines Waffenstillstandsangebots aufgefordert hatte, da sonst eine Auflösung der Armee drohe.

Die konservativen Kreise begriffen, was die Stunde geschlagen hatte, und drängten geschickt auf eine Regierungsbeteiligung führender Sozialdemokraten. Die revolutionären Vertreter der Arbeiterschaft und die Sozialisten der USPD knüpften wieder Kontakte zur Mehrheits-SPD.

Am 2. Oktober setzte Prinz Max von Baden eine Regierung ein, der zwei sozialdemokratische Minister angehörten: Ebert und Scheidemann. In den darauffolgenden Tagen (vom 30. Oktober bis zum 8. November) wurden die ersten Waffenstillstandsabkommen unterzeichnet (mit der Türkei sowie zwischen Österreich und Italien). In Kiel meuterten die Matrosen, in Stuttgart kam es zu Demonstrationen. In einigen deutschen Ländern wurde eine Amnestie für politische Gefangene verkündet. Am 21. Oktober 1918 kam Karl Liebknecht frei.

Rosa ist am Ende. »Die Spannung, die jetzt in der Luft liegt, die Erwartung, bald herauskommen zu können, läßt mir kaum noch die Geduld, Briefe zu schreiben«, gesteht sie am 10. Oktober Mathilde Jacob.

Eine Woche später – am 18. Oktober – schreibt sie der »liebsten Sonitschka«, sie habe dem Reichskanzler geschrieben, aber noch keine Antwort erhalten. Sie ertrage es nicht mehr, unter Aufsicht mit ihren Besuchern sprechen zu müssen.

»Ich ertrug alles ganz geduldig die Jahre hindurch und wäre unter anderen Umständen noch weitere Jahre ebenso geduldig geblieben. Nachdem aber der allgemeine Umschwung in der Lage kam, gab es auch in meiner Psychologie einen Knick.«

Niedergeschlagen und innerlich aufgewühlt dreht sie im Gefängnis ihre Runden. Nur mit Mühe bezähmt sie ihre Gefühle. Draußen lodert die Revolution, die ersten Arbeiter- und Soldatenräte werden gebildet. Hatte man sie vergessen? Weil sie nur ein Schutzhäftling ist und jetzt nur gerichtlich verurteilte Gefangene freigelassen werden?

Am 7. November – ein Jahr nach der bolschewistischen Revolution – forderte die SPD einen Waffenstillstand und die Abdankung des Kaisers.

Und Rosa schlief immer noch in der Grabesstille des Gefängnisses und lauschte auf die Schritte der Wärter. Wie sollte sie Schlaf finden?

Der folgende Tag, der 8. November 1918, verlief wie gewöhnlich. Dann, um zehn Uhr abends, teilte der Direktor ihr unerwartet mit, daß sie frei sei.

TEIL VII

*»Daß ich doch auch vielleicht bald
ins Jenseits befördert werde –
vielleicht durch eine Kugel der
Gegenrevolution.«*
(8. November 1918 – 15. Januar 1919)

21. ». . . wie ich hier lebe – wie im Hexenkessel!«
(8. November 1918 – 1. Januar 1919)

Rosa ist draußen im *richtigen* Leben und fühlt sich wie berauscht. Sie geht durch eine Menschenmenge, sieht fremde Gesichter, hört unbekannte Namen. Aber man spricht mit ihr, lächelt ihr zu.

Rosa läßt sich auf kein Gespräch ein. Mit strenger Stimme befiehlt sie: Sie müsse telefonieren, telegrafieren. Wo die verantwortlichen Genossen seien.

Man bringt sie ins Gebäude der Transportgewerkschaft. Umringt von einer Menge kürzelt sie an den SPD-Mann Paul Löbe, den Schriftleiter der Breslauer *Volkswacht:*

»Ich bin im Transportarbeiterbüro, Roßplatz 23. Sie können zu jeder Stunde jetzt nachts oder morgen früh *vor* der Versammlung zu mir Einlaß bekommen. Es ist *unbedingt* notwendig, daß wir uns vor der Demonstration verständigen.«

Sie unterstreicht Wörter und unterschreibt nur mit dem Anfangsbuchstaben ihres Vornamens: R.

Diese wenigen Zeilen spiegeln Rosas fieberhafte Ungeduld seit der Entlassung aus dem Gefängnis Breslau wider. Mit den ersten Minuten in Freiheit hat ein Wettlauf gegen die Zeit begonnen. Sie hat viel nachzuholen, muß sich auf die revolutionäre Situation einstimmen. (In der Nacht dieses 8. November 1918 versammeln sich die Sozialisten von Groß-Berlin in der Hauptstadt: Am nächsten Tag, dem 9. November, soll der Kaiser mit einer Erhebung zur Abdankung gezwungen werden.) Vielleicht kann und will sie jetzt auch einfach nicht mehr über sich selbst nachdenken wie in all den Jahren der Gefangenschaft.

Rosa hat keine Zeit mehr, sich zu fragen, ob sie Lampenfieber bekommt, ob sie vor der Menge noch sprechen kann. Sie wird von Menschen umringt. Sie erfährt von den jüngsten Ereignissen, soll

413

Stellung nehmen. Bis spät in die Nacht bedrängt man sie. Für den nächsten Morgen, den 9. November, ist eine Kundgebung auf dem Domplatz vorgesehen.

Stärker denn je gerät sie in den Sog der öffentlichen Verpflichtung und Verantwortung. Sie stürzt sich in die Arbeit, als gehe es um ihr Leben. Die neue Lage, die Bewegung der Massen, ist *die* Chance, die Niederlage vom August 1914 wettzumachen.

Wie sollte sie ihre Rolle nicht spielen? Nach der langen Isolation im Gefängnis hungert sie nach Aktionen. Vielleicht spürt sie auch intuitiv, daß sie jeden Augenblick dieser außergewöhnlichen Situation, diese gewittrige Atmosphäre auskosten muß. Daß sie keine Sekunde ihres Lebens mehr vergeuden darf: Ein Ende ist in Sicht.

Welches Ende? Wahrscheinlich die Revolution, wie seinerzeit in Rußland, aber auch das Ende des eigenen Lebens, ein »Ausweg« also: der Tod.

Was sie allerdings nicht weiß in dieser Nacht des 8. November, als sie, den Koffer neben sich auf dem Boden, mit Fremden spricht, sich ereifert, für Momente erschöpft die Augen schließt und sich wieder zusammennimmt: Sie hat nur noch zehn Wochen zu leben. Ganze siebenundsechzig Tage.

Weiß sie es wirklich nicht? Vielleicht ahnte sie das nahe Ende wie beim Finale einer Sinfonie, wenn die anschwellende Musik auf den Schluß, die große Stille, vorbereitet. Spürt sie es nicht doch?

Zehn Tage später erhält sie den Brief eines Ehepaars, beide Genossen. Sie teilen ihr mit, daß ihr Sohn an der Front gefallen ist. »Eben erhalte ich . . . das furchtbare schwarze Kouvert«, schreibt sie. »Tränen hindern mich am Schreiben.« Sie möchte am liebsten mit den Zähnen knirschen angesichts des »furchtbaren Schlages«. Und nach der Floskel, sie mögen sich »durch Schmerz nicht überwältigen lassen«, fährt sie fort: »Mich tröstet nur der grimmige Gedanke, daß ich doch auch vielleicht bald ins Jenseits befördert werde – vielleicht durch eine Kugel der Gegenrevolution, die von allen Seiten lauert.«

Hier zählt jedes Wort. Der Tod ist *Trost* in dieser leidvollen grausamen Zeit. Es ist abzusehen, daß der Kampf sie das Leben kosten wird, ein bitterer Gedanke, verbunden mit der Hoffnung, daß die Exzesse von Barbarei und Ungerechtigkeit für sie, der »die Kraft und der Mut« fehlt, das Leid anderer zu tragen, einmal enden müssen.

Rosa ist am Ende ihrer Kräfte und fast am Ziel. Vielleicht hofft sie darauf, in Solidarität mit den unschuldigen Opfern durch den Klassenfeind zu sterben und so *Trost* und Ruhe zu finden. Vielleicht hetzt sie diesem *Trost,* den sie endlich nahe weiß, in ihrem fieberhaften Tatendrang entgegen.

Sie redet vor der Menge auf dem Breslauer Domplatz, löst Begeisterung aus und trifft den richtigen Ton, pathetisch vielleicht, aber den Ereignissen wohl angemessen.

Am gleichen Tag, dem 9. November 1918, wird der Sozialdemokrat Ebert, ihr alter Gegner von der Mehrheits-SPD, zum Reichskanzler ernannt. Während die Welle der Revolution über ganz Berlin hinwegbrandet, bewegt er Wilhelm II. mit Unterstützung General Groeners, inzwischen Generalstabschef, zur Abdankung. Der Kaiser flieht nach Holland.

Stunden später ruft der Sozialdemokrat Scheidemann, der Ebert nahesteht, vom Balkon des Reichstags die Republik aus. Ein Kilometer weiter verkündet Karl Liebknecht vom Balkon des verlassenen Kaiserschlosses der Hohenzollern die Geburt der sozialistischen Republik...

In wenigen Stunden hatte Deutschland das Gesicht verändert. Ein Sozialdemokrat war Reichskanzler, und von Beginn an rivalisierte er nicht mit einem Konservativen oder Militär, sondern mit einem Spartakisten, der kaum zwei Wochen zuvor das Gefängnis verlassen hatte.

Ende 1918, als Rosa Luxemburg vom Balkon des Breslauer Rathauses zur Menge sprach, stand die problematische Grundkonstellation des Deutschen Reiches bereits fest: Die Sozialdemokraten hatten die offizielle politische Macht inne und vertraten die rechtmäßige Ordnung. Am 19. Januar 1919 sollte eine verfassungsgebende Nationalversammlung gewählt werden. Sie sollte den

Machtwechsel bestätigen und neue Institutionen schaffen. Die Opposition bildete die sozialistische Linke, die Unabhängige Sozialdemokratische Partei Deutschlands (USPD), in der die Gruppe der Spartakisten um größeren Einfluß rang. Und beide – die SPD wie die USPD mit den Spartakisten – beriefen sich auf die revolutionären Massen.

Die Revolution vom 9. November 1918 hatte die Republik gebracht. Den einen war das genug: »Es lebe die Deutsche Republik!« hatte Scheidemann gerufen.

Die anderen meinten, man müsse weiter, sehr viel weitergehen. »Es lebe die sozialistische Republik Deutschlands!« hatte Liebknecht gerufen. Und auch Rosa Luxemburg in Breslau ließ die sozialistische Revolution hochleben.

Aus dieser politischen Landschaft Deutschlands ragt allerdings eine Figur mit Kommandogewalt heraus: In einem Telegramm mit dem Vermerk *geheim* teilt der Chef der Obersten Heeresleitung Hindenburg den Oberkommandos mit, es könne »bekannt gegeben werden, daß die OHL mit dem Reichskanzler Ebert, dem bisherigen Führer der gemäßigten sozialdemokratischen Partei, zusammengehen will, um die Ausbreitung des terroristischen Bolschewismus in Deutschland zu verhindern«.

Die Bolschewiken Deutschlands sind die Spartakisten um die Jüdin und Lenin-Freundin Rosa Luxemburg, die zugleich auch Mitglied der Sozialdemokratischen Arbeiterpartei Rußlands ist.

Die Armee könnte ja, wie in Rußland geschehen, ins revolutionäre Lager überlaufen oder der Zersetzung anheimfallen. In Kiel hatte man bereits Matrosen rote Fahnen schwenken sehen, und einige Verbände hatten bereits Soldatenräte gebildet. Doch die Lehren aus einer Revolution sind für alle da.

So heißt es in Hindenburgs Telegramm weiter: »Nachdem die Bewegung zur Bildung von Soldatenräten in das Feldheer bereits eingedrungen ist und meines Erachtens durch Widerstand nicht mehr aufgehalten werden kann, ist es notwendig, diese Bewegung in die Hand der Offiziere zu bekommen. Zu diesem Zweck sind bei allen Kompanien, Batterien, Eskadrons pp. Vertrauensräte zu bilden.«

Unteroffiziere werden dies sein, von den Kriegsjahren geprägte Männer, die überzeugt sind, daß die Niederlage des deutschen Volkes dem Dolchstoß der Sozialisten, der Ausländer und Juden, zu verdanken ist.

Rosa trägt alle diese Stigmata.

Diese »Vertrauensräte« sind fest entschlossen, die Armee und das Deutsche Reich mit allen Mitteln vor der Zersetzung zu bewahren. Nach vier Jahren in Uniform kennen sie nur noch die Armee, haben sie nur noch unter kämpfenden Soldaten eine Heimat. Und diese Helden fühlen sich »geächtet«.

In ihnen schwelen Bitterkeit und Haß auf den »inneren Feind«, der sie um Ruhm und Sieg gebracht hat.

Adolf Hitler ist 1919 einer dieser Männer, ein Namenloser in der Masse derer, die Rosa Luxemburg und die Spartakisten hassen. Sie schließen sich zu Freikorps zusammen und sind fest entschlossen, Deutschland nicht den Weg Rußlands gehen zu lassen.

Am 10. November fährt Rosa nach Berlin. Der Zug ist überfüllt mit heimkehrenden Soldaten.

Sie hat Mathilde Jacob angerufen, aber Mathilde ist nach Breslau gefahren, um sie nach Berlin zu bringen. Leo Jogiches, der seit dem 9. November wieder auf freiem Fuß ist, wollte Rosa die lange Fahrt auf dem Gang eines eisigen Zuges, mit ihrem Koffer als einzigem Sitzplatz, ersparen.

So haben sie sich verpaßt, und Rosa trifft am 10. November spät abends in Berlin ein, zu spät, um noch zum Zirkus Busch am Bahnhof Friedrichstraße im Stadtzentrum zu gehen.

Im Zirkus soll auf einer Vollversammlung der Rätevertreter eine provisorische Regierung gewählt werden.

Der Saal ist voller Arbeiter und bewaffneter Soldaten. Ebert und Haase – ein Führer der USPD – verkünden unter dem Jubel der Menge, daß die Revolution gefestigt werden müsse, und rufen die Sozialisten, alle Sozialisten, zur Einigkeit auf.

Sie ernten Beifall. Dann greift Liebknecht mit scharfen Worten in die Diskussion ein: »Ich muß Wasser in den Wein eurer Begeisterung schütten. Die Gegenrevolution ist bereits auf dem Marsche.

Ein Matrose geht mit der roten Fahne dem Zug der Demonstration am 9. November 1918 voran. (Foto: Bildarchiv Preußischer Kulturbesitz)

Sie ist bereits in Aktion!« Mit einem Angriff auf Ebert handelt er sich Zwischenrufe und Proteste ein. Als er wettert: »In heimtückischer Weise wird die Soldatenorganisation von den Feinden der Revolution für ihre Zwecke ausgenutzt«, löst er unter den Zuhörern empörte Unruhe aus. »Ich weiß«, fährt er fort, »wie unange-

genehm Ihnen diese Störung ist, aber wenn Sie mich erschießen –
ich werde das aussprechen, was ich für notwendig halte. Der Triumph der Revolution wird nur möglich sein, wenn sie zur sozialen
Revolution wird...« Die Menge klatscht, protestiert und schreit.
Eine Regierung aus sechs Volksbeauftragten wird gewählt. Drei
gehören der SPD (darunter Ebert und Scheidemann), drei weitere
(darunter Hugo Haase) der USPD an.

419

Theoretisch soll diese Regierung durch einen Vollzugsrat der Arbeiter- und Soldatenräte kontrolliert werden. Liebknecht lehnt eine Teilnahme ab.

Am Abend des 10. November, als Rosa Luxemburg nach Jahren der Gefangenschaft in Berlin eintrifft, stehen die Kräfteverhältnisse fest. Die Spartakisten sind in der Minderheit und isoliert. Der rechte Flügel der USPD mit Hugo Haase und Kautsky ist entschlossen, mit Ebert gemeinsame Sache zu machen, damit die Deutsche Republik nicht in den Bolschewismus abgleitet.

Die Mehrheit ist der Ansicht, daß das Errungene gefestigt werden muß: die Republik und die geplanten wichtigen Reformen (der Acht-Stunden-Tag, die Befreiung der Bauern und Landarbeiter aus alten feudalistischen Herrschaftsstrukturen usw.; Konservative und Unternehmer haben zur Entschärfung der revolutionären Lage bereits entsprechende Zugeständnisse gemacht).

Die Mehrheit tritt für die Einheit der Sozialdemokraten ein: ein Thema, das in Eberts SPD unermüdlich wiederholt wird. Nach vier Jahren Krieg will die Mehrheit nur noch Ruhe und Frieden. Und die Spartakisten schlagen nun den Sprung ins Ungewisse vor, oder schlimmer noch: in den Bolschewismus, wie ihre Gegner meinen.

Flugblätter und Plakate verkünden, was man von den Revolutionären und ihren Führern, der polnischen Jüdin Rosa Luxemburg, dem Juden Paul Levi und dem Juden Leo Jogiches zu halten hat. »Wißt ihr, was ein Bolschewist ist?« heißt es in einem Hetzblatt. »Ein Bolschewist ist ein Mensch, der den Umsturz will, nicht wie wir, um eine neue und bessere Ordnung zu schaffen, sondern um des Umsturzes selber willen, ein Mensch, der sich unter den Trümmern bereichern will und daher alles, ob gut oder schlecht, zertrümmert, solange er nur selber seinen Raub davontragen kann. Für ihn gibt es nur einen Menschen, der ihm etwas ist, und dieser Mensch ist er selber. Mag der Kamerad verhungern, was kümmert das ihn. Er stiehlt ihm doch sein letztes bißchen Brot! Mag der Acker unbestellt bleiben, er nimmt dir trotzdem dein Pferd, um es zum Spottpreis dem Schlächter zu verkaufen. Mag Dorf und Stadt

Zu den Umwälzungen in Berlin.

in Arbeiter spricht von einem Sanitätsauto vor dem Kgl. Schloß zum Volk kurz nach Erklärung der Republik am 9. 11. 1918.

»Revolution, Chaos und Bürgerkrieg« sagen die einen. Die anderen wollen eine »neue, bessere Ordnung und Frieden« schaffen: Novemberrevolution.
(Foto: Bildarchiv Preußischer Kulturbesitz)

in Trümmer gehen, was schert das ihn! Je mehr Trümmer, desto größer die Verwirrung; je größer die Verwirrung, desto mehr blüht sein Weizen. So war es in Rußland, so wird es auch bei uns sein, wenn die Bolschewisten die Oberhand gewinnen. Wollt ihr das zugeben, Kameraden?«

Schon 1918 geht es nicht mehr um die Frage Krieg oder Frieden, Kaiserreich oder Revolution. Da die Revolution die Republik und den Frieden gebracht hat (letzterer wird mit dem Waffenstillstandsabkommen vom 11. November 1918 besiegelt), lautet die Alternative nun: »Revolution, Chaos und Bürgerkrieg« oder eine »neue, bessere Ordnung und Frieden«.

Eine völlig andere Alternative als seinerzeit in Rußland, ganz zu

421

schweigen von anderen Faktoren. Deutschland ist ein fortschrittliches Land mit einer Armee, deren konservative Teile sich zu Freikorps zusammengeschlossen haben, und mit Sozialdemokraten, die entschlossen sind, sich dem spartakistischen Vormarsch mit allen Mitteln (also auch mit Gewalt und dem Einsatz des Militärs) entgegenzustemmen.

Unter diesen Voraussetzungen ist der Versuch einer »spartakistischen Revolution« von vornherein zum Scheitern verurteilt.

Am Abend des 10. November 1918 trifft Rosa in Berlin ein. Sie hat zuviel politischen Scharfblick, um nicht zu erkennen, was noch auf dem Spiel steht und was schon entschieden ist.

Sie, die Ebert und Scheidemann haßt, sagt am 18. November: »Das Bild der deutschen Revolution entspricht der inneren Reife der deutschen Verhältnisse. Scheidemann-Ebert sind die berufene Regierung der deutschen Revolution in ihrem heutigen Stadium.« Rosa macht sich schon in den ersten Tagen keine Illusionen mehr.

Mit Empörung reagiert sie auf die Verleumdungskampagne gegen die Spartakisten: »Hinter all diesen schwirrenden Gerüchten, lächerlichen Phantasien, wahnwitzigen Räubergeschichten und schamlosen Lügen steckt ein sehr ernster Vorgang: Es liegt System darin. Die Hetze wird planmäßig betrieben. Die Gerüchte werden zielbewußt fabriziert und ins Publikum lanciert: Es gilt, durch diese Schwindelmärchen die Philister in panikartige Stimmung zu versetzen, die öffentliche Meinung zu verwirren, die Arbeiter und Soldaten einzuschüchtern und irrezuleiten, um eine Pogromatmosphäre zu schaffen und die Spartakusrichtung politisch zu meucheln, ehe sie noch die Möglichkeit hatte, die breitesten Massen mit ihrer Politik und ihren Zielen bekannt zu machen.

Das Spiel ist alt. Erinnert man sich, wie vor vier Jahren, beim Ausbruch des Krieges, die einander jagenden tollen Märchen... zielbewußt von Kriegshetzern... in Umlauf gesetzt wurden...«

Rosas Worte und Gefühle in diesen ersten Tagen in Berlin sind geprägt vom Pessimismus und Scharfblick einer Frau, die sich in einem Wettlauf gegen die Zeit weiß. Sie sagt es nicht, und doch scheint es zwischen den Zeilen durch: Sie ahnt, daß sie verloren ist.

Aber sie muß das Rennen durchstehen, auch wenn der Ausgang feststeht. Bis zum Ende, und bedeute es den Tod, dessen *Trost* sie erwartet.

An diesem 10. November wird sie in Berlin von alten Freunden empfangen, von Paul Levi und Leo Jogiches. Jogiches wirkt abgespannt und erschöpft, er hat graues Haar und hängende Schultern. Sie bemerkt, daß die Strapazen in seinem Gesicht ihre Spuren hinterlassen haben, und die Genossen bemerken erschreckt, wie sehr Rosa von der Gefangenschaft gezeichnet ist. Ihr Haar ist weiß, ihre Haut fahl, sie hat Ringe unter den Augen. Sie klagt nicht, aber die anderen spüren, daß sie krank und erschöpft ist. Aber ist jetzt der geeignete Zeitpunkt, seine Wunden zu pflegen, sich auszuruhen?

Überall ziehen bewaffnete Soldaten und Arbeiter durch die Straßen. Im grauen Novemberlicht folgt eine Demonstration auf die andere. Rote Fahnen knattern im Wind. Alles ist in Bewegung, und trotz ihrer scharfsinnigen pessimistischen Analysen scheint immer noch alles möglich.

Rosa jedenfalls handelt so, als sei die Zukunft noch offen. Und offen bleiben – oder sich öffnen – kann die Zukunft nur, wenn die Massen »aufgeklärt« werden. Alles steht und fällt mit der Agitation, also wird Rosa schon in der Nacht vom 10. auf den 11. November 1918 mit der Leitung der spartakistischen Zeitung *Die Rote Fahne* betraut, deren Erscheinen allerdings noch Hindernisse entgegenstehen.

Eine erste Ausgabe ist schon am 9. November mit den Pressen des *Berliner Lokal Anzeigers* gedruckt worden, aber Rosa erfährt am 11. auf einer Versammlung im Hotel Exzelsior, daß die Eigentümer die Nutzung der Rotationsmaschinen verweigern.

Kanzler Ebert – der alte Haß und alle politischen Gegensätze sind wieder präsent – hat die Entscheidung der Druckereibesitzer begrüßt.

Es ist bezeichnend für die Stimmungslage, daß auch die Drucker ihren Arbeitgebern zustimmen. Rosa geht zur Druckerei und hält vor den Arbeitern eine feurige Rede. Einen Augenblick scheinen sie überzeugt, dann aber überlegen sie es sich anders und zögern.

Als sie schließlich doch einwilligen, die Zeitung zu drucken, wird die gesamte Redaktion der *Roten Fahne* von Soldaten verhaftet. Auf Intervention von spartakistischen Gruppen werden die Mitarbeiter bald wieder freigelassen.

Die Haltung der Drucker und Ereignisse dieser Art zeigen die ganze Schwäche der Spartakisten.

Rosa wird um so aktiver. Neben der täglich erscheinenden *Roten Fahne* plant sie die Herausgabe der Wochenzeitung *Die Internationale,* dazu Broschüren für Frauen, Soldaten und Jugendliche sowie eine Zeitschrift.

Der Agitation, darin sieht sich Rosa vollauf bestätigt, kommt augenblicklich eine Schlüsselrolle zu. Die Analysen der Spartakisten müssen verbreitet werden. Ihr Leben lang hat sie journalistisch gearbeitet und Zeitungen gemacht. Schreiben und lenken, schreiben, um aufzurütteln, anzuklagen, zu überzeugen und zu mobilisieren.

Rosas Alltag ist aufreibend. Ihre Nerven sind bis zum Zerreißen gespannt, als habe sie nur ein Ziel: Das Letzte geben, die ganze Kraft einsetzen, und nicht nur, weil die Situation es erfordert, weil sie Einfluß gewinnen und die Chance nutzen muß, sondern weil es für sie kein *Danach* mehr geben wird. Sie kann also alles Verfügbare in die Schlacht werfen. Schonen sollen sich die anderen, die schwächer sind und für die sie sich deshalb verantwortlich fühlt:

So telegrafiert sie Clara Zetkin, die gesundheitlich immer noch angeschlagen ist, am 14. November: »Kann Deine Reise nicht auf mein Gewissen nehmen. Bin absolut gegen Deine Reise.«

Berlin ist gefährlich. Soldaten der Freikorps machen die Gegend unsicher. Außerdem erhält Rosa »alle paar Tage die dringende Warnung von ›amtlichen Stellen‹, daß Karl und mir von Mordbuben aufgelauert wird, so daß wir nicht zu Hause schlafen sollen, sondern jede Nacht anderswo Obdach suchen müssen.«

Sie arbeitet bis zur Erschöpfung und ist stets bis zum äußersten angespannt. »So lebe ich im Trubel und in der Hatz seit dem ersten Augenblick und komme nicht zur Besinnung.«

November 1918: Überall ziehen bewaffnete Soldaten und Arbeiter durch die Straßen. (Foto: Bildarchiv Preußischer Kulturbesitz)

Sie ist an die »Redaktion angekettet«. Sie bleibt »jeden Tag bis Mitternacht in der Druckerei«, um »auch den Umbruch zu beaufsichtigen«. Denn »bei diesen aufgeregten Zeiten« treffen »erst um 10 und 11 Uhr nachts die dringendsten Nachrichten und Weisungen ein, auf die sofort reagiert werden muß.«

Sie schreibt Clara Zetkin diese Zeilen nicht nur als Berufsjournalistin, die das tägliche Erscheinen ihrer Zeitung sicherstellt, sondern auch als politische Führungskraft, die Versammlungen organisiert und der Spartakistenbewegung eine Richtung gibt. Sie geht bis an die Grenzen ihrer Belastbarkeit.

Aber hat sie das nicht schon immer gewollt? Hat sie es nicht vorausgesagt? Muß sie jetzt, wo die Revolution endlich da ist, im letzten Abschnitt und auf dem Höhepunkt ihres Lebens, nicht alle Energiereserven mobilisieren?

»Wenn du wüßtest, wieviel ich Dir zu sagen hätte und wie ich hier lebe – wie im Hexenkessel! Gestern nacht um 12 Uhr bin ich zum ersten Mal in meine Wohnung gekommen, und zwar nur deshalb, weil wir beide – Karl [Liebknecht] und ich – aus sämtlichen Hotels dieser Gegend (um den Potsdamer und Anhalter Bahnhof) ausgewiesen worden sind!«

Für Besuche bei Freunden, die an ihrer Arbeit nicht direkt beteiligt sind, bleibt natürlich keine Zeit. Bei Mehrings entschuldigt sie sich: »Ich komme aber seit dem Augenblick, wo ich in Berlin aus dem Zuge gestiegen bin, nicht einmal dazu, einen Fuß in meine Wohnung in Südende zu setzen, und hause im Hotel. Daraus können Sie schließen, wie mich der Trubel hier verschlingt.«

Anders verhält es sich bei Luise Kautsky. Luise erkennt, daß Rosa ganz andere politische Positionen vertritt als ihr Mann Karl, und verzichtet deshalb auf jede Begegnung mit ihr. Rosa, so schreibt sie, sei »mit beiden Füßen« in die »revolutionäre Bewegung« hineingesprungen, und dahin könne sie ihr »nie und nimmer« folgen, trotz aller Liebe und Bewunderung.

Ihre Haltung verletzt Rosa. »Mehr als einmal«, erinnert sich Luise später, »ließ sie mich wissen, daß sie es nicht fassen könne, daß ich nicht zu ihr eile. Aber so sehr ich unter der mir durch die Verhältnisse auferlegten Trennung litt, ich blieb standhaft und hielt mich fern, die Zeit erwartend und ersehnend, die uns wieder zusammenführen sollte.«

So herrscht in den Monaten November und Dezember 1918, als Bewaffnete durch Berlin marschieren und alle auf die Auflösung des Stückes warten, dessen Aufführung am 9. November begonnen hat und im Krieg sein blutiges Nachspiel finden wird, ein Klima des Umbruchs, in dem selbst enge Freundschaften zerbrechen.

Auch dies gibt Rosa das Gefühl, daß alles dem Ende zustrebt. Einige wie Hans Diefenbach, ein besonders enger Freund, sind tot. Viele andere sind auf den Schlachtfeldern geblieben. Und wieder andere, wie Leo Jogiches, stehen wie sie am Ende ihrer Laufbahn.

Sie wollten die Revolution. Jetzt ist sie da. Sie sind an der Endstation eines langen Lebensweges angekommen. Können sie über ihn hinaus einen weiteren Zyklus beginnen?

Die Art, wie Rosa diese Wochen erlebt, und das, was sie schreibt, deuten darauf hin, daß sie daran nicht glaubt. Die Gegenrevolution lauert, hat sie geschrieben. Man will sie ins Jenseits befördern, und das »tröstet« sie.

Aber noch lebt sie und stellt eine rastlose Tatkraft unter Beweis, trotz ihres Pessimismus und ihrer Vorahnungen auf das nahe Ende, trotz des bitteren Beigeschmacks, der allem eine verzweifelte Note verleiht.

Im übrigen hat sie keine Zeit für düstere Gedanken. Alle in ihrer Umgebung entwickeln fieberhafte Aktivitäten, alle unterliegen dem Zwang, möglichst rasch auf die Ereignisse zu reagieren.

In dieser Zeit wird sie von Leo Jogiches unterstützt, ohne daß sie darum bitten oder dazu auffordern muß. Jogiches sitzt still in einem kleinen Arbeitszimmer, empfängt Soldaten, Arbeiter und Matrosen, hört sich ihre Anliegen an, sagt seine Meinung, erläutert Organisationsprinzipien und kümmert sich um Rosa. Er lauscht gespannt ihren Analysen und setzt als gehorsamer Befehlsempfänger alles daran, daß ihre Direktiven ausgeführt werden.

In all diesen Tagen der Gewalt, in denen Leo ganz in Rosas Schatten steht, beweist er eine ungewöhnliche Treue. Er zeigt, daß die Verknüpfung ihrer beiden Lebenswege alle persönlichen Konflikte, die Trennung, blinde Eifersucht (er hat sie verfolgt und bedroht), das Gefängnis und alle politischen Widrigkeiten überdauert hat und jetzt, in den letzten Tagen des Jahres 1918, zu einem innigen Einvernehmen herangereift ist, das ebenfalls bis zum Äußersten geht.

Bei der *Roten Fahne* hat Rosa Mathilde Jacob und Fanny Jezierska wiedergetroffen. Paul Levi weicht ihr nicht von der Seite. Sie bilden einen engen Kreis von Freunden, von denen sich jeder auf den anderen verlassen kann. Sie wohnen in benachbarten Hotels und sind stets zu einem Treffen bereit, sobald sich etwas ereignet. Wenn sie von den Hotelbesitzern an die Luft gesetzt werden, versuchen sie, wieder in unmittelbarer Nähe voneinander unterzukommen.

Obwohl Rosa jederzeit mit einem Mordanschlag und mit ihrer Verhaftung rechnen muß, beschließt sie im Dezember, wieder in ihre Wohnung in Südende zu ziehen. Sie braucht eine vertraute Umgebung, wenigstens die Kulisse eines normalen Alltagslebens.

»Ich wohnte jetzt bei Rosa«, erinnert sich Mathilde Jacob, »und holte sie allabendlich vom Bahnhof ab. Sie kam stets sehr müde und abgearbeitet heim, erholte sich dann aber bald wieder, wenn man ihr ein wenig zu essen gegeben hatte. Eine Tasse Schokolade oder eine Tasse Kaffee waren zu jener Zeit Kostbarkeiten, die wir nur dank der russischen Botschaft von dortigen Genossen hatten...«

Einmal muß Mathilde auf einen Anruf hin zur Redaktion eilen, um Rosa in eine sichere Unterkunft zu bringen. Paul Levi hilft bei der Suche nach einer der Droschken, während Rosa, der die Erschöpfung anzusehen ist, vor sich hin döst.

»Ich hatte«, erzählt Mathilde Jacob weiter, »eine gebratene Pute mit, die uns eine Parteifreundin verschafft und die meine Mutter sehr schön gebraten hatte. In der Droschke sagte Rosa: ›Gib mir ein Stückchen von der Pute, ich habe solchen Hunger. Ich weiß zwar, daß Leo sagen würde, man habe sich zu beherrschen. Aber gib mir nur ein Stückchen.‹«

Rosa, die im Strudel der Ereignisse und im Brennpunkt des aktuellen Zeitgeschehens lebte, hatte zugleich jeden Bezug zur Alltagswirklichkeit, zu den Massen, verloren.

Sie spazierte zwar von Zeit zu Zeit durch die Straßen oder ließ sich von Paul Levi zusammen mit Liebknecht und Radek – der als Lenins Abgesandter heimlich wieder nach Deutschland eingereist war und den sie, trotz ihrer früheren Angriffe, duldete – in ein Arbeiterlokal ausführen. Sie hörte zu, was die Leute sagten, und stellte sich auch zu Aufläufen auf der Friedrichstraße und Unter den Linden.

Aber diese kurzen, oberflächlichen Kontakte konnten ihr weder die Stimmung im Volk noch unter den Sozialisten richtig vermitteln.

Rosa hatte die Sichtweise einer Politikerin, die im Konflikt mit anderen sozialistischen Strömungen stand, wenn nicht die Sichtweise einer Historikerin. Mochte sie recht oder unrecht haben, wenn sie Einfluß gewinnen und Ergebnisse erzielen wollte, mußte sie sich vor allem Gehör verschaffen und verstanden werden. Doch sie fand nur ein geringes Echo.

Sie warnte unermüdlich vor den Eberts und Scheidemännern. Der alte Haß, die unüberbrückbare Kluft zwischen den Meinungen und die ganze Wut, die sich in den Jahren der Gefangenschaft gegen die Sozialdemokraten aufgestaut hatten, die sich am 4. August 1914 am Krieg mitschuldig gemacht hatten, kamen jetzt stärker denn je wieder zum Vorschein.

So mahnte sie die Deutschen, die sich nach leidvollen Jahren wieder nach Ruhe, Ordnung, Wohlstand und einer vereinigten Linken sehnten und sich in der Sozialdemokratie wiedererkannten: »Die Revolution hat begonnen. Nicht Jubel über das Vollbrachte, nicht Triumph über den niedergeworfenen Feind ist am Platze ... Denn das Vollbrachte ist gering und der Feind ist *nicht* niedergeworfen.«

Sie sprach abfällig über die Sozialdemokraten der USPD, die »Unabhängigen« Kautsky und Haase, ihre Parteigenossen. Ein Hase, meinte sie, verwandle sich nicht von heute auf morgen in einen Löwen.

Was sollte der Pamphletstil, der bissige Ton ihrer Artikel? Sie flößte Angst ein, wenn sie sagte, der Gang der Revolution sei nicht aufzuhalten. Hinter solchen Sätzen sah man den Bolschewiken und seine Politik des Terrors. So sehr sie sich auch gegen die Gleichsetzung mit den Russen verwahrte, für die Eberts und Kautskys waren sie und die Spartakisten Anhänger Lenins, die die Deutsche Republik mit bolschewistischem Terror überziehen wollten.

Sie versuchte ihnen zu antworten: »Es gibt jemand anderen, der heute Terror, Schreckensherrschaft und Anarchie dringend braucht: das sind die Herren Bourgeois, das sind alle Parasiten der kapitalistischen Wirtschaft, die um ihren Besitz, um ihre Privilegien und um ihre Herrschaftsrechte zittern.« Sie warnte vor den Freikorps und dem Bündnis zwischen Ebert, Noske und den Militärs.

Am 6. Dezember besetzten Regierungstruppen die Redaktionsräume der *Roten Fahne*. Die anschließende Demonstration der Spartakisten wird mit Maschinengewehrsalven beantwortet. Dreizehn Tote und dreißig Verletzte bleiben auf dem Pflaster liegen.

Mit dem Blutbad in der Chausseestraße beginnt die Eskalation zum bewaffneten Konflikt. Am 8. November schützen bewaffnete Arbeiter eine spartakistische Demonstration. Die große Zahl der Teilnehmer beeindruckt.

Doch am 10. Dezember grüßt Ebert die Garderegimenter, die in Berlin einziehen. Am 12. tauchen Freikorps in den verschiedenen Vierteln der Hauptstadt auf. Bis Ende Dezember spitzt sich die Situation weiter dramatisch zu.

Am 23. und 24. Dezember halten revolutionäre Matrosen, die sich im Marstall, den königlichen Stallungen, verschanzt haben, einem Sturm der Regierungstruppen stand. Unter den Matrosen werden elf Tote gezählt, unter den Soldaten sechsundfünfzig.

Als Reaktion auf die Ereignisse besetzen spartakistische Gruppen am 25. Dezember die Redaktion des *Vorwärts,* der Regierungszeitung von Eberts Sozialdemokraten. Die Fronten klären sich. Die Unabhängigen Sozialdemokraten scheren aus der Regierung aus. Die Spartakisten verlassen die USPD und gründen auf einer Versammlung im Preußischen Abgeordnetenhaus die Kommunistische Partei Deutschlands. Weder Rosa Luxemburg noch Leo Jogiches befürworten den Namen, dem sie den Namen »Sozialistische Partei Deutschlands« oder »Spartakusbund« vorziehen. Doch die Delegierten setzen sich durch.

Ein bewaffneter Konflikt scheint unvermeidlich, doch die Spartakisten sind isoliert und trotz der erfolgreichen Demonstrationen nur eine Minderheit. Rosa kann sich innerhalb der Partei kaum Gehör verschaffen.

In dieser widersprüchlichen Situation muß sie handeln. Hinzu kommen wohl die Angst und die düstere Gewißheit, daß der Ausgang mit dem eigenen Tod besiegelt wird.

Sie geißelt »die Scheidemann-Ebert, die vier Jahre lang für den größten Aderlaß, den die Menschheit erlebt hat, alle Mittel bewilligten«, und die Konservativen, »die ohne mit der Wimper zu zucken anderthalb Millionen deutsche Männer und Jünglinge auf die Schlachtbank getrieben haben«. Die Schlächter schrien »jetzt im heiseren Chor über den ›Terror‹, über die angebliche ›Schrekkensherrschaft‹, die von der Diktatur des Proletariats drohe. Die Herrschaften mögen in ihrer eigenen Geschichte nachblättern.«

Aber die Scheidemann-Ebert hatten das Vertrauen der Massen! Sie setzen sich mit ihrer Forderung durch, eine verfassunggebende Nationalversammlung einzuberufen. Sie soll am 19. Januar gewählt werden. Rosa und die Spartakisten sind dagegen. Die Arbeiter- und Soldatenräte sollen die Massen vertreten!

In dieser ungewöhnlichen Situation kann sich Rosa nicht mehr von Widersprüchen freihalten. Ihre Stellungnahmen in der *Roten Fahne* lassen sie als Extremistin erscheinen, die den Russen nacheifern will. Vor dem Gründungsparteitag der Kommunistischen Partei vertritt sie dagegen eine besonders gemäßigte, pessimistische Position. Als sie verlangt, daß der Spartakusbund an den Wahlen zur Nationalversammlung teilnimmt, die nun einmal beschlossene Sache ist, wird sie niedergestimmt.

Die Niederlage für sie und ihre Faktion ist so gewaltig, daß Leo Jogiches davon spricht, auf die Gründung der eben entstehenden Partei doch besser zu verzichten.

Rosas Mitstreiter sind eine Minderheit ungeduldiger junger Revolutionäre, die den Krieg hinter sich haben. Sie gehören einer neuen Generation an. Auf dem Gründungsparteitag der Kommunistischen Partei ist Leo Jogiches der einzige Delegierte, der älter als fünfzig Jahre ist. Diese jungen Männer sind ungestüm, energiegeladen und voller Tatendrang. Sie verlangen Aktionen und nochmals Aktionen.

Sie sind von den Schriften Rosas, deren Leben sie kennen, begeistert, aber sie protestieren gegen ihre Mahnung: »Ich habe die Überzeugung, Ihr wollt Euch Euren Radikalismus ein bißchen bequem ... machen ... Ich vermisse das Nachdenkliche, den Ernst, der durchaus den revolutionären Elan nicht ausschließt ...«

Sie folgen ihr nicht, als sie davor warnt, Rußland nachzuahmen.

Obwohl Rosa vor der Gesellschaft und den politischen Gegnern als ihr Sprachrohr auftritt, versucht sie mäßigend und lenkend auf sie einzuwirken. Sie fühlt sich vom »Trubel« dieser jungen Leute unwiderstehlich angezogen und scheint für sie alle Risiken in Kauf zu nehmen, obwohl sie die Lage mit intellektuellem Scharfblick richtig beurteilt und ihrem jugendlichen Leichtsinn gegensteuert.

Sie tritt wie sie für die Revolution ein, aber als Abstraktion, als ein Ereignis, das im Gegensatz zur Russischen Revolution weder Schmutz noch Blut nach sich zieht. Eine Revolution, die humanistische Werte, Moral und Demokratie mit einschließt.

Als sie Radek, Lenins Abgesandtem, zu dem sie nach wie vor mißtrauisch Distanz hält, begegnet, fragt sie nach Dserschinski, ihrem früheren polnischen Genossen, nach seiner Führungsrolle in der Tscheka, der bolschewistischen Geheimpolizei, und seiner Politik des Terrors.

»Wie kann man nur auf Terror setzen?« schimpft sie, »wie kann Dserschinski nur so grausam sein?«

Liebknecht, Radek und selbst Leo Jogiches führen politische Argumente ins Feld, und Leo fügt lächelnd hinzu: »Wenn es nötig ist, kannst du es sicher auch sein.«

Wie konnte eine Frau, die sich den Kohlmeisen am nächsten fühlte, die beim Anblick eines blutig geschlagenen Büffels im Hof des Breslauer Gefängnisses weinte, dies nur widerspruchslos hinnehmen?

Auf dem Gründungsparteitag der Kommunistischen Partei Deutschlands verkündete sie: »Die proletarische Revolution bedarf für ihre Ziele keines Terrors; sie haßt und verabscheut den Menschenmord.« Das war ihre wirkliche Überzeugung.

Und die Bolschewisten, die Terror und Grausamkeit zum politischen Instrument gemacht hatten, lehnten diese Überzeugung durchaus nicht ab, wie sie in der Unterhaltung mit Radek erfuhr.

Rosa sah sich verschiedenen Welten, mehreren unauflösbaren Dilemmas gegenüber.

In den Artikeln der *Roten Fahne* redete sie der Revolution das Wort. Sie wollte die Massen aufklären, denn sie glaubte noch immer, daß allein von den Massen eine tiefgreifende und unaufhaltsame geschichtliche Bewegung zu erwarten war.

Zugleich aber kannte sie die Gegebenheiten in Deutschland gut genug, um zu wissen, daß die Revolution nicht über Nacht gemacht werden konnte und daß die Kräfteverhältnisse ungünstig waren.

Aber sie schien es zu ignorieren: aus einem Bedürfnis nach Radikalität, weil sie in ihrer exaltierten, bis zum äußersten gespannten Stimmung nach der langen Haft das Bedürfnis hatte, die revolutionäre Situation zu nutzen und ihr verbal Ausdruck zu verleihen.

Realistischer und umsichtiger äußerte sie sich gegenüber den Genossen. Doch sie hörten nicht auf sie, waren gleichsam Rosas Alter ego, verkörperten den »revolutionären Elan«, der auch sie umtrieb.

Diese jungen Männer, die vier Jahre Barbarei erlebt hatten, hatten wie Rosa das dringende Bedürfnis, unter alles einen Schlußstrich zu ziehen und reinen Tisch zu machen.

Die Errichtung des Sozialismus, sagte etwa Liebknecht, sei erst dann möglich, wenn alles zerstört sei. Erst nach der vollständigen Zerstörung des kapitalistischen Systems könne der Wiederaufbau beginnen.

Aber wenn Rosa Zeit zum Nachdenken hatte, wenn sie im »Trubel« doch einmal wieder zu Atem kam, wußte sie, daß dieses Bedürfnis in Deutschland nur eine kleine Minderheit teilte.

Hätte man deshalb Ebert, Scheidemann und die Unabhängigen Sozialdemokraten unterstützen sollen, die sich mit den Reformen seit dem 9. November begnügten? Einige von ihnen (Ebert, Scheidemann und Noske) hatten mit der Armee paktiert!

Wer wollte im haßerfüllten Klima, das seit dem 4. August 1914 herrschte, einen solchen Kompromiß? Wer bildete sich ein, daß er von Dauer sein würde?

Liebknecht hatte eine Mitgliedschaft im Exekutivkomitee der Arbeiter- und Soldatenräte abgelehnt. Und für Ebert und Scheidemann waren Rosa Luxemburg und Karl Liebknecht »verantwortungslos«, weil sie das Lumpenproletariat zu Aktionen aufhetzten, die Deutschland ruinieren könnten.

Alle, die Sozialdemokraten von USPD und SPD, lehnten die Russische Revolution ab. Sie hatten sich für die Mächte der Entente entschieden, da sie deren Institutionen für demokratisch hielten und die gleichen für Deutschland anstrebten.

»Ich hasse die Revolution wie die Sünde«, soll Ebert gesagt haben. Jedenfalls trennte ihn eine unüberbrückbare Kluft von Rosa und den Spartakisten.

Doch was als abstrakter Entwurf wünschenswert gewesen sein mochte, war menschlich und historisch unmöglich. So war Rosa mit der Schwäche ihres Lagers und dem ständigen Extremismus ihrer Anhänger konfrontiert. Sie war zu einem verbalen Radikalismus gezwungen und wußte genau, daß sie ihre Zuhörer nicht sofort überzeugen konnte.

Selbst ein Mann wie Radek, der die schwache Position des Spartakusbundes kannte, machte ihr wegen des aggressiven Tones ihrer Reden und Artikel Vorwürfe. Sie antwortete, man dürfe Reden vor den Massen und die Darlegungen vor den Mitgliedern des Spartakusbundes nicht miteinander verwechseln.

Als ob dies mäßigend auf die Massen gewirkt und als ob nicht der aggressivere Ton die Oberhand behalten hätte.

Im übrigen ging sie über die Mahnung achselzuckend hinweg: »Wenn ein gesundes Kind geboren wird, schreit es und piepst nicht.«

Trotz der schlagfertigen Antwort dürfte sie sich über die Wirkung ihrer Artikel und ihrer persönlichen Widersprüche im klaren gewesen sein.

So wie sie alle körperlichen Reserven ohne Rücksicht auf Unwohlsein und Krankheit mobilisierte, so folgte sie ihrer Logik bis zur letzten Konsequenz und gab in den Reden das letzte, obwohl sie im Grunde wußte, daß die Würfel gefallen waren, daß die Wahl Einzelner, wie sie selbst sagte, zwar unerläßlich war, der Lauf der Dinge jedoch von »Urkräften« gesteuert wurde.

Sie war Zeugin der Geschichte, deren Urteil sie voraussah. Die Seherin bewahrte ihren Scharfblick.

Sie sagte den Radikalen im Spartakusbund, daß der unausweichliche Sieg der Revolution, der viel Zeit brauche, weniger wahrscheinlich sei als das Chaos. Und in dem von ihr verfaßten Programm der Kommunistischen Partei Deutschlands, die sie trotz der Umstände der Gründung und trotz des Namens bis zu einem gewissen Grad akzeptiert hatte, heißt es: »Der Spartakusbund wird nie anders die Regierung übernehmen als durch den klaren, unzweideutigen Willen der großen Mehrheit der proletarischen Massen in ganz Deutschland, nie anders als kraft ihrer bewußten Zustimmung zu den Ansichten, Zielen und Kampfmethoden des Spartakusbundes.« Die Erkenntnis, daß die Revolution nur auf demokratischer Grundlage erreichbar war, bedeutete angesichts der Lage im November 1918 allerdings nichts anderes, als daß sie Zukunftsmusik bleiben würde: Freikorps und Regierung richteten sich darauf ein, die spartakistische Bedrohung mit Waffengewalt zu bannen. Wenigstens hatten die Spartakisten im Berliner Polizeipräsidenten Eichhorn einen Verbündeten.

Auf den Sieg des Spartakusbundes zu setzen, auf die Zustimmung der proletarischen Massen zu hoffen, war unter den gegebenen Umständen nichts anderes als eine Verzweiflungstat.

In einem demokratisch gewählten Gremium wären die Spartakisten sicher in der Minderheit gewesen. Und wie konnten sie auf den militärischen Sieg setzen angesichts der übrigen Armee, dieser entschlossenen Verbände von Freikorps und Garderegimentern, denen Noske, inzwischen Truppenbefehlshaber in Berlin, neuerdings Besuche abstattete?

Noske hatte sich bereit erklärt, die Spartakisten mit repressiver Gewalt zu vernichten: »Meinetwegen! Einer muß der Bluthund werden. Ich scheue die Verantwortung nicht.«

Rosa bleibt unter diesen Umständen nichts anderes übrig, als den Weg weiterzugehen, von dem sie weiß, daß er ins Martyrium führt. In einen Tod, der nicht umsonst ist.

Sie schreibt dies übrigens auch und kleidet ihre Überzeugung dabei in eine religiöse Bildersprache. Im Paroxysmus dieser Tage wird sie zur Mystikerin.

»Die proletarische Revolution«, verkündet sie, »kann sich nur stu-

435

fenweise, Schritt um Schritt, auf dem Golgathaweg eigener bitterer Erfahrungen durch Niederlagen und Siege, zur vollen Klarheit und Reife durchringen.«

Ein seltsamer Wortlaut für eine programmatische Rede zur Gründung einer neuen Partei, die in den letzten Dezembertagen 1918 in Erscheinung tritt.

Und wie um im Bild zu bleiben – sie entlehnt ihre Bilder stets dem Christentum, nie dem Judaismus, weil die Begriffe von Opfer, Auferstehung und Erlösung hauptsächlich christliche Begriffe sind und weil der Sozialismus dem Christentum besonders viel verdankt –, fährt sie fort: »Kreuziget ihn [Spartakus]! rufen die Kapitalisten, die um ihre Kassenschränke zittern. Kreuziget ihn! rufen die Kleinbürger, die Offiziere, die Antisemiten, die Preßlakaien der Bourgeoisie, die um die Fleischtöpfe ihrer bürgerlichen Klassenherrschaft zittern. Kreuziget ihn! rufen die Scheidemänner, die wie Judas Ischariot die Arbeiter an die Bourgeoisie verkauft haben und um die Silberlinge ihrer politischen Herrschaft zittern. Kreuziget ihn! wiederholen noch wie ein Echo getäuschte, betrogene, mißbrauchte Schichten der Arbeiterschaft und Soldaten, die nicht wissen, daß sie gegen ihr eigen Fleisch und Blut wüten, wenn sie gegen den Spartakusbund wüten ... Dadurch wird bestätigt, daß in ihm das Herz der Revolution pocht, daß ihm die Zukunft gehört.«

Rosa schlägt einen *mystischen, religiösen und prophetischen,* nicht den kühl berechnenden Ton einer Parteiführerin an, die Machtpositionen sichert und zu erringen versucht. Es ist der Ton einer intelligenten scharfsinnigen Frau mit tieferer Eingebung, umgetrieben von der *Leidenschaft der Gläubigen und Seherin,* die ihr Leben ganz in den Dienst der Überzeugung stellt.

Dieses politische Manifest klingt nach wie ein Testament, das mehr in die Tradition des religiösen Schrifttums paßt als in eine Reihe parteipolitischer Programme. Es gleicht einem Testament, als wisse Rosa Luxemburg an diesem 1. Januar 1919, daß ihr ganze zwei Wochen bleiben.

22. »Und schließlich muß man die Geschichte
so nehmen, wie sie laufen will.«
(1. Januar – 12. Januar 1919)

Am 1. Januar 1919 ist Rosa Führungsmitglied einer neuen Partei. Sie ist in der vorausgegangenen Nacht endgültig gegründet worden: die Kommunistische Partei Deutschlands oder, wie Rosa sie lieber nennt, der Spartakusbund.

Rosa ist trotz der beruhigenden Worte an ihre Freunde besorgt. Die Delegierten haben sie und Leo Jogiches niedergestimmt, aber sie läßt sich nicht beirren: »Unsere ›Niederlage‹ war nur der Sieg eines etwas kindlichen, unausgegorenen, engstirnigen Radikalismus.« Und gegenüber Clara Zetkin meint sie weiter: »Vergiß nicht, daß die ›Spartakisten‹ zu einem großen Teil eine frische Generation sind, frei von den verblödenden Traditionen der ›alten bewährten‹ Partei – und das muß mit Licht- und Schattenseiten genommen werden.«

Sie akzeptiert diese beiden Seiten, obwohl die pessimistische Haltung ihres Vertrauten Leo Jogiches sie in ihrem Unbehagen bestärkt. Leo steht noch immer auf dem Standpunkt, daß die Parteigründung verfrüht war, und sieht sich durch die Entscheidung der Delegierten bestätigt, auf die Teilnahme an den Wahlen zur verfassunggebenden Versammlung zu verzichten. Rosa widerspricht ihm nicht, er sagt nur laut, was sie denkt. Als Jogiches ihrer Freundin Clara Zetkin rät, in der USPD zu bleiben und nicht dem Spartakusbund beizutreten, stimmt sie zu. Nur Karl Liebknecht ist begeistert und optimistisch.

Rosa spart sich die leidenschaftlichen Töne für die Kolumnen der *Roten Fahne* auf. Privatim behält sie den Weitblick und versucht, Liebknechts Überschwang zu bremsen.

Sie steht damit allein da. Doch was soll sie sonst tun?

An diesem ersten Tag des Jahres 1919 ist es kalt und grau in Berlin.

Nebel dämpft den Straßenlärm. Die Leute gehen spät schlafen. »Der Acheron ist in Bewegung geraten«, hat Rosa in der *Roten Fahne* als Anspielung auf die Streikbewegung und die Massenaktionen geschrieben. Trotzdem scheint alles ruhig an diesem 1. Januar. Dann entdeckt Rosa im *Vorwärts,* dem Organ der Regierungssozialisten von der SPD, den Hetzartikel gegen Eichhorn, den Polizeipräsidenten der Unabhängigen. »Russische Gelder« soll er empfangen haben. Er wird als Gauner beschimpft, als eine »Gefahr für die öffentliche Sicherheit«. Rosa begreift, daß die Sozialdemokraten Ebert, Scheidemann und Noske beschlossen haben, das letzte »linke« Hindernis auf ihrem Weg zur Macht aus dem Weg zu räumen.

Rosa nimmt die Sache zur Kenntnis, ist aber zu sehr mit der Alltagsarbeit beschäftigt, um das weitere vorauszusehen. Am 4. Januar kann sie beim Umbruch der *Roten Fahne* gerade noch ein paar Minuten erübrigen, um ihrer Freundin Marta Rosenbaum einen kurzen Brief zu schreiben. Von Kurt Rosenfeld hat sie erfahren, daß Marta sich wegen ihrer Polemik gegen die Unabhängigen Sozialdemokraten in der *Roten Fahne* gekränkt fühlt.

»Es war mir, als wenn einem ein Ziegelstein auf den Kopf fällt. Habe ich mir durch die ganze Zeit unserer Freundschaft nicht so viel Vertrauen verdient, daß Mißverständnisse ausgeschlossen sind? Es war schmerzlich.« Rosa scheint sich über den scharfen Ton ihrer Angriffe nicht im klaren zu sein. Als müßten die Freunde wissen, daß sie trotz ihrer heftigen Polemik die alte geblieben ist, eine sensible, menschliche Frau, die die Persönlichkeit eines Menschen nie auf seine politische Anschauung reduziert.

»Nun«, seufzt sie, »man muß auch das in Kauf nehmen.« Resigniert klingen diese wenigen Worte vom 4. Januar, fatalistisch und etwas verbittert. Wer weiß schon, wie es in ihr aussieht, wie sie lebt? Die Sachzwänge.

Sie faßt sich: »Wir müssen uns sprechen«, fährt sie fort. »Und kein Schatten darf zwischen mir und meiner lieben Marta mit dem goldenen Herzen stehen.«

In der Redaktion der Roten Fahne, wo sie sich am 4. Januar wie jeden Tag aufhält, erhält sie Eilpost und Informationen. Ein kurzes

438

antisemitisches Flugblatt landet auf ihrem Schreibtisch. Es ist gegen Paul Levi und sie gerichtet. Judas greife nach der Krone, heißt es darin. Und Deutschland werde von Levi und Rosa Luxemburg regiert. Die Dummheit widert sie an.

In einer weiteren Hetzschrift steht, sie und Karl Liebknecht, die Führer des Spartakusbundes, veranstalteten regelrechte Orgien.

Rosa weiß sehr wohl, daß solche Verleumdungen die Runde machen und die öffentliche Meinung beeinflussen können. Daß Lügen eine Wirkung zeitigen, hat sie im August 1914 schmerzlich erfahren. Trotzdem hat sie für die Kampagne nur Verachtung übrig. Am Ende wird ihr die Zukunft recht geben.

Schlimmer ist die Parade auf dem Truppenübungsplatz Zossen bei Berlin, eine Militärschau, zu der General von Lüttwitz Ebert und Noske eingeladen hatte: 4000 entschlossene Freiwillige, »richtige Soldaten«, wie Ebert meinte. Und Noske beugte sich zu ihm hinüber und antwortete, er könne unbesorgt sein, er werde schon sehen, wie sich das Rad weiterdrehe.

An diesem 4. Januar verfügt General von Lüttwitz um Berlin über fast 80 000 Männer. Sie wollen nur eins: Nach Berlin und die spartakistischen Banditen liquidieren.

Am 4. Januar trifft plötzlich die Nachricht ein, daß die seit dem 1. Januar laufende Pressekampagne im *Vorwärts* Erfolg gehabt hat: Die Regierung will den Polizeipräsidenten Eichhorn durch ein Mitglied der SPD, den Rechtssozialisten Eugen Ernst, ablösen.

Eichhorn denkt nicht daran, das Amt niederzulegen. Unter den Linken Berlins herrscht Aufruhrstimmung. Auch Rosa glaubt, daß etwas unternommen werden muß. Eberts und Scheidemanns Entscheidung, die vermutlich nur der Auftakt zu weiteren Offensiven ist, darf nicht hingenommen werden.

Der Zentralvorstand der Groß-Berliner Organisation der Unabhängigen Sozialdemokraten, dem sich die Revolutionären Obleute angeschlossen haben, versammelt sich am Abend. Nach endloser Debatte wird beschlossen, Eichhorns Abberufung entgegenzutreten. Wie? Mit Demonstrationen. Die *Rote Fahne* verlangt dagegen revolutionäre Maßnahmen, die Bewaffnung des Proletariates. Die

Massen müßten auf die Straßen, schreibt Rosa. Man müsse sie mobilisieren.

Trotzdem gehört sie innerhalb der Führung des Spartakusbundes – gegen Liebknecht – zu denen, die nicht zum Sturz der Regierung Ebert aufrufen. Die Zeit sei noch nicht reif, die Provinz werde Berlin nicht folgen. Die Partei schließt sich der Position an.

Erneut zeigt Rosa zwei Gesichter.

Trotz ihrer weitsichtigen und besonnenen politischen Analysen peitscht sie in der *Roten Fahne* die Massen auf. Noch immer glaubt sie, daß Geschichte durch die Bewegung der Massen gemacht wird, daß man sich der Woge nicht entgegenstellen, sie nicht bremsen darf, sondern daß man ihr freien Lauf lassen muß.

Am 5. Januar sind die Massen auf den Straßen Berlins. Ein Flugblatt hat zu einer einfachen Protestdemonstration aufgerufen: »Es gilt eure Freiheit. Es gilt eure Zukunft. Es gilt das Schicksal der Revolution ... Es lebe der revolutionäre, internationale Sozialismus!«

Hunderttausende von Demonstranten drängen sich in der Berliner Innenstadt von der Siegesallee bis zum Alexanderplatz. Unter der Menge sind bewaffnete Arbeiter und Soldaten, »eine Armee«, so ein Zeitzeuge, »wie kein Ludendorff sie gesehen«. Nach Scheidemanns und Noskes Einschätzung kann sie jetzt noch weggefegt werden.

Auf dem Balkon des Berliner Polizeipräsidiums zeigen sich Liebknecht und Ledebour von der USPD neben Eichhorn. Eichhorn ruft, er habe seinen Posten von der Revolution erhalten und werde nur vor der Revolution weichen. Was aber mit der Menge anfangen, wenn sich die Führer uneins sind?

Sie haben einen »Koordinationsausschuß« gebildet, in dem die Unabhängigen Sozialdemokraten, die Revolutionären Obleute und die Spartakisten vertreten sind. Liebknecht ist Vorsitzender. Die spartakistische Führung und Rosa verlangen von ihm, sich auf keinerlei Aktionen zum Sturz der Regierung einzulassen. Die Unabhängigen zögern. Nach Meinung der Revolutionären Obleute ist die Zeit noch nicht reif. Doch die Massen sind da. In ungeheurer Zahl.

»Der Nebel stieg«, berichtet ein Zeuge, »und die Massen standen weiter. Aber die Führer berieten. Die Massen fieberten vor Erregung: Sie wollten eine Tat, auch nur ein Wort, das ihre Erregung besänftigte. Fast keiner wußte, welches.«

Und Rosa ist noch immer zwiegespalten. Sie hat diese Menge am Morgen des 5. Januar gesehen. Sie wittert den berauschenden »Geruch« der Revolution, der über den Köpfen liegt, über dem schwarzen Meer der Hunderttausende, deren Atem sich in den Nebel mischt.

»Wenn die Scharen entschlossene, zielklare Führer gehabt hätten, an Stelle von Schwadroneuren, hätten sie am Mittag dieses Tages Berlin in der Hand gehabt«, kommentiert Noske später.

Rosa spürt es, weiß es. Doch zugleich denkt sie an das ungewisse Danach. Wer stellt sich den 80 000 Soldaten in den Weg? Und was macht Berlin, wenn die Provinz nicht folgt? Soll man nach den Erfahrungen der Pariser Kommune eine Berliner Kommune in Kauf nehmen?

Sie muß es niederschreiben an diesem 5. Januar: Sie spricht sich in Diskussionen mit Jogiches und Paul Levi gegen eine bewaffnete Erhebung aus und scheint über den Verlauf der Ereignisse betroffen.

Ein Revolutionsausschuß hat sich gebildet. Die gewaltigen Massen, die unbesiegbar scheinen, schlagen Liebknecht in ihren Bann, reißen ihn mit. Ist dies nicht die Stunde der Revolution? Er verfaßt eine Proklamation. Obwohl sie unveröffentlicht bleibt, gibt sie die allgemeine Stimmung wieder: *»Die Regierung Ebert-Scheidemann hat sich unmöglich gemacht. Sie ist von dem unterzeichneten Revolutionsausschuß ... für abgesetzt erklärt.«*

Die Proklamation fügt sich in die unkontrollierten Aktionen einer Splittergruppe von Linksradikalen. Nachdem sie das Gebäude des *Vorwärts* bewaffnet in ihre Gewalt gebracht haben, besetzen sie am 5. und 6. Januar die wichtigsten Verlagshäuser und Druckereien. Das ist zuviel und zugleich nicht genug.

Am 6. Januar versagen die Streitkräfte den Revolutionären, die fest mit ihnen rechneten, die Unterstützung. Die Division der revolutionären Matrosen lehnt eine Teilnahme an einem Aufstand ab. Für den Kampf gegen die Freikorps stehen gerade 10 000 schlecht geführte, unvorbereitete und spärlich bewaffnete Männer zur Verfügung. Und sie müßten gegen das Prinzip der Legalität verstoßen: Das Exekutivkomitee der Räte hat Eichhorns Absetzung inzwischen gebilligt. Mit ihrem Schritt in den Aufstand haben die linken Kräfte Schwäche gezeigt und sich eine Blöße gegeben.

Am 6. ist auf einem Flugblatt der Sozialdemokratischen Partei Deutschlands von den »bewaffneten Banditen des Spartakusbundes« die Rede, »von Irrsinnigen und Verbrechern«, die zum »blutigen Bürgerkrieg« nach russischem Vorbild aufhetzten und »die »Arbeiterschaft« mit »Anarchie und Hunger« bedrohten.

In der Reichskanzlei warnen Ebert und Scheidemann diejenigen, die eine »Diktatur Liebknechts und Rosa Luxemburgs« errichten wollen. Und Noske, jetzt Befehlshaber der Truppen, zieht seine Freikorps zusammen und bereitet ihren Einsatz vor.

In der extremen Linken herrscht Verwirrung. Die Unabhängigen Sozialdemokraten und die Verantwortlichen des Spartakusbundes wollen verhandeln, ebenso die Arbeiter und die Revolutionären Obleute. Sie wollen den Bruderkrieg vermeiden, ihre Kräfte nicht in einem sinnlosen Unternehmen verschwenden.

Schon am 6. Januar ziehen die ersten Freikorps in Berlin ein und brechen den Widerstand mit brutaler Gewalt. Radek schreibt an die Führer des Spartakusbundes, daß dieser Kampf hoffnungslos sei.

Aber wie einen Karl Liebknecht überzeugen, dessen Sohn Wilhelm zu den Besetzern des *Vorwärts* gehört und der ebenfalls zum äußersten entschlossen ist?

Und Rosa? Sie hat ein musterhaftes politisches Leben geführt und persönliche Opfer gebracht und genießt deshalb Autorität.

Aber die junge Generation macht keine Anstalten, sich führen zu lassen, auch nicht von einer erfahrenen Führerin der Arbeiterbewegung. Und wer von den blinden Aktionisten, den Besetzern des *Vorwärts,* kennt schon *Die Akkumulation des Kapitals?* Wer Rosas Artikel gegen den Revisionisten Bernstein, die vor Jahren in der

Neuen Zeit erschienen sind? Dagegen wissen alle, ob Spartakisten oder ihre Gegner, ob Sozialdemokraten oder Soldaten der Freikorps, daß Rosa Luxemburg die Galionsfigur, das Gewissen und die Feder des »internationalistischen« Sozialismus ist und keine Kompromisse kennt.

»Wo ist unsere Rosa?«, brüllen die Haudegen der Freikorps, als sie die aufständischen Spartakisten aus den besetzten Gebäuden prügeln und anschließend kurzen Prozeß mit ihnen machen.

Für Oberst Reinhard, den Kommandanten der Truppen, die in Berlin einziehen und die Stadt säubern, sind die Spartakisten »Mörder und Plünderer«, die das Feuer auf seine Leute eröffnet hätten. Er handle als Soldat, und in diesen Fragen habe er weder vom Rat der Volksbeauftragten noch vom Zentralrat Anweisungen entgegenzunehmen.

Und für die Offiziere der Freikorps, die mit der Säuberungsaktion befaßt sind, sind sie »Lumpen« und »Halunken«. Sie stöbern sie in ihren Schlupfwinkeln auf, reißen sie zu Hause aus dem Schlaf, stoßen ihnen Gewehrkolben ins Gesicht und erschießen sie.

Angesichts der Entwicklung und der Spaltung des eigenen Lagers ist Rosa über Liebknechts Haltung bestürzt und über den Ausbruch der Kämpfe verzweifelt: Die Massenkundgebungen sind außer Kontrolle geraten, die verunsicherte Führung hat sich von jungen Aktionisten überrumpeln lassen, von den Anhängern eines »kindlichen Radikalismus«, wie sie ihn nennt. Jetzt wäre es an der Zeit, weiteres Blutvergießen zu vermeiden und den Rückzug anzutreten.

Statt dessen redet Rosa in den Leitartikeln der *Roten Fahne* dem Radikalismus das Wort und geißelt die Verhandlungen der Unabhängigen mit der Regierung Ebert.

Und die Verhandlungen sind tatsächlich zum Scheitern verurteilt: Die Linke wird von den Radikalen dominiert, und die Regierung will aufräumen, ein für alle Mal.

Und Rosa geht noch weiter. »Die Massen sind bereit«, schreibt sie am 7. Januar, »jede revolutionäre Aktion zu unterstützen, für die Sache des Sozialismus durch Feuer und Wasser zu gehen.«

Welche »Massen«? Die Front der »Aufständischen«, in die das Schwert der Freikorps fährt, bröckelt von Stunde zu Stunde. Was hat sie vor?

Glaubt sie an einen erneuten Aufmarsch der Massen? Statt die Lage nüchtern einzuschätzen, statt zu einem geordneten Rückzug, ja zur Übergabe der Waffen aufzurufen – wozu Radek unter Berufung auf Lenin rät –, heizt sie die Stimmung an: »Handeln! Handeln! Mutig, entschlossen, konsequent – das ist die verdammte Pflicht und Schuldigkeit der Revolutionären Obleute und der ehrlich sozialistischen Parteiführer.«

Was erhofft sich Rosa von diesem Aktionismus? Sie führt ein pädagogisches Argument an: »Die Organisation der revolutionären Aktionen muß und kann eben nur in der Revolution selbst gelernt werden, wie das Schwimmen nur im Wasser gelernt wird...«

Ist es nicht unverantwortlich, ja unmenschlich, zu einem aussichtslosen Kampf aufzurufen, nur um aus ihm zu »lernen«? Und ist es nicht sinnlos, Hunderte Tote in Kauf zu nehmen, die für den späteren Kampf fehlen? Gar nicht zu reden von den politischen Konsequenzen eines bewaffneten Zusammenstoßes, der auf Jahre, ja auf Jahrzehnte hinaus jede Annäherung zwischen den verfeindeten Parteien verhindert. Und wer gewinnt, wenn die Linke gespalten ist, wenn nicht der Klassenfeind?

Am 8. Januar, als die Niederlage bereits sicher ist, schreibt sie noch: »Redet nicht! Beratet nicht ewig! Unterhandelt nicht! *Handelt!*« Die Freikorps morden, belagern die von Aufständischen besetzten Gebäude. Die Massen begehren nicht auf, im Gegenteil. Die Arbeiter sind gegen die Konfrontation. Sie sehen darin nur einen Streit zwischen Minderheiten, einen Machtkampf zwischen Politikern.

»Arbeiterschaft Berlins«, verlangen die Komitees der Fabrikarbeiter, »verständigt Euch, wenn nicht mit, dann gegen Eure Führer.«

Chaos und Verwirrung herrschen. Liebknecht bleibt bei seiner Politik der Konfrontation, obwohl die spartakistische Führung den Rückzug will.

Und Rosa Luxemburg ruft mit der Feder zum Handeln auf, obwohl sie die Sache verloren weiß. Es ist, als sehe sie in der heraufziehenden Niederlage ein Mittel, das eigene Leben zu beenden, ein Fanal für die Zukunft, weil es in der Gegenwart nur Enttäuschung gibt.

»Die Revolutionen haben uns bis jetzt lauter Niederlagen gebracht, aber diese unvermeidlichen Niederlagen häufen gerade Bürgschaft auf Bürgschaft des künftigen Endsieges...«

Ist dieser Glaube etwas anderes als die Flucht vor den Realitäten der Gegenwart? Sind ihre Aufrufe in der *Roten Fahne* nicht selbstmörderische Durchhalteparolen, da die Niederlage unvermeidlich ist?

Sicher steckt hinter den Aufrufen auch der taktische Wille, den Aufständischen zu demonstrieren, daß Spartakus sie nicht im Stich läßt, daß die Spartakisten anders als die Unabhängigen zu keinen Verhandlungen mit den Eberts und Scheidemännern bereit sind.

Rosas zwiespältige Haltung spiegelt die krassen Widersprüche ihres inneren Erlebens wider: hier politische Klarsicht und die Gewißheit, daß der Aufstand zum Scheitern verurteilt ist, dort der Sog von »Trubel« und Aktion, Glaube an Spontaneität, Zuversicht und vor allem das existentielle Streben, bis zum äußersten zu gehen und Stellung zu beziehen. Und zu sterben.

Am 11. Januar, als Noskes Truppen gerade das Gebäude des *Vorwärts* zurückerobert haben, schreibt sie Clara Zetkin einen letzten Brief. Sie spricht als Parteiführerin, die kühl die Ereignisse analysiert. »In Wirklichkeit«, referiert sie, »wird die Frage der Nationalversammlung von den stürmenden Ereignissen ganz in den Hintergrund geschoben...«

Dann aber läßt sie durchblicken, wie prekär die Situation geworden ist, spricht vom »Trubel« und der »stündlichen Gefahr«, von »Wohnungswechsel, Hatz und Jagd«: »Viele unserer braven Jungen sind gefallen, Meyer, Ledebour und (wie wir befürchten) Leo sind verhaftet.« Erneut zeigt sich ihr Fatalismus, ihre Bereitschaft zur Resignation: »Und schließlich muß man die Geschichte so nehmen, wie sie laufen will.«

An diesem 11. Januar ist Berlin mit wenigen Ausnahmen von den »bewaffneten Banden«, wie Scheidemann sie nennt, befreit. Die letzten Gebäude – das Polizeipräsidium, die Druckereien der Zeitungen und die Verlage – werden in den folgenden Stunden zurückerobert.

Und die Geschichte – Rosa Luxemburg hat es mit ihrem Wort von den »unvermeidlichen Niederlagen« vorausgesehen – bringt es mit sich, daß »die Regierung Liebknecht-Ledebour und ihre Gefolgschaft von Fanatikern und Räubern abgetan« ist, wie Scheidemann frohlocken kann. Die Sozialdemokraten der Regierung können sich auf ihren Sieg bei den Wahlen zur Nationalversammlung vorbereiten, die für 19. Januar vorgesehen sind.

Rosas Niederlage ist komplett. Sie hatte ein ganzes Leben auf diesen Augenblick, auf diese revolutionäre Chance gewartet, und jetzt, wo sie da war, fehlte ihr die Kraft für klare politische Entscheidungen, predigte sie die Aktion um der Aktion willen, richtete ihre Haltung auf Fernziele aus, ließ sich in ihren Handlungen weniger von einer sachlichen Einschätzung der Lage als vielmehr von der spannungsgeladenen Atmosphäre leiten, für die sie in all den Jahren des Kampfes, der Gefangenschaft und der Leiden besonders empfänglich geworden war.

Es ist, als habe sich Rosa Luxemburg in der Politik der Gegenwart nicht heimisch gefühlt, als habe sie stets den Punkt dahinter anstreben und sich immer an der übergreifenden historischen Perspektive orientieren müssen, eine Haltung, die auf intellektueller und theoretischer Ebene ungemein fruchtbar wirkt, die aber, wenn es um Taktik geht und Bewaffnete sich gegenüberstehen, wirkungslos, ja fatal ist.

Und mußte sie in dieser blutigen Woche, in der sich die Unabhängigen und die Spartakusleute erneut hätten verbünden können, denn schreiben: »Vor allem aber muß die nächste Zeit der Liquidation der USP, dieses verwesenden Leichnams, gewidmet werden, dessen Zersetzungsprodukte die Revolution vergiften?«

Welche Massen hätten dies als »oberstes Ziel« begreifen sollen? Rosa gehorchte ihrer Logik und ihrem Willen, über die Lage aufzuklären und der Zukunft zum Durchbruch zu verhelfen. Dabei bedachte sie nicht die Wirkung ihrer heftigen Worte, oder sie wollte sie nicht bedenken.

Ein solches Verhalten entsprach ihrer Überzeugung, recht zu haben, ihrer Vorliebe für scharfe Formulierungen, ihrer Leidenschaft. So kann sie denn auch im gleichen Moment, in dem sie so etwas schreibt, in der Führung des Spartakusbundes die linksradikalen, extremistischen Positionen verurteilen, die sie selbst vertritt.

So soll sie mehrmals erklärt haben, daß die Zusammenarbeit mit Liebknecht nicht mehr möglich sei, weil er sich als unverantwortlich erwiesen und die Direktiven der Parteiführung, die Besonnenheit verlangt hatte, nicht beachtet habe.

Und sie selbst? Hatte sie in der *Roten Fahne* nur einen Augenblick zur Zurückhaltung aufgerufen, nur einen Augenblick vor unüberlegten Aktionen gewarnt?

Sie konnte gleichsam diejenigen moralisch *nicht im Stich lassen,* die bis zum Äußersten gehen wollten, die sich irrten, jedoch bereit waren, für die Ideale zu sterben. Revolutionäre, die vorbildlich Stellung bezogen und die man nicht verdammen durfte, weil ihr *Glaube* am stärksten war.

Sie irrten sich, und die Politikerin Rosa gab dies auch zu, wenn sie vor der spartakistischen Führung sprach. Doch sie allein lassen, das vermochte sie nicht. Da sie die Genossen bewunderte und überzeugt war, daß persönliche Opfer und Niederlagen notwendige Etappen auf dem Golgathaweg der Revolution seien, durfte sie ihnen die Unterstützung nicht entziehen.

Ihr Blut bewässerte künftige Ernten. Und sie mußte bei ihnen sein. Revolutionäre Augenblicke brauchten Märtyrer. Eines Tages würden die Massen sie als solche erkennen und ihnen folgen.

Doch der persönlichste und entscheidendste Grund für das verzweifelte Aufbegehren zum Schluß war, daß ihre Kräfte versiegten. Sie spürte, daß sie über diese Etappe, diese Station ihres »Kreuzweges«, nicht hinauskommen würde.

Kreuziget Spartakus, hatte sie geschrieben, und die Scheidemänner hätten »wie Judas Ischariot die Arbeiter an die Bourgeoisie ver-

447

kauft«. Wie hätte gerade sie, die Spartakus verkörperte, ihrem Schicksal entgehen sollen? Wußte sie, daß sie sich wie so viele vor ihr für den Tod entschieden hatte?

Wie die gefangenen Spartakisten, die sich am 11. Januar bei der Erstürmung des Vorwärts-Gebäudes ergeben hatten und erschossen worden waren. Unter ihnen auch der Journalist Wolfgang Fernbach.

Und Rosa mochte sich auch an die ferne Jugendzeit, an die Gehenkten im Hof der Zitadelle von Warschau, erinnert haben. Rosa weiß wohl nicht, daß ihr Tod besiegelt ist, aber sie ist fest entschlossen, nichts zu ihrem Schutz oder ihrer Rettung zu unternehmen.

In einer Stadt, in der Tausende von Soldaten mit Gewehrkolben Türen einschlagen, Genossen standrechtlich erschießen und »Wo ist unsere Rosa?« johlen, ist das glatter Selbstmord. Und wie bei den ersten Märtyrern, deren Glaube noch niemand versteht, wird sie keiner beschützen.

Am 11. Januar fährt ihre Freundin, die Spartakistin Käthe Duncker, mit der Straßenbahn zu der Wohnung, in der Rosa und Karl Liebknecht untergebracht sind.

Noch immer sind Schüsse zu hören. Lastwagen voller Soldaten mit Maschinengewehren auf den Führerhäusern fahren vorbei, während Trupps der Freikorps mit aufgepflanztem Bajonett durch die Schloßstraße marschieren.

Eine Frau neben Käthe Duncker schreit: »Auf jedes dieser Bajonette sollte man einen Spartakisten spießen!«

Käthe Duncker ist empört: »Schämen Sie sich nicht? Sie sind doch eine Frau!«

Wie Rosa Luxemburg später in der Wohnung am Blücherplatz berichtete, hatte sie fast alle Fahrgäste gegen sich. Die Leute packten sie und wollten sie aus der Straßenbahn werfen. Ein alter Herr mischte sich ein. Ihm verdankte sie es, daß sie noch bis zur nächsten Haltestelle kam.

Trotz dieser Stimmung denkt Rosa nicht daran, Berlin zu verlassen.

23. *»Ich war, ich bin, ich werde sein.«*
(13. Januar – 15. Januar 1919)

Sie hält die Stellung in ihrem Büro in der Redaktion der *Roten Fahne*. Paul Levi legt ihr dringend nahe, unterzutauchen und aus Berlin zu fliehen. Sie antwortet, man dürfe sich nicht aus dem Staub machen, wenn Arbeiter in der Schlacht fielen. Und die Zeitung muß erscheinen, muß Aufklärungsarbeit leisten, Orientierung geben. Rosa muß die Arbeit fortführen.

Nach Ernst Meyer und Georg Ledebour werden am 11. Januar Mathilde Jacob und Paul Levi verhaftet. Jogiches, der ebenfalls gefaßt wird, gelingt die Flucht aus der Stadt.

Andere wie der einstige Polizeipräsident Eichhorn oder Scholze, der Vertreter der Revolutionären Obleute, haben die Hauptstadt bereits verlassen. Rosa denkt nicht daran zu gehen.

Ihre Wangen sind eingefallen, dunkle Schatten liegen unter ihren Augen, und ihre Haut ist aschfahl. Aber trotz physischer Erschöpfung funkeln Tatkraft und Entschlossenheit aus ihrem Blick. Sie bleibt in Berlin.

Karl Liebknecht teilt ihre Entschlossenheit, ihren Trotz, und schlägt sogar vor, eine Versammlung einzuberufen, obwohl in der Stadt der Ausnahmezustand herrscht.

Als die Schlinge sich zusammenzieht, beschließen sie endlich unterzutauchen. Am 12. und 13. Januar verstecken sie sich in Neukölln, aber die Haussuchungen häufen sich, Patrouillen kontrollieren die Straßen. Bald sind sie dort nicht mehr sicherer als in den Redaktionsräumen der *Roten Fahne*. Sie weichen in das bürgerliche Viertel Wilmersdorf aus, wo sie in der Mannheimer Straße 43, der Wohnung der Familie Markussohn, unterkommen.

In Berlin werden Flugblätter verteilt, in denen zur Denunzierung und Ermordung der Spartakisten aufgerufen wird. Rosa hat auf dem Weg in die Mannheimer Straße die Plakate gesehen, die überall in Berlin an den Mauern kleben: »Arbeiter, Bürger! Das Vaterland ist dem Untergang nahe. Rettet es! Es wird nicht bedroht von außen, sondern von innen: Von der Spartakusgruppe. Schlagt ihre Führer tot! Tötet Liebknecht! Dann werdet ihr Frieden, Arbeit und Brot haben!«

Am 13. Januar bringt man Rosa den *Vorwärts*. Die Ausgabe feiert den Sieg der Regierungssozialdemokraten über die »Verbrecher und Banditen«, die Spartakisten Rosa Luxemburgs und Karl Liebknechts. Die Führer der Bewegung werden verächtlich gemacht. Sie seien untergetaucht und geflohen, nachdem sie die Arbeiter in ein tödliches Abenteuer gehetzt hätten.

Arthur Zickler, ein regelmäßiger Mitarbeiter des *Vorwärts,* stellt sie in einem Gedicht bloß:

> Das Leichenhaus
> Vielhundert Tote in einer Reih Proletarier!
> Es fragten nicht Eisen, Pulver und Blei,
> ob einer rechts, links oder Spartakus sei,
> Proletarier!
> Wer hat die Gewalt in die Straßen gesandt,
> Proletarier!
> Wer nahm die Waffe zuerst zur Hand
> und hat auf ihre Entscheidung gebrannt?
> Spartakus!
> Vielhundert Tote in einer Reih Proletarier!
> Karl, Rosa, Radek und Kumpanei Es ist keiner
> dabei, es ist keiner dabei!
> Proletarier!

Ein demagogisches Gedicht: Proletarier als Opfer ihrer Führer, im Stich gelassen in der Stunde des Todes. Rosa Luxemburg muß sich von diesen Versen zutiefst getroffen fühlen. Sie bestärken sie in der Überzeugung, daß ihr persönliches Opfer notwendig ist. Die Entscheidung zu bleiben war richtig. Sie muß trotz aller Gefahren bei den Märtyrern der Revolution ausharren.

Ebenfalls am 13. Januar erfährt sie, daß Konservative auf ihren und Liebknechts Kopf eine Belohnung von je 100 000 Reichsmark ausgesetzt haben.

Die Freikorps – und sicher auch Noske – wollen sich die Angelegenheit mit dem Tod der Spartakusleute vom Halse schaffen. Daran vermag auch die Regierung, selbst wenn sie wollte, nichts mehr zu ändern, denn sie hat sich in die Hand der Streitkräfte begeben.

So schreibt Karl Kautsky am 13. Januar: »Rein militärisch betrachtet, durfte die Regierung es sich gestatten, die Verhandlungen [mit den Spartakisten] praktisch abzulehnen ... Wohl geht sie siegreich aus dem Kampf hervor und gewinnt so an Kraft, aber nur dadurch, daß die bürgerlichen und militärischen Faktoren, mit deren Hilfe sie triumphiert, noch mehr an Kraft gewinnen.«

Der Sozialdemokrat Brutus Molkenbuhr, der Zeugenaussagen zur Blutorgie der Freikorps gesammelt hat, sagt, in Berlin seien notorische Verbrecher am Werk. Die Stadt sei von Mördern und Zuhältern überschwemmt. Aber alle Verbrechen dienten nur einem Ziel: dem Kampf gegen Spartakus.

Rosa packt einen kleinen Koffer. Sie will bereit sein, wenn man sie holen kommt. Zum Einschlafen liest sie Goethes *Faust*.

Am 14. Januar veröffentlichen die Zeitungen einen Appell Noskes: »Arbeiter! Soldaten! Bürger! Die von mir geführten Divisionen sind nicht Werkzeuge der Konterrevolution, dienen nicht der Unterdrückung, sondern werden die Befreiung von unerhörtem, terroristischem Druck bringen, unter dem die Masse der Bevölkerung Berlins zu leiden hatte. Sicherheit der Person und des Eigentums, Freiheit der Presse und ungehinderte Ausübung des höchsten staatsbürgerlichen Rechts, der Wahl zur Nationalversammlung, will ich unbedingt sicher stellen ... Ich fordere die Bevölkerung Berlins auf, die Truppen nach Kräften zu unterstützen und den Anordnungen der militärischen Leiter Folge zu leisten.«

Noske verlangt die Auslieferung der Waffen, kündigt Haussuchungen an, verbietet öffentliche Versammlungen und ruft dazu auf, den Straßenverkehr und die Nutzung der Fernsprechverbindungen auf das Notwendige zu beschränken. Faktisch verhängt Noske den Belagerungszustand über die Stadt, ohne es freilich auszusprechen.

Rosa hält sich in der Mannheimer Straße 43 auf und schreibt für die *Rote Fahne.* Es kann sich nur noch um Tage, ja um Stunden handeln, bis das Blatt verboten wird. Sie muß also rasch handeln, ein Resümee aus dieser Woche des Kampfes ziehen und auch die Fehler benennen. Sie beschwört den Sieg in ferner Zukunft, ruft zum Durchhalten auf. Liebknecht schreibt ebenfalls.

Beide schreiben ihren letzten Artikel.

Karls Artikel erscheint am 15. Januar in der letzten Ausgabe der *Roten Fahne,* die daraufhin für mehrere Wochen verboten wird.

Rosas Artikel erscheint am 14. Januar. »Die Ordnung herrscht in Berlin«, lautet der Titel von Rosas letzten gedruckten Zeilen. In dieser Analyse, ihrem Testament, offenbart sie ihren ganzen Glauben und ihre Hoffnung angesichts der fatalen Lage. Das Wort, die Zukunftsvision und die Gewißheit der »Erlösung« bewahren sie vor der Verzweiflung.

Sie wettert gegen den Sieg der »Regierungs-Soldateska«, die Parlamentäre »mit Kolben bis zur Unkenntlichkeit zugerichtet« hat, so daß »die Rekognoszierung ihrer Leichen unmöglich ist«, gegen den Blutrausch der Soldaten, die Gefangene an die Wand gestellt und in einer Weise hingemordet haben, »daß Schädel und Hirn« herumspritzten. Für Noske, »den ›Arbeiter‹«, hat sie nur Ekel und Verachtung übrig.

Dann fährt sie fort: »›Ordnung herrscht in Warschau!‹ – ›Ordnung herrscht in Paris!‹ – ›Ordnung herrscht in Berlin!‹ So laufen die Meldungen der Hüter der ›Ordnung‹ jedes halbe Jahrhundert von einem Zentrum des weltgeschichtlichen Kampfes zum anderen.« Eine Ordnung, die für Rosa trotz der Blutbäder, mit denen sie erkauft werden, dem Untergang geweiht ist.

Für die blutige Woche in Berlin macht sie Scheidemann und Ebert verantwortlich, die »brutale Provokation der Regierung«, die das Massaker geplant und unter anderem mit dem Anschlag gegen Eichhorn ausgelöst habe. Die Massen seien politisch unreif, die

Führung habe versagt, und deshalb sei »ein *dauernder* Sieg der Revolution in diesem Zusammenstoße nicht möglich« gewesen. Warum mußte auf die Provokation reagiert werden, wenn die Niederlage feststand? Diese politische Frage, die Frage nach Rosas Haltung in dieser Zeit, entscheidet letztlich darüber, inwieweit sie und Liebknecht für die blutigen Ereignisse verantwortlich waren.

Sie wartet in der Mannheimer Straße schweigend auf ihre Verhaftung, die jeden Augenblick erfolgen kann. Sie weiß, daß auch ihr ein tödlicher Kolbenhieb droht, der sie »bis zur Unkenntlichkeit« zurichten wird (sie hat dies geschrieben, als habe sie es im Geiste vorweggenommen). Und auf Fragen nach dem Warum findet sie nur unpolitische Antworten: Es sei »Ehrensache« gewesen, und es sei ein »inneres Lebensgesetz der Revolution, nie... in Untätigkeit... stehenzubleiben«. So war die Niederlage gewiß und unvermeidlich.

Und wenn schon: »Der ganze Weg des Sozialismus ist – soweit revolutionäre Kämpfe in Betracht kommen – mit lauter Niederlagen besät. Und doch führt diese selbe Geschichte Schritt um Schritt unaufhaltsam zum endgültigen Siege!«

Sind dies intellektuelle Taschenspielertricks? Billige Ausflüchte, dazu bestimmt, einen *politischen* Irrtum zu kaschieren, eine blutige Niederlage wegzureden und den verzweifelnden Besiegten Hoffnungen zu machen?

Rosa gehört nicht zu den Schönrednern, den Zynikern. Was sie sagt, das denkt und meint sie auch.

Sie schreibt von Hoffnung und Niederlage und sieht dem Tod ins Auge. Ihre Worte sind der Gesang einer *Mystikerin vor dem Martyrium.*

»Die Massen waren auf der Höhe«, schreibt sie. Welche Massen? fragte ein Politiker, ein Historiker. Die Massen, die die Spartakisten auf Bajonette gespießt sehen wollten? Die Massen, die Ebert unterstützten? Die Massen, denen – nach Rosa – die politische Reife fehlte?

Die Massen sind das, was Rosa sich unter ihnen vorstellt, der

453

mystische Leib der Geschichte. Die Massen, schreibt sie, »haben diese ›Niederlage‹ zu einem Glied jener historischen Niederlagen gestaltet, die der Stolz und die Kraft des internationalen Sozialismus sind. Und darum wird aus dieser ›Niederlage‹ der künftige Sieg erblühen.«

Da letztlich alles auf diese Apotheose zustrebt, die den Kernpunkt von Rosas Glauben ausmacht, gibt es keine Niederlage. Der Tod triumphiert nicht, die »Auferstehung« ist immer gewiß.

So schließt Rosa ihren letzten Artikel mit dieser Gewißheit, dieser *Vision:* »›Ordnung herrscht in Berlin!‹ Ihr stumpfen Schergen! Eure ›Ordnung‹ ist auf Sand gebaut. Die Revolution wird sich morgen schon ›rasselnd wieder in die Höh' richten‹ und zu eurem Schrecken mit Posaunenklang verkünden: *Ich war, ich bin, ich werde sein!«*

Am 15. Januar, kurz nach 21 Uhr, klingelt es an der Tür der Familie Markussohn in der Mannheimer Straße 43.

Wer hat Rosa Luxemburg und Karl Liebknecht ans Messer geliefert? Ein Bewohner des Bürgerhauses, der sich über die beiden fremden Mieter und ihre Besuche gewundert hat?

Wilhelm Pieck, Rosas ehemaliger Schüler in der Parteischule, hat gerade falsche Papiere gebracht und ist noch in der Wohnung.

Rosa ruht sich in ihrem Zimmer aus. Ihr Gesicht ist von den Strapazen gezeichnet. Sie leidet ständig unter starken Migräneanfällen und hat Mühe zu atmen. Ihre Wangen sind eingefallen.

Sie hört zackige Rufe, den festen Tritt von Soldatenstiefeln. Sie packt den *Faust* und einige andere Bücher zusammen.

Als die Soldaten in ihr Zimmer eindringen, steht sie bereits mit gepackten Koffern da.

Sie nehmen sie in die Mitte. Sie hinkt hinaus zum Auto. Die Soldaten zwingen sie einzusteigen. Liebknecht haben sie schon zum Eden-Hotel gebracht. Rosas Auto fährt in die gleiche Richtung. Sie ist sich im klaren darüber, daß sie von diesen Soldaten, die sich um sie drängen und vor diesem Hotel, dem Hauptquartier der Gardekavallerie-Schützendivision, mit Beleidigungen und obszönen Schmähungen empfangen, keine Gnade zu erwarten hat.

Sie sind vom gleichen Schlag derer, die im Breslauer Gefängnis Büffel blutig schlugen oder Gefangene bis zur Unkenntlichkeit verstümmelten.

Diese Soldaten hat sie gemeint, als sie in ihrem letzten Artikel in der *Roten Fahne* vom 14. Januar über die »jämmerlich Geschlagenen von Flandern und den Argonnen« geschrieben hat. Sie haben den Artikel gelesen. Lassen sie einer Jüdin, einer Polin, dieses Wort durchgehen?

Jetzt ist sie in ihrer Gewalt. Können sie auf Rache verzichten? Rosa hat sie beschimpft, sie verhöhnt als die »siegreichen Truppen‹, denen der Berliner kleinbürgerliche Mob in den Straßen mit Tüchern winkt«, während sie ihre schmähliche Niederlage vor den Franzosen mit einem Gemetzel unter dem Berliner Proletariat wettmachen. Können sie dem »Siegesrausch der ›Ordnungs‹-Meute« widerstehen?

Als Rosa ins Eden-Hotel geschleppt wurde, dürfte sie keinen Zweifel daran gehabt haben, daß die »stumpfen Schergen«, diese vom »äußeren Feind zusammengeknickten Marssöhne«, deren »Tapferkeit sich in bestialischer Grausamkeit an Wehrlosen, an Gefangenen, an Gefallenen« austobte, auch sie nicht schonen würden.

Sie wußte es. Sie war am Ende ihres Weges angelangt. Endlich.

EPILOG

»Gräber säumen die Straße,
doch sie führt zur Gerechtigkeit.«
Jean Jaurès

Rosa Luxemburg lebt nicht mehr.
Nach den Kolbenhieben des Soldaten Runge hat man ihren leblosen Körper in ein Automobil gezerrt. Wahrscheinlich hat Oberleutnant Vogel »der alten Hure« die Kugel in die linke Schläfe geschossen, die sie letztlich tötete.
Rosa Luxemburgs Leiche wird, mit Steinen beschwert, in den Landwehrkanal geworfen.
Der Wagen ist durch die Alleen des Tiergartens gefahren, aber Rosa hatte keine Gelegenheit mehr, diese Bäume, die sie so sehr liebte, diesen Park, den sie so oft allein mit sich und den Pflanzen und Tieren, mit Luise Kautsky oder mit Hans Diefenbach durchwandelte, ein letztes Mal zu sehen.
Liebknecht ist vor ihr auf ähnliche Weise ermordet worden. Runge versetzte ihm einen Hieb in den Nacken, dann schoß ihm Kapitänleutnant Pflugk-Harttung eine Kugel in den Kopf.
Hauptmann Waldemar Pabst, der erste Stabsoffizier der Gardekavallerie-Schützendivision, empfing die Offiziere bei ihrer Rückkehr. Die Mission war erfüllt, die offizielle Darstellung stand bereits fest. Liebknecht habe fliehen wollen, da habe der Kapitänleutnant schießen müssen. Den Leichnam hatten sie bei der Polizeiwache am Zoo abgeliefert.
Für Rosa hatte man sich ein anderes Szenario ausgedacht. Unbekannte hätten den Wagen auf der Fahrt ins Gefängnis Moabit gestoppt und sich der Gefangenen bemächtigt. Wahrscheinlich sei sie gelyncht worden. Über den Verbleib der Leiche sei nichts bekannt.

Im Morgengrauen dieses 16. Januar 1919 lag eisiger Nebel über der Stadt. Man hörte die Stiefeltritte von Soldaten, die mit hochgeklappten Mantelkrägen zu weiteren Haussuchungen durch die Straßen marschierten. In den Arbeitervierteln ging die Angst um, die Bürger in anderen Stadtteilen atmeten auf. »Ordnung herrscht in Berlin«, hatte Rosa geschrieben. Die *Rote Fahne* erschien nicht mehr. Sie war verboten.

Am Morgen des 16. Januar bleibt Luxemburgs und Liebknechts Tod der Öffentlichkeit noch verborgen.

Der *Vorwärts* verkündet triumphierend auf der ersten Seite, daß die anstehenden Wahlen in Normalität und Ordnung durchgeführt werden könnten. Dies verdanke man dem entschlossenen Handeln der sozialdemokratischen Regierung unter Kanzler Ebert und dem Verantwortungsbewußtsein Noskes.

Weiter bringt die Zeitung ihren Stolz darüber zum Ausdruck, daß sich die Revolution »großzügig« gezeigt habe. Den Verantwortlichen für die Unruhen sei »kein Haar gekrümmt« worden. Sie könnten ungehindert ihre Zeitungen herausgeben und Versammlungen abhalten. Sie fühlten sich in der Republik wie ein »Fisch im Wasser« und machten von ihrer Freiheit Gebrauch. »Mögen sie dies weitertun!«

Erst die Nachmittagsausgaben der Zeitungen geben Rosas Tod bekannt – die offizielle Version, an der sie keinerlei Zweifel erheben.

Das brauchen sie auch nicht. Die Öffentlichkeit, das wissen die Journalisten, wird sich über das Verschwinden von Rosa und Karl Liebknecht nicht aufregen.

Wer war diese exaltierte Frau schon, die den meisten Deutschen ein Rätsel blieb? Eine Frau! Eine polnische Jüdin, die das Land in die Revolution stürzen wollte!

Und daß sie sich mit Karl Liebknecht und anderen Juden wie Paul Levi oder Leo Jogiches Ausschweifungen hingab und Orgien feierte, war ja bekannt.

Die Luxemburg gelyncht? Das war furchtbar, aber verständlich und entschuldbar. »Blut schrie nach Blut!« verkündet die *Tägliche*

Rundschau. »Das Blutbad, das Liebknecht und Rosa Luxemburg angerichtet, verlangte Sühne. Sie ist schnell eingetreten und war bei der Rosa Luxemburg grausam, aber gerecht. Man schlug die Galizierin tot. Der Volkszorn, übermächtig und ungeheuerlich geworden, verlangte die Rache.«

Obwohl die offizielle Darstellung geglaubt wurde, war man über den Tod Rosa Luxemburgs und ihres Genossen doch vielfach betroffen. Zur Überraschung kam das Erschrecken. Rosa war eine herausragende Politikerin gewesen, Liebknecht hatte eine wichtige Strömung im politischen Spektrum verkörpert.

Wenn ihr gewaltsamer Tod vielen auch als gerecht erschien, so löste er doch Bestürzung aus und rückte die grausame Wirklichkeit der Revolution, das Ende einer Periode, ins öffentliche Bewußtsein. Die Sozialdemokraten der Regierung und die Luxemburg-Anhänger, ebenfalls Sozialdemokraten, trennte fortan eine unüberbrückbare Kluft. Rosa Luxemburgs und Karl Liebknechts Blut stand fortan zwischen ihnen. Ihre Rivalität war erbitterter denn je.

Scheidemann, dem nachgesagt wurde, er habe gewußt, daß Rechte 100 000 Reichsmark Belohnung auf den Kopf der Spartakusführer ausgesetzt hatten, und diesen Schritt auch billigte, erhielt die Nachricht von ihrem Tod, als er gerade bei Generalfeldmarschall Hindenburg im Truppenhauptquartier Wilhelmshöhe weilte.

Die Beziehungen zwischen den SPD-Führern und den Streitkräften waren eng geworden. Die Arbeitszimmer von General Groener und Kanzler Ebert waren durch eine Direktleitung verbunden. Sie telefonierten allabendlich lange miteinander.

Ein Bündnis zwischen Sozialdemokraten und Armee erschien beiden als Vorbedingung dafür, daß die Ordnung in Deutschland wiederhergestellt und die revolutionäre Welle gebrochen werden konnte.

Auch Scheidemann war betroffen, als er von dem Doppelmord erfuhr. »Am Freitag morgen, den 17. Januar«, berichtet er, »kam ich in Berlin an, mittenhinein in die ungeheure Aufregung, die der Tod der zwei Spartakusführer unter den langsam bekannt werdenden furchtbaren Umständen verursacht hatte... Ich bedaure den Tod der beiden aufrichtig und aus guten Gründen. Sie haben Tag für Tag das Volk zu den Waffen gerufen und zum gewaltsamen Sturz der Regierung aufgefordert. Sie sind nun selbst Opfer ihrer eigenen blutigen Terrortaktik geworden.«

In Scheidemanns Augen hatte Rosa also für ihre Politik bezahlen müssen. Der Zauberlehrling war die Geister, die er gerufen hatte, nicht mehr losgeworden.

Die Betroffenheit weitete sich aus. Tausende deutscher Arbeiter hatten Rosa auf Versammlungen reden hören, und Karl Liebknechts Name war für sie untrennbar mit der Geschichte der Arbeiterbewegung verknüpft. Jetzt waren beide tot.

Erste Zweifel an der offiziellen Version wurden laut. Bald faßte die Überzeugung Fuß, daß beide einem eiskalt geplanten Mordanschlag zum Opfer gefallen waren.

Noske sollte über Rosas Verhaftung angeblich persönlich unterrichtet gewesen sein und versprochen haben, die Mörder zu decken. Immerhin hatte er ja die Soldaten der Freikorps auf freien Fuß gesetzt, die am 11. Januar, als die Besetzer des *Vorwärts*-Gebäudes über eine Übergabe verhandeln wollten, deren Parlamentäre erschossen hatten. Und für die Mißhandlungen und Erschießungen von Gefangenen durch Soldaten gab es zu viele Zeugen, als daß man sich die wahren Umstände des Todes von Luxemburg und Liebknecht nicht hätte vorstellen können.

Ihre Freunde gingen von Anfang an von einem Mord aus. Sie waren erschüttert. Leo Jogiches, dem man die physische Erschöpfung ansah, blieb nach der Todesnachricht äußerlich gefaßt, aber sobald man ihn reden hörte, wußte man, daß seine Gedanken einzig und allein um Rosa kreisten. Er lebte nur noch für sie weiter.

Er sprach wie ihm Fieber. Radek, der mit ihm am 16. Januar zusammentraf, sagte, er sei um zehn Jahre gealtert. Er hatte eine Vertraute, eine Gefährtin und Genossin verloren, die ihn ein ganzes Leben begleitet hatte. Sie war in einem politischen Kampf gefallen, den er sie gelehrt hatte. Wie konnte er weiterleben? Eine Ära war zu Ende. Ihm blieb nur noch eine kurze Frist.

Radek traf ihn am 17. Januar erneut und riet ihm dringend zur

Flucht: »Er antwortete lächelnd, das sei kein Argument, denn es müsse jemand bleiben, der [den] Nekrolog schreibe.« Am gleichen Tag schickte Jogiches ein Telegramm an Lenin: »Karl und Rosa haben ihre letzte revolutionäre Pficht erfüllt.«

Seine Aufgabe war jetzt, die ganze Wahrheit ans Licht zu bringen. Er erfüllte sie ohne Rücksicht auf das eigene Leben. Er war sicher, daß ihn Rosas Schicksal erwartete. Aber wichtig war jetzt nur, daß er diese letzte Mission für sie erfüllte. Und er mußte Rosas Werk in Sicherheit bringen. Allen Gefahren zum Trotz wagte er sich in die Wohnung in Südende, die von den Soldaten nur oberflächlich durchsucht worden war.

Er durchwühlte Schriftstücke, steckte Briefe ein, überflog Rosas Aufzeichnungen und bat Clara Zetkin, alles zu verbrennen, was ihm zu fragmentarisch erschien: Er wollte die Intellektuelle Rosa Luxemburg vor ungerechten Urteilen durch die Nachwelt schützen.

Clara Zetkin gehorchte. Sie war wie alle Freundinnen Rosas – wie Luise Kautsky, Marta Rosenbaum und natürlich die direkt betroffene Sonja Liebknecht – tief erschüttert, ja am Boden zerstört.

Als Franz Mehring die Todesnachricht erhielt, begann er zu zittern und ging stundenlang fassungslos, bestürzt und verzweifelt in seinem Zimmer auf und ab. Manchmal ließ er sich in einen Sessel fallen, sprang dann aber wieder auf und setzte die gespenstische Wanderung fort.

»Als ich drei Tage nach dem Morde vor Mehring stand«, berichtet einer seiner Diener, »war ich Zeuge seiner fürchterlichen Empörung ... Nun sah ich keine Träne mehr in seinen Augen, wohl aber das immer erneute Aufzucken des Hohns und des Zorns: ›Tiefer ist noch keine Regierung gesunken‹, murmelte er mehrfach.«

Am 29. Januar starb Franz Mehring, »der Alte«, an der Verzweiflung.

Der Mord an Rosa Luxemburg und Karl Liebknecht löste selbst bei denen Betroffenheit aus, die indirekt zu ihm aufgerufen hatten. Sie wußten, daß die allgemeinen Wahlen zur Nationalversammlung nur Fassade waren: »Wir [die Freikorps] waren die Macht im Staate ...«, erinnerte sich Hauptmann Papst später. Und die Ordnung der Soldaten beruhte auf Waffengewalt. Der Mord an Rosa Luxemburg wies Deutschland den Weg in eine verbrecherische Zukunft.

Betroffen war auch Zickler, der Mitarbeiter des *Vorwärts*, der Liebknecht und Luxemburg in seinem Gedicht »Das Leichenhaus« an den Pranger gestellt hatte:

»Heute bereue ich das Gedicht«, schrieb er. »Karl Liebknecht und Rosa Luxemburg waren erstens nicht feige, sondern erwiesen sich als sehr tapfer, zweitens hatten sie den wahnwitzigen Aufstand nicht angefangen, sondern zu bremsen versucht. Verantwortlich waren andere... Jetzt natürlich beschuldigen mich die Herren von der ›Roten Fahne‹, die meine Abneigung gegen Prozesse kennen, ich hätte zum Mord an Liebknecht und Frau Luxemburg aufgehetzt... das einem Sozialisten, der den beiden zu Füßen gesessen und in dieser Zeit selbst Schweres durchgemacht hat.«

Die öffentliche Meinung drohte umzuschwenken. Die Staatsgewalt geriet in die Defensive und mußte sich ihrer Verantwortung stellen.

Am 25. Januar wurden Karl Liebknecht und einunddreißig Spartakisten, die in den Kämpfen im Januar gefallen waren, auf dem Friedhof Friedrichsfelde beigesetzt. Ein Sarg war leer: Rosa Luxemburgs Leiche war noch immer nicht aufgetaucht.

Leo Jogiches bohrte noch immer nach der Wahrheit und befragte mit Genossen Zeugen. Ein Wettlauf gegen die Zeit hatte begonnen: Während er seinem Ziel Stück um Stück näherkam, waren seine Henker schon unterwegs.

Am 12. Februar wurden die genauen Umstände des Mordes an Karl Liebknecht und Rosa Luxemburg in der wieder erscheinenden *Roten Fahne* schließlich offengelegt: Jäger Runge, Oberleutnant Vogel und Kapitänleutnant Horst von Pflugk-Harttung wurden als Mörder benannt. Leo Jogiches hatte seine Mission erfüllt.

Der *Vorwärts* mußte schreiben: »Bestätigt sich der behauptete Sachverhalt, so ist gegen die Schuldigen mit der ganzen Strenge des Gesetzes rücksichtslos vorzugehen.« Die Jagd auf Leo Jogiches wurde forciert. Er versuchte nicht einmal zu fliehen. Bei seiner

Verhaftung machte er, ganz anders als sonst, keinerlei Anstalten, seine Identität zu verschleiern. Er gab seinen Namen preis und wußte, daß er damit sein Todesurteil unterschrieb. Die Verhaftung erfolgte am 10. März 1919.

Jogiches wurde mißhandelt und dann von Hauptfeldwebel Ernst Tamschick mit einem Kopfschuß von hinten getötet.

Mathilde Jacob übernahm die traurige Pflicht, die Leiche zu identifizieren. Ein Aufseher im Leichenschauhaus versuchte sie zurückzuhalten: »Frau, bleiben Sie draußen, den Anblick werden Sie nie wieder los.« Leo Jogiches hatte Rosa Luxemburg um keine zwei Monate überlebt.

Ein Prozeß gegen die Schuldigen wurde unvermeidlich. Die Untersuchungen wurden dem Richter Paul Jorns übertragen. Das Feldkriegsgericht tagte zwischen dem 8. und 14. Mai 1919.

Jorns hatte die Vertreter der Arbeiter- und Soldatenräte, die ihn kontrollieren sollten, von Anfang an geschickt aus der Untersuchung herausgehalten.

Dann schwächte er die Anklage gegen die Beschuldigten ab. Vogel wurden nur »Beiseiteschaffung einer Leiche und wissentlich falsche Dienstmeldung« zur Last gelegt. Der Hauptmann wurde zu zweieinhalb Jahren Gefängnis verurteilt.

Wenige Tage nach der Urteilsverkündung verhalf ihm einer seiner Richter, Kapitänleutnant Canaris, zur Flucht. Er hatte falsche Papiere beschafft und brachte Vogel ins sichere Ausland, wo er eine Amnestie abwarten konnte.

Kapitänleutnant Plugk-Harttung wurde freigesprochen, Jäger Runge wegen »versuchten Totschlags in Tateinheit mit gefährlicher Körperverletzung unter Mißbrauch einer Waffe in zwei Fällen« zu zwei Jahren Gefängnis verurteilt.

Runge behauptete wenig später, daß Jorns ihm gesagt habe, er komme mit höchstens vier Monaten Gefängnis davon, wenn er die ganze Schuld auf sich nehme. Außerdem habe man ihm jede Hilfe zugesagt, falls Schwierigkeiten auftauchen sollten.

Auch vom dritten Gefangenen, Wilhelm Pieck, wußte der gesprächige Runge etwas zu berichten. Pieck hatte das Eden-Hotel, ohne identifiziert zu werden, wieder verlassen dürfen. Dies warf Fragen auf.

Pieck, so berichtete Runge, »kam zu mir und sagte, er hätte noch einen Auftrag zu erledigen. Er wurde in ein Zimmer geführt, und beim Verlassen sagte ein Offizier zu einem Wachtmeister: ›Führen sie den Mann ab und sorgen sie dafür, daß nichts passiert.‹«

Hatte es zwischen Rosa Luxemburgs ehemaligem Schüler und den Offizieren einen Handel gegeben? Auf Pieck lastete lange Zeit ein Verdacht. Er mußte sich sogar vor einem Tribunal der Genossen verantworten.

Am Samstag, dem 31. Mai 1919, taucht im Landwehrkanal an einer Schleuse eine weibliche Leiche auf.

Am Abend wird Noske, der gerade an einer Gesellschaft teilnimmt, vom Innenminister mitgeteilt: »Man hat sie gefunden.« Auch nach ihrem Tod verbreitet Rosa noch Schrecken.

Noske ordnet eine Überführung ins Lazarett des Truppenübungsplatzes Zossen an. Rosa soll dort heimlich begraben werden.

Aber Paul Levi, inzwischen Parteichef der Spartakisten, verlangt eine Identifizierung der Toten. Die Presse greift die Sache auf.

Mathilde Jacob identifiziert Rosa anhand ihrer Handschuhe, ihres Medaillons und der Überreste ihres Samtkleides.

So wird Rosa am 13. Juni 1919 auf dem Friedhof Friedrichsfelde zu Grabe getragen. Es ist ein herrlicher Tag, und die Luft ist erfüllt von den Frühlingsdüften, die Rosa so liebte.

Tags zuvor wurde in Wien mit einer großen Demonstration an Rosa Luxemburg erinnert. Straßenbahnen standen still, Betriebe waren im Ausstand.

In Berlin zieht eine dicht gedrängte Menge unter dem frischen Laub der Bäume zum Friedhof. Männer, häufig mit Canotiers auf dem Kopf, halten Rosa Luxemburgs Porträt oder Plakate mit ihrer letzten geschriebenen Zeile in die Höhe: »Ich bin, ich war, ich werde sein« – ein Vers aus Freiligraths Gedicht *Die Revolution*.

Das Leben hat, wie sie so oft sagte, seine ganz eigene Schönheit, und die »Bewegung« lebte weiter. Rosa Luxemburgs Stimme war verstummt, aber die Kohlmeisen tschilpten.

Die Erinnerung an diese Kämpferin, die am 13. Juni 1919 zur letzten Ruhe gebettet wurde, blieb das ganze 20. Jahrhundert hindurch lebendig.

Jahrzehntelang berief sich die Arbeiterbewegung auf ihre Schriften und Aktionen. Die einen verwiesen auf ihre Verurteilung des bolschewistischen Terrors und schufen das Modell des »Luxemburgismus«: die Achtung vor den Massen und ihrem Willen, die Versöhnung von Revolution, Sozialismus und Demokratie. Andere feierten die tapfere Kämpferin, verwiesen aber auf ihre »Irrtümer« in bezug auf die leninistische und später die stalinistische Orthodoxie.

Was wäre aus ihr geworden?

Ihre Mörder hatten natürlich das richtige Lager gewählt: Runge erhielt von der Nazi-Regierung eine Entschädigung von 6000 Reichsmark. Der Untersuchungsrichter Paul Jorns, dem Paul Levi 1928 beim Prozeß gegen Rosas Mörder Verschleierung von Tatsachen vorgeworfen hatte, wurde Generalstaatsanwalt des nationalsozialistischen Volksgerichtshofs.

Was wäre aus dieser stolzen und eigensinnigen, dieser rebellischen Frau geworden? Hätte sie das Schicksal Trotzkis ereilt? Wäre sie gleich von zwei Seiten, von den Schergen der Nazis und Stalins, gehetzt worden? Wäre sie wie viele ihrer Kampfgefährten nach einer Flucht von Land zu Land schließlich gefaßt und ein Opfer des antisemitischen Terrors geworden?

Mathilde Jacob starb in einem Konzentrationslager der Nazis. Marta Rosenbaum nahm sich das Leben. Paul Levi hatte den gleichen Schritt schon 1930 getan, ein kranker Mann, der aus der Kommunistischen Partei ausgeschlossen worden war und Rosa noch immer die Treue gehalten hatte.

Der Mahlstrom des 20. Jahrhunderts verschlang individualistische Anschauungen, unorthodoxe Gedanken und Illusionen. Wilhelm Pieck wurde Präsident der Deutschen Demokratischen Republik. Dieser Staat, der Rosa Luxemburg feierte, aber auf ihren »Irrtümern« bestand, hatte seine eigene Auffassung von Freiheit und Demokratie. Er brach 1989, als das russische Brudervolk die Unterstützung versagte, endgültig zusammen.

Geschichte wiederholt sich nicht.

Wenn der Mord an Rosa Luxemburg vom 15. Januar 1919 auch nur ein Nachbeben des großen Kataklysmus war, der mit dem 4. August 1914 begonnen hatte, so prägte er doch das gesamte 20. Jahrhundert mit. Sie gehörte mit Leo Jogiches zu jenen, die Lenin und den Bolschewiken in der III. Internationale Paroli geboten hätten. Aber mit welchem Ergebnis? Wäre ein Bündnis mit den Sozialdemokraten damals noch möglich gewesen? Hätte die Tragödie der Spaltung, die mit Rosas Ermordung definitiv geworden war und die den Erben der Freikorps, Hitlers Stoßtrupps, zustatten kam, doch noch abgewendet werden können?

Bei Hitlers Machtergreifung stand Hindenburg Pate, jener Generalfeldmarschall, mit dem Scheidemann, Ebert und die Sozialdemokratie ein Bündnis eingegangen waren.

Die deutsche Geschichte des 20. Jahrhunderts ist mit dem Namen Rosa Luxemburg eng verknüpft. Und längst nicht nur die deutsche Geschichte: Rosa Luxemburg steht für die Hoffnungen des Internationalismus, der vor 1914 als Illusion abgetan wurde und der sich dann stärker als der Krieg erwies. Rosa Luxemburg verkörpert in der Politik Überzeugtheit und Leidenschaft, mystische Inbrunst und religiösen Glauben an ein Ziel.

Was bleibt von alledem am Ende des Jahrhunderts? Fast nichts. Nur ein Haufen von Irrtümern, Täuschungen, Lügen, Verbrechen und Tragödien, zu dem der Leninismus verkommen ist. Die Russen haben ihn weggefegt. Liegt Rosa unter den Trümmern einer Ideologie begraben, die auch die ihre war? Unter den Ruinen der politischen Regime, die sich auf sie beriefen, die ihre Freunde, ihre Genossen, errichtet hatten und anführten? Ist Rosa über den Leichenbergen, die diese Freunde aufgetürmt haben, in Vergessenheit geraten? Über der Barbarei und Grausamkeit, die sie mit ihrer Ideologie, mit der Berufung auf die Notwendigkeit der Revolution, gerechtfertigt haben?

Doch wer Rosas Schriften liest, wer ihr Leben Tag für Tag verfolgt, der weiß genau, daß sie nicht zu den Zynikern und Henkern gehört, selbst wenn Mystizismus und Glauben ihren Blick trübten.

Denn Aufrichtigkeit, Achtung vor dem Leben, Humanismus, Begeisterung und die Liebe zum unorthodoxen Denken behalten bei ihr stets die Oberhand.

Rosa vertrat ihre Überzeugungen nicht nur mit der Gewalt der Worte, sondern mit der Überzeugungskraft des persönlichen Risikos. Wenn sie rief: »Kreuziget Spartakus!« war sie zum Martyrium bereit und suchte es. Auf der Seite der Opfer stehen, dafür entschied sie sich ihr ganzes Leben.

Und wer hätte nicht an Rosas Entsetzen und ihre Empörung über Dserschinskis Grausamkeit gedacht, als die Russen am 22. August 1991 sein Standbild vom Sockel stießen? Nach Jahrzehnten erwies sich ihre Ablehnung des Terrors schließlich als die einzig mögliche Politik.

Rosa lehnte sich gegen jede Ungerechtigkeit, gegen jede Art der Verfolgung, gegen jeden Akt blinder Gewalt auf, so auch gegen das große Blutbad des Ersten Weltkrieges, das den Wahnsinn des 20. Jahrhunderts einleitete und dessen Auswirkungen noch heute zu spüren sind.

Rosa fand sich mit diesem »Irrenhaus« der Welt nicht ab. Sie hatte die Hoffnung, daß wir von dem Wahn, der uns gegeneinander in den Kampf hetzt, befreit werden können.

Sie suchte nach den Ursachen für die Kriege, die sie für unmenschlich hielt, weil sie große Hoffnungen in den Menschen setzte. Und wenn der Mensch sie zu sehr enttäuschte, suchte sie Trost in der Schönheit der Natur, bei den Vögeln, Blumen und Steinen.

Sie war verliebt in das Leben.

Rosa ist in den Trümmern ihrer Ideologie, den Fehlern ihrer Politik nicht untergegangen. Als Verkörperung der menschlichen Hoffnung besaß sie genug Lebensenergie, Eigensinn und – wie Zyniker sagen würden – Illusionen, um sich mit der Grausamkeit der *conditio humana* nicht abzufinden, um vor dem Leiden der geschundenen Kreatur, auch dem eines wehrlosen Tieres, noch weinen zu können.

So ist Rosa Luxemburg die Vertreterin einer Tradition, die bis in die finsteren Anfänge der Geschichte zurückreicht und zu der all jene zählen, für die *der Mensch sich hin zu mehr Menschlichkeit entwickeln kann und muß*. Der Weg, den die Vorkämpfer dieses Gedankens eingeschlagen haben, wird von Kreuzen eingefaßt.

»Gräber säumen die Straße, doch sie führt zur Gerechtigkeit«, sagte Jaurès. In jedem dieser Gräber liegt ein bekannter oder unbekannter Kämpfer für diese Sache, ein Rebell.

Ein Mensch, dessen Leben von Hoffnung, Freiheitsdrang und dem Entschluß bestimmt wurde, dieses Leben einer Idee, die über es hinauswies, dem Großmut und der Erkenntnis zu opfern, daß das Recht auf Glück für alle Menschen gilt.

Illusionisten? Vielleicht. Vor allem aber Menschen mit *Hoffnung*. Sie waren oft maßlos und irrten sich häufig. Selten waren es Orthodoxe, häufiger Ketzer oder zumindest Außenseiter.

Und am Ende stand fast immer das Martyrium.

Die Liste ist beliebig: Der heilige Franz von Assisi, Savonarola, Luther, Jaurès, Guevara und viele mehr. Darunter auch eine Frau: Rosa Luxemburg, 5. März 1871 bis 15. Januar 1919.

Paris – Orta San Giulio
Héricy – Spéracèdes
1991–1992

Anhang

ZEITTAFEL

Politische Ereignisse	Rosa Luxemburgs Leben	Andere Ereignisse
1871 18. 1.: Deutsches Kaiserreich in Versailles ausgerufen. 18. 3.–28. 5: Pariser Kommune.	**1871** 5. 3.: Geburt Rosa Luxemburgs. 13.8.: Geburt Karl Liebknechts.	
	1873 Rosa Luxemburgs Familie siedelt nach Warschau über.	**1873** Rimbaud: *Une saison en enfer (Eine Zeit in der Hölle).*
1875 22.–27. 5.: Gründung der Sozialistischen Arbeiterpartei Deutschlands.		1875–77: Tolstoi: *Anna Karenina.* 1876: Wagner: *Der Ring des Nibelungen.*
	1877 Rosa Luxemburg tritt in ein Warschauer Gymnasium ein.	1877: Zola: *L'Assommoir (Die Schnapsbude).*
		1883–1885: Nietzsche: *Also sprach Zarathustra.* 1886: *Jenseits von Gut und Böse.*
	1887 Rosa engagiert sich politisch und tritt in Warschau einer Gruppe der Partei »Proletariat« bei.	

Politische Ereignisse	Rosa Luxemburgs Leben	Andere Ereignisse
1888 Wilhelm II. wird deutscher Kaiser.		
	1889 Rosa geht ins Schweizer Exil. Begegnung mit Leo Jogiches.	**1889** Pariser Weltausstellung.
1890 Wahlerfolg der deutschen Sozialdemokraten (35 Sitze, 1 427 000 Stimmen).	**1890** Rosa studiert an der Universität Zürich.	
1891 Der *Vorwärts* erscheint in Berlin.		
	1893 Rosa studiert Recht und Volkswirtschaft. Gründung der Zeitschrift *Sprawa Robotnicza* (Die Sache der Arbeiter) in Paris. Teilnahme am Internationalen Sozialistenkongreß von Zürich.	**1893** Erste kinematographische Vorführung.
	1894 Leo Jogiches und Rosa Luxemburg gründen die Sozialdemokratie des Königreichs Polen.	
		1895 Entdeckung der Röntgenstrahlen. – Die Brüder Lumière entwickeln den ersten brauchbaren Kinematographen.

Politische Ereignisse	Rosa Luxemburgs Leben	Andere Ereignisse
	1896 Rosa veröffentlicht in der *Neuen Zeit* erste Artikel über Polen.	
1897 Bernstein veröffentlicht in der *Neuen Zeit* eine Serie »revisionistischer« Artikel.	**1897** *März:* Rosa reicht ihre Doktorarbeit über die wirtschaftliche Entwicklung Polens ein; Scheinehe mit Gustav Lübeck verschafft ihr die deutsche Staatsbürgerschaft.	**1897** Ader gelingt mit seinem Dampfflugzeug ein »Luftsprung«.
1898 *Juni:* Wahlerfolg der deutschen Sozialdemokraten (2 107 000 Stimmen).	**1898** *Mai:* Rosa siedelt nach Berlin über, Mitglied der SPD. *September:* Artikel gegen Bernstein unter dem Titel *Sozialreform oder Revolution?* *Oktober:* Rosa ergreift auf dem Stuttgarter Parteitag das Wort.	**1898** Pierre und Marie Curie entdecken das Radium.
	1899 *April:* Artikel gegen Bernstein. *Oktober:* Rosa spricht auf dem Parteitag in Hannover.	
1900 *20. Juni:* Europäische Intervention in China unter dem Oberbefehl eines deutschen Generals. *Oktober:* Von Bülow Reichskanzler.	**1900** Versammlungen in Oberschlesien. *September:* Rosa auf Internationalem Sozialistenkongreß in Paris. Referat über Militarismus.	**1900** Max Planck: Quantentheorie.

Politische Ereignisse	Rosa Luxemburgs Leben	Andere Ereignisse
	1901 *April:* Rosa wird Redakteurin der *Leipziger Volkszeitung.*	
1903 *Juli – August:* II. Parteitag der Sozialdemokratischen Arbeiterpartei Rußlands. Spaltung von Bolschewiken und Menschewiken.		1903 Ford Automobilwerke. Gorki: *Nachtasyl.*
	1904 *April:* Rosa Mitglied des Internationalen Sozialistischen Büros; vertritt Sozialdemokratie des Königreichs Polen und Litauen (SDKPiL). *August:* Teilnahme am Internationalen Sozialistenkongreß in Amsterdam. *26. August – 24. Oktober:* Nach Verurteilung im Juli dreimonatige Haft im Gefängnis Zwickau.	
1905 *2. Januar:* Russische Niederlage bei Port Arthur. *31. März:* Wilhelm II. in Tanger. *Mai:* Deutsche Gewerkschaften lehnen Streik als politisches Kampfmittel ab. *Juni:* Meuterei auf der Potemkin. *September:* SPD-Parteitag in Jena.	1905 *6. Februar:* Leo Jogiches fährt von Berlin nach Warschau. Rosa Luxemburg schreibt in diesem Jahr 90 Artikel. *28. Dezember:* Rosa fährt nach Warschau und nimmt an der Revolution teil.	1905 Freud: *Drei Abhandlungen zur Sexualtheorie.* Einstein: Spezielle Relativitätstheorie, Entdeckung der Photonen.

Politische Ereignisse	Rosa Luxemburgs Leben	Andere Ereignisse
1906 *Januar – Oktober:* Algeciras-Konferenz. *Februar:* Auf einer geheimen Konferenz lehnen SPD und Gewerkschaften den Massenstreik als politisches Kampfmittel ab. SPD-Parteitag in Mannheim.	**1906** *März:* Rosa in Warschau verhaftet, zur gleichen Zeit wie Leo Jogiches. *Juni – August:* Rosa in Haft. *August – September:* Aufenthalt in Finnland: *Massenstreik, Partei und Gewerkschaften.* *12. Dezember:* Verurteilung zu zwei Jahren Gefängnis.	**1906** Simplon-Tunnel.
1907 *Januar:* Wahlniederlage der SPD. *18.–24. August:* Internationaler Sozialistenkongreß in Stuttgart.	**1907** *März:* Leo Jogiches flieht aus dem Warschauer Gefängnis. Bruch mit Rosa. *Mai:* Rosa und Leo nehmen in London am Parteitag der SDAPR teil. *12. Juni – 12. August:* Rosa im Gefängnis Moabit; von dort eingereichter Zusatzantrag gegen den Krieg wird angenommen.	**1907** Erfindung der Farbfotografie.
	1908 Rosa schreibt über die nationale Frage. Beziehung zu Kostja Zetkin. Dozentin an der Parteischule.	
1909 Politische Kampagne zur Abschaffung des Zensuswahlrechtes in Preußen. Balkankrise.	**1909** Rosa nimmt an zahlreichen Versammlungen in Deutschland teil.	**1909** Juli: Blériot überfliegt den Ärmelkanal.

Politische Ereignisse	Rosa Luxemburgs Leben	Andere Ereignisse
	1910 *April – Mai:* Rosa polemisiert gegen Karl Kautsky. Bruch.	
1911 Entsendung des Kanonenbootes *Panther* nach Agadir.	1911 Rosa stellt sich gegen die Haltung der SPD in der Marokko-Frage. *September:* Rosa wird auf dem Jenaer SPD-Parteitag attackiert.	
1912 *12. Januar:* Wahlsieg der SPD (4 250 000 Stimmen, 110 Abgeordnete). *Oktober:* Erster Balkankrieg. *November:* Internationaler Sozialistenkongreß in Basel.	1912 Ende der Liaison zwischen Kostja Zetkin und Rosa.	1912 Taylor: *The Principles of Scientific Management.*
1913 *Januar:* Raymond Poincaré zum Präsidenten der Französischen Republik gewählt. *Juni:* Wahlen zum preußischen Abgeordnetenhaus. SPD erringt mit 28 Prozent der Stimmen nur 10 Sitze. *Juni – August:* Zweiter Balkankrieg. *13. August:* Tod August Bebels. *September:* SPD-Parteitag in Jena.	1913 *Januar:* Rosa veröffentlicht *Die Akkumulation des Kapitals.* September: Antimilitaristische Rede in Frankfurt. *Dezember:* Gründet mit Franz Mehring die *Sozialdemokratische Korrespondenz.*	

Politische Ereignisse	Rosa Luxemburgs Leben	Andere Ereignisse
März 1917: Russische Februarrevolution. *April 1917:* Gründung der Unabhängigen Sozialdemokratischen Partei Deutschlands (USPD). *7. November 1917:* Bolschewistische (Oktober-) Revolution.		1917: Pirandello: *Il piacere dell'onestà (Die Wollust der Anständigkeit).*
1918 *Januar:* Streikwelle in Deutschland. *3. März:* Friedensvertrag von Brest-Litowsk. *8. August:* Deutsche Truppen in Frankreich endgültig zurückgeschlagen. *3. Oktober:* Kabinett Prinz Max von Baden gebildet. *7. Oktober:* Reichskonferenz der Spartakusgruppe. *21. Oktober:* Karl Liebknecht frei. *7. November:* SPD verlangt Waffenstillstand und Abdankung des Kaisers. *9. November 1918:* Wilhelm II. dankt ab. *11. November:* Waffenstillstand. *8. November 1918 – 15. Januar 1919:* Arbeit für die *Rote Fahne.* *6. Dezember:* Besetzung der *Roten Fahne* durch Regierungstreue.	1918 *24. März:* Leo Jogiches verhaftet. *24./25. Oktober:* Hans Diefenbach gefallen. *8. November 1918:* Rosa aus Schutzhaft entlassen. *16. Dezember:* Rosa auf Versammlung der Arbeiter- und Soldatenräte in der Minderheit.	

Politische Ereignisse	Rosa Luxemburgs Leben	Andere Ereignisse
28. *Dezember:* Linksradikale besetzen den *Vorwärts*. 29. *Dezember 1918 –* 1. *Januar 1919:* Gründungsparteitag der Kommunistischen Partei Deutschlands, des Spartakusbundes.		
1919 4. *Januar:* Polizeipräsident Eichhorn seiner Ämter enthoben. 11. *Januar:* Freikorps ziehen in Berlin ein. 19. *Januar:* Wahlen zur Nationalversammlung. 25. *Januar:* Beisetzung Liebknechts. 29. *Januar:* Franz Mehring tot. 11. *Februar:* Ebert zum ersten Reichspräsidenten gewählt. 13. *Februar:* Scheidemann zum Reichsministerpräsidenten ernannt.	1919 14. *Januar: Die Ordnung herrscht in Berlin,* Rosa Luxemburgs letzter Artikel. 15. *Januar:* Rosa Luxemburg und Karl Liebknecht ermordet. 12. *Februar:* Die Umstände des Mordes aufgedeckt.	1919 G. Sorel: *Matériaux pour une théorie du prolétariat.* Rutherford gelingt erste künstliche Atomspaltung.
	12. *März:* Leo Jogiches ermordet. *Mai:* Prozeß gegen Mörder von Rosa Luxemburg und Karl Liebknecht. 31. *März:* Rosas Leiche entdeckt. 13. *Juli:* Rosa Luxemburg beigesetzt.	

AUSWAHLBIBLIOGRAPHIE

Diese **Auswahlbibliographie** erfaßt nur einen kleinen Teil der zahlreichen Studien über Rosa Luxemburg. Sie soll dem interessierten Leser, der sich eingehender mit dem Thema befassen möchte, als Orientierungshilfe dienen.

J.-P. Nettl, *Rosa Luxemburg,* Köln/Berlin 1967. Die Bibliographie dieses sehr umfassenden Werkes enthält 700 Titel zu den Texten Rosa Luxemburgs und weitere 300 Titel Sekundärliteratur. Unentbehrlich.
P. Frölich, *Rosa Luxemburg. Gedanke und Tat,* Paris 1939. 3. Ausgabe, Frankfurt 1967. Eine der ersten Biographien (1939), von einem Zeitgenossen verfaßt. Nützlich.
Norman Geras, *Rosa Luxemburg. Kämpferin für einen emanzipatorischen Sozialismus,* Berlin 1979.
Frederik Hetman, *Rosa L. Die Geschichte der Rosa Luxemburg und ihrer Zeit,* Weinheim/Basel 1976.
Harry Wilde, *Rosa Luxemburg. Ich war, ich bin, ich werde sein,* Wien/München/ Zürich 1970.

Außer mit der Biographie sollte man sich auch mit den Texten der Rosa Luxemburg befassen. **Die Lektüre der Briefe ist unbedingt zu empfehlen.** Sie stellen die Hauptquelle dar, will man Rosa verstehen und ihren Werdegang verfolgen.

Briefe an Leo Jogiches, Frankfurt 1971.
Gesammelte Briefe, hrsg. von A. Laschitza und G. Radczun, 5 Bde, Berlin 1982–1984.
Briefe an Karl und Luise Kautsky (1896–1918), hrsg. von L. Kautsky, Berlin 1981.
Briefe an Freunde, hrsg. von B. Kautsky, Hamburg 2. Aufl. 1986.
Briefe aus dem Gefängnis, Berlin 15. Aufl. 1989.

Werke von Rosa Luxemburg

Gesammelte Werke, hrsg. von G. Radcun, 5 Bde, Berlin 1972–1975.
Politische Schriften, hrsg. von Ossip K. Flechtheim, München 1984.
Einführung in die Nationalökonomie, hrsg. von P. Levi, Berlin 1925.
Ich war, ich bin, ich werde sein! Artikel und Reden zur Novemberrevolution, hrsg. vom Institut für Marxismus-Leninismus beim ZK der SED. Berlin 1958.

Briefe der Eltern Rosa Luxemburgs sind im Anhang einer Biographie enthalten:
E. Ettinger, *Rosa Luxemburg. Ein Leben.,* Bonn 1990. Diese Studie einer amerikanischen Universitätsdozentin polnischer Herkunft legt den Schwerpunkt auf die

479

psychologischen Aspekte von Rosas Persönlichkeit; besondere Bedeutung wird ihrer jüdischen Herkunft beigemessen.

Das historische Umfeld ist natürlich von Wichtigkeit. Hier sei auf allgemeine Geschichtsbücher sowie auf die umfangreiche Bibliographie zur sozialistischen Bewegung zwischen 1880 und 1919, der entscheidenden Periode, verwiesen. Stellvertretend für viele:
Dokumente und Materialien zur Geschichte der deutschen Arbeiterbewegung, Berlin 1958, hrsg. vom Institut für Marxismus-Leninismus beim ZK der SED.

Ein besonderer biographischer Ansatz, der über alle Debatten dieses Zeitraums aufklärt (mit Bibliographie):
M. Gallo, *Le Grand Jaurès,* Paris 1985.

Zu Rosa Luxemburgs Verhältnis zum französischen Sozialismus siehe:
D. Guérin, *Rosa Luxemburg. Le Socialisme en France (1898–1912),* Paris, 1971.

Französische Werke über die Geschichte Deutschlands in dieser Periode:
G. Badia, *Histoire de l'Allmagne contemporaine,* Bd. I und II, Paris 1962; *Les spartakistes 1918: L'Allmagne en révolution,* Paris 1966. Diese Arbeit enthält verschiedene Quellen, die Aufschluß über die Jahre 1916–1919 geben; *Le spartakisme. Les dernières années de Karl Liebknecht et Rosa Luxemburg, 1914–1919,* Paris 1967. Diese Arbeiten Gilbert Badias sind unverzichtbar.
P. Broué, *Révolution en Allmagne.* Dieses Buch enthält eine Zeittafel und eine Bibliographie.

Zahlreiche Schriftsteller, von Alfred Döblin bis Brecht und Armand Gatti, fühlten sich von der Persönlichkeit Rosa Luxemburgs angezogen und ließen sich von ihr zu einigen Werken inspirieren.
Die Filmemacherin Margarethe von Trotta drehte 1986 den Film *Rosa Luxemburg* nach dem Leben Rosas.
Es ist bezeichnend, daß das Interesse an Rosa Luxemburg (Veröffentlichungen, Dissertationen, Kolloquien, Biographien etc.) je nach historischer Periode unterschiedlich ausfällt. In Frankreich beispielsweise wurden in den Jahren 1930–1935, zur Zeit der Volksfront also, zahlreiche Werke veröffentlicht. Der Höhepunkt, was die Zahl der französischsprachigen Veröffentlichungen angeht, liegt in den Jahren 1965–1975; dies steht im Zusammenhang mit den Ereignissen von 1968 und deren Folgen. Danach schwand das Interesse fast vollständig. Seit 1985–1986 nimmt es allmählich wieder zu.

REGISTER

481

Econ & List

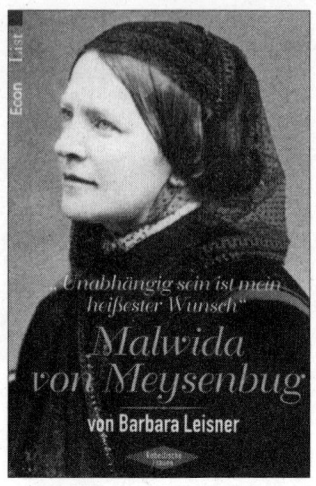

Barbara Leisner
**»Unabhängig sein ist mein
heißester Wunsch«
Malwida von Meysenbug**
216 Seiten, 20 Abbildungen
TB 26515-6
Originalausgabe

Malwida von Meysenbug verschmähte den im 19. Jahrhundert vorgezeichneten Weg für ein junges Mädchen aus adeligem Haus. Sie erlebte die 48er Revolution und war von da an eine leidenschaftliche Demokratin. Sie kämpfte für die Emanzipation der Frau und war eine der Lehrerinnen an der Hamburger »Hochschule für das weibliche Geschlecht«. Verfolgung trieb sie ins Exil nach London, wo sie bald mit dem russischen Sozialisten Alexander Herzen zusammenlebte. Ihre intellektuelle Kraft und ihre Warmherzigkeit machten sie zur geschätzten Gesprächspartnerin der europäischen Geistesgrößen ihrer Zeit.

Die Historikerin Barbara Leisner zeichnet in diesem Buch das Porträt einer ungewöhnlichen Frau, die gegen Monarchie, Kirche und Familie rebellierte und trotz aller Widerstände ihren eigenen Weg ging.

Leo Linder
**»Ah, mein kleiner Herzog,
du hast Angst?«
Jeanne d'Arc**
240 Seiten, 20 Abbildungen
TB 26514-8
Originalausgabe

Sie ist einzigartig: Niemals hat eine Frau so direkt und mit derart durchschlagendem Erfolg in den Gang der Geschichte eingegriffen, und in keinem Fall hat der Auftritt eines Menschen auf der politischen Bühne so viele Rätsel aufgegeben. Ihr Werdegang ist atemberaubend: Eben noch Hütemädchen am äußersten Rand Frankreichs, geht sie zu dem jungen schwachen König und bringt als politisches Genie in einem schon fast hundert Jahre dauernden Krieg die entscheidende Wendung. Mit 19 ist sie tot, verbrannt als Hexe. Und sie bleibt eine Heldin.